원림과 중국문화 2

園林與中國文化, 王 毅 著
Copyright ⓒ [1990] by [王 毅]
All Rights reserved.

Korean translation edition ⓒ 2014 by The National Research Foundation of Korea
Published by arrangement with the author, Yi Wang, China
Through Bestun Korea Agency, Seoul, Korea.
All rights reserved.

이 책의 한국어 판권은 베스툰 코리아 에이전시를 통하여
저작권자인 저자 Yi Wang과 독점 계약한 (재)한국연구재단에 있습니다.
저작권법에 의해 한국 내에서 보호를 받는 저작물이므로
어떠한 형태로든 무단 전재와 무단 복제를 금합니다.

본 책은 (재)한국연구재단의 지원으로 학고방출판사에서 출간, 유통합니다.

한국연구재단 학술명저번역총서 동양편 607

원림과 중국문화 2

저자 王 毅
역자 김대원

學古房

|일러두기|

1. 이 책은 주곡성(周谷城)이 주편(主編)한 '중국문화총서(中國文化叢書)'의 하나인, 왕의(王毅)의 『원림과 중국문화(園林與中國文化)』(上海人民出版社, 1990, 5)를 완역한 것이다.
2. 번역은 최대한 원문의 의미를 살리되 가급적 쉽고 이해가 용이한 현대어를 위주로 하였다. 번역된 글이 직역으로 이해되지 않는 경우, 본의에서 위배되지 않는 범위 내에서 한국적인 언어의 표현방법을 구사하였다.
3. 원문의 각주는 장별로 나누어 주석하였다.
4. 인용문은 원전에 대한 이해가 용이하도록 하여, 한글로 표기하고 주석에서 원문을 참고하게 하였다. 주석의 원문이 없는 경우에는 한자를 병기하였다.
5. 단행본인 경우에는 『』로 표시하고, 편명(編名)·시제(詩題)·서(序) 등은 「」로 표시하였으며, 그림은 〈 〉로 표시하였다. 단행본과 편명·시제·서 등을 함께 표시할 경우에는 『사기(史記)·오제본기(五帝本紀)』의 예로 표기하였다. 원문 인용에는 " "를 사용하였고, 강조나 요약 인용의 경우는 ' '를 사용하였다.
6. 인명을 포함한 고유명사, 고전용어, 전문용어 등에 관하여 일반인도 인식할 수 있도록 주석과 풀이를 제공하며, 원전을 인용한 경우에는 출처를 상세하게 밝혔다.
7. 한글표기와 한자표기의 음이 같은 경우에는 병기하였고, 한글표기와 한자표기의 음이 다를 경우에는 [ ]를 사용하였다.
8. 본문의 내용과 관련된 도판을 최대한 수록하여 내용에 대한 이해도를 높이고자 하였다.

저자 서문

이 책은 지면이 너무 작거나 내용도 그리 복잡하지 않지만, 대체적인 의미는 간단명료하게 개괄했다고 하겠다.

첫째, 중국고대문화의 완정한 체계에서 극히 일부분을 채택했지만, 그것들은 원래 곤륜산과 아름다운 숲이 한 곳에 이어진 것과 같다. 비유하자면, 이 가운데서 언급한 한대(漢代)의 작은 초형인(肖形印)·천지에 가득한 화상전(畵像磚)·색조가 아름답고 고운 당삼채(唐三彩)·얼음처럼 깨끗한 당대(唐代)의 백자(白磁)·진(晋)나라 사람의 수담(手談)·송(宋)나라 사람들의 다도(茶道)·골동서화(古董書畵)·금기시주(琴棋詩酒)·원시종교(原始宗敎)·선진제자(先秦諸子)·위진현학(魏晉玄學)·송명이학(宋明理學) 등과 같은 것이다. 이전의 관례로 보면 이런 것들은 반드시 형이하학적(形而下學的) '기(器)'로 구분하거나 혹은 형이상학적(形而上學的) '도(道)'로 귀결시켰지만, 그 사이에 중첩된 산과 물이 아득하게 보였던 것도 아니고, 눈에 보이는 모든 현상과 원림이 반드시 관계된 것도 아니다.

둘째, 중국고전원림의 면모는 중국고대사회형태의 기본특징과 역사과정에서 엄격한 제약을 받았다. 비록 대수롭지 않은 산을 쌓고 물길을 내는 기교라든가 담담한 분경(盆景)·짧은 난간(欄干)·자그마한 명나라 양식 의자 같은 것 등에 엄격한 영향을 끼쳤다. 원림의 면모가 한 단계 변천할 때마다 모든 정치·철학·예술의 많은 영역에서 전반적인 사회문화체계의 발전과 변화의 추세에 이르기까지 필연적인 원인이 있었다고 보아야 할 것이다.

이 두 가지의 서술이 대체로 마음에 들지 않는다면, 전인들이 역대원림의 형태를 나보다 분명하게 묘사했는지 논할 것 없이, 이 책은 잘못된 기록까지 설명해야 할 것이다. 다시 말해서 독자들로 하여금 원림의 산(山)·지(池)·정(亭)·대(臺)를 통하여 그 이면의 깊고 넓은 배경을 볼 수 있다면 다행이겠다. 물론 책 곳곳에서 얕은 식견이 드러나서 보잘 것 없지만, 세상에 흔치 않은 방법은 시도해볼 가치가 있을 것이다.

원림과 중국문화를 번역하며

　이 책은 중국의 원림과 원림문화를 통시적으로 연구한 것이다. 중세 중국의 원림은 건축이면서 동시에 그것을 경영한 사람의 우주·사회·인간에 대한 정취를 표현하는 예술적·심미적 수단이었다. 뿐만 아니라, 원림을 통해 중세의 많은 시(詩)·서(書)·화(畵)·건축(建築) 등의 예술이 발전되기도 하였다. 원림[정원]은 중국인의 사상, 즉 그들의 우주관·자연관·인생관 등을 나타냈다. 이는 자연과 조화시키려는 마음, 자연과 인간이 하나라는 사유를 표현한 것이다. 중국인들은 원림으로써 정조(情操)를 배양하고, 미학적인 가치를 표현하며, 우주관과 인생관을 포함시켰다. 독일의 역사철학자 슈펭글러(Spengler; 1880~1936)의 저서 『서양의 몰락』에서도 그러한 점이 확인된다.

중국처럼 풍경을 건축의 실제 요소로 담은 나라는 지금까지 없었다. 또 중국의 묘우(廟宇)는 독립된 건축물일 뿐만 아니라 풍경을 위하여 배치했으며, 전반적인 설계에서 산·물·나무·돌·대문·담장·다리·집 등의 조화를 꾀하였다. 중국문화는 원림을 종교예술문화가 되도록 하였으며, 원림을 통하여 중국의 가옥과 궁전건축을 이해하도록 하였다.

　중국에서 원림을 조성한 것은 삼황오제 때부터라고 하지만 문헌기록으로는 주(周) 문왕 때부터라고 한다. 초기의 원림에는 과목(果木)과 채소 등을 심고 금수(禽獸)를 길렀는데, 제왕의 교화와 심신 단련에 목적이 있었다.
　후대에 내려올수록 제왕뿐만 아니라 제후들이 유원(囿園)을 만들게 되었고, 한나라 때부터는 돈과 권세가 있는 개인들도 만들기 시작하였는데, 여기에는 자연과 조화를 이루고 자연에 귀의하려는 노장사상이 많은 영향을 끼쳤다. 이 때의 궁원(宮園·황가원림)으로는 미앙궁(未央宮)·사현원(思賢苑)·상림원(上林苑)·동원(東苑)·감천원(甘泉苑) 등이 유명하였고, 사원(私苑)으로는 무릉원(武陵園)이 유명하였다. 시대를 거듭할수록 원림의 규모는 커지고 화려해졌다.

위진남북 시대는 정치사회의 혼란, 귀족의 비대, 문인의 피난, 불교와 도교의 흥성, 산림문학의 발달 등으로 각종원림이 수 없이 생겨났다. 귀족이나 문인들도 한 결 같이 승려나 도사들처럼 산과 들에 기거하고자 했다. 물론 수심양성(修心養性)이 목적이었다. 산거야처(山居野處)가 쉽지 않은 경우에는 도시 안에 자연을 상징하는 원림을 만들고 자기의 미감과 인격을 표현하고 성정을 기탁하였다.

수당 시대에는 이궁원유(離宮苑囿)의 규모는 더욱 커졌고 중국정원의 기본형식이 완성되었다. 여기에는 조원기술과 산림문학이 큰 역할을 하였다. 이 때에 유명한 것은 왕유(王維)의 망천별업(輞川別業)과 백거이(白居易)의 여산초당(廬山草堂) 등이었다. 특히 〈망천도(輞川圖)〉는 일종의 정원설계도이기도 하여 귀중한 사료가 되고 있다. 여산초당은 문인의 이상적인 생활의 전형(典型)이 되었다. 백거이가 쓴 「초당기(草堂記)」는 아름다운 초당의 모습을 찬탄한 명문장이기도 하다.

송나라 때 이격비(李格非)가 쓴 「낙양원명기(洛陽名園記)」에는 20여개의 크고 좋은 원림이 소개되어 있다. 송조(宋朝)가 양자강 남쪽의 임안(臨按; 지금의 杭州)으로 천도한 후부터는 강남 일대에 원림을 만드는 것이 크게 유행되었다. 즉 금릉(金陵; 지금의 南京) 광릉(廣陵; 지금의 揚州) 상주(常州) 소주(蘇州) 항주 일대에 수 백 개의 원림이 조성되었다.

원나라 때는 화가 예찬(倪瓚)이 만든 청비각(淸閟閣)·운림당(雲林堂)·사자림(獅子林) 등이 유명했는데 사자림은 지금도 소주에 남아 있다.

명나라 때 역시 당송시대의 전통을 계승하면서 원림을 조성하는 것이 전국각지에 유행했다. 원림설계는 갈수록 전업화(專業化) 기교화(技巧化)되었다. 이때의 원림에 관한 글로는 계성(計成)의 『원야(園冶)』, 육종연(陸從衍)의 『취고당검소(醉古堂劍掃)』, 문진형(文震亨)의 『장물지(長物志)』 등이 남아 있다. 또 명나라 때 조원된 것으로는 졸정원(拙政園)·유원(留園)·만원(漫園) 등이 소주에 남아 있다.

청나라 때는 소주와 양주지역에 있는 원림을 본 건륭황제(乾隆皇帝)가 북경의 궁정원유(宮廷苑囿)에 모방하기도 하였다. 북경의 어원(御苑·皇家園林)으로는 이화원(頤和園)·원명원(圓明園) 등이 유명하고, 강남의 사원(私園)으로는 이원(伊園)·개자원(芥子園)·수원(隨園) 등이 유명하였다. 모두 기화요초·기암괴석·누각전정·대소원지 등으로 전통원림의 특징을 갖추었다.

중국미술의 특징이 일반적으로 거대하고 화려하고 섬세하며 기교적이라고 하는데, 중국의 원림도 그렇다. 한국정원의 자연스런 아름다움과는 달리 중국 원림은 인간의 기교를 다해 만든 괴석과 가산(假山), 온갖 꽃과 이상한 모양의 인공 못[池], 동굴과 곡교(曲橋)가 많은 전각과 누정 등으로 이루어졌다. 따라서 한국인이 중국정원을 보면 쉽게 싫증을 느낄 수 있고, 중국인이 한국정원을 보면 보잘 것 없다고 할 수도 있다.

우리가 중국의 원림을 관람할 때는 중국인의 자연관과 인생관, 미의식, 중국문인의 조원관(造園觀) 등을 생각하며 보아야지 단순히 건물의 화려함·괴석과 가산의 웅장함, 화초와 과목의 번잡한 등만 보면 안 된다. 중국원림은 중국인 사상의 총체이며 상징이기 때문에 원림과 문학, 미술, 철학 등 모든 문화와의 관계를 고려하여 보아야할 것이다.

중국의 경우 원림은 사대부의 은일문화가 형성되기 시작한 위진남북조시대로부터 발달하였다. 이 시대에는 사대부의 은일문화가 전면적으로 발달하여 원림 외에도 시와 회화, 음악 등 사대부의 은일문화를 구성하는 각각의 영역이 높은 수준을 이루었다. 이처럼 시와 회화, 음악 등의 예술이 원림과 융합되어 사대부의 은일문화를 형성하였으며, 이러한 각각의 예술 영역들이 예술적 취향과 풍격을 공유하면서 상호 교류하는 것은 필연적이라고 할 수 있다.

가령 시와 원림에 국한하여 볼 때, 진나라 말기 저명한 원림 건축가이자 시인이었던 사령운의 시는 대부분 원림의 경관에 대한 묘사였고, 그의 시에 대한 제가의 평가도 원림의 풍격에 대한 형용어와 직접적으로 통하는 것이었다. 뿐만 아니라, 양나라의 종영이 자신의 『시품』이란 저서에서 원림의 풍격을 묘사하는 언어를 가지고 시의 풍격론을 펼쳤던 것도 이와 같은 원림문화 속에서 가능한 것이었다.

원림이라는 것은 형태상으로나 내용상으로 인간의 우주에 대한 이상을 예술적으로 표현하는 하나의 심미적 수단이다. 따라서 이 책은 원림에 반영된 중국 역대의 심미관·우주론·예술정신 등의 전반을 인식하고, 아울러 문학·예술·철학·건축 등 각 분야별 인문적 사유와 예술적 구현 형태를 다각도로 탐구할 수 있다.

중국원림을 통하여 문화예술 전반에서 중국 고전과 관련된 총체적인 지식기반을 제공하며, 한국의 역대 원림에 관한 인문·예술적 사유와 심미구현의 실태를 연구하는 기반이 되기를 기대한다.

시·서화에서부터 문학·철학에까지 일천한 식견으로 번역한 책이지만, 이를 통하여 인문학과 공학·건축·예술·철학이 소통하는데 조금이라도 도움이 되기를 바랄 뿐이다. 이 책의 번역을 위하여 수고를 마다하지 않은 이기범 박사와 동료 교수인 장지훈 박사에게 고마운 마음을 잊지 않겠다. 아울러 책을 완간할 수 있게 지원해준 한국연구재단 관계자 여러분께 감사드리며, 귀한 책으로 엮어 준 학고방 하운근 대표님께 삼가 사의를 표한다. 항상 가까운 곳에서 묵묵히 참고 견디어 준 아내와 가족들에게 고마움과 사랑을 전한다. 끝으로 평생을 자나 깨나 걱정해주시다가 지난 해 유명을 달리하신 어머니 영전에 이 책을 바친다.

2014년 1월 15일 어머니 기일에
소남헌(素南軒)에서 김대원

차 례

01 중국고전원림의 발전 요약

제1장 상고 원림과 선민의 원시숭배 ·· 3
    제1절 영대靈臺 ·· 6
    제2절 영소靈沼 ·· 21
    제3절 영유靈囿·원림苑林 ·· 31
    제4절 상고원림의 대략적인 모양 및 그 의의와 영향 ··· 44

제2장 양주의 원림 ·· 66
    제1절 신을 즐겁게 하는 것으로부터 인간을 즐겁게 하는 것까지 ······················· 67
    제2절 건축미학에서의 천국과 속세 ·· 74
    제3절 산수의 아름다움과 인격의 아름다움 ·· 81

제3장 진한시기 원림 ·· 91
    제1절 통일대제국의 예술상징 ·· 93
    제2절 진한시대의 우주관 및 원림과 건축의 예술풍격 ······································· 101
    제3절 한대 예술풍격의 개설 — 우주를 뒤덮는 기백과 역량 ···························· 127

제4장 위진남북조 원림 ·· 145
    제1절 서한 궁원이 남긴 업적 — 동한에서 남북조시대까지의 황가원림 ······· 147
    제2절 사인원림士人園林의 발흥 ·· 154

제5장 수·초당·성당의 원림 ·· 225
    제1절 황가원림皇家園林 ·· 227
    제2절 사인원림士人園林 ·· 242
    제3절 초당·성당 예술과 한·당 풍모의 동이점 개설 ······································· 259

제6장 중당에서 양송까지 원림 ··· 283
    제1절 호중천지壺中天地는 중국고전원림에서 중당 이후의 기본적인 공간원칙이다 ····· 285
    제2절 호중壺中에서 전반적으로 발전한 중당·만당의 원림예술기교 ············ 307
    제3절 송대 원림의 전형적인 의의 중 첫째인 비교할 수 없는 정미한 호중의 경관체계 ······· 333

제7장 명청 시대 원림 ··· 369
    제1절 호중천지에서 개자납수미芥子納須彌까지 ·· 371
    제2절 구주청안九州淸晏 — 황가궁원의 회광반조回光返照 ································· 378
    제3절 명청 원림의 예술기교인 개자납수미의 여러 수단 ································· 388

찾아보기 ··· 392

02 중국봉건사회 형태의 특징과 중국고전원림 발전의 역사가 형성된 원인

제1장 중국봉건사회 구조의 특징을 결정하는 사대부계층과 집권제도의 관계 ·················· 3
제2장 사대부 출처사은의 모순과 은일문화의 발전 ····································· 21
    제1절 춘추전국시대에 제기되어 양한시대에 성숙된 모순 ························ 22
    제2절 위진남북 시대에 탐색된 은일문화의 전반적인 발전과정 ······················· 33
    제3절 초당·성당에 성숙된 사은출처의 균형관계가 원림 발전에 미친 영향 ·················· 52
    제4절 중은 — 중당 사인中唐士人들의 고통스러운 재창조 ························ 74
    제5절 중은中隱을 마음에 새겨두고 더욱 확장시킨 양송 사인兩宋士人 ·················· 96
    제6절 오랫동안 배양된 탈바꿈 ·· 119
제3장 원림―은일문화의 가장 기본적인 재체 ··· 136

03 천인지제天人之際의 우주관과 중국고전원림의 경계

제1장 천인지제天人之際가 중국고대철학의 주제로 성립된 원인 ·························· 143
제2장 중국고전원림의 사중四重경계 ·· 167
    제1절 끝없이 광대하며 만물을 함유한 우주의 모방형식 ·························· 169
    제2절 무아지경 — 원림의 경관과 우주의 융합 ································· 173
    제3절 유아지경 — 심미자審美者와 원림·우주의 융합 ··························· 190
    제4절 조화롭고 영원한 우주의 운율 ·· 208

제3장 송명이학의 중대한 의의 중 첫째인 천인지제 체계의 강화와 완선이 원림경계에 미친 영향 ······· 243
    제1절 이학의 출현과 강화되고 완선해진 천인체계를 기본목적으로 하는 역사의 필연성 ·········· 245
    제2절 이학의 강화와 천인체계 완선 방법 ·· 268
    제3절 천인체계의 강화와 완선이 송대 이후 원림경계에 미친 영향 ····················· 279

찾아보기 ·· 324

04 사대부인격의 완선과 중국고전원림의 흥기작용

제1장 중국봉건사회 형태의 특징과 사대부인격 완선의 의의 ·················· 3
제2장 사대부인격완선에 대한 중국고전원림의 작용 ·················· 31
제3장 송명이학의 중대한 의의 중 둘째인 인격관·우주관·원림심미 삼위일체의 고도 강화 ·················· 67
  제1절 공안낙처孔顔樂處 — 이학理學의 인격이상과 그것이 생겨난 역사적 필연성 ·················· 71
  제2절 이학 중건과 이상인격의 강화 방법 ·················· 94
  제3절 공안낙처孔顔樂處와 송대 이후의 원림미학 ·················· 113

05 중국사대부의 사유방식과 중국고전원림의 사의寫意기법

제1장 중국고전원림에서 사의의 운용 ·················· 147
제2장 중국사대부 사유방식의 특징과 그 형성 원인 ·················· 175
제3장 송명이학의 중대한 의의 중 셋째인 전통사유방식의 고도·강화·완선이
      원림의 사의에 미친 영향 ·················· 199
제4장 사의가 중국사대부 문화예술에 차지하는 보편적 의의 ·················· 242

06 중국고전미학에서의 중화中和원칙과 중국고전원림의 조경예술

제1장 중화 — 중국고전미학 방법론의 기본원칙 및 그 정제와 반제 ·················· 313
제2장 고전원림예술에서 중화의 실현 - 풍부·조화·완정이 구축된 경관체계 ·················· 337
  제1절 중국고전원림 경관요소의 분류와 조합 ·················· 341
  제2절 중국고전원림예술의 공간원칙과 기법 ·················· 393

찾아보기 ·················· 426

07 중국전통문화체계의 높은 자아완선이 원림문화에 미친 영향

제1장 동진 시기에 초보적으로 확립된 사대부 문화예술체계 ·················· 3
제2장 송대 원림의 전형적인 의의 중 둘째인 호중壺中은
　　　고도로 완선된 사대부 문화예술체계 ·················· 21

08 중국고대문화체계와 중국고전원림체계의 종결

제1장 '호천'에서의 탐닉과 '천인'체계의 분산 ·················· 155
제2장 은일문화의 필연적 침윤 ·················· 215
제3장 졸재·나원과 사대부 인격의 융해 ·················· 251
제4장 전통사유방식과 사의예술의 자체소멸로 인한 원시사유로의 복귀 ·················· 307
제5장 이면으로 향하는 예술변증법과 중국고전원림·건축예술의 쇠퇴 ·················· 361

결　　론 ·················· 446

찾아보기 ·················· 449

02 중국봉건사회 형태의 특징과 중국고전원림 발전의 역사가 형성된 원인

제1편에서 이해하였듯이, 중국고대 사대부원림은 위진(魏晉)시대에 흥기한 이후에도 신속하게 발전하여 황가원림이나 사원원림의 탄생에도 큰 영향을 끼쳤다. 이 때문에 중국 고전원림발전의 중요한 과정을 설명하면, 사인원림의 미학주지와 예술방법은 매우 중요한 위치를 차지한다.

원림이 사대부계층 생활에서도 중요한 의의를 쉽게 볼 수 있는데, 위진(魏晉) 이후 역대사대부들 중에 원림을 좋아하지 않았던 사람은 거의 없었다. 따라서 그들이 원림예술과 원림생활을 묘사한 시문은 실로 매우 많이 장서에 남아있다. 중국 사대부 원림이 근 2천 년의 긴 세월 동안 성행하여 쇠퇴하지 않은 것도 홀로만 이루어진 현상은 아니다. 이와 유사한 전원시(田園詩)나 산수시(山水詩)와 산수화(山水畵) 같은 것들도 사인문화에서 매우 중요한 위치를 차지하여 원림과 함께 사대부 '은일문화'에 조성된 부분이다.

중국고대사회가 계속되면서 은일문화가 충실하게 완선해짐에 따라 최후에는 원림(園林)·시문(詩文)·회화(繪畵)·품명(品茗)·음식(飮食)·금기(琴棋)·담현(談玄)·두선(頭禪)·어가(漁稼)·유상(游賞)·강학저술(講學著述)·수장품감(收藏品鑒)에서부터 병이 생기고[生病], 게으름을 기르는 것[養懶]까지도 은일문화에 포함되어 매우 방대해졌지만, 이런 것들도 높은 수준으로 문화체계를 형성하였다.

세계문화에서 지식인들의 전원생활과 관련되는 예술창작은 모두 개별적인 것이 아니지만 이런 모습은 중국고대 사인원림이 모든 문화에서 이처럼 중요한 위치를 장기적으로 점유한 예는 매우 보기 드물다. 원림이 많은 문화부문과 하나로 완정하게 구성되어 풍부한 '은일문화' 체계에 내포된 것은 더욱 드물다.

중국고전원림의 형모를 이해한 후에는 중국 봉건사회형태에 결국 독특하고 필연적인 원인이 있어서, 사대부원림과 사대부은일문화가 모든 사회문화체계에 점유하는 것이 이처럼 중요한 가? 긴 역사 과정에서 이처럼 높은 수준으로 발전해야 하는가? 등의 문제를 가장 먼저 만날 것이다.

제 1 장

중국봉건사회 구조*의 특징을 결정하는 사대부계층과 집권제도의 관계

* 중국봉건 사회 구조는 봉건적 생상양식을 바탕으로 봉건 귀족과 농노(農奴)를 기본 계층으로 하여 지배하고 지배받는 사회 구조인데, 이런 구조에서 사대부들이 상대적으로 독립할 수 없었기 때문에, 사대부들은 원림 내에 방대하고 완정한 은일문화체제를 갖추어서 높은 수준으로 발전할 수 있었다.

◁ 중국 봉건사회 풍자그림

4

　중국봉건사회[1] 구조의 기본특성은 통일된 종법[2]대제국과 군주집권제도가 진秦나라 이후에 2천 년 동안 처음부터 끝까지 지속되었던 점이다. 이것은 사회형태의 요소 가운데 경제·정치·윤리 혹은 문화예술을 막론하고 모두가 황제권력의 지배 아래에서는 결코 독립적으로 발전할 수 없었다.
　이는 개인적인 우연한 원인에서 나타난 현상이 아니고, 경제가 사회생활의 토대가 되면서 뿌리를 내렸기 때문이다. 부축부傅築夫 선생이 중국봉건경제와 유럽봉건경제를 비교하여 현저하게 다르다고 말했다.

유럽은 봉건시대에 사회경제구조가 분산되어, 성시城市와 장원莊園이 두 개로 분립한 체계일 뿐 만 아니라 하나의 성시와 장원마다 모두 스스로 독립된 체계를 이루었는데 심지어 경제부문도 홀로 확립되었다. 따라서 중세기 유럽은 지방경제만 있고 국가경제는 없었다. 중국의 장기적 봉건시대에는 경제구조가 시종 통일되었다. …… 그 결과, 성시와 농촌 뿐 만 아니라 두 개가 서로 분리되지 않은 경제단위이고, 전국 범위 안의 각 경제구역과 각 경제부문도 서로 섞여서 국민경제의 전체에서 일종의 통일된 국민경제체계가 형성되었다. 이것이 중국경제구조의 중대한 특징의 하나이다.❶

❶ 『중국경제사논총(中國經濟史論叢)』, p.331.

　그리고 중국봉건사회의 정치관계나 전반적인 상부구조[上層建築][3]도 이런 기초 위에서 생겨서 함께한 것이다.

　중국봉건제도는 매우 일찍이 상당히 높은 수준으로 발전하여, 이 제도는 경제기초에서 상부구조에 이르기까

제1장 중국봉건사회 구조의 특징을 결정하는 사대부계층과 집권제도의 관계

지, 매우 일찍이 형성되어 완전히 갖추어서 엄밀하고 복잡하여 봉건규범을 포함하지 않은 것이 없는 '왕제 王制'가 정치적 이론을 근거로 하여 실시되었는데, 이는 완비된 국가기관일 뿐 만 아니라 엄밀한 사회제도이다. 그 구속하는 역량이 특별히 강한 것은 경제적·정치적·법률적·종교적·윤리적 등의 모든 물질과 정신적 권위역량을 섞어서, 종법제도·예법정교·습관전통 등을 통하여 모든 사람들을 모두 봉건이라는 그물 안에 속박하고 일체 사물 모두를 봉건이라는 체인 위에 얽어매기 때문이다. 봉건제도에서 요구하는 것은 천자나 제후·경대부에서부터 노복·문지기와 야경꾼에 이르기까지 그 작위와 봉록·봉양·궁실·수레와 복장·상사·제사·사망과 출생제도에 각각 차등을 두어 작은 것이 큰 것을 뛰어넘지 못하고, 천한 것이 귀한 것을 넘보지 못하게 하는 것이다.❶

❶ 『중국경제사논총(中國經濟史論叢)』, pp.334~335.

결론적으로, 사회조직과 사회생활에서 가장 세미한 부분도 집권제도로 엄격하게 제약해야만 존재할 수 있다. 이런 특징은 사대부가 정치에 종사하거나 문화 활동을 하는데 중요한 장소인 성시城市에서 더욱 두드러지게 나타난다.

유럽에서 …… 성시는 본래 자치권의 자유와 독립을 갖춘 성시이고, …… 때문에 성시가 형성되었고, 동시에 봉건제도가 분해되기 시작하여 봉건제도가 존재해야할 일체의 조건을 부정하였으며, 중요한 것은 모두 이 성시에서 경세제민經世濟民하는 데에서 태어나서 자라고 성장한 것이다. ……
중국에서 성시는 봉건제도의 직접적 규제를 벗어난 적이 없었고, 자치적이며 독립적으로 발전한 성시도 없다. 그리고 봉건제도가 중요한 부분으로 조성되어, 봉건제도가 실시되어 중심부를 통치하였다. 이와 같은 성시는 봉건통치체계에 긴밀하게 결합하여 이 체계 안에 있다.❶

❶ 『중국경제사논총(中國經濟史論叢)』, pp.373~374.

6

'넓은 하늘 아래에 왕의 땅이 아닌 것이 없으며 모든 땅의 물가에 왕의 신하 아닌 자가 없다[溥天之下, 莫非王土; 率土之濱, 莫非王臣]'는 정치원칙 아래에서는 하나의 성시를 맡기거나 주민에게 맡기는 것을 결코 허용할 수 없고, '왕제[王制]'를 벗어나서 자유롭게 살 수 있어야 자유성시를 이루거나 자유롭게 사는 백성이 된다.❶

> ❶ 『중국경제사논총(中國經濟史論叢)』, p.335. 국내외 많은 학자들이 중국고대 성시의 기원(起源)·건치(建置)·격국(格局)의 특징을 연구한 것 중에서 부축부(傅築夫) 선생과 서로 유사한 결론을 얻을 수 있는 것으로, 예를 들면 진정상(陳正祥)의 『중국문화지리』p.72에 "중국 성의 발전은 정치적 영향을 크게 받았는데, 군사 방어가 다음이다. 상업과 교통의 수요는 모두 부수적인 것일 뿐이다." 참고로 볼 수 있는 것은 유위초(俞偉超)의 「중국고대도시규획의 발전단계성」『문물(文物)』1985년 제2기와 이윤화(李允鉌)의 『화하의장(華夏意匠)』제11장 「성시규획(城市規劃)」이다. 다른 예를 들면 호추원(胡秋原)의 『고대중국문화와 중국지식분자』pp.274~276에 더욱 주의하여 유럽봉건제도와 다른 중국봉건제도가 중국고대지식인에 대한 특징적 의의를 결정하였다. 아쉽게도 이런 근본적 제약관계와 전반적인 중국고대 지식인의 문화체계의 중다하고 구체적인 현상의 연관관계를 떠오르게 한 것이 없다.

이런 예에서 알 수 있듯이, 집권제도가 사대부 계층을 제약한 것은 중국봉건사회형태의 기본적인 특징 위에서 건립되었기 때문에, 개인의 의지나 역량을 초월하거나 벗어날 수 없는 것이다.

중국봉건집권제도에서 사대부계층을 제약한 것은 다른 계층을 제약한 것과 비교하면 더욱 중요한 의의가 있다. 이는 전반적인 봉건사회관계가 쇠사슬처럼 엮어져서 사대부계층은 황제의 권력과 연접되어 '넓은 하늘 아래[溥天之下]'와 ·'모든 땅의 물가[率土之濱]'에서 매우 중요한 일환이 되었지만, 이런 제압을 벗어나면 대통일종법제도도 다시 존재할 수 없기 때문이다.

대통일사상이 막 형성된 전국[戰國]시기 사람들은 '토士'에 대한 가치를 인식하여 긍정하거나 부정하지 않았다. 물론 『묵자·상현』에서 "현명하고 어진 이를 천거하는 것이 정치의 기본이다"4)하였고, 또 『한비자·오두』에서 "선비는 글로써 법을 어지럽히고, 협객은 무기로써 금지한 영을 위반한다."5)고 하였다.

여기에서 생각해야할 문제는 모두 사대부계층이 집권제도에 대한 이득과 손해에서 시작되었다. 그러나 집권제도가 사대부계층을 제약하는데 하루아침에 장애가 발생하여, 사회생활 전반적인 면에서 당장 폭발하려는 전면적인 위기를 만나게 되었다.

예를 들면 서한西漢 후기 이후에, 선비와 횡포를 부리는 지주들이 결합하자, 사대부들도 그 권세를 믿고 횡포를 부려서 차츰차츰 사회를 주도하는 지위를 얻었다.[6] 그러나 사대부들의 횡포가 과분하고 강대하게 빨라서 황제의 권력에 부속된 외척外戚이나 환간宦官들이 할 수 있는 정도를 넘어서, 결국 통치 집단 내부의 첨예한 충돌과 당고의 화[7]를 초래하였다.

이런 상황에서 통치계급 계층은 황권皇權・외척外戚・환관宦官・고문사족高門士族・한문사족寒門士族 등을 포함하여 한 사람도 예외 없이 심한 타격을 입었는데, 동한東漢왕조도 이 때문에 멸망하게 되었다.

그러나 동한 이후의 황권을 사대부가 제어하지 못하여 사회위기가 누그러지지 못하고, 서로 어긋나서 위진남북魏晉南北시기에 여러 차례 정치충돌을 초래하여 그 여파가 당대唐代에까지 계속 이어졌다.[8]

수당隋唐 이후에, 중국봉건정치체제가 향하는 기본지표의 하나는 황권皇權과 사대부계층 간의 안정되지 못한 관계를 결속하는 것으로, 황권을 운용하는 방법을 자각하게 되었다. 특별히 구품九品에서 선발하던 중정제도中正制度[9]와 실행하던 과거제 폐지를 통해서, 위진 이래 사대부들이 정부관리 선발권을 독점하던 횡포를 저지함으로써, 사대부계층을 제어하는 집권제도가 적절하게 실현되었다. 당나라 사람 유질[10]이 기재한 『통전・선거5』에서 다음과 같이 말했다.

수씨가 중정제도를 없애고, 인재선발을 고향에서 하지 않았기 때문에 시골에는 호족이 없고, 아울러 읍에도 의관이 없었으니, 사람들이 한 지역에 정착할 수 없어서, 경기지역에 모여 살았다. …… 오복❶ 안에, 정사가

8

조정에서 결정되어, 한 번 명령하면 면직할 수 없어서 반드시 이부에 귀속되었다.❷

❶ 오복(五服): 고대 중국의 행정구역을 말한다. 왕기(王畿)를 중심으로 5백 리마다 차례로 나눈 다섯 구역으로, 상고(上古) 시대에는 전복(甸服)·후복(侯服)·수복(綏服)·요복(要服)·황복(荒服)이라 하였고, 주나라 시대에는 후복·전복·남복(男服)·채복(采服)·위복(衛服)이라 하였다.

❷ 유질(劉秩), 『통전(通典)·선거5(選擧五)』. "隋氏罷中正, 選擧不本鄉曲, 故里閭無豪族, 并邑無衣冠, 人不土著, 萃處京畿, ……五服之內, 政決王朝, 一命免拜, 必歸吏部."

집권제도가 성숙해짐에 따라서 이후의 사인계층이 통치계급에서 갈수록 점점 더 큰 비중을 차지하여 어떤 사인도 매우 큰 권력을 잡을 수 있었지만,11) 사인계층이 집권제도를 제약하는 것 외의 정황은 다시 나타나지 않았다.

결론적으로 집권제도가 사대부계층을 제약하는 것은 사회형태의 특징으로, 필연적이며 객관적인 요구에서 생겼는데, 물론 이런 제약은 종법宗法·과거科擧·관제官制·정교문화政敎文化 같은 일반적인 방법을 통하였으며, 여전히 당고黨錮·당금黨禁·문자옥文字獄 등의 보충방법을 통하여 실현된 것은 모두 중국봉건사회조직이 정상적으로 운행되었다는 것을 보증한다. 이 사회를 보증하는 각 계층(사인계층인 자신을 포함)은 사회형태가 허락하는 범위에서만 생존하고 발전할 수 있었다.

그러나 사인계층의 절대제약은 집권제도와 사인관계에서 한 방면일 뿐이고, 상반되거나 상성하는 별도의 한 방면은 사회조직이 정상적으로 운행되는 것을 보증하는 것처럼 중요한 의의가 있다.

방대한 국민경제와 종법정치가 통일하는 데는 그 사회의 최고 통치자 인 황제의 권력이 반드시 통치계급과 전체사회의 이익을 대표하고 협조하며 개인이나 황실의 이익을 요구해야 하는데, 그렇지 않으면 통일된 사회형태는 법으로 유지할 수 없게 된다.

제1장 중국봉건사회 구조의 특징을 결정하는 사대부계층과 집권제도의 관계

그렇지만 이러한 객관적 요구는 본질적인 면에서 황권의 전제화專制化·독재화獨裁化와는 서로 모순되지만, 전제와 독재를 떠나서는 황권도 다시 존재할 수 없다. 이에 관하여 『한비자韓非子』의 「애신愛臣」·「주도主道」·「이병二柄」편 등에서 말한 것들은 분명하다고 할 수 있다. 이 때문에 황권의 전제와 전반적인 통치계급·전체사회의 이익 사이의 모순을 균형 있게 하는 것이 곧 중국봉건사회 형태12)가 지속될 수 있는 또 하나의 기본조건이다.

중국봉건정치계급에서 사대부계층만 황권과 전반적인 사회경제·정치체계와 심후하고 광범한 연관관계를 유지할 수 있기 때문에, 이들의 관계를 조절할 수 있다. 사대부의 이러한 조절작용을 떠나면 집권제도는 아래와 같이 마비될 것이다.

법은 독립하여 있을 수 없고 율례는 혼자서 행할 수 없으니, 이를 이끌 사람을 만나면 존속하는 것이요, 그 사람을 잃으면 없어진다. 법이란 다스림의 단서요, 군자란 법의 원천적인 존재이다. 그러므로 군자가 있으면 법이 비록 간략하다 할지라도 두루 다스려지고, 군자가 없으면 법이 비록 완비되었다 하더라도 앞뒤로 시행할 순서를 잃어 일의 변화에 대처할 수 없으니 어지럽게 될 것이다.❶

---

❶ 『순자(荀子)·군도(君道)』. "法不能獨立, 類不能自行, 得其人則存, 失其人則亡. 法者, 治之端也. 君子者, 法之原也. 故有君子, 則法雖省, 足以徧矣. 無君子, 則法雖具, 失先後之施, 不能應事之變, 足以亂矣."

따라서 조절하는 대상은 매우 방대한 사회체계이기 때문에, 이러한 임무는 본래 조절하는 자가 능동적인 큰 역량을 갖출 것을 요구한다. 또 사대부계층은 이중이익을 대표하기 때문에, 사회구조가 황권을 집행하기를 요구한다. 또 황

10

권을 억제하는 자는 통치계급 전체·장구한 이익과 전반적인 사회이익을 반드시 대표해야 한다.

순자荀子의 「군도君道」 뒤의 「신도臣道」 한 편에서, 사대부는 "도를 따르고 군주를 따르지 않는다[從道不從君]"고 하여, 집권제도에서 장기간 나라가 태평하고 사회질서와 생활이 안정되는 의의에 대하여 말했다.

임금에게 그릇된 계책과 잘못된 일이 있어 장차 나라가 위태롭고 사직이 끊어질 두려운 운명에 처했을 때, 대신이나 부형가운데 임금에게 나아가 아뢰어 채택되면 좋고 채택되지 않으면 물러나는데, 이것을 '간'이라 한다. 임금에게 나아가 아뢰어 채택되면 괜찮지만 채택 안 되면 목숨을 버리는데, 이것을 '쟁'이라 한다. 또 지혜를 합하고 힘을 뭉쳐 신하들과 모든 벼슬아치들을 거느리고 임금에게 강요해 바로잡고, 임금은 비록 불안하지만 듣지 않을 수 없어 마침내 국가의 큰 걱정거리가 해결되고 국가의 큰 해가 제거되어 임금을 존귀하게 하고 나라를 편안하게 하면, 이것을 '보'라 한다. 임금의 명을 거역하면서 임금의 권력을 훔쳐 임금의 사업에 반대하여 나라의 위태로움을 안정시키고 임금의 치욕을 제거함으로써 그 공적이 족히 국가의 큰 이익을 이루고도 남으면, 이것을 '필'이라 한다. 따라서 '간쟁'하거나 '보필'하는 사람은 사직을 지키는 신하이며 국왕의 보배이다.❶

> ❶ 『순자(荀子)·신도(臣道)』. "君有過謀·過事, 將危國家·殞社稷之懼也, 大臣父兄, 有能進言於君, 用則可, 不用則去, 謂之諫; 有能進言於君, 用則可, 不用則死, 謂之爭; 有能比知同力, 率群臣百吏而相與彊君撟君, 君雖不安, 不能不聽, 遂以解國之大患, 除國之大害, 成於尊君安國, 謂之輔; 有能抗君之命, 竊君之重, 反君之事, 以安國之危, 除君之辱, 功伐足以成國之大利, 謂之拂. 故諫爭輔拂之人, 社稷之臣也, 國君之寶也."

이러한 능동적 조절이 있기 때문에, 사대부계층이 독립적 지위를 벗어나거나 독립적 '지知'와 '역力'을 떠나면, 실현할 방법이 없게 된다. 춘추 이전의 '사士'는 대부분 종법 귀족 중에서 가장 하층이었고, 사 본인과 그 가족은 모두 어떤 한 경대부 종족에 직접 의지하여 그 봉읍封邑에서 자신의 경제적 출처를 삼았다.

이것이 이른바 "왕의 신하는 공이고, 공의 신하는 대부이며, 대부의 신하는 사이다."13)하고 "사와 대부는 상종이 있다."14)는 것이다. 이에 종법제도에서 사는 경대부卿大夫의 읍재邑宰나 가신家臣으로, 경대부만 책임지고, 그 이상의 종법제도를 대표하는 제후諸侯나 천자天子를 책임지지 않는 것도 "가신은 나라를 주재하지 못한다."15)했고, 사士가 국정國政에 참여하는 것을 결코 허락할 수 없어서, "가신이 되어서 공실을 확장하려는 것은 죄가 크다."16)고 하였다.

춘추시대 이후 전통종법제도가 해체됨에 따라 '사'는 원래 경대부 간의 종법혈친으로 삼는 통속관계와 분리되었고, 동시에 옛날의 '식전食田'을 잃어버렸기 때문에 봉록俸祿을 사대부 전신인 제후의 신사인新士人계층과 유대해서 의지하는 것으로 변하였다.17)

진秦왕조가 건립된 이후에 사대부와 전제국가 간의 이와 같은 통속관계가 완전히 고정되었다. 예를 들면 전국시기 제齊나라 직하稷下18)선생들이 대부의 작위를 비유하여, 대부는 정식관제에 있지 않지만 자유지식인들로, 나라 군주와는 사우師友관계이다. 그리고 직하稷下의 나머지 풍을 계승한 진秦나라 박사제도博士制度에서 박사는 태상太常의 속관이며, 집권정치체계 가운데 '관리官吏'이다.19)

진나라의 관제는 한漢나라 관제를 이어받아서 이후의 긴 세월동안 끊임없이 완선하게 발전함으로써 중국봉건정치구조의 골격을 형성하였다.20)

'사'가 이전에는 경대부 개인과 그 종족만 책임지던 것이 변하여 봉건군주와 국가를 책임지게 되었는데, 그 결과는 두 가지가 있었다. 첫째는 경제와 정치의 이중 속박 때문에 어떠한 집권제도의 제약에서 벗어날 수 없었다. 둘째는 사대부계층의 이익과 봉건국가의 이익을 한곳으로 묶었다.

사대부는 사회문화에서 가장 중요한 부분을 차지하기 때문에 그들을 어떤

계층과 비교하여도 국가이익의 의의를 알 수 있다. 따라서 사회조직에서 사인계층과 그들의 이론만이 비로소 황권을 실현하려는 이익을 억제하고 국가 이익을 대표하는 균형적인 상규[21]요소를 이룰 수 있다. 사인계층만 '도道'나 '인정仁政' 등을 추구할 수 있어서 전제제도에서 필연적으로 발생하는 사회위기를 연기할 수 있고, 위기가 지나간 후에 전제제도가 진행되는 과정에서 필요한 것을 재생할 수 있다.

통일된 종법대제국은 점점 집권체제를 따라가서 이들이 정상적으로 진행되면 더욱 이러한 억제와 균형을 벗어날 수 없어서, 사대부계층이 자신의 상대독립적인 '지知'와 '역力'을 집권제도에서 최대한도로 발휘하는 것이 더욱 필요하다.

중국봉건사회 후기에 한편으로는 전제체계가 끊임없이 강화되고, 다른 한편으로는 송명리학宋明理學이 "공자와 그의 제자 안연이 즐기던 곳[孔顔樂處]"과 "사람들은 모두 요순이라고 할 수 있다[人皆可以爲堯舜]"고 한 것을 전에 없던 규모로 추구한 것이 전형적인 예이다.[22]

결론적으로 말하면 중국봉건사회 형태의 기본특징은 그 집권제도와 사대부계층 사이에서 결정되는데, 그 관계는 반드시 이 둘이 서로 균형을 이루고 서로 의존하는 모순되는 면이 있다.

이 모순은 집권제도가 사대부를 제약하고, 사대부는 상대적으로 의지意志·도덕道德·인격人格·정감情感·심미審美 등을 독립하는 것이다. 이런 균형관계가 독립되기 전에는 중국봉건제도에서 자신을 성숙하게 실현시킬 수 없었다.

그러나 이 제도가 성숙해진 때부터 쇠퇴해질 때에는, 전통체계 내부의 조화를 유지하기 위하여, 사회구조는 이 둘 사이에 더욱 완선하고 더욱 정교한 균형관계가 건립되기를 반드시 요구하는데, 이것은 전반적인 사회·특히 통치계급에서 끊임없이 발전하는 모순과 위기를 더욱 효과적으로 조절하기 때문이다.

사인원림과 전체 사대부 은일문화에 대해서 말하면, 이런 균형이 생겨서 사회기초를 발전시켰다는 것을 알 수 있을 것이다.

중국봉건사회의 특징은 사대부계층이 독립된 지위를 갖추어서 결정되었고,

고도한 집권전제제도 통치하에서 어떻게 해야 이처럼 상대적인 독립을 보편적으로 실현시킬 수 있느냐는 것이 문제이다.

이런 경로에서 '도통道通'23)이 대표적인 것 중의 하나이다. 도통으로 집권제도를 직접 억제하고, 사대부의 지위를 향상시켰다. 전국 시기에는 선비가 가장 활약하였는데, 그들의 권력은 이론상으로도 충분히 인정하였다. 맹자孟子가 말한 것과 순자荀子가 말한 것을 예로 들겠다.

맹자가 제선왕에게 '임금이 신하 보기를 자기 손발같이 여긴다면, 신하는 임금 보기를 자기의 배와 마음같이 여길 것이고, 임금이 신하 보기를 개나 말같이 여긴다면, 신하는 임금 보기를 길 가는 사람같이 여길 것이며, 임금이 신하 보기를 흙이나 풀잎처럼 여긴다면, 신하는 임금 보기를 원수같이 여길 것이다.'❶

> ❶ 『맹자(孟子)·이루하(離婁下)』. "君之視臣如手足, 則臣視君如腹心, 君之視臣如犬馬, 則臣視君如國人, 君之視臣如土芥, 則臣視君如寇"

순자荀子도 아래와 같이 말했다.

군자는 도와 법의 총체이니, 잠시라도 멀리하지 못한다. 그것을 얻으면 다스려지고, 그것을 잃으면 혼란해지고, 얻으면 평안해지고, 잃으면 위태로워지고, 그것을 얻으면 보존되고, 그것을 잃으면 멸망한다.❷

14

❶ 『순자(荀子)·치사(致士)』. "君子也者 道法之摠要也, 不可少頃曠也. 得之則治, 失之則亂, 得之則安, 失之則危, 得之則存, 失之則亡."

선비는 바로 '도와 법의 총체'이다. 그들을 존경하는 것은 원래 권세 위에 존재해야 하기 때문이다.

큰 선비는 비록 가난한 마을·비새는 집에 숨어 살며 송곳을 찌를만한 땅이 없어도, 왕이나 공이 함께 이름을 다투지 못한다. 백 리의 땅을 사용해도 천 리의 나라를 지닌 군주가 더불어 승리를 다툴 수 없으니, …… 통달하게 되면 천하를 하나로 하고, 궁하면 홀로 서서 이름을 귀하게 하고, 하늘도 죽일 수 없고, 땅도 묻을 수 없으니, 걸왕이나 도척이 날뛰는 세상에도 더렵혀지지 않는다.❶

----

❶ 『순자(荀子)·유효(儒效)』. "彼大儒者, 雖隱於窮閭漏屋, 無置錐之地, 而王公不能與之爭名 ; 用百里之地, 而千里之國莫能與之爭勝. ……通則一天下, 窮則獨立貴名, 天不能死, 地不能埋, 桀·跖之世不能汙."

선비의 활약도 선비를 존중하고 양성하게 하는 풍조가 한 때에 성행하였다. '처사들이 마구 의견을 내세운[處士橫議]' 상황은 이후 중국고대정치에 심원한 영향을 끼친 적이 있다. 봉건집권정치체제에서 '법을 잘 지키는 신하와 임금을 잘 보필하는 어진 선비[法家拂士]'와 그들을 대표하는 '도통'은 황제의 권력을 합법적으로 억제하는 유일한 역량이었다.

그러나 "세상 넓은 천지에 왕의 땅이 아닌 곳이 없고, 사해를 따라 그 어디에 이르러도 왕의 신하 아닌 자가 없다."24)는 체제가 결정된 것은 황권을 억제하는 역량을 매우 제한한다고, 여영시余英時 선생이 다음과 같이 말했다.

강대한 중앙정부 아래에서, 귀족계급이 일찍이 소멸하여, 공상계급과 성시의 전매와 평준제도 때문에 자유롭게 발전할 방법이 없었다. 중국의 행회[동업조합]도 유럽의 길드[guild]와 함께 논할 수가 없다. 수·당이래, 행회에서 정부가 공인·상인단체를 억제하는 수단을 중요하게 여겼다. 종교세력 불교 같은 것도 승관제도를 통하여 중앙정부의 억제 아래에서 들어왔다. 중국은 전통적으로 사대부 계층을 대표하는 '도통'에 힘을 더하여 '정통'과 서로 맞먹는다. 그러나 '도통'이 결핍된 서양교회식으로 조직화 된 권위 때문에, 직접 '정통'이 발생하여 결정되는 것을 서로 제어하는 작용을 할 수 없다.❶

> ❶ 『가치계통(價值系統)에서 본 중국문화(中國文化)의 현대적(現代的) 의의(意義)』, p79. "在强大的中央政府之下, 貴族階級早就消滅了, 工商階級和城市則因專賣和平準制度而無法有自由發展的機會, 中國的行會也不能和歐洲的基爾特(guilds)相提幷論. 隋·唐以來, 行會主要是政府控制工商團體的工具. 宗敎勢力(如佛敎)也通過'僧官'制度而 納入中央政府的控制系之下. 在傳統中國, 只有士階層所代表的'道通'勉强加以與'正統'相抗衡. 但由於'道通'缺乏西方敎會式的組織化權威, 因此也不能直接對'正統'發生決定性的制衡作用."

심지어 집권제도가 형성되려던 전국시대에 이러한 특징이 분명하게 드러났다.

진 소왕이 남으로 초나라의 언과 영을 공격하여 빼앗고, 초 회왕 유가 진에서 죽었다. 진이 동쪽으로 제를

격파하고, …… 자주 삼진을 괴롭혔으나, 천하의 변사를 싫어하여, 믿을 곳이 없었다.❶

❶ 『사기(史記)·범휴채택열전(范雎蔡澤列傳)』, 秦昭王, "南拔楚之鄢·郢, 楚懷王幽死於秦. 秦東破齊, ……數困三晋, 厭天下辨士, 無所信."

진시황秦始皇의 분서갱유焚書坑儒에서부터 역대의 당고黨錮·문자옥文字獄에 이르기까지, 황권이 전제하고 독재하는 것을 사대부들이 어떤 형식이든 반드시 반대해야 했던 많은 예를 거론할 수 있다.

사인계층의 상대 독립은 사회구조에서 필연적이며 객관적으로 요구되었다. 집권제도의 성질도 직접적이며 적극적 방법에서 결정되어 실제로 나타나는 정도는 매우 한정되었다. 사대부계층으로 하여금 고도로 발달한 방식을 찾고 만들게 함으로써 자신이 독립하여 사회제도에 도달하는 데 필요한 점을 보증하는 방식이 곧 은일문화이다.

원림 내에 포함된 중국사대부 은일문화는 이처럼 방대하고 완전무결한 체계를 갖추었으며, 매우 높은 수준으로 발전할 수 있었던 근본적인 원인도 이런 체제를 버리면, 중국봉건사회 구조가 사대부들이 독립하려는 거대한 요구를 실현시킬 수 없었기 때문이다.

그리고 중국고대 사대부 은일문화·원림, 심지어 한 폭의 산수화·한 수의 전원산수시 등이 자기만의 독특하고 풍부한 내함을 갖추고 있는 원인의 하나가 곧 사대부계층과 집권제도 사이에서 균형관계가 매우 발달했기 때문이며, 세계의 다른 민족문화에는 근본적으로 없는 것이다.

제1장 중국봉건사회 구조의 특징을 결정하는 사대부계층과 집권제도의 관계

01 봉건사회(封建社會): 중세 시대에, 봉건적 생산 양식을 바탕으로 한 사회. 영주와 농노를 기본계급으로 하며, 노예제사회와 자본주의사회의 중간 단계에 위치한다.

02 종법(宗法): 제사의 계승과 종족의 결합을 위한 친족 제도의 기본이 되는 법. 원래 중국 주나라 때에, 적장자 상속제 확립을 위하여 생겨난 제도이다. 우리나라에는 삼국 시대 초기에 전래되었으며 고려 말기에 일반화되었다. 조종묘의 제사, 공동 향찬, 복상(服喪), 동종 불혼 따위를 규정하고 있다.

03 상층건축(上層建築): 상부구조(上部構造)와 같은 말이다. 유물사관(唯物史觀)에서, 정치·법률·도덕·예술 따위의 관념 및 이에 대응하는 제도와 기관들을 이르는 말이다.

04 『묵자(墨子)·상현(尙賢)』, "夫尙賢者, 政之本也"

05 『한비자(韓非子)·오두(五蠹)』, "儒以文亂法, 俠以武犯禁"

06 여영시(余英時), 『중국지식계층사론(中國知識階層史論)·동한정권(東漢政權)의 건립과 사족대성(士族大姓)의 관계』에 자세하게 나온다.

07 당고지화(黨錮之禍): 중국 후한의 환제·영제 때에 환관들이 정권을 장악하여 국사를 마음대로 하자 진번(陳蕃)·이응(李膺) 등의 학자와 태학생들이 환관들을 탄핵하였으나, 도리어 환관들이 이들을 종신 금고에 처하여 벼슬길을 막아 버린 일이다.

08 진인각(陳寅恪), 『당대정치사술논고(唐代政治史述論考)』, pp.72~73. "동한 말년(東漢末年)부터 중원(中原)이 상란(喪亂)한 이후에는 학술중심이 경사(京師)의 태학(太學)에서부터 지방의 호족(豪族)으로 이전하였다. ……당대(唐代) 사대부 중에는 경학(經學)을 정종(正宗)으로 여기고, 박진사(薄進士)를 부야자(浮冶者)라 했는데 대개 북조(北朝) 이후 산동(山東)의 구가(舊家) 출신자들이다. 진사 출신으로 부화(浮華) 방랑(放浪)하는 것으로 유명한 자는 대부분 고종(高宗)·무후(武後) 이후의 군주가 등용한 신흥통치 계급이다.

09 중정제도(中正制度): 위 문제(魏文帝) 때 제정하여 남북조(南北朝) 시대까지 통용되었던 인재 선발제도. 군읍(郡邑)에는 소중정(小中正), 주(州)에는 대중정(大中正)을 두고 아홉 종류로 인물 평가를 하여 소중정에서 대중정으로 올리면 대중정에서는 이를 다시 검사한 후 사도(司徒)로 올린다. 사도는 또 이를 재심사해서 합격자를 상서(尙書)에 회부하여 선용하게 하였던 제도. 『위지(魏志)·진군전(陳群傳)』.

10 유질(劉秩; ?~?): 당나라 사람으로 지기(知幾)의 아들이다. 자는 조경(祚卿)이고, 벼슬은 낭주자사(閬州刺史)였다.

11 북송(北宋) 이후에 과거로 선발된 사람들이 심하게 증가하였다. 이런 사실이 하충례(何忠禮)의 「북송(北宋)

에서 확대한 과거취사(科擧取士)의 원인과 용관(冗官) 용리(冗吏)의 관계」『송사연구집간(宋史硏究集刊)』에 상세하게 보인다. 어떠한 사인이 매우 큰 권력을 잡을 수 있는지에 관한 예는『사고전서총목(四庫全書總目)』 19권,「태평경국지서제요(太平經國之書提要)」에서 남송(南宋) 상권(商權)의 막중함을 서술하였다. 아울러 조익(趙翼)의『해여총서(陔余叢書)』18권,「남송장수(南宋將帥)의 호부(豪富)」조에서 참고할 수 있다.

12 황권(皇權)이 전제(專制)하는 그 자체를 포괄한 봉건사회(封建社會) 형태(形態)를 말한다.

13 『좌전(左傳)·소공7년(昭公七年)』.“王臣公, 公臣大夫, 大夫臣士”

14 『순자(荀子)·예론(禮論)』.“士大夫有常宗”* 상종(常宗)은 영원히 끊어지지 않고 모시는 종가(宗家)이다.

15 『좌전(左傳)·소공25년(昭公二十五年)』.“家臣也, 不敢知國”

16 『좌전(左傳)·소공14년(昭公十四年)』.“家臣而欲張公室, 罪莫大焉” 후에 두예(杜預)가『좌전(左傳)·양공14년(襄公十四年)주』에서 이 제도를 형용하여 “士卑不得經達, 聞君過失, 傳告大夫”라 하였다.

17 이향평(李向平),「서주춘추시기(西周春秋時期)사계층(士階層)종법제도연구(宗法制度硏究)」,『역사연구(歷史研究)』1986년 5기, 참조.

18 직하(稷下): 직하란 직문 밑이라는 뜻인데, 전국시대 제나라 직하(稷下)에 모여 학문을 강론하던 학자를 이르는 말이다. 제나라의 수도인 임치성의 서문(稷門; 후직을 제사하던 곳이 가까웠기 때문)에 위치하던 관변학부. 기원전 221년 제나라가 진나라에 의해 멸망하면서 직하학궁은 없어졌다.

19 왕국유(王國維)의『관당집림(觀堂集林)』4권,「한위박사고(漢魏博士考)」와 여영시(余英時)의『중국지식계층사론(中國知識階層史論)』, p.72에 상세하게 나온다.

20 『한서(漢書)·백관공경표상(百官公卿表上)』·『후한서(後漢書)·백관지1(百官志一)』·『통전(通典)』19권「직관1(職官一)」에 상세하게 나온다.

21 농민전쟁 같은 비정상적인 역량은 상규(常規; 일반적인 규정이나 규칙)에서 제외된다.

22 이런 하나의 발전추세의 원인과 의의 및 송대 이후 원림에 미친 영향에 관해서는 이 책 제4편 제3장에 상세하게 나온다.

23　도통(道通): 사물(事物)의 오묘(奧妙)한 이치(理致)를 깨달아서 통(通)함

24　『시경(詩經)·소아(小雅)』, "溥天之下, 莫非王土; 率土之賓, 莫非王臣"

제 2 장

사대부 출처사은*의 모순과 은일문화의 발전

* 출처사은(出處仕隱): 출처는 출사(出仕)와 은거(隱居)이고, 사은은 벼슬에 나가는 일과 벼슬을 그만두는 일이다.

◁ 왕유(王維) 〈산수도(山水圖)〉 부분

22

제1절 춘추전국시대에 제기되어 양한시대에 성숙된 모순

은일문화의 목적은 사대부가 상대적으로 독립된 사회이상·인격가치·생활내용·심미정취 등을 보증하는 데 있다. 이러한 것은 은일문화의 발전초기에도 출出과 처處, 사仕와 은隱의 모순이 집중적으로 표현되었으며, 사인계층의 혈연종법제도에서 벗어나 집권국가에 제일 먼저 부속되는 것이 사대부 인생길에서 시종일관 가장 중요한 과제였다.

따라서 공자孔子·맹자孟子의 시대에도 이런 모순을 피할 방법이 없었다. 공자는 한편으로 "임금이 명하여 부르면 가마를 기다리지 않고 갔다"[1]고 했다. 이것은 "3개월 동안 임금이 없으면 두리번거리는 것 같았다"[2]는 것과 같은 것이다. 다른 한편으로 "도가 행하지 않으면 뗏목을 타고 바다로 간다."[3]고 했고, 또 "군자로다! 거백옥이여, 나라에 도가 있으면 벼슬하고 나라에 도가 없으면 재능을 감추고 물러난다."[4]고 말했다. 맹자에게 진자가 '옛날의 군자는 어찌해야 벼슬할 수 있었습니까?'하고 질문하자 맹자가 구체적으로 다음과 같이 대답했다.

벼슬자리에 나가는데 세 가지가 있고, 벼슬자리에 물러나는데 세 가지가 있다. 경의를 다하여 예로써 맞이하고, 건의하는 말을 받아들여 행하겠다고 말하면 나아가고, 예모는 아직 쇠하지 않았더라도 건의하는 말을 행하지 않으면 물러난다. 그 다음은 비록 건의하는 말을 아직 행하지 않더라도, 경의를 다하여 예로써 맞이하면 나아가고, 예모가 쇠하면 물러난다. 마지막으로 조반도 못 먹고 저녁도 못 먹어 굶주려 문 밖에 나서지 못할 때, 이금이 듣고서 '나는 크게는 그 도를 행할 수 없고, 또 그의 말을 따르지는 못했지만, 내 땅에서 굶주리게 한다면 이를 부끄럽게 여긴다.'고 하며 구제해 준다면 또한 받아도 좋다. 죽음을 면하면 그만이니 족할 뿐이다.❶

---

❶ 『맹자(孟子)·고자하(告子下)』, "陳子曰, '古之君子何如則仕?'孟子曰,

제2장 사대부 출처사은의 모순과 은일문화의 발전

所就三, 所去三. 迎之致敬以有禮, 言將行其言也, 則就之 ; 禮貌未衰, 言弗行也, 則去之. 其次, 雖未行其言也, 迎之致敬以有禮, 則就之 ; 禮貌衰, 則去之. 其下, 朝不食, 夕不食, 飢餓不能出門戶. 君聞之曰, '吾大者不能行其道, 又不能從其言也, 使飢餓於我土地, 吾恥之.' 周之, 亦可受也, 免死而已矣."

맹자상(孟子像)

사은출처는 사인이 정치이상의 실현여부를 결정하지 못하고, 게다가 그들의 봉록은 생사와 연계되어 경솔하게 거취를 결정할 수 없는 일이라는 것을 알 수 있다.

은일문화가 일찍이 사인의 독립된 지위와 함께 시작하지 못했지만, 쉽게 땅을 넓힐 수 있었던 원인은 진한秦漢이 통일된 집권국가로 건립됨에 따라, 맹자가 이른바 "벼슬에 나가는 세 가지, 벼슬에 물러나는 세 가지"와 "죄 없이 선비를 죽이면 대부는 물러가야하고, 죄 없이 백성을 죽이면 선비가 옮겨 가야한다."5)는 등의 말로는 거론할 수 없으며, 참으로 물러난다는 말은 할 필요도 없다.

유명한 예로 재상宰相의 아들 평통후平通侯 양운楊惲6)이 "당시 세상을 비방하며 신하의 예가 없다."7)고 파면 당하자 친구가 그에게 말하길, 대신大臣이 물러나 파면된 후에 "문을 닫고 두려워하였으니 가엾게 생각하는 뜻이다."하니, 양운이 크게 그렇지 않다하고 말하기를, "지금 어떻게 경대부의 법을 나에게 요구하는가! 내가 지금의 즐거움을 누리는 것은, 성인도 관여할 수 없는 것이다."하였다. 결과적으로 양운이 이 때문에 허리가 베어지는 벌을 받았는데, 죄명은 "큰 죄를 지어 사람의 도리가 없다."는 것이다.8) 여기에서 한 대漢代의 유명한 사대부의 운명을 쉽게 상상해 볼 수 있다.

예를 들면 한 무제 때 경학經學의 대가인 동중서董仲舒가 무제에게 건의한 "백가를 배척하고 오직 유술을 높여야 한다罷黜百家, 獨尊儒述"는 유학의 핵심인 음양오행 등의 학설을 결합하여 대 통일을 위해 정치하고 복무한 신유학이론체계인 금문경학9)을 창립하여, 유학이 이후 2천여 년 동안 통치지위를 다지게 되었다. 그러나 동중서는 도리어 이로 인해 곤액을 면하지 못하고, 도리어 죄를 받아 죽었다.10) 그는 「사불우부」에서 자신의 운명을 슬퍼하며 다음과 같이 탄식하였다.

몸을 바르게 해 때를 기다리나 죽을 날이 가깝다. 오랜 시간 함께하니 어찌 깨달을 수 있겠는가. 마음이 흐릿해지니 녹봉을 기약할 수 없네. 황망하고 편하지 않아 다만 치욕을 더하네. 어려운 일에 빠지지 않으려 노력하나 공연히 뿔만 꺾이네. 집 밖으로 나가지 않으면 거의 허물이 없을 것이다. …… 윗대의 맑은 빛을 보면 청렴한 선비는 또한 의지할 곳 없이 외로웠지만 돌아가지 않았다. 은탕에게는 변수와 무광이 있었고, 주 무왕에게는 백이와 숙제가 있었다. 변수와 무광은 깊은 연못에 자취를 숨기고, 백이·숙제는 산에 올라 고사리를 캐고 살았다. 성현들로 하여금 두루 다닐 틈을 주었다면, 더구나 온 세상이 함께 미혹했을 것이다. 오원❶과 굴원은 진실로 또한 다시 돌아보지 않았을 것이다. 또한 몇 명과 함께 멀리까지 유람하며 좋게 끝내지는 않았을 것이다. 멀다는 것은 아마 거친 길이어서 실천하기 어려운 것이다. 군자가 꺼리는 길이며 삼일 동안 제계하고 먹지 않는다. 천하가 다 어그러짐을 슬퍼함이여, 함께하지 못하고 돌아감을 슬퍼하네. 본래의 업에서 몸을 돌리는 것이여, 세상을 따라 순환하지 못하는 것 같구나. 비록 억지 부려 백 가지 이익을 얻으나, 다시 마음 정해 한 가지 선으로 돌아가는 것만 못하다.❷

동중서상(董仲舒像)

❶ 오원(伍員; ?~?): 춘추시대 초나라 사람, 사(奢)의 아들, 상(尙)의 아우, 자는 자서(子胥)이다. 아버지와 형이 모두 초나라 평왕(平王)에게 죽음을 당하자, 오(吳)나라로 도망하여 오나라 왕을 도와 초나라를 쳤다.

❷ 동중서(董仲舒), 「사불우부(士不遇賦)」『예문유취(藝文類聚)』30권. "正身俟時, 將就木矣. 悠悠偕時, 豈能覺矣. 心之忧欤, 不期祿矣. 遑遑匪寧, 祇增辱矣. 努力觸藩, 徒摧角矣. 不出戶庭, 庶無過矣. …… 觀上世之淸暉兮, 廉士亦莞莞而靡歸. 殷湯有卞隨與務光兮, 周武有伯夷與叔齊. 卞隨·務光遁迹於深淵兮, 伯夷·叔齊登山而采薇. 使彼聖賢其繇周遑兮, 矧擧世而同迷. 若伍員與屈原兮, 固亦無所復顧. 亦不能同彼數子兮, 將遠遊而終吉. 於吾儕之雲遠兮, 疑荒塗而難踐. 憚君子之於行兮, 誠三日而不飯. 嗟天下之偕違兮, 悵無與之偕返. 孰若返身於素業兮, 莫隨世而輸轉. 雖矯情而獲百利兮, 復不如正心而歸一善. ……"

동중서의 이 부賦는 다시 볼 가치가 있고, "비록 순수한 유학자를 위한 말이지만 근심하고 성급하고 좁은 뜻을 다하였다"11)하였고, 게다가 그 말로 인하여 하나의 중요한 변화를 시켰다.

진한秦漢 이전에 변수卞隨와 무광務光이 깊은 연못에 자취를 감추고, 백이·숙제가 높은 산에서 고사리를 캔 것과 혹은 오원과 굴원이 고향을 떠나 멀리 유람한 것은 현실정치의 속박에서 벗어나서 자기 독립적 인격과 이상을 유지하길 기대한 것이다.

그러나 진한 이후의 사인들은 전현들이 지나간 길은 이미 '거친 길이라 밟기 어렵다荒途而難踐.'고 말했다. 그들은 다만 전국시대 사인이 '임금을 백성같이 본다視君如國人.'· '임금을 원수같이 본다視君如寇仇.'는 권력도 잃어버렸고, "산림이여! 언덕과 땅이여! 나를 즐겁게 하는구나."12)고 한 것처럼 물러날 길도 없었다.

동중서는 어쩔 도리 없이 위의 '본업에서 몸을 돌이켜 마음이 하나의 선으로 돌아간다正心而歸一善'는 말로써 위안을 삼았지만, 이러한 이상은 사대부들의 운명에 실제로 어떤 이익이 있었는지 말하기 어렵다. 하지만 사마천은 "복을 먼저 취하지 않고, 처음부터 화를 만나지 않고 자연에 맡기면 마침내 하나로 돌아간다."13)고 하였다. 그러나 사마천은 이것으로 인해서 이릉李陵의 화14)를 면하지 못했다.

또한 예로, 양웅揚雄은 굴원에 대하여 "군자가 때를 얻으면 크게 행하고, 때를 얻지 못하면 거리낌 없이 한다. 때를 만나거나 만나지 못하는 것은 운명인데, 어찌 반드시 몸을 피하겠는가!"15)라고 말하면서, 그 자신이 나갈 길을 설계하였는데 "임금에게 이 사람(백이, 숙제, 굴원 등을 가리킴)들은 지혜가 연못 같다 하였지만, 나는 이것을 이상히 여긴다. 태현16)을 주관하여 완전히 없어진 뜻을 마음대로 하여 얽매이지 않는다."17)하였다.

그러나 이것도 한쪽이 원하는 것에 불과하다. 그는 적막함과 아울러 그로 하여금 '그물에 걸리지 않는다不卦網羅'는 생각이 들지 않게해야 하는데, 그는 도리어 정치투쟁에 연좌되어 하는 수 없이 투신하였는데, 요행히 죽음은 면했지

26

만 도리어 후대 사람들에게 비웃음을 받게 되었다.[18]

사실 양웅은 진한秦漢 이후 사인의 지위가 전국戰國 시대와 같지 않음을 분명하게 볼 수 있다. 그가 다른 사람들이 굽히거나 고인 물에 빠진 것을 조소한 말에 다음과 같이 회답하였다.

객이 헛되이 나의 바퀴를 붉게 하고자 하나 한번 넘어져도 붉은 색은 나의 겨레라는 것을 알지 못하는 구나! 지나간 것은 주나라도 해결할 수 없고, 많은 사슴이 다투어 달아나니 떨어진 것이 12, 합한 것이 6~7, 네 개로 나누고 다섯으로 쪼개져 전국이 되었다. 선비는 일정한 임금이 없고, 나라에는 정해진 신하가 없고, 선비를 얻은 자는 부자가 되고, 선비를 잃은 자는 가난해지고, 날개를 바로잡고 맹렬하게 하여 멋대로 하는데 있어서 선비가 혹은 스스로 전대에 가득 담고 혹은 뚫고 상하게 하여 도망간다. 이 때문에 추연이 거만함으로 세상의 자본을 취하였고, 맹가는 계속 곤궁하였으나 만승의 스승이 되었다. 지금 대한의 왼쪽이 동해, 오른쪽에 거수, 앞에는 번우, 뒤에는 도도가 있다. 동남이 하나의 위가 되고, 서북이 하나의 후가 된다. 안휘성에서 먹을 모으고 제도로 철을 저당 잡으며, 예악이 흩어지면 『시』·『서』로 기풍을 일으키고 세월을 느긋이 하여 오두막에 의지하며 맺는다. ……❶

양웅상(揚雄像)

❶ 「해조(解嘲)」,『한서(漢書)·양웅전(揚雄傳)』에 보인다. "客徒欲朱丹吾轂, 不知一跌將赤吾之族也! 往者周罔解結, 群鹿爭逸, 離為十二, 合為六七, 四分五剖, 並為戰國. 士無常君, 國亡定臣, 得士者富, 失士者貧, 矯翼厲翮, 恣意所存, 故士或自盛以橐, 或鑿壞之遁. 是故騶衍以頡亢而取世資, 孟軻雖連蹇, 猶為萬乘師. 今大漢左東海, 右渠搜, 前番禺, 後陶塗. 東南一尉, 西北一候. 徽以糾墨, 製以質鐵, 散以禮樂, 風以『詩』·『書』, 曠以歲月, 結以倚廬. ……"

양웅은 당시 사대부계층의 진퇴나 생사의 원인을 이처럼 치밀하게 말했다. 다만 끝 연에서 자신도 구할 수가 없었다고 한 것은 심각한 설명이다. 사대부

제2장 사대부 출처사은의 모순과 은일문화의 발전

의 출처사은은 가장 먼저 생활에서 실현해야할 문제였다. 사대부 주관상의 이익과 해로움을 어떻게 해야 침착하게 알아낼 수 있는지는 논할 수 없었고 생활에서 찾는 평형의 모순은 현실적인 방법 이전에 그들의 독립지위를 시종 보증할 수 없었다.

동방삭은 다른 방면으로 한 대漢代 사인의 경우를 설명하였다. 『한서·동방삭전』의 「자천서」에 다음과 같이 실려 있다.

13세에 글을 배우고, 삼동에 역사를 쓰고, 15세에 펜싱을 배우고, 16세에 『시경』·『서경』을 배워 22만 말을 외우고, 19세에 손오병법, 전쟁, 진 치는 도구, 징과 북을 치는 가르침을 배우고, 또 22만 말을 외웠다. 신의 나이 22세, 키는 9척 3촌, 눈은 구슬이 달린 것 같고, 이는 조개를 엮은 것 같고, 용기는 맹분 같고, 빠르기는 경기와 같고, 청렴하기는 포숙과 같고 신의는 미생과 같습니다. 이와 같다면 천자의 대신이 될 수 있을 것이다.❶

❶ 『한서(漢書)·동방삭전(東方朔傳)』「자천서(自薦書)」, "年十三學書, 三冬文史足用. 十五學擊劍. 十六學『詩』·『書』, 誦二十二萬言. 十九學孫吳兵法, 戰陣之具, 鉦鼓之教, 亦誦二十二萬言. ……臣朔年二十二, 長九尺三寸, 目若懸珠, 齒若編貝, 勇若孟賁, 捷若慶忌, 廉若鮑叔, 信若尾生. 若此, 可以爲天子大臣矣."

동방삭상(東方朔像)

이 글에서 동방삭이 벼슬하기 전에 자신감이 어떠했는지 볼 수 있다. 그러나 한 무제는 도리어 장난감 인형같이 그를 대하며 "매고와 집사람이 함께 좌우에 있으니 농담을 할 뿐이다."19)고 하였다.

동방삭이 결국 온 몸에 화를 면한 중요한 원인은 그가 무제의 심리를 잘 헤아려서. 농담 한 말에 대응한 것이 전통적인 관점에서 본다면, 동방삭을 '사士'라고 하기가 곤란했던 것이다. 때문에『사기史記・영행열전佞幸列傳』에 나열해서 넣었고, 그 뒤의「골계열전滑稽列傳」에도 있다.20)

반고가 또 동방삭 등은 "이론으로 내세울 근거가 아니다. 임금이 배우로 기른 것이다."21)고 하였다. "양웅 또한 동방삭의 말을 순수한 스승으로 삼지 않았으니, 행동도 순수한 덕이 아니었다."22)하였다.

자기의 장난감 인형과 같은 지위에 대하여 동방삭의 심중에는 고통이 가득했으니, 그의「비유선생론」에서 일찍이 지나치게 양생하는 선비를 상상하여 "깊은 산속에 살며 흙을 쌓아 집을 짓고, 쑥을 엮어 문을 만들고 그 사이에서 거문고 타며 선왕의 풍조를 읊으니 또한 음악으로 죽음을 잊는다."23)고 하였다.

이러한 소요는「차백리」에도 있는데 벼슬하던 배우가 은거하려고 나온 결론이다. "궁벽한 곳에 은거하며, 굴을 파 자신을 감추네. 마음껏 가까이 하며 뜻을 얻으나 수양산으로 고죽군을 쫓아가는 것만 못하네."24)라고 하였다.

이와 같은 환상과 원망이 당시 사대부들에게 있었지만 신선하지는 못했다. 그러나 다음의 말은 도리어 동방삭의 창조를 기록한 것이다.

동방삭이 말하기를 '삭과 같은 무리는 이른바 세상을 피해 조정에 있는 자이다. 옛 사람은 세상을 피해 깊은 산중에 있었다.' ……「거지가」에서 말하기를, '육지가 속세에 잠기니 세상을 피해 금마문에 있다. 궁전은 세상을 피해 몸을 보존할 수 있으니 어찌 반드시 깊은 산속 숲과 갈대 아래만 이렇겠는가!' 금마문은 환관의 관청 문이니 문 곁에 동마가 있어서 '금마문'이라 한다.❶

---

❶ 『한서(漢書)・골계열전(滑稽列傳)』, "朔曰, '如朔等, 所謂避世於朝廷間者也. 古之人, 乃避世於深山中.' …… 據地歌曰, '陸沈於俗, 避世金馬門. 宮殿中可以避世全身, 何必深山之中, 蒿廬之下.' 金馬門者, 宦署門也, 門傍有銅馬, 故謂之曰'金馬門'."

대통일국가의 건립으로 인해 사대부는 "수양산으로 고죽군을 쫓아간다."는 옛 길이 단절 되었다. 사인은 은일에 대한 필요성이 더욱 절박하여 객관적인 요구를 그들이 세워야했고, 처음으로 창조되어 나온 "옛 사람은 깊은 산으로 세상을 피했다."는 것과는 다르지만, 새로운 형식의 은일방식은 "세상을 피해 조정에 있다."는 것이었다. 이를 근거하면, 은일문화의 변천과 중국봉건집권제도의 발전 최초의 단계가 동시에 발생했다.

동방삭이 제기한 "조정으로 세상을 피한다."는 것이 매우 중요한 사상이지만, 그 방법은 도리어 임금 앞에서 조소에 응대할 뿐 이었다. 이는 많은 사인에게 멸시당해서, 모든 사대부계층에서 이 새로운 은일방식은 현실적으로 도달하기 어려웠고, 사仕와 은隱, 출出과 처處는 적합하게 통하기가 어려웠다.

따라서 한漢나라 사람은 "조정의 선비는 녹을 받기 때문에 들어가면 나오지 못하고, 산림의 선비는 명예를 얻기 때문에 가면 돌아오지 못한다."[25]하였고, "출처는 각각 득도하는 부분이니, 모든 초목에 비유하면 지역으로 나눌 수 있다. …… 두 가지는 각각 단점이 있다."[26]고 하였다.

사은출처는 사대부 인생에서 제일 큰 모순을 해결할 수 없었으니, 당시 사람들이 희극에 열렬한 것도 당연하다. 다만 배후에는 이전 서한西漢의 가의賈誼·동중서董仲舒·사마천司馬遷·동방삭東方朔·유향劉向·유흠劉歆·양웅揚雄에서부터 동한東漢의 풍연馮衍·최인崔駰·반고班固 등에 이르기까지, 많은 제일류의 철학가·사학가·문학가들은 모두 하나같이 자신의 순조롭지 못한 곤궁함과, 또 달리 출로가 없었던 고민을 써내려갔다. 그 가운데 허다한 슬픈 정서와 울적함은 솔직히 굴원의 작품보다 못하지 않다.[27]

원래, 한 제국의 번성과 건립에 대한 일체가 마음에 맞지 않았지만 강력한 토대위에 역량이 실행되었으니, 대통일제도 건립초기에는 그들의 이러한 본질적 특징이 이처럼 솔직하고 직설적이었다. 사회의 모든 제약요소의 존재를 고려하지 않고 남김없이 쏟아 낸 생명력은 매우 강성한 면이 있었기 때문이다.

사인계층이 집권제도를 제약해야할 필연성은 중국봉건사회형태의 기본적인 특징이 되어 빠르게 표현되었고, 이런 억제작용이 강렬할수록 집권제도를 제약하는 역량이 더욱 커져 사회의 균형을 깨트리는 파괴력도 극렬해졌다.

서한西漢 초기에 많은 사대부들이 개인자격으로 정치에 참여한 것과는 달리, 서한 후기 이후에는 사인과 횡포를 부리는 지주가 사대부와 결합하여 당시 정치역량을 이루었다. 신망28)이 크게 전복된 것은 사족士族이 반항하는 결과를 낳았다. 사족의 지지에 의하여 유수劉秀가 동한東漢 왕조를 세웠지만, 서한 이래 황제의 권력과 사대부의 모순도 확실하게 해결될 수 없었다. 황권은 외척과 환관에까지 사족과의 모순이 격화되었고, 사인의 마음에 들지 않을 정도도 강렬해졌다.

한나라는 중세 이래로, 환관을 내세워 제멋대로 하니, 이에 속세에서 몸을 숨겨 깨끗함을 사칭하며 기탄없이 말하는 것을 높다고 여겼다. 선비가 이렇게 말하지 않는 자는 나무꾼이나 목동일 뿐이라고 불렀다. 때문에 정치는 더욱 혼미해졌다.❶

❶ 『후한서(後漢書)·순한종진열전(荀韓鍾陳列傳)』. "漢自中世以下, 閹豎擅恣, 故俗遂以遁身矯絜放言爲高. 士有不談此者, 則芸夫牧豎已叫呼之矣. 故時政彌惛, 而其風愈往."

사대부 대표인물과 황제권력의 모순은 더욱 첨예해져서 더욱 많은 박해를 받았고, 그들을 원망하는 소리가 더욱 높아져서, "천하에서 왕창王暢29)과 이응李膺30)을 높은 선비로 여겨서, 모든 위태로운 말과 행동을 하는 무리들이 모두 그를 추종하여 따르기를 바랐으니, 오직 미치지 못할까 두려워한다."31)고 하였다.

제2장 사대부 출처사은의 모순과 은일문화의 발전

그들은 한漢 왕조에도 철저히 실망하였는데, 서치徐穉32)가 모용茅容33)에게 말한 것을 예로 들면, "내가 곽림종34)에게 알렸다. 큰 나무가 쓰러지려하면, 하나의 끈으로 지탱할 수 없는데, 무엇이 불안하여 조용하게 살아갈 겨를이 없게 하는가?"35) 하였다.

사대부의 영수인 곽림종 자신도 말하길, "내가 보니 하늘의 현상이 사람의 일이니, 하늘이 폐하는 것은 지탱할 수 없다."36)고 하였다.

이것은 정말 한 무제 시대 천하의 사인들이 일치하여 금마문金馬門 아래에 바퀴살처럼 모여서 옛 풍속을 완전히 무너뜨린 것이었다.

동한東漢 중기 이후에는 황권의 통제능력이 쇠락해지면서 사인계층의 마음을 떠났고, 전에 받았던 황권의 강력한 억제로 인하여 은일문화가 신속하게 발전하게 된 것이다. 제1편 제4장에 인용한 장형張衡의 「귀전부歸田賦」와 중장통仲長統의 은일환경의 세밀한 묘사는 서한과 동한 전기 때는 근본적으로 출현할 수 없었지만 현재는 드문 현상이 아니다.

이응이 고향으로 돌아가는 것을 취소하고, 양성산에서 사니, 천하 사대부가 모두 그 도를 고상히 여겨, 조정을 더럽다고 생각했다. 진번이 태위에서 해임되니, 조정과 재야가 이응에게 전념하자, 순상❶이 그 명예가 높아져 화가 이를까 두려워하여, 절개를 굽혀서 난세에 몸을 온전히 하고자 글을 써서 주며 말하길, '…… 곧은 도는 시대에 용납되지 않음을 알고, 산과 물을 즐거워하여 양성에 산다.'❷

---

❶ 순상(荀爽; 128~190): 이름은 서(諝)라고도 한다. 후한 영천(潁川) 영음(潁陰) 사람 자는 자명(慈明)이고, 순숙(荀淑)의 아들이다. 당고(黨錮)의 화가 일어나자 바닷가에 숨어 10여 년을 지냈다.

❷ 『후한서(後漢書)·당고열전(黨錮列傳)』, "(李)膺免歸鄕里, 居陽城山中, 天下士大夫皆高尚其道, 而污穢朝廷. 及陳蕃免太衛, 朝野屬意於膺, 荀爽恐其名高致禍, 欲令屈節以全亂世, 為書貽曰: '……知以直道不容於時, 悅山樂水, 家於陽城."

여기에서 더욱 주의해야할 가지는 이때 은일문화는 스스로 깨달아 노장老莊 사상을 이론의 기초로 삼아서 시작되었으니, 이로 인해 은일을 결정하여 사대부가 "절개를 굽혀 난세에 몸을 온전히 한다[屈節以全亂世]"는 것으로 자신의 은거방법을 삼았고, 사인의 사회이상·인격가치·우주관·심미관 등 문화내용의 기본발전추세를 전반적으로 수용한 것이다.

 노장철학은 무위無爲와 세상을 피하는 것을 주로 하였으니, 한 무제의 '백가를 배척한다[罷黜百家]'는 말이 나열되자, 곧바로 한漢나라 초의 반고班固가 일찍이 「난장론難莊論」을 저술하여서 반박한 것은 당연한 일이다.37)

 그러나 그 후의 정황은 이와 같지 않았다. 장형이 「귀전부」에서 분명하게 "노자가 남긴 교훈을 자각해서 점차 쑥, 갈대 사이로 수레타고 돌아가리라. 오현의 묘한 가르침을 퉁기며, 주공·공자의 책을 읊을 것이다."38)고 하였다. 노씨老氏는 결국 주공周公이나 공자孔子 앞에 배열되었다.

 대장군 등즐鄧騭이 마융馬融을 불러 사인舍人으로 삼으려했는데, 융이 처음에는 명에 응하지 않다가, 후에 배고픔과 곤궁함으로 인하여 "지금 세속에 굽힌 것이 조금 부끄러우나, 하늘이 주신 몸을 소멸하는 것은 거의 노장이 말한 바가 아니다."39)고 하였다. 채옹도 말하길, "마음을 편안히 하여 담담하게 고고함을 지키면 이루어 놓은 일을 지킬 뜻이 없어질 것이다."40)고 하였다. 마융·채옹은 당시 가장 저명한 경학가經學家이다. 그들은 벼슬하거나 은거하며 노장을 종지로 삼았다.

 이 말은 사대부의 상대적 독립을 언급한 것으로, 은일문화와 집권제도의 모순은 서로 연관되어서 최종적으로 회피하거나 두절할 수 없다는 것이다. 중국 봉건사회가 발전함에 따라서, 이 모순 사이의 균형관계에서 객관적 요구가 생겼으니, 조만간 자신의 중대한 의의를 표현해야 할 것이다.

제2절 위진남북 시대에 탐색된 은일문화의 전반적인 발전과정

동한東漢 중후기에 시작된 은일기풍은 위진魏晉 이후 사대부계층에서 보편적인 풍조를 이루었는데, 이것도 사대부원림이 이 시기에 신속하게 발전하게 된 문화의 배경에서 얻은 것이다. 위진魏晉 사인의 은일은 당시의 혹독한 정치투쟁이나 현학玄學이 성행했던 때와 관계된다. 이에 관해서 이미 자세하게 모두 논술했기 때문에 여기에서 더 말하지 않겠다.[41]

그러나 위진 이후 사인의 은일과 원림의 흥성함이 내포하고 있는 의미와 사대부가 자신의 생명과 인격가치와 사회이상을 끝까지 추구하는 것은, 자신은 물론 진한秦漢이래 집권제도에 대한 강렬한 반작용 때문인데, 다만 이런 반작용이 발생하게 된 원인은 여전히 집권제도의 특징에서 생긴 것이다. 이 때문에 집권제도가 사인을 절대적으로 제약하는 것과 사인이 상대적으로 독립하려는 모순 두 가지 사이에서 균형관계를 이루려는 객관적 요구가 형성되었다는 사실은 지적해야할 필요가 있다.

바로 이 때문에, 위진남북魏晉南北시기 사대부은일문화와 사가원림私家園林의 발전은 집권제도의 제약을 끝없이 벗어날 수 있었지만, 반대로 중국고대사회가 비교적 높은 단계로 발전하여 양한兩漢의 황권皇權과 사인士人 사이의 관계를 지양止揚하였다.

위진남북 시기 은일문화는 여전히 황권과 사인 사이에서 비교적 완전한 평형관계를 이루는 지름길을 찾으려 노력하였고, 이로써 봉건사회를 향한 성숙한 단계로 발전하는 전제조건이 되었다.

표면상으로 보면, 위진남북 시기 사인의 은일과 원림의 흥기는 선진先秦 사인의 독립된 지위에 대하여, 특히 장자 같은 생활과 철학의 복귀, "현학풍조를 흩트려서 맑은 물에서 씻거나, 혹은 높은 기를 밟고, 혹은 무성한 숲에서 편안히 하여, 도는 족히 가슴에 품고, 정신은 넓은 곳에 머물게 한다."[42]는 것과 같은 장자 언행을 추구하여 모방한 것이 당시에도 많아 다 셀 수가 없을 정도이다.

실제로 위진남북 시기 사인은 사은과 출처 사이에서 균형을 실현하였고, 철학이나 생활방식 방면에서 노력하여 진보하였으니, 이는 선진 사인들이 근본적으로 상상할 수도 없었던 일이었다.

바로 이때에 어떤 특정한 사대부가 말했는데, 반악潘岳 같은 사람은 권문귀족에 아첨하여 길에서 무릎을 꿇었으나, 도연명陶淵明 같은 사람은 오두미五斗米43)에게도 허리를 굽히지 않고 물러나 전원에 은거하였으니, 당연히 그 품격의 고하가 서로 관련된다.

다만 시대적인 면에서 말한다면, 사대부들이 출처하고 사은하는 선택은 심혈을 기울이고 힘을 다하여, 출사하거나 은거하며, 벼슬하거나 숨는 사이의 변환이 빈번한 까닭을 개인의 인품에서 원인을 찾아서는 안 된다는 것은 틀림없는 사실이다.

실제 이런 것들은 모두 중국봉건사회형태에 불과하다. 따라서 집권제도와 사인계층간의 관계가 성숙하지 않은 것으로부터 성숙해가는 과정을 탐색해야 하는데, 중국고대문화가 끊임없이 완선하게 된 과정에서 그 의의와 요점이 분명히 보인다.

위진 은일문화발전과정 자체를 말한다면, 그 핵심적인 문제도 어떻게 해야 사은과 출처 사이에 균형이 실현되느냐 하는 것이다. 이런 과정은 대개 정시正始44)·'죽림竹林'·서진西晉·동진東晉 시기로 구분할 수 있다.45)

'정시' 시기는 사마씨司馬氏와 조위曹魏정권이 점차 첨예하여 사인의 운명을 위협하였기 때문에 현학玄學을 세워 우주본체를 논하는 동시에, 왕필王弼같은 이는 은일을 매우 중시하여, 그가 『주역·둔괘』의 주 「초육효사」에서 "은퇴할 때, 나아가지 않으면 화를 입지 않고, 둔의 꼬리가 되니, 화가 미친다, 위험이 이른 이후에 행하면 위태로움을 면하기 어렵다."고 하였고, 또 「상구효사」를 주해하여 "우환에 얽히지 않으면, 주살이 미치지 않으며, 이로써 여유 있게 은퇴하면 좋지 않은 일이 없다."46)고하였다.

다만 왕필의 이 말은 여전히 옛사람들의 은일은 해를 피하여 몸을 온전히 하였다는 뜻을 중복한 것이다. 그러니 위진 은일문화의 특징을 이 시기에도 보여주지 못했다.

'죽림칠현竹林七賢'은 위진魏晉 왕조가 바뀔 무렵의 은일문화를 대표한다. '칠현'들은 자신이 원림산수에서 놀며 감상하고, 막힘없이 소요하며, 일거일동을 편안히하면서 당시 험악한 정치 그늘에서 벗어나기를 희망하였다. 사적史籍에 허다하게 그들은 "너를 거느리고 서로 이끌어 들판을 보니, 유랑하는 형세를 다하여, 멀고 가까운 것에 상관 않고, 더러는 해를 넘기고 돌아간다."47)하였고, 또 "정에 따라 뜻을 마음대로하고, …… 기뻐하며 정신을 열고, 손을 끌어 숲으로 들어간다."48)고 기술한 것들이 있다.

그러나 그들이 산림에서 어떻게 유랑하며 정신을 널찍하게 깃들였는지는 논하지 않았고, 심지어 혜강嵇康이 가장 격렬하고 직설적인 말로 자기를 표명한 "비록 황금재갈로 장식을 하고 잔치를 열어 맛있는 고기를 먹는다 해도 더욱더 드넓은 숲을 그리워하고 우거진 풀밭을 생각할 것입니다."49)고 한 결심도 그러하다.

다만 출처나 사은이 포함한 '자연自然'과 '명교名敎'의 모순은 여전하여 그들이 남들을 초월하거나 혹은 피할 수 있었던 것도 아니었다. 따라서 완적阮籍이 비록 "산수에 올라 감상하고 해가 지도록 돌아감을 잊는다. 많은 것을 널리 감상하니, 더욱 노장老莊을 좋아하게 되었다."50)고 하였지만, 결과는 도리어 "마음대로 홀로 수레타고 지름길을 경유하지 않고 수레자취 다 한 곳에서 문득 통곡하고 돌아온다."51)고 했다.

이와 유사한 예로 또 유령劉伶이 나와서 놀자 "남에게 삽을 메고 따르게 하고, 이르기를 '죽으면 나를 묻어라.'고 하였다."하였다.52) 그러니 혜강의 결과는 당연히 더욱 참담하고, 그는 다만 죽림의 동산 가운데서 '물 위에서 노를 젓고' '유유하게 생을 마친다'53)는 이상을 실현하지 못한 것은 아니지만, 도리어 사마씨司馬氏정권에 의지했기 때문에 동시東市에서 죽임을 당하였으니, '죽림'의 은일도 종결을 고하였다.

'죽림竹林'의 시기는 이렇게 짧았지만, 중국문화역사상에는 도리어 두드러진 위치에 있었다. 이는 사대부계층이 집권제도·사仕와 은隱·자연·명교 등과 중국봉권사회에서 중대한 의의를 지니는데, 이러한 모순들이 오랜 기간을 거쳐서 숙성되었기 때문이다.

특히 동한東漢 중후기를 지나며 이런 모순이 촉진되어 '죽림'시기에는 격화될 정도에 이르렀으니, '칠현'이 구학에 자취를 감춘 진정한 의의는 그들이 원림산수에 대한 고상함에만 있는 게 아니라, 후면에 있는 일련의 "저는 매번 탕왕湯王과 무왕武王을 비난하고, 주공周公과 공자孔子를 경시해왔다."54)는 것이다.

이는 "임금이 없으면 모든 사물이 정해지고, 신하가 없으면 만사가 다스려진다. …… 임금을 세우면 포학이 일어나고, 신하를 배치하면 도적이 생긴다."55)는 이론이다. 이 이론이 집권제도에 대하여 회의를 느끼거나 부정할 수준으로 거듭된 것은 전에는 없었던 일이다.

동진 사람의 기록에 "죽림칠현의 명성은 사해에 들렸으며, 오늘날에 이르기까지 퍼져 있다."56)고 하였듯이 '칠현'은 당시의 영향이 이처럼 대단했다. 확실한 집권제도와 사대부계층이 상대적으로 독립하려는 사이의 모순이 오랫동안 맺힌 결과로 이 점은 혜강嵇康의 「산거원과 절교하는 글」에서 거론하여 허유許由·접여接輿·노자老子·장자莊子·동방삭東方朔으로부터 근세의 관영管寧57)·당시의 완적阮籍 등 많은 사인에 이르기까지 모두 화려한 면류관은 썩어 냄새가 나는 것으로 여겼다는 것을 증명하였다. '칠현'의 이론이나 생활방식을 사대부계층이 중국고대문화역사상에 끌어들였다고 언급하여 전대에 듣지 못한 격렬한 형식으로 표명하였다.

상술한 모순이 균형 있는 효과를 얻지 못했다면, 모든 사인계층은 어떠한 위험이 이르러도 복종하지 않았을 것이다. 이 때문에 이후의 사대부에 대해 말한다면, 그들은 한편으로 혜강嵇康·완적阮籍같은 사람들의 강렬한 독립의식을 끊임없이 따르는데서 인격과 정신상의 자양분을 공급할 수 있었고, 사대부의 상대적 독립을 더욱 효과적으로 유지할 수 있었다.

예를 들면, 유송劉宋의 저명한 학자 안연지顔延之58)같은 이는 매번 집권자에게 위반되는 행동을 해서 세상이 그를 용납하지 않았고, 그 후 또 남들에게 모함을 받고 쫓겨나자, "안연지는 매우 원통하고 분해서, 이에「오군영五君咏」을 지어서 죽림칠현竹林七賢을 서술하여, ······혜강嵇康을 읊어 '난새의 깃촉이 당시에 꺾였지만, 용 같은 본성을 누가 길들이랴?'하였다."59)

다른 한편으로는 '칠현'의 운명에서, 사대부의 왕임往任60)을 비유하면 언제라도 분명하게 볼 수 있다. '왕제王制'에서 사인의 상대적 독립은 반드시 집권제도가 허락하고 필요로 하는 한도 내에서 시행되었고, 그렇지 않으면 존재할 수 없었다.

이것은 사대부계층이 적극적으로 자각하여 자신의 상대적 독립을 완전한 집권제도체계에서 유효한 경로로 찾아들어 갈 것을 추진하였다. 따라서 이후의 사인에 대하여 말하면, '칠현'의 원림생활은 하나의 영원한 주제에 가까워, 봉건사회 후기에 이르러 이 주제는 이미 재차 이러한 의의를 뚜렷하게 나타내 보였다.

중당中唐 이후 사대부는 혜강嵇康이나 완적阮籍의 비평에 포함된 그들의 요구는, 사인의 상대적 독립과 은일문화의 자각과 더 많은 집권제도의 노력을 받아들이는 것이다.

예를 들면, 사대부 영수인 우승유牛僧孺61)가 말하길, "혜강이 마음대로 하고 남을 업신여겨서 관복을 없애 버렸으니, 예를 크게 잃었다. 예를 잃으면 도를 잃게 되나, 종회62)가 미워하지 않았고, 진왕이 형벌하지 않고자 하였지만 불가했다."63) 또 예를 들면, 만당 때의 관휴貫休가 완적을 회고한 것이 있는데 "수레 자취 다한 곳에서 문득 통곡하고 돌아온다."고 운명을 회고한 뒤, 자기는 정미함이 완비된 원림문화에서 칩거했기 때문에 이런 고통을 만나지 않은 것에 대하여 마음에 들어 했다. 다음의「산에 살다」는 시에서 이런 사실을 볼 수 있다.

石壚金鼎紅蕚嫩　　돌술독, 금솥에 붉은 연꽃 여리고

香閣茶棚綠巇齊	향기로운 집의 차시렁에 초록 봉우리 가지런하네.
塢燒崩騰奔澗鼠	마을이 불타 무너지니 시내로 쥐가 달아나고
岩花狼藉鬥山雞	바위에 꽃 낭자하니 산 닭이 싸우네.
蒙莊環外知音少	보잘것 없는 집 굴레 밖이라 아는 이 적지만
阮籍途窮旨趣低	완적이 막다른 길에 이르니 취지가 이르네.
應有世人來覓我	세상 사람이 와서 나를 찾으면
水重山叠幾層迷	물과 산이 중첩해서 거의 미혹됨이 쌓일 것이다.❶

❶ 「산거시24수(山居詩二十四首)」중21, 『전당시(全唐詩)』837권.

    이 책 뒤에서 상술한 변화의 의의를 알 수 있을 것이다. 집권제도에 대해 말하면 그것이 사대부계층 사이의 모순이 오랫동안 누적되어, '칠현'에 이르러서는 집권제도의 지위를 부정하는 수준으로까지 발전하였다. 이것은 객관적으로 가장 강렬한 요구였으며, 극소수 사인의 진압을 제외하면, 전체적으로 자신과 사대부계층의 관계를 조절하였고, 진한秦漢 이래 집권제도와 은일문화의 관계도 포괄적으로 조정하였다.

    집권제도가 허락하는 범위에서 은일문화를 진정으로 발전하게 하여 사회현실성을 이루었으나, 이상성과 개별성을 이루지는 못했다. 전체적으로 심후하고 일시적으로 조치한 문화체계가 아니어서, 사대부계층이 상대적으로 독립된 지위에 머무를 수 있게 하는 효과가 있었고, 집권제도의 필요한 제약에 대해 장기간 받은 압력 때문에 다시는 폭발하지 않았음을 보증했다.

    집권제도와 사대부계층은 모두 상대방의 목적에 적응하기 위하여 서로 자아를 조절한 것은 중국봉건문화가 미성숙했기 때문이고, 자각하여 성숙해가는 것도 자각의 중요한 일환은 아니었지만, '죽림칠현'은 중국문화역사상 사대부의 목적을 실현하기 위해 변화할 수 있는 계기가 되었다는 것에 의의가 있다.

    혜강嵇康이 처형당한 때부터 서진西晉 말까지가 위진魏晉 은일문화 발전의 제3

단계이다. 이때 중국봉건사회체제에 대하여 상술한 서로의 자아조절의 필요성이 신속하고 강렬하게 표출되었다. 한편으로 사마씨司馬氏정권은 '죽림칠현'에서 산도山濤·상수向秀·왕융王戎 같은 사람들과 혜강嵇康의 아들 혜소嵇紹를 높은 자리에 대우하여, 진 황실晉皇室의 유능한 보좌관으로 삼았다. 다른 한편으로 사대부들이 은일문화의 내용을 주동하여 수정하였다.

중산 혜강이 이미 처형을 당하니, 상자기❶가 군을 살피도록 낙양으로 들어가게 천거하니. 문왕이 불러서 묻기를, '그대는 기산에 뜻이 있다 들었는데 어찌하여 여기에 있는가?'하니, 대답하길, 소보나 허유처럼 강직한 선비는 크게 사모할 필요가 없습니다.'고하니, 왕이 크게 탄식하였다.❷
또 산도 같은 이는 "선목후가 중표친❸과 함께 있기 때문에 경제를 보았는데, 경제가 말하길, '여는 벼슬하고자 합니까?'하고 물었다.❹ 그러나 산도·상수같은 사람은 낙양에 들어갔으나 그들의 은일문화를 버리는 것을 흥미 없다 여겨서, 산도는 묘당 위에서 살면서 누차 표를 올려 물러나길 바랐다. 그의 아들 산간도 원지에서 유유자적한 것을 세인이 알았다.❺

❶ 상자기(向子期): 자기는 진(晉)나라의 문인 상수(向秀; ?230~280)의 자이다. 죽림칠현의 한 사람으로, 곽상(郭象)과 함께 초기 도가서인『장자(莊子)』에 신도가 경향의 주석을 단『장자주(莊子注)』를 썼다.
❷ 『세설신어(世說新語)·언어(言語)』, "嵇中散既被誅, 向子期舉郡計入洛, 文王引進, 問曰: '聞君有箕山之志, 何以在此?' 對曰: '巢·許狷介之士, 不足多慕.' 王大咨嗟."
❸ 중표친(中表親): 어머니 쪽의 친척(親戚)
❹ 『진서(晉書)·산도시(山濤詩)』, "與宣穆後有中表親, 是以見景帝, 帝曰: '呂望欲仕邪？'"
❺ 『진서(晉書)·산간전(山簡傳)』에 보인다. "山濤·向秀等人入洛幷不意味着他們放棄隱逸文化, 山濤居廟堂之上而屢屢上表求退, 其子山簡亦以優游園池而爲世人所知"

왕융王戎은 "진 왕실이 어지러워지자, 거백옥의 사람됨을 사모하여 ……비록 위치는 모든 정권을 주관하였지만, 관료의 녹봉에 관한 일을 맡았다. 간간히 작은 말을 타고, 곁문으로 나가 유람하니, 보는 자들은 그가 삼공인지 알지 못했다."⁶⁴⁾ 동진 사람들은 산도를 일컬어 "관리인데 관리가 아니고 은자이지만 은자가 아니다"⁶⁵⁾하였다. 이 말은 '죽림' 이후 은일문화의 특징을 가장 명백하게 말한 것이다.

다만 이때에도 동방삭이 말한 '세상을 피하여 조정에 있다'는 것과 '궁전이 세상을 피해 몸을 온전히 할 수 있는 곳이니, 어찌 반드시 깊은 산속에서, 쑥으로 만든 오두막 아래에 있어야만 하는가?'라고 한 것은 비로소 그 심원한 의의를 드러내 보인 것이다. 『문선』47권에 서진西晉의 하후담⁶⁶⁾이 쓴 「동방삭화찬」이 아래와 같이 실려 있다.

矯矯先生	우뚝하게 초탈한 선생이시여
肥遯居貞	은둔의 뜻 지니고 곧게 사셨네.
退不終否	은퇴해서도 불운의 말로 믿지 않았고
進亦避榮	벼슬길에선 영전의 길을 피해 살았네.
……	
涅而無滓	진흙탕에 머물러도 오염되지 않고
旣濁能清	혼탁한 속세에서도 맑게 살았네.
……	
染迹朝隱	행적을 더럽히며 조정에 숨었으나
和而不同	사람들과 어울려도 뜻은 달랐네.❶

❶ 하후담(夏侯湛), 「동방삭화찬(東方朔畵贊)」, 『문선(文選)』47권.

이선⁶⁷⁾이 장영서臧榮緒의 『진서』 주를 인용하여 "「동방삭화찬」은 당시에 중요하게 여긴 것이다."고 하여, '조정에서 은일하는 것[朝隱]'이 이때부터 은일문화의 주류가 되었다는 것을 알 수 있다. '조은'의 원칙이 확립된 것은 사대부원림을 왕성하게 일으킨 직접적이고 가장 유력한 동기가 된 것이 분명하다.

제1편에서 언급한 장화張華·석숭石崇·반악潘岳 같은 서진西晉의 명사는 한편으로 높은 관직에 뜻을 두었고, 한편으로는 또 구원丘園과 임수林水를 경영하는데 마음을 깃들이는 것이 전형적인 예이다.

이런 출처出處를 겸한 행동은 당시에는 매우 보편적이어서, 육기陸機나 육운陸雲 같은 이는 화려함에 얽혀서 스스로 빠져나올 힘이 없었다. 다만 「일민부」나 「일민잠」[68]을 계속해서 쓴 것에서 볼 수 있듯이, 자신의 뜻은 돌을 베고 흐르는 물에 양치하는 감정을 담은 것이다. 육기가 "누런 개천을 따라 띠를 이어 집을 짓고, 푸른 숲에서 살 곳을 정한다."[69]하였고, 육운이 "저 동산을 그리워하며, 길의 작은 것도 연구한다. 차가운 샘에서 즐거움을 생각하며 봄풀을 조금 딴다."[70]고 하였으니, 이는 더욱 그들이 원림생활에 마음을 기울인 것을 말한 것이다.

다만 '조은朝隱'원칙이 확립되고 사인원림이 따라서 흥하기 시작했다는 것에 더 큰 의의가 있다. 이로 말미암아 장기간 존재해온 집권제도와 사인이 상대적으로 독립된 지위를 유지하는 모순은 균형 있게 실현될 수 있었다. 이러한 균형을 이루는 자각과 요구는 상수向秀나 곽상郭象의 현학이론에서 표현되었고 그 이론의 주요취지가 형성되었다.

상수는 "유나 도가 하나이다."[71]고 하였다. 곽상郭象이 「장자주」에서 유나 도가 일치한다고 주장하여 자연에 맡기고 명교를 폐하지 않았다. 이에 대하여 선배학자들이 이미 자세하게 소개하고 분석을 다했다.[72] 여기에서 중요하게 지적한 것은 이러한 것이다.

만약 은일문화와 사인원림의 신속한 발전이 없었다면, 곽상이 말한 "성인이 비록 묘당 위에 있으나 그 마음은 산림 가운데 있는 것과 다를 바 없다."❶ "하는 일이 없다는 것은 팔짱끼고 침묵하는 것이 아니다." "세속

을 벗어나는 것은 산림에 숨는 게 아니다."❷

> ❶ 『장자(莊子)·소요유주(逍遙游注)』. "夫聖人雖在廟堂之上, 然其心無異於山林之中"
> ❷ 『장자(莊子)·대종사주(大宗師注)』. "無爲之業, 非拱黙而已", "塵垢之外, 非伏山林之中"

    이런 이론을 모두 말할 수 없다. 따라서 상수向秀나 곽상郭象의 현학玄學은 '죽림칠현' 이후의 사인생활과 이상을 묘사한 것에 불과하다.73)
    상술한 도리로 인하여 은일과 원림생활이 한걸음 발전하여 사대부계층의 독립성을 풍부하고 완전한 문화체계에서 용납할 수 없었다면, 사대부생활 각개의 미세한 부분까지 발전하여 문화와 유대관계를 이룰 수 없었으며, 또한 유교의 도와 '사은'을 일치시킬 수 없었다. 자연에 맡기고 명교를 폐하지 않는다는 원칙은 현학玄學의 이상이 변함에 따라서 봉건집권체제 내부를 균형 있게 실현할 힘을 유지할 수 있었다.
    은일문화가 풍부하고 완벽해진 것은 근본적으로 매우 중요한 역사적 필연성이 있다는 것을 충분히 알 수 있다.
    제1편 제4장에서 지적했듯이, 남북조 사인원림의 미학요지와 예술풍격은 위진 사인원림이 계속 이어진 것이다. 실제로 원림이 이러한 발전방향으로 결정된 원인은 즉, 남북조 사인문화는 위진 사인문화를 전반적으로 계승하였고, 여기에서 가장 주요한 것은 동진東晉 사인에 대한 이론과 생활방면에서 유교의 도와 사은을 나란히 계승한 것이다. 동진東晉 사인이 이 방면을 노력하는 사이에 더욱 조화되었다. 이론상으로 이때 나온 대규戴逵의 「방달위비도론」74)이나 손성孫盛75)의 「노담비대현론老聃非大賢論」76) 등은 특히 전통예교를 지키려는 논저를 크게 주장하였다.

제2장 사대부 출처사은의 모순과 은일문화의 발전

그러나 명사들이 예법을 제창하였지만, 현학도 버리지는 않았다. 그들은 모두 동진의 현학에서 중요한 인물이다. 『세설신어』 주의 기록을 예로 들겠다.

손성은 "의론에 뛰어났었다. 그 당시 중군장군 은호가 명성을 떨치고 있었는데 함께 격론을 펼 수 있는 사람은 다만 손성 뿐이었다."❶ 대규도 "많이 명문가의 풍류객과 교제했다. 구애받지 아니하는 은자라 칭해졌다.❷

❶ 『세설신어(世說新語)·문학(文學)』에서 『속진양추(續晉陽秋)』의 주를 인용하였다. "善理義, 時中軍殷浩擅名一時, 能與剧談相抗者. 唯盛而已."
❷ 『세설신어(世說新語)·아량(雅量)』에서 『진안제기(晉安帝紀)』의 주를 인용하였다. "多與高門風流者游, 談者許其通隱"

바로 이 때문에 동진 사인은 예전에 비해 더욱 자각하여 효과적으로 유교나 도교에 통달하기를 바랐기 때문에 그들이 말하길, 나아가서 벼슬하거나 물러나서 은거하든지 원림은 없으면 안 된다고 하였다.

『세설신어·문학』에서 사만謝萬77)의「팔현론八賢論」주를 인용하여 말했다. "출사하지 않는 것을 훌륭하다 했고 출사한 것을 나쁘다고 했다. 손작이 이것을 반대하고, 현오를 체득하여 심원한 것을 아는 자는 출사하건 하지 않건 간에 결국 마찬가지이다."라고 했다.78) '출사하건 하지 않건 결국 마찬가지이다'는 동진 사인생활이 전에 없이 체현되어, 대규戴逵·손작孫綽·사안謝安·왕희지王羲之 등은 사족관료士族官僚를 대표하거나, 혹은 예법을 지킨다고 스스로 자부한 자들이다. 그러나 서술하였듯이 그들은 모두 동진 은일문화와 조원가를 대표하였다. 곧 진말晉末 송초宋初의 원림명가인 사령운謝靈運도 "이 일은 명교를 위해 쓰는 것이고, 치도는 신묘한 다스림으로 높아진다."79)고 했다.

사령운이 '명교'와 '신리神理'를 하나로 통일시키는 까닭은 사은관계가 날로 성숙하게 된 덕택이다. 예컨대 그가 말한 사대부들의 은일은 결코 진정한 어부나 나무꾼을 만드는 것이 아니다. "나무꾼과 은자가 함께 산에 있지만 원래부터 하는 일은 다르다."80) 그가 위魏의 궁궐에 살 때도 자연에 대한 기억을 잊지 못하고 "옛날에 내가 경화에서 놀았으나 구학을 폐하지는 않았다."81)고 하였다. 그가 이런 말을 할 때는 동진東晉에서 송宋·제齊·양梁·진陳으로 바뀌는 시대였다.

진적에서 남북조 사대부가 유도와 사은을 일치시키려고 노력한 기술은 매우 많다. 상세하게 열거할 방법이 없기 때문에 유협劉勰의 '전신사조傳神寫照' 한 구절을 이용하여 개괄하겠다. "예전에는 높은 벼슬에 뜻이 깊어서 언덕에서 읊으니, 마음을 조이며 헛되이 사람 밖의 일에 얼마나 애썼는가!"82)하던 풍조가 날로 왕성해진 것은 은일문화와 원림의 신속한 발전과 서로 불가분의 관계가 되었기 때문에 단시간 내에 사람들은 은일이나 원림의 의의를 이론적으로 분명하게 인식했다.

범엽范曄83)이 유송劉宋 원가元嘉 때에 『후한서後漢書』를 찬술했고, 심약沈約84)은 남제南齊 영명永明 6년에 『송서宋書』를 집성했으니, 시대의 거리가 약 40년 정도 된다. 두 책에 있는 은일문화에 대한 논술을 비교해 보자.

『주역』에 이르길, "달아나는 때 의가 크다" 또 말하길 "왕후를 일삼지 아니하니 그 일이 고상하다." 이로써 요임금이 하늘이라 칭한 즉 영양의 높음을 굽히지 않으니, 무왕이 아름다움을 다해 마침내 고죽의 깨끗함을 온전히 하였다. 이로부터 풍류가 더욱 번성하였다. 오래가도 규칙이 다르지 않고 느끼고 표시하는 수가 하나가 아니었다. 혹은 은거로 뜻을 구하고, 혹은 회피로써 도를 온전히 하고, 혹은 자기를 고요히 하여서 조짐을 가라앉히고, 혹은 위태로움을 제거하여 그 안정을 도모하고, 혹은 속세의 때로 기개를 움직이고, 혹은 물건을 흠내서 깨끗함을 격렬히 한다. 그러나 가운데서 체념하고, 강해 가에서 초췌하면서, 어찌 반드시 고기

나 새와 친해지고, 숲 사이에서 즐거워하는가? 또한 이르기를 성질이 이르는 바 일 뿐이다.❶

은일을 말로 하면, 자취가 밖으로 보이진 않아서, 도는 알 수 없다고 한다. 만약 천 년 동안 적막하여 성인이 나오지 않으니, 큰 어진이가 스스로 어두워진다. 관리가 품계를 낮추었다면 몸을 온전히 하여 해를 멀리했을 것이다. …… 진실로 알겠다. 의는 오직 도를 어둡게 하니, 몸을 감추라는 말은 아니다. …… 현인의 '은'은 의가 깊어지면 스스로 어두워지니, 하조의 은일은 일이 사람과 어긋나는데 그쳤다. 논리의 자취가 이미 다르니, 원래의 마음 또한 다르다. …… 몸을 숨기기 때문에 '은자'라 하고, '도'를 숨기기 때문에 '현인'이라 한다.❷

---

❶ 『후한서(後漢書)·일민열전서(逸民列傳序)』, "遁之時義大矣哉" 又曰: "不事王侯, 高尚其事." 是以堯稱則天, 不屈穎陽之高; 武盡美矣, 終全孤竹之潔. 自茲以降, 風流彌繁. 長往之軌未殊, 而感致之數匪一: 或隱居以求其志, 或回避以全其道, 或靜己以鎭其躁, 或去危以圖其安, 或垢俗以動其槪, 或疵物以激其淸. 然觀其甘心畎畝之中, 憔悴江海之上, 豈必親魚鳥、樂林草哉? 亦云性分所至而已.
❷ 『송서(宋書)·은일전서(隱逸傳序)』, "夫隱之爲言, 蹟不外見, 道不可知之謂也. 若夫千載寂寥, 聖人不出, 則大賢自晦. 降夷凡品, 止於全身遠害. ……固知義惟晦道, 非曰藏身. ……賢人之隱, 義深於自晦; 荷蓧之隱, 事止於違人. 論蹟旣殊, 原心亦異也. ……身隱故稱隱者, 道隱故曰賢人."

드러난 것은 보기 쉬우니, 범엽이 말한 '은거로 그 뜻을 구한다.'는 것과 '위태로움을 제거해 안녕을 도모한다.'는 것들은 양한兩漢 이전 전통은일문화의 특징을 거슬러 올라가 탐구한 것이다.

심약沈約이 '신은身隱'과 '도은道隱'을 엄격하게 구별한 것은 위진魏晉이래 유도儒道와 사은仕隱을 일치시킨 새로운 은일문화의 형태를 총괄한 것이다.

따라서 동방삭이 '세상을 피하여 조정에 있다.'고 감동하여 분개한 말과 서로 비교할 필요도 없다. 이는 진晉나라 사람 곽상郭像이 "성인이 비록 묘당에 있으나 그 마음은 산림에 있는 것과 같다."85)고 한 말과, 왕강거王康琚가 "작은 은자는 산이나 물가에 은거하고, 큰 은자는 조정이나 시장에 은거한다."86)고 한 말들을 서로 비교해보면, 심약의 이론은 매우 엄밀하게 체계화 되었다.

심약이 원림의 번영과 은일문화 발전의 관계를 논술한 것은 더욱 중요한 가치가 있다.

홀로 가는 사람은 모두 편향된 개성을 이어받아 뜻을 꺾고 도를 굽히지 못하고 명예를 빌어 통하길 기약할 수 있다. 믿음을 주로 하는 것에 가치를 두면 때를 만나는 운이 어찌 마음을 강해에 놓고, 편안함을 취해 언덕에 오르니 대개 하는 수 없어서 그러는 까닭이다. 또 바위와 골짜기, 한가하고 먼 곳에 수석이 맑고 아름다우니 비록 여덟 겹의 높은 문과, 만장의 높은 성을 회복하더라도 흙을 쌓고 샘을 열어 숲의 연못과 비슷하게 하는 것만 못하다. 고로 송산 계수나무와 못을 아는 자는 본래의 즐거움에 그칠 뿐 아니라, 푸른 계곡 맑은 연못이 달라져 아름답게 바라보게 되었다. 동도에서 벼슬하는 것이 무슨 어려움이 있겠는가?❶

> ❶ 『송서(宋書)·은일전론(隱逸傳論)』, "夫獨往之人, 皆稟偏介之性, 不能摧志屈道, 借譽期通. 若使值見信之主, 逢時來之運, 豈其放情江海, 取逸丘樊, 蓋不得已而然故也. 且岩壑閑遠, 水石淸華, 雖複崇門八襲, 高城萬雉, 莫不蓄壤開泉, 仿佛林澤. 故知松山桂渚, 非止素玩, 碧澗淸潭, 翻成麗矚. 掛冠東都, 夫何難之有哉!"

심약의 입장에서 보면, 옛날의 접여接輿나 하조荷蓧의 장인丈人같은 은자들은 '천성이 지나치게 강직한 성격'만 추측할 수 있고, 다만 '믿음에 주안점을 두고, 때를 만나서 오는 운'만 있으며, '여덟 겹의 높은 문과, 만장의 높은 성'에 있으면서도 여전히 '한가로이 먼 바위와 골짜기, 수석水石의 깨끗한 아름다움'에 감정을 기탁하고 뜻을 붙일 수 있었으니, 이야말로 은일의 극치이다.

당시에 사仕와 은隱이 일치되어야 한다는 자각과 요구가 원림이 번영하는데 얼마나 적극적인 촉진작용을 했는지 알 수 있다. 사적에서 이와 같은 기술을 많이 볼 수 있다. 유송劉宋의 권문귀족들이 대은사大隱士이며 조원가인 대옹戴顒에게 예를 갖추어 존경한 것을 예로 들겠다.

형양왕 의계가 경구를 진압하여 장사 장소와 대옹이 인척의 두터운 정이 있어서 황곡산까지 와서 맞이하였다. 산 북쪽에 죽림정사가 있고, 숲 사이 계곡이 매우 아름다워 대옹이 이 산골에서 쉬니 의계가 그를 따라서 여러 번 놀았다.❶

> ❶ 『송서(宋書)·은일(隱逸)·대옹전(戴顒傳)』, 형양왕(衡陽王) 의계(義季)는 송무제(宋武帝) 유유(劉裕)의 아들로, 송문제(宋文帝)의 아우이다. "衡陽王義季鎭京口, 長史張邵與顒姻通, 迎來止黃鵠山. 山北有竹林精舍, 林澗甚美, 顒憩於此間, 義季亟從之游"

또 남제南齊 때의 예를 들겠다.

회계 공규의 집안에 원림을 만들었는데, 산천을 많이 만들어서 자연의 정취를 다하니, 제나라 고제의 아들 형양왕 소 같은 분이 와서 놀았다. 공규가 말하길, "전 아래 주문에 있다가 자달에서 노는데, 어찌 산인과 함께 교류하겠는가?"하고 물으니, 대답하길, "몸은 주문에 있고 정신은 강해에 놉니다. 모습은 대궐에 들어가도 뜻은 청운에 있다."고 대답하니, 대규가 매우 아름답게 여겼다.❶

> ❶ 『남사(南史)·제종실전(齊宗室傳)』. "會稽孔珪家起園, 多構山泉, 殆窮眞趣, (齊高帝子衡陽王蕭)鈞往游之. 珪曰, '殿下處朱門, 游紫闥, 詎得與山人交邪?' 答曰, '處身朱門, 情游江海, 形入紫闥, 而意在青雲.' 珪大美之."

양梁나라 간문제簡文帝의 아들 소대환도 자기의 뜻을 서술하였다.

북산의 북쪽에는 인간과 교제를 끊어 버리고, 남산의 남쪽은 세상의 속박을 뛰어 넘었다. 앞에는 언덕을 만들어서 물을 끌어 들여서 흐르게 하고, 들밭에 의지하고 평평한 언덕을 베개 삼는다. 무성한 숲에 달팽이집 짓고 그윽하고 깊거나 낮은 곳에는 담을 에워 쌓다.❶

> ❶ 『주서(周書)·소대환전(蕭大圜傳)』. "北山之北, 棄絶人間, 南山之南, 超逾世網. 面修原而帶流水, 倚郊甸而枕平皐. 築蝸舍於叢林, 構環堵於幽薄."

사대부계층은 자신의 은일문화가 집권제도체계에 조화되어 들어가야 한다는 점을 날로 자각한 동시에, 황제 권력도 갈수록 점점 더 깊이 사인문화를 흡수한 것은 은일문화의 성과이다. 이 두 가지가 서로 친화하도록 추진한 것은 남북조 문화의 중요한 특징의 하나이다.

'죽림칠현' 이후에도 사회구조가 집권제도와 사인계층이 서로 적응해야 한다는 목적이 진행되어, 자아를 조절하는 객관적 요구가 한걸음 진보하였다.

제1편 제4장에서 거론한 남북조 사인원림은 당시 황가원림이나 사원원림의

제2장 사대부 출처사은의 모순과 은일문화의 발전

발생에 중대한 영향을 미친 구체적인 사례도 이런 커다란 문화배경 아래에 있으니, 깊이 들어가야만 이해할 수 있다.

남북조에 황권이 사인문화를 전에 없이 광범위하게 자각하여 흡수한 것은 문학·예술·철학·종교·생활방식과 정취 등 모든 문화영역에 표현되었다. 이러한 내용을 상세하게 토론한 것은 이 책에 없지만, 여기에서 일반적으로 보이는 몇 가지 예만 거론하겠다.

동진 고문사족은 정권과 문화를 독점하여 백성의 하층 지주와 모순이 첨예화하였고, 이에 따라 황제의 권력이 서민출신의 유유劉裕에게 약탈당했다.

이렇게 궐기한 정치역량은 문화수준을 저하시켰다. 유유는 "자신은 본이 팽성이고 팽성 사람이라고 하는데, 혹자는 본래 성은 항인데 유씨로 고쳤다고 한다. 그러나 이 사실도 찾을 곳이 없다. …… 유유의 집안은 본래 가난하고 경구에 살면서 항상 신발을 파는 것이 가업이었다. 의지가 뚜렷하고 고집스러워서 가까스로 글을 알았다."87)고 하였다. 그들은 발달한 사족문화土族文化에 대하여 본능적으로 모순을 띠고 있었다.

유유가 "후정에는 호화로운 악기의 소리가 없다. 처음에 조정에 음악이 갖춰지지 않았다고 장사 은중문이 말하니, 제가 이르길, '날마다 눈 코 뜰 새 없이 바쁘니 또 음악을 이해할 수 없다.'고하자, 중문이 말하길, '자주 들으면 자연히 이해됩니다.'하니, 제가 '정사로써 음악을 이해하면 좋기 때문에 귀에 익숙하지 않다'고 하였다."❶

---

❶ 『남사(南史)·송본기1(宋本紀一)』. 劉裕"後庭無紈綺絲竹之音. 初, 朝廷未備音樂, 長史殷仲文已爲言, 帝曰, '日不暇給, 且所不解.' 仲文曰, '屢聽自然解.' 帝曰, '政以解則好之, 故不習耳.'"

은중문殷仲文은 진송晉宋 시기의 문벌사족정치와 문화를 대표하는 인물이다. 하지만 유유는 은문중의 권고를 듣고도 음악 감상을 좋아하지 않았고, 도리어 객기를 부려서 그를 정상에 돌아가지 못하게 하고, 나중에는 또 그를 죽였다. 이것은 송나라 초기의 최고 통치자인 유유가 사대부문화를 대하는 태도가 반영된 것이다. 이런 상황은 매우 빠르게 근본적으로 변화하여 일이십 년이 지나서 유송 왕조는 사대부문화에 은일문화를 포함하여 매우 열정적으로 표현했다.

송 문제宋文帝[88]가 당시 사인원림 집안이나 은자를 칭찬하여, 대응은 "뜻이 탄무에 있어, 향운에 특히 뛰어났다."[89]고 하였다. 그는 일찍이 사족관료인 양현보羊玄保의 두 아들에게 이름을 내려주고, "현보에게 일러 '경의 두 자식으로 하여금 숲 아래에서 비로소 여풍을 시작하고자 한다.' 하였다."[90]

송 명제宋明帝[91]는 남조에서 가장 잔혹하고 포악한 정치를 전횡한 황제 중의 한 사람이었다.[92] 그러나 그가 사대부 은일문화를 높이 평가하는데 조금도 영향을 미치지 못했다. 예컨대 사람들이 장서張緖를 칭하여, "유풍을 바로 시작함이 있다." 하였고 "송 명제는 장서를 볼 때마다 번번이 그 청담함에 탄식하였다."[93]고 하였다.

또 한 예로, 송 명제는 『주역』을 좋아하여 당시 한漢나라 만용曼容이 멋대로 지껄[擅言]인 현리玄理에 감복하여 "평소 풍채를 아름답게 여겨 명제는 항상 혜숙야[혜강]를 본받았고, 오나라 화가 육탐미에게 혜숙야상을 그리게 하여 하사했다."[94]하였다. 이전에 "항상 탕왕湯王과 무왕武王을 옳지 않다하고, 주공周公과 공자孔子를 깊지 않다."고 했기 때문에, 원수같이 여긴 혜강은 지금 다시 죽을 죄를 용서받았고, 결국 전횡하는 제도의 대표로 인정받아 특별한 명예와 중요한 임무를 받았으니, 이런 변화는 실재로 경시할 수 없는 의의가 있다.

유사한 예가 매우 많이 거론되었다. 예를 들면, 송 문제·제 태조齊太祖[95] 같은 이는 전문적으로 은자를 위하여 원관園館을 세웠다.[96] 하점何點[97] 같은 은자도 양무제[소연]를 대단한 예로써 공경하였다.[98] 또 도홍경陶弘景 같은 이는 제齊나라 때 조복을 벗고 녹봉을 사양하니 제齊나라 제帝가 물러나 은거할 것을 허락하였다. 그러나 뒤에 도홍경이 또 소연蕭衍을 위해 제齊를 대신하여 황제의 공력을 칭

제2장 사대부 출처사은의 모순과 은일문화의 발전 **51**

송하였기 때문에, 양 무제가 그를 대우하여 "은혜와 예가 더욱 돈독하다."하였고 "국가에 길흉 등이 있을 때마다 대사를 토론하였으니 미리 자문하지 않을 수 없다. 월중에도 항상 누차 서신이 있었으니, 당시 사람들이 '산중재상'이라 하였다. 이궁과 왕공귀족들의 알현과 문안이 계속되어, 증유贈遺99)가 지금까지 때에 맞지 않은 적이 없었다."100)

이런 상황에 이르자, 은일문화는 집권체계에서 없어서는 안 될 부분으로 조성되었다. 사대부의 노력은 자신의 상대적으로 독립된 지위를 집권체계와 더욱 적합하게 되기를 요망하였고, 따라서 황제의 권력은 사인문화를 마음에 새겨두고 잊지 않았으며, 동시에 다른 한 편으로는 이 두 가지의 친화를 촉진시켰고, 이런 두 구조가 조절하여 날로 자연스럽게 운행되어, 사대부계층과 집권전제체계 사이의 관계가 성숙해 나아가는 전제조건이 되었다.

수향(水鄕) 노신(魯迅)의 고향

제3절 초당·성당에 성숙된 사은출처의 균형관계가 원림 발전에 미친 영향

노신魯迅 선생이, 당시唐詩는 조정문학朝廷文學과 산림문학山林文學 두 가지 큰 부류로 나눌 수 있다고 하였다.101) 그가 중국문학사 당나라 부분 찬술을 준비할 때에도 1장의 이름을 '조정과 산림[廊廟與山林]'으로 정했다.102) 이것은 사대부의 사은과 출처 사이의 균형이 중국봉건문화가 이룬 정치적 융성에 실제로 어떤 중요한 의의가 있는지를 분명하게 말한 것이다. 동진東晉 때 조정과 산림에 관련된 유명한 고사가 있다.

사안은 처음부터 동산에 은거할 생각이었으나, 후에 출사하라는 엄명이 몇 차례 있어서 할 수 없어서, 비로소 환공(환온)의 사마로 취임하였다. 그 때 환공에게 약초를 보냈는데, 그 중에 '원지❶'가 있었다. 환공은 원지를 들고서 사안에게 물었다. "이 약초는 다른 이름을 또 '소초'라고 한다는데, 어찌 한 가지 물건에 두 가지 이름이 있는가?"하니, 사공은 즉시 대답하지 않았다. 그때 학륭이 앉아 있다가 얼른 대답하였다. "이것은 이해하기 쉽습니다. 땅속에 있을 때는 원지라 하고, 세상 밖에 나오면 소초라고 하는 것입니다."라고 말하니, 사안은 매우 부끄러워하는 기색이었다.❷

---

❶ 원지(遠志): 애기풀, 세초(細草), 영신초(靈神草)라고도 한다. 명나라 이시진(李時珍)의 『본초강목(本草綱目)』12권, 「초부(草部)」에 '이 약초를 복용하면 능히 지(智)를 익(益)하고 지(志)를 강하게 한다. 고로 원지라 칭한다'고 했다.

❷ 『세설신어(世說新語)·배조(排調)』, "謝公始有東山之志, 後嚴命屢臻, 勢不獲已, 始就桓公司馬. 於時人有餉桓 公藥草, 中有'遠志. 公取以問謝: '此藥又名「小草」, 何一物而有二稱？' 謝未即答, 時郝隆在坐, 應聲答曰: '此甚 易解. 處則爲遠志, 出則爲小草.' 謝甚有愧色."

진晉나라 사람들이 사은과 출처를 일치시키려고 다양하게 노력 했지만, 그 사이에서 여전히 통하지 않는 어려움이 있었다. 유명한 사람은 물론 모두가 얼마나 탄식했으면, "안석이 나오려 하지 않으니 천하의 백성들은 장차 어쩌면 좋을까!"103)라고 했다. 다만 그가 실로 동산에서 나와 위魏나라 대궐로 들어가길 기다린 것이 오히려 커다란 비난을 받았다. 여기에서 사은과 출처를 자세하게 이해하는 것은 서둘러서 효과를 얻을 수 없다는 것을 알 수 있다.

사仕와 은隱의 차별은 남북시기에 날로 한층 더 공평해져서, 당시의 은일문화는 전반적인 사인문화와 같은 종류에 불과하지만, 몇몇 높은 집안의 사인이 이용한 상황은 크게 바뀌지 않아서, 남제南齊 때에는 비천한 집안 출신의 장흔태 張欣泰104)도 "사슴가죽으로 만든 갓을 쓰고, 승려가 입는 옷을 입고 지팡이를 짚고 장식 없는 금을 끼고", "소나무 아래서 술 마시고 시부를 지었다"는 이유로 무제에게 비난을 받게 되었다.105)

수당隋唐 이후에 문벌사족은 점점 쇠락하였고 봉건중앙집권제도는 성숙되었다. 정치영역에서 이런 중대한 변화는 당연히 집권제도와 사대부계층의 관계를 반영하였고, 그 결과의 하나가 과거제도의 창립이다.

『통전·선거2』에서 "후주가 항복한 때부터 청탁에 상관없이 선발하였다. …… 수 양제가 진사과를 처음 세우고 또 백관의 등급을 증가할 제도가 없어서, 그 공덕과 행동이나 능력에서 분명함이 있으면 발탁하였다."106)고 말했다.

사인계층과 집권제도 사이의 관계는 출사出仕와 은거隱居 두 방면을 벗어나지 않았다. 수당隋唐 이후 과거제도가 상징하는 상술한 관계는 출사하는 방면에서 가장 효과적이고 가장 안정적으로 접근할 수 있는 통일된 방식을 찾는 것이다. "개원開元과 천보天寶 사이부터 많은 집들이 숫돌처럼 평등하여, 벼슬에 나아간 자는 글을 강의하는 것으로 업을 삼았고 다른 길이 없었다."107)

한말漢末 이래 사대부계층이 출사에 마음이 떠난 경향은 이때 그들이 전에 없이 광범한 사회범위에서 자신의 운명과 집권제도의 흥성을 한 곳에 연결시켜야 한다고 자각하였다.

과거제도와 중앙집권국가의 확립이 강화된 것은 사인계층과 황제권력 사이에 이전에 비하여 더욱 직접적이고 더욱 광범한 관계가 있다. 이로 인한 사회구조도 은일문화를 사대부들이 더욱 많이 장악하기를 요구하였고, 사대부와 집권제도의 관계도 더욱 원활해지기를 요망하였다. 오직 이런 둘 사이의 모순이 비로소 효과적인 균형을 이룰 수 있었다.

　따라서 출사와 은거가 성당盛唐시대에 성숙하여 동시에 발생되었지만, 출사를 떠난 은거의 성숙은 혼자서 달성할 수 없었다.

　이미 지적했듯이 중국봉건사회의 흥성기와 한대漢代의 특징은 일체의 강대함을 멸시하고, 당대唐代의 특징은 일체의 성숙을 포용한 것과 같다. 한당漢唐문화의 구별은 집권제도에서 사대부계층이 서로 대립하여 독립된 지위가 되기를 기다리는 태도가 체현될 수 있었다.

　한대의 황제권력은 은일문화를 강하게 억제하였고, 당대唐代 황제권력은 은일문화를 관대하게 대하고 돕는 태도를 취했다는 점이 분명히 대조를 이룬다. 유숙劉肅의 『대당신어大唐新語·은일隱逸』에 기재된, 수 문제隋文帝부터 당唐의 중종中宗·예종睿宗·현종玄宗 등에 이르기까지는 모두 은자를 중시 여겨 후하게 대우했는데, 『구당서·전유암전』에 있는 고사가 더욱 생동감이 넘친다.

전유암은 경조 삼원 사람이다. 처음에 태학생에 보충되었다가 후에 그만두고 돌아가 태백산에서 유람할 때마다 마음에 드는 경치를 만나면 번번이 머물며 돌아가지 못했다. …… 후에 기산에 들어가 허유의 사당 동쪽에 집을 짓고 살며, 자칭 '허유의 이웃'이라 하였다. 조화롭게 이슬이 내린 가운데 고종이 숭산으로 행차하시니, 중서시랑 설원초를 보내 그 어머니에게 물었다. 유암은 은거한 복장과 관을 쓰고 나와 절하니 고종이 좌우에게 명하여 부축하게 하고 일러 말하길, "선생은 산중에서 도를 기르니 아름답다고 비유할 수 있지 않은가요?"하니, 유암이 말했다. "신은 샘과 돌에 깊이 병들고, 안개와 노을에 고질병이 들었는데, 태평성대를 만나 다행히 소요할 수 있습니다." 고종이 말했다. "짐이 지금 경을 얻는 것이 어찌 한나라의 사호를 얻은 것

과 다르겠는가?" 설원초가 말했다. "한고조가 적자를 폐하고 서자를 세우려고 하자, 하황공과 기리계가 왔으니, 어찌 폐하께서 은자를 높이고 중히 여겨서 친히 암혈에 관하여 묻는 것만 하겠습니까?" 고종이 매우 기뻐하여, 유암을 행궁으로 가도록 하고 아울러 식구들에게 타고 갈 것을 모두 주고 숭문관학사를 제수하였다. …… 고종이 후에 숭산에 봉천궁을 지으려 하였는데, 유암이 궁 곁에 있는 옛집에서 먼저 살고 있었으나, 특명으로 헐지 않고 이에 그 문에 "은사 전유암 댁"이라고 손수 현판에 써서 걸었다. 문명 연간에 나아가 조산대부에 임용되고, 태자세마를 수여받았다.❶

❶ 『구당서(舊唐書)·전유암전(田游岩傳)』, "田游岩, 京兆三原人也. 初補太學生, 後罷歸, 遊於太白山. 每遇林泉會意, 輒留連不能去. ……後入箕山, 就許由廟東築室而居, 自稱"許由東鄰". 調露中, 高宗幸嵩山, 遣中書侍郎薛元超就問其母. 遊岩山衣田冠出拜, 帝令左右扶止之, 謂曰: "先生養道山中, 比得佳否?" 遊岩曰: "臣泉石膏肓, 煙霞痼疾, 既逢聖代, 幸得逍遙." 帝曰: "朕今得卿, 何異漢獲四皓乎?" 薛元超曰: "漢高祖欲廢嫡立庶, 黃·綺方來, 豈如陛下崇重隱淪, 親問岩穴!" 帝甚歡, 因將遊岩就行宮, 並家口給傳乘赴都, 授崇文館學士. ……帝後將營奉天宮於嵩山, 遊岩舊宅, 先居宮側, 特令不毀, 仍親書題額懸其門曰: "隱士田遊岩宅". 文明中, 進授朝散大夫, 拜太子洗馬. ……

　　설원초薛元超가 말한 유방劉邦은 당 고종唐高宗108)이 은일을 숭배하고 중히 여기는데 빠졌다고 한 것은 순전히 아첨한 말은 아니었다. 따라서 은일에 대해서 이와 유사한 예가 한 대漢代에는 확실히 보이지 않았다. 집권제도의 이런 정책은 은사들이 "소요逍遙"할 수 있었고, 당조唐朝에도 '태평시대[聖代]'라는 아름다운 영예를 얻을 수 있었으니, 모두 기뻐하였다.

　　앞에 인용한 글에서 볼 수 있듯이, 전유암田游岩은 본래 유가儒家 가문의 제자로 다만 벼슬길에서 한 때 곤란을 겪게 되자, 은자의 복장으로 바꾸었는데, 결과는 도리어 의외로 특별하게 발탁될 수 있었다. 이런 상황은 당시에 거의 보편화되었으며, 모든 사람들이 아는 『대당신어·은일』의 한 단락을 예로 들겠다.

노장용이 처음으로 종남산에서 은거했으나 중종조의 요직에 있었다. 도사 사마승정을 예종이 보내 경도에 이르자 돌아왔다. 장용이 종남산을 가리켜 말하기를, "이 중에 대단히 아름다운 곳이 있는데 어찌 반드시 먼 곳에 있겠는가?" 승정이 천천히 대답했다. "제가 보는 바로 벼슬하는 지름길일 뿐입니다."❶

❶ 『대당신어(大唐新語)·은일(隱逸)』, "盧藏用始隱於終南山中, 中宗朝, 累居要職. 道士司馬承禎者, 睿宗遣至京, 將還. 藏用指終南山謂之曰: "此中大有佳處, 何必在遠?" 承禎徐答曰: "以仆所觀, 乃仕宦捷徑耳." • 중국의 성당(盛唐) 시기는 불교와 도교의 영향으로 현실을 도피하고 은일(隱逸)하려는 사람들이 많았다. 따라서 당시 선비들은 관직에 나가 벼슬을 하거나 아니면 세상을 피해 은일을 하거나 하는 양자 중 하나를 선택하는 분위기였다. 당시 노장용(盧藏用)이라는 선비가 있었다. 그는 관리가 되어 조정에서 활동하고 싶었으나, 자신의 능력으로는 대과(大科)까지 치러가며 관직에 오르는 일이 쉽지 않음을 깨달았다. 그래서 그는 일부러 장안(長安) 부근에 있는 명산인 중난산(終南山)으로 가서 은둔하면서 기회를 엿보기로 했다. 이 산은 예로부터 도사들과 이름높은 고승들이 많이 사는 곳으로 유명했다. 이러한 산에서 은둔하다 보니 어느덧 주위 사람들의 주목을 받게 되어 좌습유(左拾遺)로 임명되었다. 그후 사마승정(司馬承禎)이라는 사람이 또 종남산에 은둔했다가 조정으로부터 부름을 받게 되었다. 그러나 그는 관직에 뜻이 없었으므로 다시 은둔하려고 했다. 이때 그를 성 밖까지 전송하게 된 사람은 다름 아닌 노장용이었다. 노장용은 종남산을 가리키며 사마승정에게 '참 좋은 산'이라고 말했다. 그러자 사마승정은 "내가 보기에는 관리가 되는 첩경(捷徑)일 따름이지요."라고 말했다. 사마승정이 노장용을 빗대어 꼬집어 말한 것이다. 여기서 '첩경'이란 어떤 목적이나 목표에 도달하기 위한 가장 빠른 수단을 지칭한다. 따라서 이 말은 풍자성이 강한 말이므로, 올곧은 사람이나 이치에 맞는 일을 강구하는 데에 사용하는 것은 옳지 않다. 이 말의 사용에는 그만큼 신중한 선택이 요구된다.

『구당서舊唐書·본전本傳』에서 노장용盧藏用을 칭하여 "작은집과 종남 두 산을 왕래하니 당시 사람이 칭하여 '가마 탄 은사隨駕隱士'라 했다. 조정에 올라서 속이고 아첨하기를 머뭇거리며, 오로지 집권자에게만 마음을 쏟았다."고하였다.

전인들은 대부분 이러한 근거에 의하여 모 은자의 품행을 허위라고 비난하였다. 그러나 더욱 주의해야 할 가치는 도리어 "종남산이 벼슬하는 지름길[終南捷徑]"이라고 한 것이 어떻게 사림시대에 유행하게 되었는지 그 원인에 있다.

성당盛唐 초기의 사대부들이 언덕과 동산에 은일하는 것을 벼슬길에 들어가는 단계로 여긴 예는 여전히 매우 많이 들 수 있다. 예를 들면, 왕창령王昌齡[109]이 "몸은 청산에 두고 엎드려 흰 물을 마시고 도의에 만족한 뒤에 왕공 대인을 뷥고 특별한 대우를 바란다."110)고 한데서 규범을 볼 수 있다.

이백이 "어려서 노나라의 여러 유생인 공소부·한준·배정·장숙명·도면 등과 함께 조래산에서 은거할 때 마음껏 노래하고 몸을 가누지 못할 정도로 술을 마시니, 당시에 '죽계육일'이라고 불렀다. 천보 초에 객이 회계에서 유람하자, 도사 오균과 함께 섬에 은거하였다. 오균이 대궐로 가서 조정에 추천하여 오균과 함께 한림원대조가 되었다."111)

또 예를 들면, 방관房琯은 "어려서 배우길 좋아했고 기품이 깊고 방정하여, 홍문관 유생의 보좌로 시작하였다. 여향과 함께 육심산에 은거하여 10년 동안 사람과 교제하는 일을 하지 않았다. 개원 중에, 「봉선서」를 지어서, 재상 장설에게 말했는데, 장설이 기이하게 여겨 아뢰어서 교서랑이 되었다."112)

이런 일류의 사대부가 한 편으로는 마음을 자연에 두고, 다른 한 편으로는 뜻을 높은 지위에 두면서도 여러 번 권세 있는 집안을 배알하였다. 이 시기 은일의 흥성은 사대부 개인 인품의 고하로 해석할 수 있는 것이 아니라는 것을 알 수 있다.

황제권력이 은일문화를 장려하고 발탁함으로써 사인은 보편적으로 은일은 벼슬을 하기 위한 준비와 보충과정으로 여겼는데, 이는 당연히 은일문화와 원림예술의 보급과 발전을 직접적으로 촉진시킨 것이다. 양형楊炯113)의 한 단락 묘사에서 그 일면을 볼 수 있다.

……헌황이 대외의 집을 찾으려고 어가를 세웠다. 요제가 사방을 살펴보고 마침내 영양❶의 절개를 온전히 하였다. 여러 현인에게 공사의 여가에 휴가를 주어 대개 한가하였다. 홀연히 가려고 하니, 숲과 골짜기를 가리키며 먼 곳에 있는 것이 아니다 하였다. 빙그레 웃으며 안개와 노을을 보고 눈을 떼지 못했다. …… 한산은 네 가지가 뛰어나서, 연기와 안개가 푸르고 아득하며, 천년의 고목과 등나무가 넝쿨져서 아득하고 조용하네, 띠 베어 집을 짓고 자리를 걸어서 문을 만들었네. 돌은 인을 숨겨 둥근 계단 만들고, 물이 졸졸 흘러 섬돌을

둘러싼다. 이에 서로 경치가 아름다운 곳을 찾아서, 두루 신령한 자취를 엿본다. 그 팔동을 논하면 실로 오직 명월의 궁이다. 오산은 풍속을 주고받는 대를 형상하였다. 선대는 알현할 수 있고 석실은 아직도 남아있다. 사람이 태어나 명승지를 다 밟아야, 임야의 기이한 정취를 얻을 수 있다.❷

❶ 영양(潁陽): 영수(潁水)의 북쪽 기슭, 요(堯) 임금 때 소부(巢父)와 허유(許由)가 은거한 곳으로, 이 두 사람을 지칭하기도 한다.
❷ 「여러 관리들이 심양에 은거하며 쓴 시의 서문[群官尋楊隱居詩序]」, 『양형집(楊炯集)』3권, "軒皇駐蹕, 將尋大隗之居; 堯帝省方, 終全潁陽之節. 群賢以公私有暇, 休沐多閑. 忽乎將行, 指林壑而非遠: 莞爾而笑, 覽煙霞而在矚. …… 寒山四絶, 煙霧蒼蒼; 古樹千年, 藤蘿漠漠. 誅茅作室, 掛席爲門. 石隱磷而環階, 水潺湲而匝砌. 乃相與旁求勝境, 遍窺靈跡. 論其八洞, 實唯明月之宮; 相其五山, 即是交風之臺. 仙臺可朝, 石室猶存. 極人生之勝踐, 得林野之奇趣."

조정에서 모두가 이처럼 아름다운 경치를 향해 달리듯이 나아갔으니, 은일문화와 원림의 번영은 말하지 않아도 알 수 있다.

성당盛唐초기 은자 중에 노홍일114)은 중시여길 가치가 있는 사람이다. 노씨는 개원開元 시대에 제왕이 예를 갖추어 공경하던 은사이다. 도읍으로 들어가서 간의대부諫議大夫의 직분을 받고 뒤에 다시 산으로 돌아갔으나 은자의 복장과 초당草堂 까지도 하사받았다.115)

그가 쓴 「숭산십지10수嵩山十志十首」는 원림에 있는 초당草堂·도경대倒景臺·월관관樾館·침연정枕煙庭·운금종雲錦淙·기선등期仙磴·척번기滌煩磯·멱취정羃翠庭·동원실洞元室·금벽담金碧潭 등 10곳의 경관을 하나하나 자세하게 묘사했다.116)

10수의 시에서 볼 수 있듯이, 이 한 자리에는 산·물·건축 등이 모두 완비된 원림이다. 10수의 시 앞에 모두 서序가 있는데, 그 가운데 원림미학에 대한 통찰력 있는 견해가 매우 많다.

예를 들면, 「초당시서草堂詩序」에서 말했다. "초당은 자연의 시내와 언덕에 건축하여 앞에는 벽과 봇도랑이 있는데, 인력으로 만든 것이다. 뒤에 띠로 지붕을 덮어 더위와 습기를 피하여 가옥의 용도에 훌륭하고, 간편하며 분명하게 하여 천지의 덕과 어울린다. 도道는 집이 좁아도 한가하게 쉴 수 있으니, 곡신谷神과 같은 도라서 귀한 것이다. 낭비하는 자가 살면 쓸데없이 제거하고 장식하여 천리天理를 잃게 된다."고 하였다.

이는 사인원림이 자연을 숭상하고 그 모양을 십분 이용하여 경치를 조성하는 원칙을 설명한 것이 분명하다. 그러나 주의해야 할 가치는 이것을 지은 자가 반복하여 강조한 다음의 생각이다.

운금종은 대개 격한 물살이 부딪혀 모이는데 돌무더기가 기울어지고, 여울을 울리고 첩첩이 씻어내니 우레와 바람을 뿜는 것 같다. 기이한 빛은 분명하고 곱고 밝은 것이 구름비단 같다. 밝은 빛에 영혼이 주목하니 그윽함을 즐겨 돌아감을 잊는다. 선비가 아닌 자가 본다면 도리어 한천에서 옥 같은 발이 상처 날 것 같다고 말할 것이다.❶

척번기는 대개 매우 심한 골짜기와 험한 낭떠러지인데 바닥을 반석같이 만들어서 날듯이 물이 흘러 부딪치며 모이고 씻긴 물이 모여서 도랑을 이루었다. 성격을 씻고 번뇌를 씻어서 아주 별다른 그윽한 운치가 있으니 지혜로운 자는 말할 수 있고, 속인은 말하기 어렵다.❷

❶ 노홍일(盧鴻一), 『숭산십지십수(嵩山十志十首)·운금종(雲錦淙)』, "雲錦淙者, 蓋激溜沖攢, 傾石叢倚, 鳴湍疊濯, 噴若寒風, 詭輝分麗, 煥若雲錦. 可以瑩發靈矚, 幽玩忘歸. 及匪士觀之, 則反曰寒泉傷玉趾矣."
❷ 노홍일(盧鴻一), 『숭산십지십수(嵩山十志十首)·척번기(滌煩磯)』, "滌煩磯者, 蓋窮谷峻崖, 發地盤石, 飛流攢激, 積漱成渠. 澡性滌煩, 迥有幽致. 可爲智者說, 難爲俗人言."

이처럼 분명한 체계는 사대부가 독립된 인격·가치관념·미학관념 같은 것들을 원림예술의 영혼으로 여긴 것으로, 즉 혜강嵇康이 그 곳에 있었다면 이곳에서도 볼 수 없을 것이다. 이는 결국 개원開元시기에 출현한 봉건중앙집권제도가 가장 번성한 시대로, 이와 같은 현상은 당대唐代 원림의 본체를 인식하도록 일깨워 주었다.

노홍일盧鴻一은 은자·조원가·산수시인인 동시에 수준 높은 산수화가로 한 자리를 성취한 자로, 세상에 전하는 회화작품은 원림을 제재로 그렸기 때문에 전형적인 의의가 있다.

『소식시집』 49권에 「노홍일〈학사당도〉에 제하다」 한 수가 있다.117) 그 가운데 있는 "강 언덕은 만 이랑의 밭이고, 맑은 샘은 수죽을 비춘다."118)는 구에서 화면의 내용을 대략 알 수 있다. 노홍의 원림 그림은 유전되어 명작의 실마리가 되었다.

『선화화보宣和畵譜』 10권에도 기록되어 있다. 남송의 주밀周密이 말했다. "노홍의 〈초당십지시도〉를 임언백林彦伯이 임모한 백시본伯時本에는 「초당」과 「월관」 두 곳이 없고, 여덟 개만 있다."119)고 하였다. 또 "이참李參의 「노홍초당10지」는 지금 남아 있는 것이 여덟 곳인데, …… 손으로 의취를 그리고, 정신은 팔극기상

노홍일(盧鴻一) 초당십지도(草當十志圖) 중의 하나

에서 노닐며, 「노래[歌]」에서도 맑고 엄격하고 웅건하여, 이슬을 따르고 떠 있는 언덕을 펴내는 것 같다."120)고 말했다.

또 원대元代의 탕후湯垕가 말하길 "노홍의 그림은 세상에 전하는 것이 많지 않는데 내가 본 몇 사람이 그 〈초당도〉를 모사하여 화의와 위치에서 맑은 기운이 사람을 엄습하니 진적의 묘함을 알 수 있다."121)고 하였다.

이에 근거하면 노홍일이 일찍이 그림을 10폭으로 나누어 그리고 따로 원림의 십경十景을 묘사하고 시가 서로 도왔고, 이 그림도 송대宋代의 유명한 화가 이공린李公麟을 포함한 수많은 후인들이 널리 임모하였다는 것을 알 수 있다. 게다가 노홍일이 묘사하는 과정에서 '정신은 팔극八極의 기상에서 논다'하였는데, 이것은 그가 원림경관을 구축하고 「숭산10지시」에 표현한 의취와 완전히 통일된다는 것을 더욱 알 수 있다.

이러한 점에서 아래에 갖추어진 의의를 최소한 이해할 수 있다.

첫째는 제1편에 서술한 원림예술이 성당시기에 성숙했는데 고립적으로 실현된 것이 아니고, 은일문화는 고대문화예술이 전반적으로 성숙하여 조성된 부분 중의 하나라는 것이다. 다시 말하면, 은일문화는 성당시기에 성숙하였고, 중요 상징은 사대부계층과 집권제도의 관계 및 은일이론 등의 '형이상학적'인 문제로부터, 원림에 산을 쌓고 물을 다스리는 기술방법과 회화나 시가에서 산수공간의 관계와 소리와 색 모양 등을 인식하는 '형이하학적'인 문제에 이르기까지 모두 사람들이 스스로 파악하여 하나로 융합했다는 것이다.

둘째는 사인원림·회화·시가 등으로, 통일된 요지와 의취를 표현했다. 이를 설명하면, 원림이 고도의 완전한 은일문화에서 한 부분을 조성할 수 있었던 까닭이나 근본적 원인이 기법이나 산수제재 등에 있는 것이 아니고, 피차 서로 통하는 것이다. 항상 말하는 '시 가운데 그림이 있다[詩中有畵]'는 것과 '원림 가운데 그림이 있다[園中有畵]'는 등등의 '형이하학'적인 것이 서로 통하는 가운데 '형이상학'적인 방면이 일치한다는 것이다.

이는 사대부계층이 중국봉건집권제도에서 어떻게 해야 '정신이 팔극에서 놀

수 있다.'는 객관적 수요를 갖출 수 있다는 것이다. 이런 점을 벗어나면, 모든 사대부예술은 일종의 '손기술'과 기교만 발견할 수 있어서, 짧은 산수 절구나 작은 산수화에서 이처럼 깊은 정신과 역사를 내포한 문화에 대한 느낌을 받을 수 없었을 것이다.

　영혼 상의 유대관계를 떼어 놓았다면, 원림도 문학·회화·현담·참선·음식·음악 등과 함께 방대하게 조성되었으나, 이렇게 완전무결하게 통일된 문화체계를 이룰 수 없었을 것이다. 이 문제에 대한 관건은 이후에 다시 깊이 설명하겠다.

　노홍일의 예술창작은 성당시기 은일문화가 전반적으로 성숙했다는 사실을 구체적으로 드러내었고, 그의 창작이 끼친 영향은 왕유에 비해 손색이 없다.

　하지만 그는 왕유 같은 원대한 명성이 없어서 오늘날까지 그의 사람됨을 아는 이가 드물다. 이런 원인은 우연한 일이 아니라는 점에서 은일문화가 성숙하게 된 중요한 지표를 다시 볼 수 있다. 아래 글『구당서·은일전서』에서 한 단락을 먼저 읽겠다.

고종·천후가 은거에 관해서 도인에게 자문하여. 급하게 문서를 암혈의 은자에게 보내서, 은자의 집을 여러 차례 만드니, 굳이 은사는 수레로 돌아갔다. 유암이나 덕의 같은 이는 독행을 높게 여겼고, 노홍일과 승정을 비교하면 중히 여기는 것은 명성을 피한 것이다. 그러니 출사하여 말하고 은거하여 침묵하는 식자와는 함께 의논할 수 없다.❶

---

　　❶　『구당서(舊唐書)·은일전서(隱逸傳序)』, "高宗·天後, 訪道山林, 飛書巖穴, 屢造幽人之宅, 堅迴隱士之車. 而遊巖·德義之徒, 所高者獨行; 盧鴻一·承禎之比, 所重者逃名. 至於出處語默之大方, 未足與議也."

　본래 노홍일 같은 이는 출사하지 않는다는 뜻을 세워서, 끝까지 은사로 늙었

제2장 사대부 출처사은의 모순과 은일문화의 발전

으니 자신의 명성만 간신히 높였을 뿐이었다. '출사해서 말하고 은거해서 침묵하는 식자'나 은일문화의 참뜻에 관하여 그들은 여전히 한계를 짐작하지 못했는가! 그러면 무엇이 성당盛唐 초기 은일문화의 전형이라고 하겠는가?

이에 대해 당시 사대부들의 서술에서 다시 분명히 지나칠 수 없는 것이 있다. 왕발王勃122)이 원림에서 연회할 때의 의론을 읽어보겠다.

이관 장송❶이 말을 타고 계수나무의 주연을 쫓았다네. 잠거❷한 좋은 짝을 데리고서 구학에서의 신성한 사귐을 가까이 했다네. ……숲 속 정자에서 오래 동안 바라보니 계륜[석숭]이 기교를 부린 동산이요, 석천을 두루 유람하니 왕자진❸이 신선이 되어 올랐다는 폭포라네. 배를 띄우니 나뭇잎 그림자가 대자리의 꽃무늬 같네. 황작❹이 건너자 더위가 가시고, 붉은 까마귀 날자 해가 기우네. 출처의 정이 이와 같으니 통발과 덫의 뜻을 모두 잊는구려.❺

❶ 장송(張松: ?~?): 후한(後漢) 사람, 재변(才辯)으로 유장(劉璋)의 별가(別駕)가 되어 조조(曹操)에게 파견되었을 때, 양수(楊修)가 그 인물됨을 알아보고 추천하였다. 뒤에 유비(劉備)에게 지도를 헌납하였다.
❷ 잠거(簪裾): 관원의 복장이다.
❸ 왕자진(王子晉: ?~?): 주 영왕(周靈王)의 태자. 피리를 잘 불었으며, 신선이 되어 갔다가 30여년 만에 흰 학을 타고 와서 구지산(緱氏山)에 내렸다 한다.
❹ 황작(黃鵲): 참새과에 속하는 철새, 목에 황갈색 반점이 있음.
❺ 「하일연장이림정서(夏日宴張二林亭序)」, 『전당문(全唐文)』181권. "張二官松駕乘閑, 桂筵追賞, 引簪裾之勝侶, 狎邱壑之神交. ……林亭曠望, 季倫調伎之園; 泉石周遊, 子晉登仙之浦, 舟浮葉影, 簟積花文, 黃鵠度而飆騖, 丹烏傾而日晚. 出處之情一致, 筌啼之義兩忘.……"

옛날에는 '은거하면 뜻이 원대하다 여겼고, 출사하면 소초小草라 여겼다.'고 하는 전제筌蹄의 형적을 구별하는 것은 누구도 생각지 못했는데, 옷자락에 비녀

꽃은 의관이 자리에 꽉 차지 않았다면, 원림의 언덕 골짜기 샘과 돌에서 자신을 알아보는 자를 만나길 어찌 바라겠는가?
  숲속 정자에서 세상일을 잊고 속세를 벗어난 청일淸逸함을 다 누릴 뿐만 아니라, 문무文武를 본받아 정치를 펼치고 예를 알리는 곳에서도 대범하고 끝없이 넓은 강해江海에 정을 펼치는 것이 무슨 해가 되겠는가?

재주성 연못의 정자는 장사 장공이 송사를 보던 특별한 곳이다. 다만 그 봉우리가 병풍처럼 겹쳐졌고 냇물이 흘러 쏟아지는 것을 본다. 화려한 창과 고운 누각 뒤에는 화려한 성벽이 구불구불 이어졌으며, 골짜기 집과 산의 누각은 완전히 해자[못]로 둘러 싸여있다. ……도시 감옥에 일이 없을 때에는 성 모퉁이에서 새와 친하게 놀고, 나라가 곤궁하지 않으면, 아침에 일어나 호[해자] 가에서 고기를 본다. 손님을 맞는 서쪽 계단에 달이 올라, 이어져 구부러진 계수나무 가지에 걸렸고, 들판의 집 바람이 돌아오니, 무성히 드리운 원추리 움직인다.……❶

> ❶ 노조린(盧照鄰), 「재주의 남정에서 연회시의 서문(宴梓州南亭詩序)」, "梓州城池亭者, 長史張公聽訟之別所也. 徒觀其岩嶂重複, 川流灌注. 雲窗綺閣, 負繡堞之迤迤; 潤戶山樓, 帶金隍之繚繞. ……市獄無事, 時狎鳥於城隅; 邦國不空, 且觀魚於濠上. 賓階月上, 橫聯蜷之桂枝; 野院風歸, 動葳蕤之萱草. ……"

  이 글에서 '압조狎鳥'는 『열자·황제편』에 "바닷가에 갈매기를 좋아하는 사람이 있었는데 매일 아침마다 바닷가에서 갈매기를 쫓아 놀았다."¹²³⁾는 전고를 인용했고, '관어觀魚'는 『장자·추수』의 "장자가 혜자와 함께 호량 가에서 놀았다."¹²⁴⁾는 전고를 인용했다.

이것이 모두 위진魏晉이래 사대부가 자신의 저항하는 뜻을 드러내고 피하여 살 때 항상 하던 말이지만, 이전에는 이처럼 장소를 구분해야 했다.

예를 들면 양 간문제梁簡文帝125)는 존귀한 제왕의 지위에 있으면서도 결코 자신의 현묘하고 원대한 지식에 지장이 없었고, 다만 "어린 나이에 기영箕潁126)을 좋아했다."127)는 그도 여전히 '화림원華林園'에 있을 때만 읊을 수 있었고, 원림을 벗어나면 '궁체시宮體詩'로 바꾸어 신분에 맞게 지어야 했다. 그러나 노조린盧照隣의 시대에는 연일 송사를 듣거나 판결하는 장소에도 숲과 호수의 경치와 정취가 있었다. 이런 것도 양 간문제 때의 사람들은 생각지도 못했던 것이었다.

은일문화가 성당 초기에 성숙하게 되었는데, 가장 중요하게 상징하는 것은 위진魏晉이래 사대부가 출사하거나 은거하는 이상을 하나로 일치시켜서 완전히 실현한 것이다. 이러한 이론이 사인의 실제생활에도 광대하게 미쳐서, 집권제도와 사대부의 상대적 독립성의 균형과 통일이 충분히 실현된 것이다.

바로 이와 같은 것을 예로 들면, 당시 은일문화를 대표하는 것은 벼슬길에 들어선 많은 자들이 자신의 몸은 위나라 대궐에 있지만, 뜻은 강해를 유람하는 것이었다. 그러나 다시 은일생활을 계속하는 자는 매우 드물었느니, 절대로 은

왕유(王維) 〈산수도(山水圖)〉 부분

자가 바위 골짜기에서 늙어 죽을 리 없었던 것이었다.

　왕유128)가 원림에서 유람하며 감상할 때 출사와 은거의 자연스러운 조화가 끊임없음을 얼마나 흡족한 말투로 상세하게 말했는지 보겠다.

산 중에 고야산이 있는데 사람들이 대개 속세 밖이라고 한다. 바다에는 봉영이 있는데 집 아래가 땅이 아니다. 곡천도를 소요하는 가까운 자는 왕관이 있는데 대륜을 폐하지 않고 작은 은일에 뜻을 두었다. 공동산에 이르렀으나, 몸에는 붉은 끈 드리운다. 아침에는 승명전에 있고, 저녁에는 푸른 노을에서 잔다. 때문에 숭상할만하다. …… 소나무 바람을 임금의 면류관으로 여기고 연기와 이슬을 푸른 구슬로 여긴다. 해가 지려고 하니 많은 산에 저녁 이내 어린다. 오히려 맑은 물에 갓끈 씻으며 노래하고, 오동나무에 의지해 높게 읊는다. 높은 소나무와 동료가 되니, 이는 희황 시대 사람이다.❶

　　❶ 왕유(王維), 「모춘(暮春)에 태사좌우승상(太師左右丞相) 제공(諸公)이 위씨소요곡(韋氏逍遙谷)연회에 모이다‧서문」, 『왕우승집전주(王右丞集箋注)』, "山有姑射, 人蓋方外; 海有蓬瀛, 地非宇下. 逍遙谷天都近者, 王官有之. 不廢大倫, 存乎小隱. 䆗窱峒而身拖朱紱, 朝承明(漢未央宮承明殿)而暮宿靑靄, 故可尚也. …… 衰旒松風, 珠翠煙露, 日在濛汜, 群山夕嵐. 猶且濯纓淸歌, 據梧高詠, 與鵷喬為伍, 是羲皇上人."

　다시 『장자‧소요유』를 모방할 필요 없이, 이처럼 막고야산 신선을 칭찬하는 데 그치지 않고, 한진漢晉 시대 사람들처럼 이상을 작고 아득하여 가기 어려운 봉영 사이에 기탁하지 않은 것은 '소요곡逍遙谷'이 제왕이 거주하는 수도권 내의 원림에 있었기 때문이고, 늘 '몸에 붉은 끈을 드리운다.'는 것도 은일의 정취를 다 누린 것이라고 할 수 있다.

　이백李白이 묘사한 당시 사대부 원림생활에 대한 다음 단락의 말도 생각할수

제2장 사대부 출처사은의 모순과 은일문화의 발전

록 더욱 치밀하다.

통역공관 남쪽 물가에 정자가 있는데, 네 용마루가 훨훨 나는듯하고, 가파른 절벽 물가의 섬이다. 대개 전에는 하동의 설공에게 마룻대를 당겨 집 짓게 하고, 지금 재상인 농서 이공을 분명히 감화시켜, 만물의 뜻을 열어 천하의 사무를 성취하여, 그 들보를 가로로 놓고 집을 지었다. 낮에는 한가로이 가야금 울리고, 저녁에 밝은 달을 국자로 뜨며, 대개 임금의 수레를 접하고, 멀리서 온 객 조회하는 아름다운 경치이다. …… 또 벼슬아치로 면류관을 걸친 자에게, 크게 어진이가 처하니, 청산에 놀고 백운에 누워 편안하고 거만하게 소요한다면, 어찌 가지 못하겠는가? 작은 재주로 살아가니, 곤궁하여 스스로 얽매이고, 잠잠함이 손발을 묶은 것 같으니, 맑은 바람 밝은 달, 아름다운 물과 빼어난 산은, 모두 버릴 물건으로 여기니, 어찌 칭송하겠는가?❶

> ❶ 이태백(李太白), 「하일(夏日)에 사마무공(司馬武公)을 모시고 군현(群賢)들과 고숙정(姑熟亭)에서 연회하다·서문」『이태백전집(李太白全集)』27권. "通驛公館南有水亭焉, 四甍霞飛, 嶻絶浦嶼, 蓋有前攝令河東薛公, 棟而宇之; 今宰隴西李公明化, 開物成務, 又橫其梁而閣之. 晝鳴閑琴, 夕酌淸月, 蓋為接輶軒, 祖遠客之佳境也. …… 且夫曹官紋冕者, 大賢處之, 若遊靑山, 臥白雲, 逍遙偃傲, 何適不可？小才居之, 窘而自拘, 悄若桎梏, 則淸風朗月, 河英嶽秀, 皆為棄物, 安得稱焉!"

이백이 여기에서 분명하게 말한 것은 사람들에게 호소하는 것에 불과하다. 원림에서 가장 핵심적 요소는 '맑은 바람 밝은 달, 강의 아름다움과 산악의 빼어남' 같은 산수자연경관이 아니라, '벼슬아치로 면류관을 걸친 자'가 '마음껏 소요'하는 것이 절대적으로 필요했던 것이다.

이미 심약沈約의 시대에는 '다시 숭문崇門 여덟 겹을 복구하여, 높은 성 만 치에, 흙을 쌓고 샘을 열지 않은 것이 없으니, 임택과 비슷하다'는 조은이 유행한지 이미 오래되어, '조은朝隱'하는 것을 접여接與나 하조장인荷蓧丈人보다 낫다고 자각하였다.

이러한 이유를 들어 심약沈約이 이처럼 모호하게 말했으나, 이백李白이 글로 써서, 이런 혼란한 사대부의 난제를 대신하여 어느 정도 간단명료하게 이해시켰다. 이를 비교해보면, 상수向秀나 곽상郭象처럼 사고와 변별력이 풍부한 철학자마저도, 순종하며 경의를 표할 것이다.

이백이 원림 정원에 대해서 항상 앞에서 말한 것처럼 할 수 있었던 것은 당연히 그의 개인의 고명함 때문은 아니다. 초당·성당시기 출사出仕와 은거隱居사이가 전에 없이 한데 모여 융합된 것은 원림발전과 더욱 많은 관계가 있다고 이해한다면, 그의 말은 당시에는 가장 소박한 것을 숭상했다는 최종결론에 불과하다고 느낄 수 있을 것이다.

또 앞에서 왕유王維가 인용한 문장 중에서 위사립韋嗣立을 서술한 '소요곡逍遙谷'을 예로 들겠다.

위사립의 아버지와 형은 모두 높은 자리를 역임하였는데 당 중종 때 사립이 태복소경으로 옮겼는데 겸하여 이부선사를 관장하고 따로 또 병부상서를 조종하였다. 당시 중종 위후는 '바야흐로 친척을 특별히 총애하여, 안 밖으로 작위를 주고 관직을 임명하여, 골고루 한가한 관직에 배치했다.'❶
사립과 위후는 종속들과 본래 소원했는데, 다만 중종이 사립에 대한 총애와 신임을 표시하여 '특히 종적의 명부에 편입하도록 명하여, 이로 말미암아 더욱 중하게 예우했다. 사립은 일찍이 여산에서 별장을 지었는데, 중종이 친히 행차하여, 스스로 시서를 지으시고, 벼슬아치에게 시를 짓게 하시고 비단 2천 필을 하사하였다. 인하여 사립을 '소요공'에 봉하고 그가 사는 곳을 '청허원유서곡'이라 이름 지었다.'❷

---

❶ 『구당서(舊唐書)·후비전상(後妃傳上)』,"韋嗣立父兄皆歷顯位, 唐中宗時, 嗣立遷至太僕少卿, 兼掌吏部選事, 隨又轉兵部尙書, 當時中宗韋後

'方優寵親屬, 內外封拜, 遍列清要.'
❷ 『구당서(舊唐書)·위사립전(韋嗣立傳)』, "嗣立與韋後宗屬本疏, 但中宗爲了表示對嗣立的寵信, '特令編入屬籍, 由是顧賞尤重. (嗣立)嘗於驪山構營別業, 中宗親往幸焉, 自制詩序, 令從官賦詩, 賜絹二千匹. 因封嗣立爲 逍遙公, 名其所居爲淸虛原幽棲谷.'"

조정과 민간의 권신이 동시에 소요하고 은거하는 것을 모범으로 삼는 형세로 기울어져서, 함께 수레를 타고 원림에서 노니는 조정의 신하들에 대한 칭찬이 그치지 않은 것은 이상할 것 없다. 그 예를 들겠다.

위공은 품성이 참으로 고요하여, 그윽하고 넓은 것을 그리워한다. 비록 낭묘(조정)를 보좌하고 있었지만, 은거할 곳을 회고하였다. 동산의 굽이진 곳에 별장이 있다. 남기가 들에서 들어오고, 개암나무에 걸린 안개가 골짜기에서 나온다. 연못에 물고기가 놀고 언덕에는 대나무가 있다. 집 옆의 소나무와 밭에는 약초가 있다. 샘에 무지개가 비치고, 나무에 걸린 구름 보며 하늘을 읊는다. 황홀하여 꿈인가 이리저리 옮겨 다니며 할 말을 잊는다. 이것은 이른바 구학은 순임금의 신하 기용❶이고, 의관은 은사 소허❷이다.❸

❶ 기룡(夔龍): 순(舜) 임금의 두 현신(賢臣)이다. 기는 악관(樂官)이고, 용은 간관(諫官)이었다. 여기서는 명신들을 비유하여 말한 것이다.
❷ 소허(巢許): 요(堯) 임금 때의 은사인 소보(巢父)와 허유(許由)를 합친 말이다. 요 임금이 일찍이 허유에게 천하를 넘겨 주었으나 이를 거절하고 기산(箕山)에 들어가 은거하였고, 또 뒤에 요 임금이 그를 불러서 구주(九州)의 장으로 삼겠다고 했을 적에는 그가 그런 말을 들어서 귀를 더럽혔다 하여 영수(潁水)에 가서 귀를 씻었는데, 이때 마침 소보는 송아지에게 물을 먹이려고 나왔다가 허유가 귀를 씻는 것을 보고는 그 물조차 더럽다고 여겨 송아지에게도 그 물을 먹이지 않고 상류로 올라가서 물을 먹였다고 한다.
❸ 장설(張說), 「임금을 모시고 위사립 산장에서 응제하다·서문扈從幸韋嗣立山莊應制序」 『전당시(全唐詩)』88권, 또 『전당문』228권에 「동산

기(東山記)」라는 제목으로 보인다. "韋公體含眞靜, 思協幽曠. 雖羽亮廊廟, 而緬懷林藪. 東山之曲, 有別業焉. 嵐氣入野, 榛烟出谷. 魚潭竹岸, 松齋藥畹. 虹泉電射, 雲木虛吟. 恍惚疑夢, 間關忘逃. 妓所謂丘壑夔龍, 衣冠巢許也."

樞掖調梅暇	추액❶에서 매화를 돌볼 때
林園藝槿初	숲과 동산에 무궁화나무를 처음 심었다.
入朝榮劍履	조정에서는 검리❷를 영예롭게 여겼고
退食偶琴書	물러나 먹을 때는 금서를 즐겼노라.
地隱東巖室	땅에는 동쪽 바위 집에 은거하고
天回北斗東	하늘에서는 북두의 동쪽으로 돌았다.
旌門臨窈窕	정문❸에 임하니 유심하고
輦道屬扶疏	수레 길은 무성하게 연결되었구나.
雲罕明丹壑	구름이 드무니 붉은 골짜기 밝게 드러나고
霜筎徹紫虛	서리 내린 갈대는 자줏빛 하늘을 꿰뚫었네.
水疑投石處	물은 돌을 던진 곳 같이 일렁이고
溪似釣璜餘	시내는 옥을 낚시질 하던 곳 같다.
帝澤頒卮酒	황제의 은혜는 술잔을 나누고
人歡頌裏閭	사람들은 마을에서 기뻐하며 칭송하누나.
一承黃竹詠	모두 황죽가❹를 이어서 부르며
長奉白茅居	길이 받들며 흰 초가집에 사누나.❺
台階好赤松	태계❻는 적송을 좋아하고
別業對青峯	별장에서 푸른 봉우리를 대한다.
茆室承三顧	띠 집은 삼고초려❼를 계승하니
花源接九重	꽃 언덕은 궁궐에 가깝구나.
虹旗縈秀木	채색한 깃발 빼어난 나무 얽혔고
鳳輦拂疎筇	봉황의 수레 성긴 대나무를 스치고 지나가네.
逕直千官擁	길은 곧아 모든 관리를 포용하고
溪長萬騎容	시내는 길어 많은 기병을 용납하네.
水堂開禹膳	물가 집에서 우선❽을 시작하니
山閣獻堯鍾	산의 누각에는 요종❾을 바치는구나.
....	
共榮丞相府	함께 승상❿부에서 영화를 누렸는데
偏降逸人封	은일한 사람에게 편중하여 봉토를 내렸네.⓫

❶ 추액(樞掖): 중추적인 관서(官署). 당대에는 문하성(門下省)·중서성(中書省)이 궁중의 좌우에 자리 잡고 있었기 때문이다.
❷ 검리(劍履): 조복(朝服) 등 유물을 말한다. 옛날 중신이 제왕의 두터운 신임을 받고서 검을 풀거나 신발을 벗지 않은 채 임금 앞에 나아갔던 '검리상전(劍履上殿)'의 고사가 있다.
❸ 정문(旌門): 충신, 효자, 열녀 등을 표창하기 위하여 그 사는 집 앞이나 마을 입구에 세우던 붉은 문.
❹ 황죽가(黃竹歌): 주 목왕(周穆王)이 황대(黃坮)의 평택(苹澤)에서 사냥할 때 날씨가 몹시 춥고 눈보라가 퍼부어 얼어 죽은 사람이 있음을 듣고, 애절한 뜻을 노래한 3장의 황죽시(黃竹詩)를 이른다.
❺ 송지문(宋之問), 「위사립의 산장 시연에서 응제하여 바치다(奉和幸韋嗣立山莊侍宴應制)」 『전당시(全唐詩)』53권.
❻ 태계(台堦): 별 이름. 곧 삼태성(三台星)을 가리키는데, 전하여 삼공(三公)의 지위를 말한다. 『후한서(後漢書)』·최인열전(崔駰列傳)」에 "태계에 올라 대궐을 엿본다." 하였다.
❼ 삼고초려(三顧草廬): 중국 삼국 시대 촉(蜀)나라 유현덕(劉玄德)이, 제갈공명(諸葛孔明)이 은거하고 있는 초가집을 세 번이나 찾아가서 겨우 만나 군사(軍師)로 삼았다는 고사에서 온 말이다.
❽ 우선(禹膳): 우 임금의 반찬, 성찬(盛饌)을 비유한다.
❾ 요종(堯鍾): 요 임금의 종이다.
❿ 승상(丞相): 옛 중국의 벼슬 이름. 우리나라의 정승(政丞)과 같음. 전국시대(戰國時代) 진(秦) 무왕(武王) 2(기원전309)년에 처음으로 두었다가 명(明)나라 홍무(洪武) 13(1380)년에 없앴다.
⓫ 심전기(沈佺期), 「위사립의 산장에서 임금을 모시다(陪幸韋詞立山莊)」『전당시(全唐詩)』 97권.

이 일을 기록한 시문도 많지만, 그 내용은 원림에 있는 산수의 맑고 그윽함을 묘사하고, 주인이 출사出仕와 은거隱居를 함께하는 것에 관하여 흠모하고, 황제 은덕을 칭송하는 것을 벗어나지 못했다.

앞의 세 편도 당시 은일문화의 기본내용이다. 이런 많은 시문에서 당시의 전반적인 사대부계층의 은일문화에 대한 인식이 보편적으로 매우 높은 수준에 도달하였음을 볼 수 있다. 이에 위사립이 스스로 말하길 우아하고 고상한 자연의 뜻을 시로 지어 한 번 내놓으니, 모든 큰 관료가 화답하는 것이 메아리치는 듯하다고 했다.129)

위와 비슷한 예도 많은데, 초당 성당 사대부는 산장·별장·사원경치와 그 사이에서 즐거워하는 생활을 제재로 한 문학작품이 매우 많았다. 이 자체는 원림예술이 전에 없이 보급되어 번영한 것과, 그 격조와 시대정신이 서로 눈부시게 빛났다는 것을 설명한 것이다. 이러한 작품을 인용하여 서술하기에는 지면이 부족하여 일부만 인용하여 서술하였다. 아래에서 저광희儲光羲130)의 두 시를 비교해보면 성당 원림문화의 의의를 개괄할 수 있을 것이다.

暮春天氣和	늦은 봄 화창한 날
登嶺望層城	고개에 올라 높은 성 바라본다.
朝日懸淸景	아침 해 맑은 경치에 드리우니
巍峨宮殿明	우뚝 솟은 궁전 밝도다.
聖君常臨朝	성군은 항상 조정을 보고
達士複懸衡	통달한 선비는 다시 저울대를 내건다.
道近無艮足	길 가까우니 딱딱한 발 없고
歸來臥山楹	돌아와 산기둥에 눕는다.
靈階曝仙書	신령스런 계단에서 신선의 책을 말리고
深室鍊金英	깊은 밤 금꽃을 단련한다.
春岩松柏秀	봄 바위는 송백과 어울렸고
晨路鷳雞鳴	새벽길에 닭 울음소리 들리네.
羽化旣有言	신선이 되어 말한 것 있으니
無然悲不成	자연히 슬프지 않구나.❶
天靜終南高	하늘 고요하니 종남산 높고
俯映江水明	굽어보니 강물이 밝게 비친다.
有若蓬萊下	봉래산 아래에 있는 것 같고
淺深見澄瀛	영해 맑아 얕고 깊어 보이네.
群峰懸中流	많은 봉우리 중류에 매달린 것 같고
石壁如瑤瓊	바위 절벽 옥구슬 같구나.
魚龍隱蒼翠	어룡이 푸른 숲속에 숨었고
鳥獸游淸泠	새와 짐승은 맑고 깨끗한데 노니네.
菰蒲林下秋	줄 창포 숲 아래 가을이 되니
薜荔波中輕	여지는 물결 가운데 가볍게 떠있네.
山夐浴蘭阯	산이 평평한 난초 터에서 목욕하고
水若居雲屛	물은 구름병풍 아래에 사는 것 같구나.
嵐氣浮渚宮	남기 물가의 궁전에 떠 있고
孤光隨曜靈	신령한 빛따라 외롭게 빛나누나.
陰陰豫章館	예장의 관사 음침한데

宛宛百花亭	백화정은 뚜렷하게 보이네.
大君及群臣	대군이 군신을 불러 모아서
宴樂方嚶鳴	잔치하니 새가 지저귄다.
吾黨二三子	우리 무리 중 둘 셋은
蕭辰怡性情	쓸쓸한 시간에도 성정이 유쾌하네.
逍遙滄洲時	창주에서 소요하던 생각할 때도
乃在長安城	여전히 장안성에 있었도다. ❷

❶ 「종남에 유거하는 소시랑에게 3수를 바칠 때 태축에 이르지 못하고 올렸다終南幽居獻蘇侍郎三首時拜太祝未上」중1, 『전당시(全唐詩)』136권.
❷ 「제공들과 함께 추제곡강에서 남산을 굽어보다同諸公秋霽曲江俯見南山」, 『전당시(全唐詩)』138권.

    두 시는 한 사람의 작품이다. 앞의 한 수는 종남산 원림에서 은거할 때 궁궐을 바라보며 어진 임금을 잊지 못하고, 천하를 저울질하려는 심정을 묘사하여 지은 것이다. 뒤의 한 수는 몹시 좋아하는 것이 상반되어 임금과 신하가 장안 곡강지曲江池 원림에서 주연을 즐길 때 쓴 것인데, 멀리 종남산을 바라보고 정신이 나가서, 최후에는 자신이 위魏나라 궁궐에 있었으나, 이로 인해 소요하던 창주의 고상한 은거를 잊은 적이 없다는 것으로 귀결하였다.

    자신이 강해江海에 있을 때 정신은 위궐魏闕로 돌아왔다는 것을 바꿔 말하면, 자신이 위궐에 있을 때 또 마음은 강해에 노닐었다는 것이다. 그리고 원림이나 산중에 있거나, 혹은 수레 아래에 있으면, 형체는 둘로 분리되지만, 정신이 통하여 서로 조화를 잘 이뤄 더 효과를 발휘할 수 있게 한다.

    이런 예가 성당盛唐 때에 바로 출현된 것은 바로 사대부계층과 집권제도 간의 관계가 은일문화를 성숙하게 한 상징이 아니겠는가?

제4절 중은131) —중당 사인中唐士人들의 고통스러운 재창조

　모든 중국고대문화체계에 대하여 말한다면, 중당中唐시기에 시작된 변천도 몹시 깊고 오래된 의의가 있는데, 은일문화도 예외가 아니다. 중국고대문화예술과 완전히 같은 모양의 은일문화가 성당盛唐시대에 실현되어 자체적으로 성숙하였다.

　그러나 중국고대문화의 발전은 도리어 은일문화에 하나의 새로운 방식을 옮겨 넣지 않고, 그와 반대로 오히려 끊임없이 갈수록 진부하고 갈수록 폐쇄적인 전통문화 체계에서 '새로운新'천지를 찾아내서 스스로 발전한 천년이나 되는 긴 여정을 받아들였다. 구체적으로 말하면, 중당中唐이후 중국봉건사회가 쇠락함에 따라 집권제도는 날로 전제정치를 독재하여 사대부계층이 날마다 이런 집권제도에 마음이 떠나는 것을 역전시킬 수 없었던 필연적인 추세였다.

　이 때문에 완전한 봉건사회체계가 해체되지 못하게 보증하기 위하여, 사회체제가 계속 유지되어 집권제도가 사대부계층을 절대적으로 제약하고, 사대부는 상대적으로 독립된 지위 사이에서 균형을 이루어야 하는데, 이런 관계가 더욱더 무거워지는 부담이 은일문화를 맨 먼저 압박했다.

　은일문화 자체로 말하면, 사회제도의 객관적 요구를 실현하기 위하여, 반드시 자신이 노후한 체계내부에서 끊임없는 재창조를 해야 하는데, 가능한 한 많은 에너지를 짜내서 은일문화 자체를 보증하여 모든 전통문화의 존재 가치에까지 연장하였고, 그 외의 것은 버렸기 때문에 노후한 체계의 생명이 유지될 방법이 없었다.

　이 절과 아래의 1절에서, 이미 소개한 규율이 중당中唐이후 은일문화의 발전에 어떻게 지배했는지를 상술하겠지만, 필요성에 뜻을 두어서, 제1편에 서술한 중당 이후의 원림을 조성하는 기법은 '병 가운데[壺中]'에서 발전하였고, 제3·4·5편은 송 명리학宋明理學의 발생에 대하여 서술하고, 제7편 제2장은 중당 이후 사대부문화예술체계의 고도의 완선함 등을 서술하겠다. 이런 몇몇 면모가 천차

만별이지만, 전통문화가 쇠미한 이후 사회제도는 노후한 체계 내부요소가 끊임없이 진행되어 점점 더 '풍부'한 재창조를 구체적으로 요구할 뿐이다.

중국전통문화가 날로 쇠락되는 과정에서 이처럼 '거대'하게 발전할 수 있었기 때문에, 사람을 놀라게 하는 에너지가 송명이학이 가장 전형적인 것이라고 한 이유가 여기에 있다. 하지만 이 '거대'한 재창조 이후에 전통문화가 필연적으로 신속하 쇠락한 원인도 여기에 있다.

중당이후 은일문화와 원림예술의 변천을 이런 배경 위에서 관찰하지 않는다면, 원림·은일과 전반적인 전통문화 발전과정 사이의 관계는 영원히 갈피를 잡을 수 없을 것이다.

중당 은일문화와 초당 성당 시대의 최고 관건은 집권제도와 사대부의 독립된 지위 사이에서 균형관계를 구별하는데 있다. 지난날에는 열렬한 분위기 속에서 기뻐하며 말했고, 지금은 화목하게 이야기하며, 이후에는 영원한 은혜와 애정이 임금과 신하, 조정과 민간에서 이처럼 원만하게 실현된 것은 누구든지 의심할 수 없을 것이다.

담박하다는 것에 대하여, 왕유王維도 이미 "왕의 도읍 천리가 번성하였고, 산하는 모두 진秦나라 처럼 웅장하다. …… 시간은 다시 오지 않는데 그대는 어찌하여 교만한가?"132)하였다. 벼슬 못한 이백李白도 도잠陶潛이 은거했던 구원丘園을 비평하여, "장사를 자극하여 마음껏 흥을 다해 노래하게 하니, 사악한 분위기를 무너뜨렸다. 좁은 동쪽 울타리 아래는 도연명이 무리를 이루기 부족하다."133)고 하였다.

초당 성당 사인이 말하는 원림과 은일은 본래 과장된 용도에 가치가 있다고 할 수 있다. 이백이 "조정 일을 마치고 목욕하는 사이, 낭봉정에서 유람한다. 사람이 많은 쌍 궐 아래는 은혜와 영예를 즐거워한다."134)고 하였다. 가령 벼슬길에 뜻을 잃은 사람들이 한때의 성쇠 득실과 그들 마음속의 이상을 비교한다면, 조금도 말할 수 없을 것이다. "장군이 파해문에서 도를 듣고, 어떻게 멀리 귀양 가서 상수나 원수를 건너겠는가! 봄이 되어 명주께서 서악을 봉하니, 스스로 임금의 붉은 인끈의 은혜가 있다!"135)고 하였다.

그러나 중당中唐에 들어서는, 술자리가 끝나고 사람들이 흩어질 때가 되면, '그 화기애애한[其樂也融融]'모습이 갑자기 공경하는 마음과 정성스런 뜻으로 단장했지만, 날이 갈수록 각자의 마음에는 도리어 '원수는 외나무다리에서 만난다[不是冤家不聚頭]'는 해묵은 문제와 새로운 빛을 예상하지 않을 수 없었을 것이다.

바로 이 때문에 하늘과 땅에 서로 의지하며 살아가고, 같은 집에서 함께 긴 세월을 고생스럽게 보내며 어쩔 수 없이 함께 살면서 밥은 각자 먹는 길고도 먼 계획을 한다. 그렇지 않으면 '암흑의 현실[鐵屋子]136)'에서 넘을 수 없는 경계[漢界楚河]137)를 면치 못할 것이다.

제1편에서 말한 전기錢起나 원결元結같은 사람의 정신면모와 그들이 '호중천지'에서 원림의 짜임새와 구조를 추구한데서, 중국고대문화가 성당·중당 때에 발전방향이 얼마나 신속하게 바뀌고 단절되었는지 알 수 있었다. 더욱 분명하게 설명하면 이런 변화는 모든 문화영역과 같이 이루어졌고, 중당 은일문화에 대한 서술도 중당에서 시작하였다.138)

전기錢起의 「필시어를 귀양보내며」를 읽어보자.

崇蘭香死玉簪折	난 향기 가득하여 옥비녀 꺾어 버리고
誌士吞聲甘徇節	뜻있는 선비 울분을 삼키며 달게 절개를 따른다.
忠藎不爲明主知	충성을 다함은 현명한 군주가 알아줌을 위함이 아니니
悲來莫向時人說	슬퍼도 당시의 사람에게 말하지 않네.
滄浪之水見心淸	창랑의 물에 마음이 맑아 보이고
楚客辭天淚滿纓	초객은 하늘에 빌며 갓 끈에 눈물 가득하네.
百鳥喧喧噪一鶚	온갖 새 시끄럽게 지저귀고 한 마리 물수리 우니
上林高枝亦難托	상림원 높은 가지에도 의지하기 어렵네.
寧嗟人世棄虞翻	어찌 세상이 우번❶ 버린 것을 슬퍼하고
且喜江山得康樂	또 강산이 강락공❷ 얻은 것을 기뻐하리오.

自憐黃綬老嬰身	스스로 벼슬하는 사람들 불쌍히 여기나
妻子朝來勸隱淪	처자도 조정에 와서 은신할 것을 권했었네.
桃花洞裏擧家去	도화동 속으로 온 가족이 떠나가니
此別相思復幾春	이 이별에 서로 생각함이 몇 봄이었나?❸

❶ 우번(虞翻: ?~?): 삼국시절 오(吳)나라의 신하로, 임금을 범하고 조정에서 다툼이 많아 비방을 받고, 여러 번 유배되어 죽었다.
❷ 강락공(康樂公): 사영운(謝靈運)이 '강락공'으로 책봉되어 세상에서 '사강락(謝康樂)'으로 칭한다.
❸ 전기(錢起), 「필시어를 귀양보내며[送畢侍御謫居]」, 『전당시(全唐詩)』236권.

이런 경우 아래의 '도화동 속으로 온가족이 떠나다[桃花洞裏擧家去]'와 옛날의 '송풍으로 면류관 삼고 연기와 이슬로 푸른 구슬 삼는다[衮旒松風, 珠翠煙露]'를 서로 비교하면, 다른 맛이 있다. 따라서 전기錢起가 비록 노조린盧照隣처럼 송사訟事했던 장소에 원림의 경치가 이처럼 풍부한 흥치가 있다고 묘사했지만, 정서는 완전히 같지 않았다.

晨光起宿露	밤에 내린 이슬 새벽에 빛나고
池上判黎氓.	못 가에서 백성을 판결하네.
借問秋泉色	묻으니 가을샘빛은 어떠하며
何如拙宦情.	보잘 것 없는 관리의 마음은 어떠한가?
磨鉛辱利用	납 갈아 이용함이 욕되었고
策蹇愁前程.	꾀가 곤궁하니 전정이 근심스러웠다.
昨夜明月滿	어젯밤 밝은 달 가득하니
中心如鵲驚.	마음 가운데 까치가 놀라는 것 같았다.
負恩時易失	은혜를 저버려 쉽게 때를 잃고
多病績難成.	병 많아 공적을 이루기 어렵네.
會惜寒塘晩	앉아서 차가운 못 저물어 감을 아쉬워하니

| 霜風吹杜蘅. | 서리바람이 족두리 풀 위로 불어온다.❶ |

> ❶ 전기(錢起), 「현내 수정에서 아침에 송사를 듣다[縣內水亭晨興聽訟]」『전당시(全唐詩)』236권.

이것은 모두 개인의 운명에 대하여 슬픔을 느낀 것이 아니고, 실제로 중당 사인들의 대당제국大唐帝國의 중흥에 대한 열망이 이처럼 깊었다. 그러나 그들이 간절하게 바라는 가운데 상서롭지 못한 모습이 이미 비쳐졌다.

太白明無象	태백은 분명한 상이 없고
皇威未戢戈	황제의 위엄은 창을 거두지 않네.
諸侯持節鉞	제후는 절월❶을 가지고
千里控山河	천리의 산하를 제어 하는구나.
....	
須傳出師頌	모름지기 스승의 칭송 전해 나오면
莫奏式微歌	식미가❷를 연주할 수 없네.❸

> ❶ 절월(節鉞): 옥절(玉節)과 부월(斧鉞). 높은 벼슬아치 곧 고관(高官)에게 증표로 주던 깃발 또는 임명장과 의장용(儀仗用) 도끼를 이른다.
> ❷ 식미가(式微歌): 『시경·패풍(邶風)·식미』에 "쇠할 대로 쇠했거늘, 왜 아니 돌아가리오. 님 때문만이 아니라면, 어이하여 이 곤욕을 당하리오.[式微式微 胡不歸 微君之故 胡爲乎中露]" 한 데서 온 말인데, 이 시는 약소국인 여(黎)나라 임금이 오랑캐에게 나라를 빼앗기고 위(衛)나라에 가서 구원을 기다리며 오래도록 무료한 세월을 보냈으나, 위나라에서는 군사를 풀어 여나라를 찾아줄 기미가 보이지 않으므로, 이에 그 시종신들이 임금에게 돌아갈 것을 권고하여 부른 노래라 한다.
> ❸ 전기(錢起), 「왕사군을 태원행영으로 보내며[送王使君赴太原行營]」『전당시(全唐詩)』238권.

제2장 사대부 출처사은의 모순과 은일문화의 발전

전쟁터에서는 목숨을 아끼지 않았고, 조정을 보필하며 모든 관직을 거쳤으나 노력의 결과는 도리어 바라는 바와 정반대가 되었다. 따라서 후세의 사람들은 원망할 이유가 특별히 없어서 그들이 은일문화의 발굴과 천석임수泉石林水를 구축하는데 점점 더 많은 정력과 재주를 기울였다.

전기錢起의 작품에 있는 은일생활과 원림경관을 묘사한 시문은 이처럼 큰 비중을 차지하였고, 그가 끝내 말한 '조정에 가득한 사부辭賦를 짓는 객은 모두 숲으로 들어간 사람이다.'139)고 한 것은 이전에는 없었던 매우 철저히 깨우친 말로, 끝까지 따져 물어도 기세는 반드시 존재하였다. 또 예를 들면 원결元結이 산수를 한가로이 거닐 때 이전에 부곡部曲140)을 권유받은 적이 있었다.

漫游樊水陰	번수 그늘에서 마음대로 노니는데
忽見舊部曲	갑자기 옛 부곡이 보인다.
尙言軍中好	숭고한 말 군대 안에서 좋아하니
猶望有所屬	오히려 소속되길 바라네.
故令爭者心	싸우는 자의 마음으로 하여금
至死終不足	죽음에 이르러도 끝내 부족하다 여기게 하네.
與之一杯酒	그와 더불어 한잔 술 마시고
喻使燒戎服	융복 불사르게 일깨운다.
兵興向十年	군사 일으킨 지 10년이 되어 가는데
所見堪嘆哭	보이는 것은 탄식하고 곡하는 것을 견디리라.
相逢是遺人	남은 사람 서로 만나니
當合識榮辱	마땅히 영욕을 알 뿐이니
勸汝學全生	너희 배우는 모든 학생에게 권하는바
隨我畬退谷	나를 따라 골짜기로 물러나 화전 경작하게나.❶

❶ 「구부곡을 깨우치다[喩舊部曲]」, 『원차산집(元次山集)』 2권.

정치·철학·문학 등 영역의 정황도 똑 같았으니, 진정 중당 은일문화의 풍모를 대표하는 것은 모두 대력大歷 전후의 월운초윤月暈礎潤141)같은 어떤 조짐이 있어서 참으로 알 수 있었던 것이 아니고, 정원貞元·원화元和년간에는 재난이 겹친 기간이다.

  백거이白居易·유우석劉禹錫·유종원柳宗元·한유韓愈·배도裵度·원진元稹·이덕유李德裕·우승유牛僧孺 등과 같이 멋스러운 사람들은 완전히 이 시대의 뛰어난 인재였다. 그들은 은혜와 원망 친함과 소원함·옳고 그름에 대하여 여전히 오랫동안 토론해 왔다. 그러나 중당에서 가장 대표적인 사대부들은 모두 당시의 정치투쟁에서 몸과 마음이 지칠 대로 지쳐서, 또 언덕과 골짜기 원림으로 찾아가고, 심지어는 옛 숙소에 기탁하였다. 후인이 아래와 같이 말했다.

'우승유·이덕유는 서로 원수이고 나라가 같지 않았으나, 그 좋아하는 바는 항상 같았다. 지금 낙양공 경원포에 있는 돌에 기이한 문장을 새긴 것은, 우승유의 옛날 물건이고, 평평한 샘에 새긴 것은 이덕유의 옛 물건이니 서로 엇비슷하다.'❶

❶ 『소씨문견후록(邵氏聞見後錄)』27권, "牛僧孺·李德裕相仇, 不同國也, 其所好則每同. 今洛陽公卿園圃中石, 刻奇章者, 僧孺故物; 刻平泉者, 德裕故物, 相半也."

  이런 현상을 중국문화발전사 측면에서 말하면, 그들이 함께 돌아갔지만 각자의 다른 길을 비교할 때마다, 더욱 많은 의의를 분명히 얻을 수 있다.

  중당 이후 사대부계층의 독립된 지위가 점점 더 많이 은일문화에 의지하였는데, 이런 추세가 개인의 현명함과 어리석음·강함과 유함에 의지하지 않고 전해진 것은 남들의 어떤 칭찬에도 상관하지 않았던 까닭이다. 유우석劉禹錫의 '배가 가라앉을 듯이 가장자리로 기울어진 천 개의 돛단배 지나가고, 병든 나무 앞 모든 나무는 봄이다沉舟側畔千帆過, 病樹前頭萬木春.'와 '앞에 건넌 유랑이 지금 또 온다前度劉郞今又來.'는 등의 시구에서 표현된 '스스로 쉬지 않고 노력하는 것[自强不息]'은 잊을 수 없는 것들이다. 좌절한 후에 '호중천지'로 향해 간 것은 유우석의 생활에 중요한 면이다.

………	
自從嬰網羅	그물에 얽힐 때부터
每事問龜策	매사를 거북점에 물었네.
王正降雷雨	왕은 바로 번개와 비를 내려
環玦賜遷斥	옥고리 하사하여 옮기라 내친다.
倘伏夷平人	한가로이 평인으로 숨어 있었는데
誓將依羽客	장차 신선에게 의지하기로 약속하네.
買山構精舍	산을 사서 고요한 집짓고
領徒開講席	헛되이 강론하는 자리를 시작하노라.
冀無身外憂	바라는 것은 몸밖에 근심 없으니
自有閒中益	스스로 한가한 중에 이익이 있으리라.
道芽期日就	도가 싹터 날로 나아가길 기약함에
塵慮乃冰釋	속된 생각 얼음처럼 풀렸네.
且欲遺姓名	또 성명을 남기고자 하니
安能慕竹帛	어찌하면 전적을 사모하리?
………❶	

❶ 「도원을 유람한 100운[游桃源一百韻]」, 『전당시(全唐詩)』27권.

『신당서·배도전』에 기록된 배도142)는 일찍이 네 조정의 임금을 섬겼으니, 20년 동안 일신의 출처가 나라의 안위安危나 경중輕重과 관계되었으나, 결과는 도리어 다음과 같았다.

당시의 내시가 위엄을 마음대로 부려, 천자는 빈 그릇을 쓰고, 벼슬아치들은 도를 잃고, 배도는 경제의 뜻을 회복하지 못하니 이에 동도에만 집현리를 설치하니, 늪·돌·수풀, 봉우리가 둘러싸인 은일한 명승지였다. 우교에 별장을 짓고 따뜻한 집과 시원한 대를 갖추어 '녹야당'이라 불렀고, 그 아래에는 물결이 부딪쳐 흘렀다. 들에서 입은 옷이 쓸쓸해지면, 백거이·유우석과 함께 문장을 짓고, 술 마시고, 밤낮으로 즐거움을 다하며, 인간의 일은 묻지 않았다.❶

> ❶ 『구당서(舊唐書)·배도전(裵度傳)』, "時閹豎擅威, 天子擁虛器, 搢紳道喪, 度不復有經濟意, 乃治第東都集賢裏, 沼石林叢, 岑繚幽勝. 午橋作別墅, 具㼿館涼臺, 號「綠野堂」, 激波其下. 度野服蕭散, 與白居易、劉禹錫為文章、把酒, 窮晝夜相歡, 不問人間事"

『구당서·배도전』에서 원림경관과 원림에서의 생활이 사인에게 미친 영향을 더욱 상세하게 기록했다.

중앙관리의 일에서 의관은 도를 상실하고, 배도는 해마다 수레에 걸려 있으니, 왕의 벼리와 명부는 방탕하여 다시 출처할 뜻이 없는데, 동도에 집현리를 세워, 산을 쌓고 물을 파고 대나무와 숲을 만들어 풍정과 물 있는 정자, 사닥다리, 누각을 짓고, 섬들이 둘러싸 도성의 좋은 경치를 다하였다. 또 우교에 별장을 비롯하여 꽃나무 만 그루 가운데 시원한 대와 따듯한 관을 만들고 '녹야당'이라 이름 하였다. 감수를 끌어 가운데로 통하게 하여 물길을 터서 혈맥을 나누어 좌우에서 띠처럼 비치게 하였다. 일을 보는 틈을 헤아려 시인 백거이·유우석과 종일 잔치하며 고아한 노래와 말을 마음껏 하여 시 짓고, 술 마시고, 거문고 타고, 책 읽으면서 스스로 즐거워하니 당시의 명사들이 모두 쫓아서 놀았다.❶

> ❶ 『구당서(舊唐書)·배도전(裵度傳)』, "中官用事, 衣冠道喪. 度以年及懸

제2장 사대부 출처사은의 모순과 은일문화의 발전

> 興, 王綱版蕩, 不復以出處爲意. 東都立第於集賢里, 築山穿池, 竹木叢萃, 有風亭水榭, 梯橋架閣, 島嶼迴環, 極都城之勝槪. 又於午橋創別墅, 花木萬株, 中起涼臺暑館, 名曰'綠野堂'. 引甘水貫其中, 釃引脈分, 映帶左右. 度視事之隙, 與詩人白居易, 劉禹錫酣宴終日, 高歌放言, 以詩酒琴書自樂, 當時名士, 皆從之遊."

그러나 참으로 중시할만한 가치가 있는 것은 두 『당서唐書』에서 배도裵度가 말년에 세상일을 대하는 태도와 그의 은일생활의 평가는 매우 크게 구별된다. 오대五代 때 완성된 『구당서』에서 다음과 같이 말했다.

만년에는 파묻혀 지냄으로써 화를 피했다. 처음에는 탁지상서 염철사 왕파가 일을 널리 추진해서 총애를 바라니, 배도 또한 선여❶를 주워 모아서 왕파를 본받았으니, 선비와 군자들이 그를 소인으로 여겼다. 다시 위후숙과 남탁의 『보궐습유』를 인용하면, 더욱 보충하고 결탁하여, 자신의 안위를 위하여 계획했다.❷

❶ 선여(羨餘): 부세 받고 남은 것이라면서 조정에 바치는 재물을 말한다.
❷ 『구당서(舊唐書)』, "及晚節, 稍浮沉以避禍. 初, 度支鹽鐵使王播廣事進奉以希寵, 度亦掇拾羨餘以效播, 士君子少之. 復引韋厚叔·南卓爲補闕拾遺, 俾彌縫結納, 爲自安之計."

『구당서』를 감수하여 편찬한 유후劉昫의 배도裵度에 대한 평론도 완전하게 볼 수 있다.

신하가 임금을 섬기는 것은 오직 충과 의이다. 크게는 조정의 정무를 계획하여 화란을 밀쳐내고, 작게는 실수를 직언으로 바로 잡아서, 안으로는 자신을 생각하는 계획이 없고, 밖으로는 다른 사람의 말에 개의치 않으니, 고인의 어려워하는 바였다. 진공晉公이 그렇게 잘 하여, 진실로 사직의 좋은 신하이며, 임금이 가장 믿고 중하게 여기는 현명한 재상이다.❶

> ❶ 유후(劉昫): "夫人臣事君, 唯忠與義, 大則以諫謨排禍亂, 小則以讜正過失, 內不慮身計, 外不恤人言, 古人所難也. 晉公能之, 誠社稷之良臣, 股肱之賢相"

북송北宋의 구양수歐陽脩 등이 찬술한 『신당서新唐書』에서는 즉 『구당서』에서 배도를 비평한 것과는 매우 다르다.

목종은 임금답지 않으니, 검소한 사람과 부패한 남자가 분쟁을 일으켜 헐뜯어서, 배도가 결국 공적을 드러내지 못했다. 전에는 지혜로웠으나 후에 어리석어 진 게 아니라, 쓰이고 쓰이지 아니하는 기세가 당연한 것이었다. 전사에서 배도를 칭하여 말년에 은거함으로써 자신의 안위를 계획했다고 했으나, 그런 것이 아니다. 「대아」에서 말하길, '이미 밝고 또 밝은 것으로 그 몸을 보전한다'.❶

> ❶ 『신당서(新唐書)』, "穆宗不君, 儉人腐夫乘釁鐫, 而度遂無顯功. 非前智後愚, 用不用, 勢當然矣. 前史稱度晚沉浮爲自安計, 是不然, 「大雅」曰: '旣明且哲, 以保其身'."

배도가 무엇을 헐뜯었다는 것인가! 구양수는 곧 북송 사인의 정치와 문화를 주도한 인물이며, 동시에 또 당시 은일문화가 높은 수준으로 성숙하도록 추진한 주요 실천자이다. 이는 뒤에 할 말이지만, 벼슬을 시작한 시기 선비기풍으로, 인물의 힘으로 옛 의론을 밀쳐내고 배도에게 특별한 뜻을 주어 회피한 것은 우연한 사실이 아니라는 것이 확실히 보인다.

중당 문화의 시작과 변화·중당 사대부가 은일·원림을 매우 좋아한 것은 중국봉건사회 후기 문화발전사에 심원한 의의와 영향을 인식하여 모두가 필요했기 때문에, 원림에 대한 정이 갈수록 두터워졌다고 할 수 있다.

이덕유李德裕의 원림을 예로 들겠다.

평평한 샘에 별장을 두고, 맑은 물이 푸른 조릿대 사이로 흐르네, 그윽하고 기이한 나무와 돌이 있다. 처음 벼슬하지 않을 때 학문을 강의하는 중에 종관❶ 번복❷이 되어, 나가면 장수가 되고 들어오면 재상이 되었으나 30년을 다시 유람하지 못하여, 시를 짓고 노래하여, 모두 바위에 새겼다."❸

❶ 종관(從官): 하급관리이다.
❷ 번복(藩服): 주대(周代)의 토지행정구획의 제도인 구복(九服)의 하나. 곧 왕성(王城)에서 5천 리 떨어진 곳의 사방 5백 리의 땅. 중국에서 중원 밖의 제후를 일컬음.
❸ 『구당서(舊唐書)·이덕유전(李德裕傳)』, "置平泉別墅, 清流翠篠, 樹石幽奇. 初未仕時, 講學其中. 及從官藩服, 出將入相, 三十年不復重游, 而題寄歌詩, 皆銘之於石."

이 작품에는 꿈속에서 맴도는 것 같은 그리움이 나타나지 않는 곳이 없어서 '내가 산을 사랑하는 마음은, 굶주리며 목마른 것 같다! 골짜기에서 나온 지 1년 인데, 항상 10년이나 이별한 것 같다.'[143] 하였고. '푸른 산은 여러 정자가 마땅하고 흰 달은 가벼운 배로 들어오네. 다만 돌아갈 저녁을 생각하니, 헛되이 청렴하여 또 꿈속에서 노니네.'144)라고 하였다.

그가 두세 번 가족에게 신신당부하여 "내 평천을 파는 자는 내 자손이 아니다. 평천의 나무 하나 돌 하나도 남에게 주는 자는 아름다운 자식이 아니다. 내가 100년 후에도 권세로 지켜야 할 것이니, 선인의 명으로 울면서 고하는 나의 뜻이다."145)고 하였으니, 그의 마음속의 고통이 거의 실성한 것 같았다.

제1편에서 구체적 사례를 많이 설명했는데 백거이白居易는 중당 사대부 조원가를 대표하는 인물이다. 실제로 백거이가 원림조성 예술방면의 성취는 그가 중당 사대부문화를 집대성하여 구체적으로 실현한 한 사람에 불과하다. 여기에서는 그의 '중은中隱'이론과 그 형성 원인만 언급하고, 중당 이후 철학과 사대부 생활의 중요 의의는 뒤의 장절에서 설명할 것이다.

백거이는 중당 은일문화를 이룩한 대표적인 사람이라고 할 수 있는데, 그가 조성한 원림예술의 두드러진 공헌은 그가 원림에 대하여 이덕유와 똑 같이 지나친 애정을 쏟았기 때문이다.146)

그 첫 번째 이유는 그의 '중은'이론이 당시 사인의 운명에 집중되어, 봉건대제국의 쇠락 이후 집권제도와 사대부 간의 관계를 구체적으로 표현하여, 사대부는 강화된 은일문화가 만들어 낸 갖가지 고통스런 과정을 거쳤다.

백거이 마음속에 가장 심한 고통은 그의 개인 운명이나 중당 정치 일시 일사一時一事147)의 득실이나 성패에 대한 우려에서 온 것이 결코 아니고, 그가 중당 사대부계층에서 가장 예민한 감각을 가지고, 눈앞에 놓인 일체의 폐단을 미리 보여주었고, 전통문화체계에서 여태껏 없던 심각한 위기가 사대부 이상의 우주질서·사회윤리·인생신앙 등등 가장 기본적인 방면에 발생하여 위협을 느꼈다.148)

집권제도와 사대부계층 간의 구체적인 관계가 백거이가 인지한대로 전에 없던 위기를 분명하게 드러냈다. 한 편으로 중당 사대부계층의 대표가 되어서, 그는 자신의 근본 이익과 집권제도를 함께 묶어서 비교할 필요가 있었다.

전형적인 예를 들면 그가 편찬한 자신의 문집은, 시대의 폐단을 풍자하고 민

중의 고통을 신랄하게 진술한 '풍유시諷諭詩'와 개인의 근심과 즐거움을 나타낸 '한적시閑適詩'나 '감상시感傷詩'의 내용을 더욱 중요하게 여겼기 때문에 그가 두보의 작품을 비평한 것 중에는 아름답게 풍자한 작품은 매우 적다.149)

좌천되어 쇠약하고 병든 중에도 일찍이 "능연각에 공명으로 화상이 걸리지 못한 것이 한이다."150)고 하였다. 그는 가장 극도로 흥분되어 맹렬한 말로 자기가 황제의 은택을 입은 것을 과장되게 기술하였다. 여러 번 오른 영예의 빛남과 세상살이 험난함과 평이함·일신一身의 빈곤이나 현달에도 상관없이 뜻을 세워 충성을 다하기로 결심했고, 폄직된 뒤에도 궁궐에 대한 그리움은 변하지 않았다.

………	
恩隨紫泥降	은혜는 붉은 진흙을 따라 내려오나
名向白麻披	명예가 백마지❶에 펼쳐지네.
旣在高科選	이미 우수한 성적으로 선발되어
還從好爵縻	여전히 좋은 작위에 얽매여 있구나.
東垣君諫諍	동쪽 담에서 그대가 간언하고
西邑我驅馳	서쪽 읍에서 나는 말 달리네.
再喜登烏府	다시 기뻐하며 오부❷에 올라
多慚侍赤墀	부끄러움 많아 붉은 계단에서 모신다.
官班分內外	관 반은 안 밖으로 나뉘어
遊處遂參差	노니는 곳 드디어 들쑥날쑥 하네.
每列鵷鸞序	매양 원추새와 난새의 서열을 벌려두고
偏瞻獬豸姿	가끔 해태의 모습을 바라보노라.
簡威霜凜冽	대쪽 같은 위엄 서리처럼 차갑고
衣彩繡葳蕤	옷의 채색은 무성하고 화려하구나.
正色摧强禦	바른 기색 꺾고서 억지로 모시고
剛腸嫉喔咿	강인한 의지는 닭소리를 싫어하네.
常憎持祿位	항상 봉록과 지위를 가진 것을 증오하여
不擬保妻兒	가족을 지키는 것을 계획하지 못했도다.
養勇期除惡	용기를 길러 악을 제거하길 기약하고

輸忠在滅私	충성을 바침이 사사로움을 멸하는데 있었네.
………	
耳垂無伯樂	귀를 드리우나 백락❸은 없고
舌在有張儀	혀는 장의❹에게 있네
負氣沖星劍	버럭 화내며 성검❺을 부딪치나
傾心向日葵	기우는 마음은 해를 향하는 해바라기일세.
………❻	

❶ 백마(白麻): 당대(唐代)에는 조서(詔書)를 마지(麻紙)에 등사하였는데, 황마지(黃麻紙)·백마지(白麻紙)의 구분이 있어, 장상(將相)을 임명할 때에는 백마(白麻)에, 제서(制書)나 칙서(勅書)는 황마(黃麻)에 썼음.
❷ 오부(鳥府): 어사부(御史府)의 별칭. 한나라 때 어사부 안에 있던 측백나무에 까마귀가 많이 서식한 일에서 비롯된 말이다. 일명 백부(柏府)라고도 한다.
❸ 백락(伯樂): 전국시대(戰國時代) 사람으로 말 감정가이다.
❹ 장의(張儀): 전국시대 위(魏)나라 사람으로, 구변(口辯)이 좋은 사람이다.
❺ 성검(星劍): 보검(寶劍)을 이른다.
❻ 「시 100운을 대신 써서 미지에게 부치며[代書詩一百韻寄微之]」『백거이집(白居易集)』14권.

『구당서·본전』에서 백거이를 칭하여 "자신이 글을 좋아하는 주인을 만나, 순서대로 발탁 된 게 아니니, 평생 모아둔 은혜를 바치려한다."고 하였지만, 결과는 도리어 그 자신이 말한 "몸이 가루가 되어서라도 특별한 총애에 보답하려 하나 다만 분신151)할 바를 얻지 못했을 뿐이다."152)고 한 것들이다.

3·4·5·8편에서 볼 수 있듯이, 중당 이후의 사회위기 뿐만 아니라 전통문화체계의 모순적인 발전과 생명력이 쇠약해진 것은 필연적인 결과이다. 그래서 사대부계층이 참여하여 집권제도정치를 조절하여 무너지는 추세를 저지하려는 노력을 시도했으나, 발생하는 위기의 근원을 제거할 방법이 없었다. 도리어 최종에는 사대부계층과 집권제도의 모순이 사회위기를 더욱 심하게 할 정도였다.

중당에서 명대明代에 이르기까지, 사대부계층의 걸출한 인물은 끊임없이 정치개혁을 진행하려 하였다. 이런 노력은 황권이 사대부에 대한 억제를 반대하는 가운데 더욱 전제정치로 향하여 개혁자는 모두 비극적인 운명에 처하게 되

제2장 사대부 출처사은의 모순과 은일문화의 발전

었다. 백거이 같은 중당 사대부들이 정치에 참여하려는 노력으로 인하여, 결국 상술한 악성순환이 새롭게 시작되었다. 『구당서』의 기록을 보겠다.

…… 간관으로 문서를 올리는 자 17·8인이 백거이를 만나서 의논하니, 말뜻이 모두 지극했다. 또 하북에 용병이 그치기를 청하니, 수많은 말을 모든 사람이 말하기 어렵지만 임금이 대부분 듣고 받아 들였다. 오직 간언하는 일이 절실하니, 임금이 기뻐하지 않다가, 이강에게 '백거이의 작은 아들은, 짐이 발탁하여 명예와 지위를 이르게 하였는데도, 짐에 대한 예의가 없으니 짐은 실로 곤란하니 어찌해야 겠는가!❶

❶ 『구당서(舊唐書)·백거이전(白居易傳)』, "諫官上章者十七八, 居易面論, 辭情切至. 既而又請罷河北用兵, 凡數千百言, 皆人之難言者, 上多聽納, 唯諫承璀事切, 上頗不悅, 謂李降曰, '白居易小子, 是朕拔擢致名位, 而無禮於朕, 朕實難奈!'"

백거이가 중당 은일문화를 대표하지만, 이런 악성순환은 또 하나의 필연적 산물이었다. 사대부계층이 집권전제의 날로 심한 압박을 받는 아래에서, 독립된 지위를 유지하고 이어 가는데 필요한 틈을 찾는 것이 반드시 필요했기 때문에 양송兩宋이후에 거대한 영향을 끼쳤다는 점에 의의가 있다.

백거이가 황제권력과 모든 유가문화체계에 강한 열성을 띤 것과 대조를 이루는 것은 그의 운명에 깊은 상처를 입은 것이다.

悲哉爲儒者　　슬프다! 유학자가 되었으니
力學不知疲　　힘써 배워도 피곤함을 모르네.
讀書眼欲暗　　독서로 눈은 어두우나

秉筆手生胝	손은 붓집 종이 위에 있구나.
十上方一第	10 위의 첫 번째 차례로
成名常苦遲	이름을 이루기 항상 몹시 더디다.
縱有宦達者	비록 벼슬길에 달한 자도
兩鬢已成絲	양 귀밑머리 이미 흰 가닥이구나.
可憐少壯日	젊고 씩씩했던 날 불쌍했어도
適在窮賤時	궁하고 천했던 시절이 좋았도다.
………❶	

❶ 「비재행(悲哉行)」, 『백거이집(白居易集)』 1권.

여기에서 주의해야 할 가치는 백거이 자신이 사대부와 황제권력 사이의 위기를 이미 깊이 인식한 것이다.

賣藥向都城	약초 팔러 도성으로 향하여
行憩靑門樹	가다가 푸른 문 옆 나무에서 쉰다.
道逢馳驛者	길에서 역참에서 달리는 자를 만나니
色有非常懼	안색이 매우 두려워함이 있었네.
親族走相送	친족이 달려가 서로 보내니
欲別不敢住	이별하고자 하여도 감히 갈 수 없구나.
私怪問道旁	사적으로 곁에서 도를 묻는 것이 부끄럽지만
何人復何故	어떤 사람이 다시 무어라 하겠는가?
云是右丞相	우승상이라 하니
當國握樞務	마땅히 나라의 중요업무를 장악한 것이리라.
祿厚食万錢	녹은 두텁고 음식은 만 전 이었고,
恩深日三顧	은혜 깊어 날마다 세 번을 돌아본다.
昨日延英對	어제 연영❶을 대하고
今日崖州去	오늘은 애주로 간다네.
由來君臣間	임금과 신하 간의 유래는
寵辱在朝暮	총애와 욕됨이 아침저녁에 있었구나.
靑靑東郊草	푸른 동쪽 야외의 풀

제2장 사대부 출처사은의 모순과 은일문화의 발전   91

中有歸山路　　가운데 산길로 돌아간다.
歸去臥雲人　　돌아가 구름에 누운 사람
謀身計非誤　　몸을 도모하는 계산은 잘못이 아니라네.❷

❶ 연영(延英): 당(唐)나라 때의 궁전인 연영전(延英殿)으로 연영문(延迎門) 안에 있었다. 정례적인 때가 아닌 경우 천자가 연영전에서 대신을 불러 강연하였다 한다. 여기서는 궁궐을 가리킨다.
❷ 「기은자(寄隱者)」, 『백거이집(白居易集)』1권.

이 시 제목은 「은자에게」이다. 사회위기가 심화되고, 전제정치제도의 강화와 은일문화의 발전 사이의 필연적 관계를 재차 분명하게 말한 것이다. 백거이 등 중당 사인은 참으로 '돌아가 구름에 누운 사람[歸去臥雲人]'이 되어야 하는 것은

백거이 조상

아니지만, '총욕은 아침저녁으로 있다[寵辱在朝暮].'는 것은 위태로운 운명이 확실하다는 현실을 말한 것이다. 바로 이런 조건에서 백거이의 '중은中隱'설은 전통적인 은일이론을 한걸음 향상시켰다.

大隱住朝市	대은은 조정과 저자에 살고
小隱入丘樊	소은은 구번❶으로 들어가네.
丘樊太冷落	구번은 너무 썰렁하고
朝市太囂喧	조정과 시장은 너무 시끄럽다.
不如作中隱	중은하는 것만 못하니
隱在留司官	은자는 사관에 머무르네.
似出復似處	나간 것 같으나 다시 처한 것 같고
非忙亦非閑	바쁘지도 않고 또한 한가하지도 않구나.
不勞心與力	마음과 힘을 수고롭게 하지 않고
又免饑與寒	또 배고픔과 추위도 면한다.
終歲無公事	종신토록 공적인 일이 없어도
隨月有俸錢	다달이 월급은 받는구나.
君若好登臨	그대가 만약 올라가 보기를 좋아한다면
城南有秋山	성 남쪽에 가을 산이 있으며
君若愛遊蕩	그대가 노니는 것을 사랑한다면
城東有春園	성 동쪽에 봄 동산이 있으리라.
君若欲一醉	한번 취하고자 하면
時出赴賓筵	때로 연회석으로 달려 나가면 되네.
洛中多君子	낙양에 군자가 많으니
可以恣歡言	기뻐하는 말은 마음대로 할 수 있고
君若欲高臥	그대가 만약 높은데 눕고자 하면
但自深掩關	다만 스스로 깊이 가리고 닫으면 되리라.
亦無車馬客	또 거마와 객이
造次到門前	갑작스럽게 문 앞에 이르는 것도 없네.
人生處一世	한 세상에 처함에
其道難兩全	그 도가 모두 온전하기 어렵네.
賤即苦凍餒	천한 즉 얼고 주리는 괴로움이 있고,
貴則多憂患	귀한 즉 근심과 걱정이 많다.
唯此中隱士	오직 이 중은사는

致身吉且安	몸이 길하고 또 편안하다.
窮通與豐約	극진히 통하는 넉넉한 약속,
正在四者間	바로 네 가지 사이에 있다.❷

❶ 구번(丘樊): 농장이나 시골이라는 뜻으로 은거하는 곳을 이른다.
❷ 「중은(中隱)」 『백거이집(白居易集)』22권.

 '중은' 이론의 탄생과 시작은 모든 사상이 사대부의 운명과 이해관계에 포함되어서 이처럼 분명하고 상세하게 모두 표현해낼 수 있었다. '대은'과 '소은'이 함께 오랫동안 발전한 과정은 성당에 비로소 완전히 성숙하여 선명하게 대비되는데, 이런 대비는 중당 이후 사회제도가 은일문화의 발전을 절박하게 요구한 것을 말한다. 이런 요구가 발생하자마자 사대부의 생활이나 원림예술까지도 존재할 수 있는 토대를 이루었다.

平旦起視事	평일 아침 일어나 일을 보고
亭午臥掩關	낮에는 정자에 누워 문을 닫아둔다.
除親簿領外	공문서를 가까이 하는 일 외에
多在琴書前	자주 거문고와 책 앞에 있도다.
況有虛白亭	하물며 허백정이 있으니
坐見海門山	앉아 해문산을 바라본다.
潮來一憑檻	조수가 밀려오면 난간에 기대어도 보고
賓至一開筵	손님이 이르면 잔치를 열기도 하네.
終朝對雲水	아침이 다하도록 구름과 물을 대하며
有時聽管弦	때때로 음악을 듣는다.
持此聊過日	이런 것 가지고 그럭저럭 날을 보내니
非忙亦非閑	바쁘지도 않고 한가하지도 않네.
山林太寂寞	산림은 너무 적막하고
朝闕空喧煩	조정과 대궐은 헛되이 시끄럽고 번잡하다.

唯茲郡閣內	오직 이 고을 안에서
囂靜得中間	시끄러움과 고요함이 중간을 얻었도다.❶
....	
歌酒優遊聊卒歲	술 마시고 노래하고 노닐며 그럭저럭 해를 마치고
園林蕭灑可終身	원림에서 거리낌 없이 몸을 마칠 수 있네.
留侯爵秩誠虛貴	후작의 품계에 머무르는 것은 진실로 헛된 귀함이요
疏受生涯未苦貧	드물게 받은 생애는 고통과 빈곤이 아니라네.
月俸百千官二品	월급 십 만과 벼슬 이품이니
朝廷雇我作閒人	조정은 날 고용해도 한가한 사람으로 만드네.❷

舊徑開桃李	옛길은 복숭아와 자두 꽃 피고
新池鑿鳳凰	새 연못엔 봉황이 모여든다.
只添丞相閣	다만 승상의 누각을 더하고
不改午橋莊	오교장❸은 고치지 말거나.
....	
巢許終身隱	소부와 허유는 종신토록 은거하였으니
蕭曹到老忙	소조❹는 서둘러 늙게 하네.
千年落公便	천년동안 공통의 편리함에 떨어져
進退處中央	나아가고 물러감의 중앙에 처했네.153)

有石白磷磷	돌은 희고 맑고 깨끗하고
有水清潺潺	물은 맑게 졸졸 흐른다.
有叟頭似雪	늙은이 머리는 흰 눈과 같으니
婆娑乎其間	그 사이에서 한들거리네.
進不趨要路	나아감에 중요한 길로 달려가지 않고
退不入深山	물러나 깊은 산으로 들어가지 않는다네.
深山太濩落	깊은 산은 너무 떨어졌고
要路多險艱	중요한 길은 험난함이 많으니
不如家池上	연못가에 집짓는 것 보단
樂逸無憂患	편안히 즐기며 근심이 없는 것이 낫구나.
.... ❺	

❶ 「군정(郡亭)」, 『백거이집(白居易集)』8권.
❷ 「동주자사를 따라 태자소부 분사를 개수하다[從同州刺史改授太子少傅分司]」『백거이집(白居易集)』33.
❸ 오교장(午橋莊): 당(唐) 나라 때의 재상 배도(裵度)가 오교에 지은 별장 이름인데, 대단히 넓은 동산에 화목(花木)이 만여 그루나 되고 호화스럽기로 유명하였다.
❹ 소조(蕭曹): 한 고조(漢高祖)를 도와서 천하를 통일하고 나서 개국 제일공신(開國第一功

제2장 사대부 출처사은의 모순과 은일문화의 발전 95

臣)으로 첫 번째 승상이 되고 찬후(酇侯)에 봉해진 소하(蕭何)와 두 번째 승상이 되고 평양후(平陽侯)에 봉해진 조참(曹參)을 합칭한 말이다.
❺ 「집안에 못을 한가하게 지어서 왕실 장도사에게 부치다[閑題家池寄王屋張道士]」, 『백거이집(白居易集)』36권.

백거이의 말과 유사한 것이 어찌 몇 천 편 뿐 이겠는가. 제1편의 서술에서도 백거이가 원림예술에 이렇게 마음을 기울이고 힘을 다한 것을 알 수 있는데, 그가 산을 만들고 물을 다스린 각종 기교에도 두드러진 공헌이 있었다. 제7편 2장에서 제시한 것과 그가 사대부생활예술을 전면 추진한 것은 절대 우연한 원인에서 나온 것이 아니라는 것이 분명하다.

임포(林逋)가 살던 서호(西湖) 매원(梅園)

제5절 중은中隱을 마음에 새겨두고 더욱 확장시킨 양송 사인兩宋士人

'중은中隱'의 의의가 중국봉건사회의 위기가 날로 심해지는 상황 아래에서 사대부계층이 독립된 지위를 유지하고 창조할 수 있는 조건이 되었다면, 양송 사인들이 보편적으로 받아들이는 것도 필연적이었다.

중국봉건국가의 집권제도는 양송 시기에 크게 강화 되었으나,154) 바로 이때에 중국사대부문화의 발전이 절정에 이르렀고, 사대부문화예술은 전에 없이 광범위하게 번영하였다.155) 이런 모순과 유사한 현상은 의미심장한 것이다.

이 때문에 송대 원림에 대한 연구는 물론이고, 송대 사대부문화예술을 전반적으로 고찰해야, '중은'이 당시 사인계층이 집권제도와 균형을 이룬 관계의 의의가 적지 않다는 것을 이해할 것이다. 송대 은일자隱逸者 중에 임포156)보다 더 칭찬할만한 사람은 없기 때문에 임포부터 말을 시작한다.

임포가 당세나 후인들에게 칭송되는 까닭은 그가 지향한 것이 진정으로 '은隱'에 있었으니, 당시 많은 사람들이 은일을 벼슬길에 나가는 단계로 여긴 것과는 달랐기 때문이다.157) 전연의 맹세158)이후, 송 진종이 매우 부끄럽게 여겨서 천서159)를 얻었다고 사칭하고, 태산에 올라가 제사 지내는 일을 크게 일으켜 수치를 덮어 감추었다. 이에 사대부는 다투어 상서로운 징표라고 아뢰고 찬송을 바치자, 진종도 널리 은사를 불러 모아 벼슬과 봉록을 주어서 이에 화답하였다. 이런 우스꽝스러운 일이 10여 년간 이어졌고, 이에 소모된 재료가 무수할 뿐만 아니라, "한나라 임금과 신하는 미친병에 걸린 것 같다."160)고 할 정도였다.

집권제도의 외교가 곤란한 가운데, 황당함과 허위가 신속하게 만연하여 전반적인 사회정치의 조직에 이르렀는지 선명하게 드러난 것이다. 겉으로 보면 임포 같은 사람은, 은일로써 자신이 선비의 절개를 온전히 하였으나, 변질된 집권제도를 억제하는 작용은 하지 못했다. 하지만 그는 현세에 대한 절망적인 심정으로 원림에 있으면서 자신은 못된 자들과 한 패거리가 되는 것을 싫어한다는 결심을 하였다.

湖上靑山對結廬	호숫가 청산을 마주하고 초가를 엮으니
墳前脩竹亦蕭疏	무덤 앞에 늘어선 대나무도 쓸쓸하기만 하네.
茂陵他日求遺稿	훗날 내 무덤에서 남긴 글 찾아봐도
猶喜曾無封禪書	봉천서❶ 없음에 기뻐하리라.❷

❶ 봉선서(封禪書): 『사기(史記)』의 편명(篇名)이다. 황제가 태산(泰山)에 올라가 하늘에 제사 지내는 것을 '봉(封)'이라 하고, 태산 아래 양보산(梁父山)에서 땅 신에게 제사 지내는 것을 선(禪)이라 한다.
❷ 임포(林逋), 「스스로 수당을 짓고 이에 절구 한 수를 지어 기록하대[自作壽堂因書一絶以誌之]」『임화정시집(林和靖詩集)』4권.

그러나 바로 소수 은자의 노력으로 사대부가 전통인격과 윤리 등에 대한 신념을 연속할 수 있었기 때문에 무수한 후인들이 임포에게 흠모와 공경으로 보답하는 이유이다. 육유陸游도 심지어 다음과 같이 말했다.

상부·천희 연간에, 선비의 풍습과 절개, 문학으로 천하에 유명한 자는 섬교의 위중선과, 전당의 임군복 두 사람인데, 또 모두 시에 능했다. 바야흐로 이때 천자가 태산에 올라 하늘과 땅에 제사지내는 것을 수행할 때 두 사람이 수행해야 하는데 천하의 기린과 봉황, 지초는 말 할 수도 없었다"❶

❶ 「임화정첩 발문[跋林和靖帖]」, 『육유집(陸游集)·위남문집(渭南文集)』30권. "祥符·天禧間, 士之風節文學名天下者, 陝郊魏仲先·錢塘林君復二人, 又皆工於詩. 方是時, 天子修封禪, 有二人在, 天下麟鳳芝草不足言矣."

천하의 도덕과 정의가 존재하고 없어지는 것은 일개 은사에 달렸다고 하는 것은 당시의 사회제도가 은일문화에 대한 요구가 매우 절박했다고 할 수 있다.

임포가 고고하게 서호西湖의 매원梅園에서 저항하는 뜻을 광대한 사인들이 이상과 독립인격의 우상이라고만 말하고, 그들이 그를 숭배하는 것은 그에게 뛰어남을 빌려서, 자신이 처한 벼슬길에서 전제정치제도가 완전히 침몰되지 않게 보증하기 위한 것이지만, 영원히 끊어진 벼슬에 대한 애정을 희망하는 것은 결코 무의미한 것이었다.

사회제도에서 객관적으로 요구하는 것은 모든 통치계급 내부에서 전제정치와 균형을 이루는 임무가 막중하여 한 두 사람의 은사가 감당할 수 있는 것이 결코 아니었다. 이 때문에 벼슬하지 않는 송나라 사람들은 임포에 대하여 어떤 찬양도 극진히 하였지만, 그의 진정한 의의는 수많은 사대부의 '중은' 생활 속에서만 현실적으로 존재할 수 있을 뿐이다.

송대 사대부들은 자신이 집권제도에 종속되었다는 사실을 날마다 분명하게 볼 수 있었다. 때문에 매요신梅堯臣이 "날마다 은자를 불러 시를 읊고, 날마다 「귀전부」를 외운다. 예인을 본 적이 없으니 용감하게 면류관을 버리고 간다."161)고 말했다.

범중엄162)이 엄자릉嚴子陵163)과 한 광무제漢光武帝 유수劉秀와의 관계를 다음과 같이 칭찬하였다.

선생이 아니었으면 광무의 큰 뜻을 이룰 수 없었고, 광무가 아니었다면, 선생이 고고함을 좇았겠는가! (엄자릉)이 청렴함을 탐하게 하고, 나약한 자를 서게 하였으니, 이것은 명교에 큰 공이 있는 것이다.❶

---

❶ 범중엄(范仲淹), 「엄선생 사당기[嚴先生祠堂記]」『범문정공집(范文正公集)』. "微先生, 不能成光武之大. 微光武, 豈能遂先生之高哉? (嚴子陵)而使貪夫廉, 懦夫立, 是有大功於名敎也."

전형적인 예로 소식蘇軾을 들 수 있는데, 그가 벼슬살이에서 한 평생 순탄하지 못하고, 여러 번 예측하지 못한 일을 당한 것을 말하면, 집권제도를 절망하는 것은 본래 정리情理에 있기 때문에, 그가 "선비의 춥고 굶주림은 옛날이나 지금도 여전하다."164)고 말했고, 또 "수레와 면류관의 중심을 알아야, 영예는 누리고 욕됨은 이루지 않는다."165)고 말했다. 그가 사은 출처의 이득과 손해를 의론할 때 농담하였지만, 이런 웃음소리에 오히려 가장 깊은 고통이 포함되어 있었다.

전에 낙양에 가서, 이공간을 만나 말을 하였다. '진종 황제께서 동악 태산에서 봉선의식을 거행하신 후에, 천하의 이름난 은자를 찾으신 적이 있습니다. 그리하여 기 지방 양박❶을 만나게 되었는데, 그가 시를 잘했답니다. 황제가 초대하니 스스로 잘하지 못한다고 말했답니다. 그래서 주상께서 묻기를, '집을 나설 때 누군가 시를 써서 보낸 사람이 있는데 경이 아닌가?'하니, 양박이 말하길, '오직 신의 첩이 한 수가 지어준 것이 있습니다.

更休落魄耽杯酒	제멋대로 술독에 빠져 지내지 마시고
且莫猖狂愛詠詩	오만방자하게 시를 읊지 마시오.
今日捉將官裏去	오늘 붙잡히면 관가로 끌려갈 것이니
這回斷送老頭皮	어쩌면 당신의 머리와 영영 이별할거요.

하니, 주상께서 크게 웃으시고 산으로 돌려보냈다 합니다. 내가 호주)에 있을 때, 시를 지은 일에 연좌되어 감옥에 갇히게 되었다. 아내와 아이가 울면서 나를 보내려고 문밖까지 따라 나왔다. 별로 할 말이 없어서 아내에게 한마디 하길, '옛날 양박처사 아내는 그런 시로 남편을 전송했답니다. 당신도 그렇게 하지 않겠소?' 하니 아내가 자기도 모르게 웃음을 터뜨리고, 나는 끌려 나왔다.❷

❶ 양박(楊朴): 자는 계원(契元)이고, 호는 동야(東野)이고, 정주(鄭州) 사람이다. 어렸을 때 필사안(畢士安)과 함께 공부하였다.
❷ 『동파지림(東坡志林)』2권, 「은일(隱逸)·양박의 사건을 쓰다書楊朴事」. "昔年過洛, 見李公簡言: '眞宗旣東封, 訪天下隱者, 得杞人楊朴, 能詩. 及召對, 自言不能. 上問: '臨行有人作詩送卿否?' 朴曰: '惟臣妾有一首云: ……' 上大笑, 放還山. 余在湖州, 坐作詩追赴詔獄, 妻子送余出門, 皆哭. 無以語之, 顧語妻曰: '獨不能如楊處士妻作詩送我乎?' 妻子不覺失笑, 余乃出."

그러나 또 소식이 출사出仕는 사인의 필연적인 귀착점이라는 말을 다시 분명하게 한 것이다. "장부는 출처를 중히 여기니, 당장 물러나지 않아야한다."166)했고, 그 자신이 괴로움을 겪고 쇠하여 병들어 곤란한 가운데 여전히 "하늘 끝까지 머리 돌려 한 번 슬퍼하고, 도리어 매령에 올라 단풍진 대궐을 바라본다."167)고 했다.

이 때문에 바로 어떤 사람이 소식에게 "대나무 숲 높은 데에 흥취가 있는 것을 알아서, 한가롭고자 하나 어떤 임금이 한가하게 놓아주길 좋아하겠는가?"168)라는 시를 지어 주었다. 소식도 유사한 말로 당시 원림에 은거하는 사인을 "수레덮개를 서로 바라보며169) 은거하기 시작하여, 선생은 강촌에서 늙을 수 있었다. 예부터 진실로 피할 수 있었지만 어찌 일찍이 피하겠는가! 담을 넘으니 닫힌 문이 우스워 죽겠다."170)고 했다.

사대부들은 출사와 은거 사이에 끼어서 자기 뜻대로 할 수 없었으니, 예부터 이 같은 상황은 송대에 분명하게 나타나서 더욱 긴박하게 되었다. 소식의 말이 이렇게 초조하여 "옛 부터 벼슬아치들은 벼슬을 잡는 것과 버리는 것 두 가지를 다 슬퍼하였다."171)고 하였다. 이런 모순에서 벗어날 방법이 없었으니, 백거이가 창조한 '중은' 이론이 이렇게 깊은 의의를 보여주었다.

북송北宋 초기부터 남송南宋에 이르기까지, '중은'이 날로 사대부들에게 광범하게 받아들여져, 원림에 직접적인 영향을 끼쳤다. 다음에서 그러한 예를 들겠다.

장거화가 "낙양에서 전원에 갈대 집 엮어, '중은정'이라 이름 지어 뜻을 보인다."❶
소식이 서호에서 유람할 때 "소은은 이루지 못하고 그런대로 중은이네, 오랫동안 한가로움은 얻었으나 잠시의 한가로움이 낫다."❷고 했다.
공종龔宗이 백거이 시의를 으뜸으로 취하여 "이에 중은당을 지었다"❸
범성대范成大가 "중은당은 전인의 뜻을 좇아한다."❹
장효상張孝祥이 「중은」에서 말했다. "소은은 산에 은거하고, 대은은 도시의 집에 거한다. 임금이 그 안에 계시니, 너의 정치는 마땅히 이어 질 것이다. 아침저녁으로 조서가 있어, 임금과 조정이 부르면 하늘에서는 멀어 질 것이다."❺

❶ 『송사(宋史)·장거화전(張去華傳)』, "在洛葺園廬, 作中隱亭'以見之."
❷ 「6월27일 망호루취서오절「六月二十七日望湖樓醉書五絶」중5, 『소식시집(蘇軾詩集)』5권. "未成小隱聊中隱, 可得長閒勝暫閒"
❸ 『오군지(吳郡志)』14권. "乃作中隱堂"
❹ 「감자목난화(減字木蘭花)」, 『범석호집(范石湖集)·석호사(石湖詞)』, "中隱堂前人意好"
❺ 『우호거사문집(於湖居士文集)』4권. "小隱則居山, 大隱則居廛. 夫君處其中, 政爾當留連. 早晚有詔書, 喚君朝遠天"

이러한 것들은 송나라 사람들이 '중은'을 마음에 새겨 두고서 잊지 못하는 것을 말이나 글로 전하여 서술했을 뿐만 아니라, 더욱 사람들이 주시하게 되었다. 이것은 송나라 사람들이 백거이의 생활철학에서 가치를 발견하여 계승하였고, 백거이가 집권제도와 사인의 독립된 지위를 서로 균형을 이루게 한 정묘한 방법을 경모한 것이다.

소식의 시제가 「내가 항주에 가서 16년 만에 다시 왔는데, 2년을 머물다가 돌아갔다. 평생 출처하고 은거하며 늙고 젊음을 스스로 깨달아서, 대충 낙천 같은데, 재주와 명성은 거리가 멀지만 편안하게 분수를 지키며 욕심을 버리면 거의 그렇게 될 것이다. ……」라는 글에서 아래와 같이 말했다.

출사와 은거가 모호하여 낙천 같으니 감히 노쇠한 전 현인과 비교한다. 문득 낙양 사회에서부터 벼슬을 퇴직하고 가니, 한가로이 살아감이 20년이다.❶

> ❶ 「내가 항주를 떠나 16년 만에 다시 와서 2년을 머물다가 돌아갔다. 평생 출처하고 은거하며 늙고 젊음을 스스로 깨달아서, 대충 낙천과 같은데, 재주와 명성은 거리가 멀지만, 편안하게 분수를 지키며 욕심을 버리면, 거의 그렇게 될 것이다.……(予去杭州十六年而復來, 留二年而去. 平生自覺出處老少, 粗似樂天, 雖才名相遠, 而安分寡求, 亦庶幾焉.……)」『소식시집(蘇軾詩集)』33권. "出處依稀似樂天, 敢將衰朽較前賢. 便從洛社休官去, 猶有閑居二十年."

소식이 말한 것과 유사한 말은 후대의 송대 사인들은 모두 백거이를 쫓아 모방했다는 것을 알 수 있다. 예를 들면 원문袁文172)이 말한, "소동파시에 이르길, '내가 크게는 낙천 같은데, 다만 순수함과 난폭함이 없다. 관직을 그만두고 아직 죽지 않아서 일기[12년] 동안 한가로움을 얻을 수 있었다.'는 뜻도 낙천이 퇴거한 후에, 안빈낙도로 넉넉히 노닐며 해를 보내고자 한 것이다."173) 또 왕직방 王直方174)이 말한 것을 예로 들겠다.

동파가 평소에 낙천의 사람됨을 사랑하여, 시를 지어 말하길, '내가 낙천과 똑같다 ……' 또, '내가 낙천과 같으니 임금이 기억하고 취하여, 백발이 희끗한 머리로 낙양의 봄을 두루 감상하였다.' 또 그가 때로 현인을 모아 가리키니, 바로 향산노거사 임을 알겠다.' 또 '바로 향산노거사 같으니 세상의 인연은 결국 얕으나 도의 근원은 깊다.'❶

❶ 『초계어은총화전집(苕溪漁隱叢話全集)』21권에서 『왕직방시화(王直方詩話)』를 인용하였고, 송나라 사람들이 많이 유사한 기술을 했는데, 곽소우(郭紹虞)의 『송시화집일(宋詩話輯佚)』상책, p45.와 『용재수필(容齋隨筆)·3필(三筆)』5권, 가운데 상세하게 나온다. "東坡平日最愛樂天之爲人, 故有詩云, '我甚似樂天 ······.' 又 '我似樂天君記取, 華顚賞遍洛陽春.' 又 '他時要指集賢人, 知是香山老居士.' 又 '定似香山老居士, 世緣終淺道根深.'"

'중은'은 사회제도가 사대부계층의 객관적 요구를 따르는 것이기 때문에, 개인이 우연히 좋아하고 싫어하는데서 나온 것이 아니다. 따라서 백거이의 생활 정서와 생활방식은 송대 사인들 중에서 전에 없이 광범한 공감을 얻게 되었다. 예를 들면 소성紹聖 연간에 신당에 관여했던 황정견175)이 좌천되어 검주黔州로 유배되었을 때, 이 이미 귀양 가 있던 백거이가 시 10구를 지어, 당파로 인하여 생기는 재앙과 환란의 느낌을 썼다.176) 오증177)이 말했다.

홍각범❶이 『냉재야화』에서 말했다.
산곡이 의주로 귀양 가니, 의외로 편안하여 다음과 같은 시를 지었다.

❶ 홍각범(洪覺范: ?~?): 송대(宋代)의 승려 혜홍(惠洪)을 이른다. 속성은 의풍 팽씨(宜豐彭氏)이고, 이름은 각범이다. 시에 뛰어났다.

老色日上面	늙은 기색은 날로 얼굴에 나타나고
歡宗日去心	기쁜 마음은 날로 마음에서 떠나네.
今旣不如昔	지금은 이미 옛날 같지 않으니
後當不如今	나중도 마땅히 지금 같지 않을 것이리라.

또 다음과 같이 읊었다.

  經紗一幅巾   가벼운 비단 한 폭은
  短簟六尺床   6척 침상 대자리 보다 짧구나.
  無客白日靜   손님 없어 맑은 날 고요한데
  有風終夜凉   바람 있더니 마침내 밤에 서늘하구나.

또 다음과 같은 시를 지었다.

  山谷學道休歇   산곡이 도를 배우며 쉬는 것이
  故其閑暇若此   이와 같이 한가하리라.

....

이상은 모두 냉재❶의 말이다. 내[吳曾]는 냉재가 준 것을 읽지 않았다. 위의 여덟 구가 모두 백낙천의 시인데, 대개 이것은 엮은 자의 실수로, 산곡이 지은 것에 넣은 것이다.❷

....

❶ 냉재(冷齋): 송(宋) 노은(魯訔)의 호이다.
❷ 『능개재만록(能改齋漫錄)』3권. 「냉재부독서(冷齋不讀書)」조, "洪覺范『冷齋夜話』謂: '山谷謫宜州, 殊坦夷, 作詩曰: …… 又云: …… 且曰: …… 以上皆冷齋語也, 予以冷齋不讀書之過. 上八句皆樂天詩, 蓋是編者之誤, 致令渠以爲山谷所爲."

혜홍[홍각범]의 학식이 넓음과 비루함을 논하지 않고 버려두고, 백거이가 한적한 생활을 읊은 시구를 송나라 사람들이 황정견의 문집에 편집해 넣었고, 황정견이 좌천되어 귀양 간 후로부터 '도를 배우며 쉰다(學道休歇).'는 경력을 더하여 몸소 느껴 해석하였으니, 백거이와 황정견 사이에 모종의 깊은 계합이 없었다면, 이와 같은 장관이대(張冠李戴178))는 아마 거의 발생하기 어려웠을 것이다. 사실상, 황정견을 포함하여 송대 사대부들이 백거이의 생활철학을 우러러 받든 예는 우리들이 익히 알고 있다.

백낙천의 시에 '서로 다투는 두 개의 달팽이 뿔, 하나의 소털을 얻었다.' 후에 달팽이 뿔에 관한 일을 낱낱이 조사하게 하니 서로 각각 장점이 있었다. 여길보가 말했다. '남북전쟁은 달팽이의 두 뿔과 같아, 고금의 흥폐가 같은 언덕에 사는 오소리와 같다.' 산곡이 말했다. '천리를 쫓아 달려도 두 개의 달팽이 뿔이고, 100년 동안 뜻 얻었으나 큰 괴 나무 궁이네.' 또 말했다. '공명과 부귀는 두 개의 달팽이 뿔과 같고, 험난함과 어려움은 한 잔 술과 같다.' 홍구보❶가 말했다. '모든 조정에서 달팽이 뿔을 싫어하니, 만 리를 고래 등 타고 달린다.'❷

❶ 홍구보(洪龜父): 송나라 홍붕(洪朋; ?~?)의 자이다. 홍주(洪州) 남창(南昌) 사람, 호는 청비거사(清非居士)이고, 황정견의 생질이다. 두 번 진사에 떨어진 뒤 벼슬하지 않았다. 시에 능하였고 필력이 뛰어났다.
❷ 『능개재만록(能改齋漫錄)』8권. "樂天詩: '相爭兩蝸角, 所得一牛毛.' 後之使蝸角事悉稽之, 而偶對各有所長. 呂吉甫云: '南北戰爭蝸兩角, 古今興廢貉同邱.' 山谷云: '千里追奔兩蝸角, 百年得意大槐宮,' 又云: '功名富貴蝸兩角, 險阻艱難酒一杯." 洪龜父雲 : "一朝厭蝸角, 萬里騎鯨背."

송대의 사대부들의 '만 리를 고래 등 타고 달린다.'는 말은 실재로 아득한 희망이다. 왕우칭(王禹偁179))이 "세상을 향하지 않고 동굴에서 다투는, 달팽이가 이른 곳은 나의 갈대집이네."180)라고 말했다.

소식이 「와우」에서 "비린 점액 껍질에 가득차지 않으나, 그런대로 스스로 머무르며 만족한다. 높은데 올라도 돌아감을 알지 못하여, 마침내 마른 벽에 눌러 붙었다."181)는 그의 생각을 말하면, 이미 달팽이 껍질 안에서 스스로 머무르며 만족하는데, 또 어찌 반드시 위험을 무릅쓰고 높은데 올라가는 것을 그만두지 않는가! 송나라 사람이 보편적으로 배운 백거이의 모습은 세상일을 보는 것을 '달팽이 뿔'의 다툼으로 여겼기 때문에, 윗글의 예를 제외하고도, 북송 초 석비石砒의 '달팽이 뿔 위에서 한가하게 다투는 일[蝸牛角上爭閒事]'이라는 구를 많은 낙양洛陽 시인들이 암송하게 되었다.182)

더욱 많은 예는 이당시 원림과 직접적인 관계가 있다. 예를 들면, 주자지周紫芝183)의 『여절부 원정 11수에 제하다』중의 11수인 「용안헌」에서 말했다.

살아가는 이치는 모름지기 얼마 만큼일까? 분수를 지키며 한 가지에 만족한다. 여태까지 뛰어난 사람 가운데서 모든 귀신들이 화복을 만들었다. 어찌하면 이 띠 저울로, 오랫동안 그윽하게 홀로 즐길까! 삼가 장차 달팽이를 만나라와 촉나라로 가볍게 비교하지 말라.❶

> ❶ 주자지(周紫芝), 「여절부원정11수를 제하다題呂節夫園亭十一首」중 11수인 「용안헌(容安軒)」, 『태창제미집(太倉稊米集)』13권. "生理須幾何, 安分一枝足. 向來高明中, 百鬼作禍福. 何如此衡茅, 長年樂幽獨. 愼勿將蝸牛, 輕比蠻與觸."

범성대范成大184)가 「상청궁上淸宮」에서 말했다. "달팽이의 두 뿔은 오히려 꿈같아 더욱 어지러이 촉과 만을 다닌다고 말한다."185) 신기질辛棄疾의 『초편哨遍·추수관秋水觀』에서 "달팽이 뿔이 다투면 왼쪽은 촉이고 오른쪽은 만이니, 한 번 싸우면 천리를 잇는다."186)고 하였으니 더욱 사람이 알게 되었다.

또 예를 들면, 양만리楊萬里187)의 『조창부 산거 8영을 제하다』의 5편 「이의헌」에서 말했다. "만과 촉은 쉬는 날이 없고, 도구188)는 별천지이다."189) 그의 「주원길좌사 산거 3영을 부치다」의 두 번째 「가지정」에서도 말했다. "세상이 모두 사소한 일로 부딪쳐도 그대는 그칠 줄 알 것이다."190)

'용안헌容安軒'·'이의헌已矣軒'·'가지정可止亭' 같은 명칭은 사대부들이 세상일을 대하는 태도와 당시의 원림과 관계되는 데서 쉽게 볼 수 있다.

'달팽이 뿔[蝸角]'의 전고는 『장자莊子·칙양편則陽篇』에서 볼 수 있지만, 백거이의 명백한 주장을 거치면서, 송대에 이르러 비로소 사대부들에게 입버릇이 되어 그들의 우주·역사·인생 심지어 원림을 이루는 가치의 기본척도로 평가되었고, 이런 현상에 포함된 문화내용이 고도로 중시되어야 한다. 이러한 기초위에서 이 책 제1편에 소개한 중당 이후 '호중천지'가 고전원림의 기본공간원칙이 된 원인과 의의를 한걸음 나아가서 이해할 수 있다.

백거이를 기념하려고 서호西湖에 '사백당思白堂'을 세운 것을 직접 본 사람들 중에 진사도陳師道191)가 사람들이 음미하게끔 문제를 제기하여 "전대에 유거游居한 선비가 후대까지 전하는 자가 많은데, 오직 백거이를 생각하는 것은 무엇 때문인가? 하고 연이어서 자신은 나가면 충성을 본받고, 물러나면 그 몸을 보존한다."192)고 대답하였다.

송대 사대부들은 이미 백거이처럼 되기를 본받았으니, 집권제도가 날로 사정이 나빠진 시대에 "나가면 충성을 본받고, 물러나면 그 몸을 보존한다進則效其忠, 退則存其身"면, 그들이 전반적으로 받아들인 '중은'이나 '호중천지'의 방법 이외에는 달리 선택할 만한 것이 전혀 없었다. 백거이의 생활과정이 이후의 사대부에게는 매우 중요한 의의가 있기 때문에, 송나라 사람들이 그를 숭배하고 공경하게 되었다.

예를 들면 남송의 우주虞儔193)가 거처하던 곳을 '존백당'이라 이름 지었고,

"한 위공은 '취백당'이 있었고, 소동파공은 내가 백낙천과 닮았다는 글귀가 있었는데, 나는 감히 그렇게 할 수 없어서, 오직 공경하기 때문에 집에 현판을 걸었다."194)고 했다. 우주는 백거이가 출처出處와 사은仕隱을 기대하는 태도가 그칠 줄 모르고 마음을 기울이는 것이 자신과 똑 같다고 분명하게 말하였고, "큰 절개가 있는 공의 출사와 은거를 더욱 생각하게 하니, 적막한 천년 동안 나의 스승이다."195)하였다.

물론 송나라 사람들이 백거이의 이론을 단순히 중복한 것만은 아니다. 송대 집권제도와 사대부계층의 독립된 지위 사이의 모순이 비교적 중당에 크게 발전하였고, 이러한 송나라 사람의 노력은 이 둘 사이에서 더욱 원활하고, 더욱 변화된 균형방법과 이론을 찾는 것이 필연적이었다. 왕안석王安石196)의 「녹은」을 읽어보겠다.

…… 굶주림을 드러내는 것은 높고, 녹봉에 굴복하는 것은 낮으니, 모두 자취이다. 어떻게 해야 성현을 구할 수 있겠는가? 오직 그 자취에 얽매이지 않는 자 남보다 크게 뛰어난 사람이다. 성현의 도는 모두 하나에서 나오니 권력이 있을 때도 변함이 없어야 한다. 어찌 성현이라 칭 하겠는가? ……『주역』에서 '혹 출사하거나 은거하고, 혹은 침묵하거나 말한다.'한 것은 군자는 가함도 없고 불가함도 없음을 말한 것이다.❶

---

❶ 왕안석(王安石), 「녹은(祿隱)」, 『왕문공문집(王文公文集)』28권. "……餓顯之高, 祿降之下, 皆迹矣, 豈足以求聖賢哉? 唯其能無係累於迹, 是以大過人也.　如聖賢之道皆出於一而無權時之變, 則又何聖賢之足稱乎? ……『易』曰: '或出或處, 或默或語'; 言君子無可無不可也."

원문이 매우 길어서 구체적으로 추론하여 자세히 인용할 수 없으나, 결론은 매우 분명하다. 산 속에서 백이伯夷가 고사리를 캐는 것은, 유하혜柳下惠가 벼슬하면서 은거한 것과는 결코 비교할 수 없을 정도로 칭송할만한 가치가 있다. 왜냐하면 은거와 출사는 모두 형적이 통발과 덫에 불과하여, 성현이 보통사람보다 높은 까닭은 그들이 이렇게 얽매이지 않고, 출사와 은거 사이에는 '권세가 때로 변한다權時之變'는 사실을 알기 때문이다. 소식이 원림의 효용을 논한 것이 때로는 설득력이 있다.

옛날의 군자는 반드시 벼슬하지 않았지만, 반드시 벼슬을 하지 않은 것도 아니었다. 벼슬하면 필히 그 몸을 잊었고, 벼슬하지 않으면 필히 그 임금을 잊었다. 지금 장군의 선군은 자손을 위해 헤아려 생각하는 사람으로 멀리 두루 하였으니, 이에 변수와 사수 사이에 예원과 집을 지어, 배와 수레로 벼슬아치들이 와서 모두 아침저녁으로 봉양하니, 잔치와 유람의 낙을 구하지 않아도 충분했다. 그 자손에게 문을 열어주면 벼슬길로 나아가, 곧 조정 위로 나갔고, 문을 닫고 돌아와 은거하면 곧 산림의 아래에서 생활하였다. 삶을 기르고 성품을 다스리고, 의를 행하고 뜻을 구하니, 적합함도 불가함도 없다.❶

> ❶ 「영벽장씨 원정기(靈璧張氏園亭記)」, 『소식문집(蘇軾文集)』11권. "古之君子, 不必仕, 不必不仕. 必仕則忘其身, 必不仕則忘其君" ……今張君之先君, 所以爲子孫之計慮者遠且周, 是故築室藝園於汴·泗之間, 舟車冠蓋之沖, 凡朝夕之奉, 燕遊之樂, 不求而足. 使其子孫開門而出仕, 則跬步市朝之上 ; 閉門而歸隱, 則俯仰山林之下. 於以養生治性, 行義求志, 無適而不可."

위에 서술한 '권시지변權時之變'과 '적합함도 불가함도 없다無適而不可'는 것은 모두 통쾌하게 표현한 것이다. 이것이 사회제도가 송대 사대부에 대한 객관적인 요망이며, 송대 사대부이론에서부터 생활예술 각 영역의 전반적인 방면까지도 노력하는 것이 목적이다.

따라서 송나라 사람들이 출사와 은거의 균형에 심혈을 기울인 것은, 중당의 사인에 비하면 더욱 많았고, 생각해낸 방법과 이유도 사람들이 매우 감탄하게 하였다. 주행기周行己[197)]의 조정에서 은거하는 '정은廷隱'에 대한 해석을 읽어보자.

은거에 대한 말을 들었는데, 이른바 '대은'이 있고, '소은'이 있다. 대은은 그 몸을 숨겨서 보이지 않는 것을 말하는 것은 아니다. 조정에 은거하는 것은 그 위치를 빌려 도를 행하는 것이다. 뜻은 임금의 은택이 백성에게 이르게 하는데 있고, 귀천과 득실에는 여유가 있어서 이득과 손해를 생각하지 않았다. 옛날의 도가 있는 자 일찍이 이런 마음을 먹었다. 이것이 '조정에 은거한다.'는 뜻이 아닌가?❶

---

❶ 「주정은자대은서(朱廷隱字大隱序)」『부지집(浮沚集)』4권. "蓋嘗聞隱之說矣, 有所謂大隱者, 有所謂小隱者. 所謂大隱者, 非謂隱其身而弗見也; 隱於朝, 假其位以行其道者也. 夫有志乎致君澤民而於貴賤得失則裕如弗爲利害, 古之有道者未嘗不以是爲心, 此得'廷隱'之義歟?"

저자나 조정에 은거한다는 것은 동방삭東方朔이 이미 말했지만, 전에 이 도를 받들어 행한 자는 모두 '세상을 피해 몸을 온전히[避世全身]'하였고, 심지어 '조정에 은거[隱於朝]'한다고 하면서 또 '임금의 은덕이 백성에 이르러야 한다[致君澤民]'고 한 것은 도리어 송나라 사람에서 시작되었다고 생각할 수 있다.

또 예를 들면, 송나라 사람들의 안중에는 '허리를 숙이고 무릎을 굽힌다[折腰

屈膝'는 것도 은거하는데 전혀 해롭지 않다고 연상하였다.

한단의 가일조 원방❶이 '반은재'를 지었는데, 회계의 친속 육무관[육유]❷이 기록하였다. …… 원방이 여전히 하급관리를 하찮게 여기고, 자신이 장수 500인 사이에 섞이어, 허리를 굽히고 머리를 조아리며 작은 이익을 바라서, 스스로를 돌아보고 말했다. '누가 허락하였는가?' 무관 육유가 말하길, '그렇지 않다. 사람이 출사하고 은거하는 것은 그가 있는 곳이 어떠한가를 볼 뿐이니, 살펴보면 세상의 이익을 부끄러워하고, 부귀를 하찮게 여겨, 허리를 굽히고 머리를 조아리는 것이, 어찌 은거에 해가 되겠습니까! 그렇지 않으면, 종남산의 작은 방이 벼슬하는 지름길입니다.❸

❶ 원방(元放): 가일조(賈逸祖)의 자이다. 송(宋) 자주(磁州) 한단(邯鄲) 사람. 벼슬은 흥화령(興化令)이었다. 천왕사(天王寺)에서 수도하며, 서실 이름을 '반은재(半隱齋)'라 하였는데, 육유(陸游)가 그 기문을 썼다.
❷ 무관(務觀): 송(宋) 육유(陸游)의 자이다.
❸ 육유(陸游), 「반은재기(半隱齋記)」 『육유집(陸游集)·부록(附錄)』. "邯鄲賈逸祖元放作'半隱齋', 屬會稽陸務觀爲之記. ……若元放者, 方且不屑下吏, 身雜鈴下五百之間, 折腰抑首, 以冀斗升, 而顧自謂, 誰則許之? 務觀曰: '不然, 人之出·處, 視其所存何如耳, 審能羞世利, 薄富貴, 折腰抑首, 何害爲隱! 否則, 終南少室, 是仕宦捷徑也."

여기에서 말한 '반은半隱'은 송대 은일문화의 또 하나의 발견이다. 이 같은 '반은'을 칭찬하는 것은 송나라 때 여전히 많았고, 또 대부분 원림과 직접 상관된다.[198]

중국전통문화 발전 후기에 모든 중요한 추세나 격식은 송명이학에 나타나지 않은 것이 없는 것과 똑같이, 중당이후 집권제도와 사인계층의 관계를 토론하고, 송대 은일문화의 특징을 토론한 것 모두가 이학의 영향이라고 기억해야 할 것이다.

　예를 들면 윗면에서 조정에 은거 하는 자는 '임금의 은덕이 백성에게 이르게 하는 뜻이 있어야 한다.'고 주행기가 언급했기 때문인데, 이것은 그가 정자[199]의 문하에서 수업을 받은 것과 직접적인 상관이 있다.

　현상現象[200])에서 보면 양송 이학의 대가들 생활에서 은일은 거의 모든 원림과 밀접한 관계가 있다. 예를 들면 주돈이가 건주의 통판에 임명되어 "강주에서 길을 나설 때, 여산의 빼어난 경치를 사랑하여 사는 곳으로 정하려고 그 기슭에 서당을 지었다. 서당 앞에 시내가 있는데 연화봉 아래에서 발원하여 깨끗하고 자주색이며 차다. 아래로 흘러 분강에서 합류한다. 주돈이 선생이 갓끈을 씻으며 즐거워하고 드디어 '염계'라고 이름 불렀다."[201])

　그가 시냇가에 집을 지어 당명을 '염계서당濂溪書堂'이라하고 스스로 이 원림의 경치를 다음과 같이 서술하였다.

書堂構其上	서당을 그 위에 구축하고
隱几看雲岑	기대어서 구름 낀 봉우리를 본다.
倚梧或欹枕	오동나무에 의지하거나 베개에 기대어
風月盈中襟	바람과 달을 옷깃 속에 가득 채운다.
……	
窓前則疇圃	창 앞은 밭과 동산이고
圃外桑麻林	동산 밖에는 뽕과 삼나무 숲이네.
……	
吾樂蓋易足	나의 즐거움은 대게 쉽게 만족하니
名溪朝暮侵.	유명한 계곡 조석으로 들어가네.❶

❶ 「염계서당(濂溪書堂)」『주자전서(周子全書)』17권.

이 때문에 황정견이 그를 칭하여 "비록 30년이나 벼슬하였지만 평소의 뜻은 결국 자연에 있었다."[202]고 한 까닭이다.

소옹이 낙양에 살며, 부필과 사마광 같은 사람을 평소에 공경하여 "항상 함께 사귀며 노닐면서 저자에 원택을 만들었다. …… (소옹)그가 사는 곳을 '안락와'로 이름 짓고 스스로 호를 '안락선생'이라 했다"[203] 소옹의 철학과 생활은 원림과 밀접하다. 그의 20권『이천격양집伊川擊壤集』에 수록된 대량의 시에서 원림의 풍경과 생활을 읊은 부분이 적어도 100에 90이상이다.『격양집』은 소옹이 손수 편집하였으니 당연히 그의 사상이 정확하게 반영되었다. 때문에 소옹이 일찍이 첨가하여 '옛날 역사에 나열된「은일」'[204]은 모두 도리가 있다.

정이程頤의 시 대부분도 원림을 읊고 노래한 작품이다.[205]

주희朱熹의 호가 회암晦庵인데, 자신이 건양建陽 운곡雲谷의 원림에 있는 초당草堂의 편액에 글을 썼다.[206] 주희는 일찍이 복건福建 건양建陽에 '죽림정사竹林精舍'를 지었는데, 후에 '창주정사滄州精舍'로 개명하였고, 주희도 호를 '둔옹遁翁'으로 고쳤다. 이 '죽림', '창주'는 물론이고, '회암'·'순옹'이라는 명칭도 은일문화에서 직접 이어받은 것이다.

양만리楊萬里가 주희의 원림에 있는 많은 경치를 묘사하였는데,[207] 주희 자신이 은일에서 지향하는 바를 명확히 말하였다.

……치이자❶가 무력으로 천하를 지배하였을 때, 남은 꾀가 있었다. 몸은 천승의 재상이 되었으나 돌아가 낚시도구를 집었다. 봄 낮 오호의 안개와 물결, 가을 밤하늘의 구름과 달, 이외에도 유유자적함을 다하였다. 사람들 사이의 일은 영원히 버리고, 나는 도를 창주에 부쳤다.❷

❶ 치이자(鴟夷子): 월상국(越相國) 범여(范蠡)가 왕 구천(句踐)을 도와 오

(吳)나라를 멸한 뒤에 벼슬을 사양하고 오호(五湖)에 노닐며 성명을 고쳐 치이자피(鴟夷子皮)라 했다. 치이는 가죽주머니라는 뜻으로 세태를 따라 가죽주머니처럼 늘었다 줄었다 한다는 뜻.
❷ 「수조가두(水調歌頭)」『전송사(全宋詞)』제3책, p.1675. "……鴟夷子, 成霸業, 有餘謨. 致身千乘卿相, 歸把釣魚鉤. 春畫五湖烟浪, 秋夜一天雲月, 此外盡悠悠. 永棄人間事, 吾道付滄州."

육구연(陸九淵208)이 강학한 상산정사(象山精舍)도 더욱 아름다운 원림에 자리 잡았다.

선생이 이미 정사에 거하는데, 또 경치가 좋은 곳으로 방장을 삼으시고, 많은 산각을 배치하고 원암도 지었다. …… 거인재·유의재·양정당 …… 탁영지·침월지·봉암·비형은 산세의 높이에 따라 언덕이 아름다운 곳에 만들었다.❶

❶ 「연보(年譜)」『육구연집(陸九淵集)』36권. "先生旣居精舍, 又得勝處爲方丈, 及部勒群山閣, 又作圓庵. ……居仁齋·由義齋·養正堂 ……灌纓池·浸月池·封庵·批荊, 各因山勢之考, 原塢之佳處爲之."

이학가 개인의 경력을 보면, 그들이 은일문화와 원림에 기울인 마음은 당시 통치계급 내부의 격렬한 배척과 직접 관계가 있는데, 주희가 전형적 예이다. 그러나 이학이 은일이나 원림과의 관계가 이처럼 간단하다고 여긴다면, 견해가

제2장 사대부 출처사은의 모순과 은일문화의 발전

너무 천박한 것이다. 실제 전통문화를 비교하면, 한당漢唐 때가 이미 크게 쇠락한 시대였지만, 의외로 중국사상사 면에서 가장 방대하고·완전하고·자세하고 깊은 철학체계인 이학理學이 출현한 것은 결코 우연이 아니다. 이학의 발생에 대해 설명하겠다.

날로 점점 쇠미해지는 문화체계의 존재가치를 유지하기 위하여 사회제도는 전통체계 내부에서 어떠한 방법으로 사람을 놀라게 하는 에너지를 압착해냈다. 이학을 전에 없이 중요하게 여긴 것은 부차적인 폐단과 치우침을 구하고 돕는데 있는 것이 아니라, 체계화되고 강화된 전반적인 전통문화에 이른 위기를 해체하여, 근본적인 데서 인간성을 회복하고, 특히 사대부가 통치계급의 주요한 역량을 가지고 전통문화에 대한 믿음을 갖게 하는 것이 목적이다.

이학의 이러한 기본적인 관점은 사대부 인격의 독립·은일문화, 심지어 우주관이나 심미관 등등을 결정하여, 매우 중요시하게 여겼기 때문에 이런 요소에서 능력을 방출하고 발휘하는데, 최대한도의 노력을 다하지 않을 수 없었다.

이와 관련된 문제는 제 3·4·5·8편에서 자세하게 토론하였다. 여기서는 곧 출사와 은거가 융통하는 점에서, 이학도 이미 전통문화에 필요한 요소가 되었다는 것만 지적할 수 있다. 예를 들면 다음과 같다.

달리 태어났어도 함께 돌아가는 우임금과 안자는 황각❶과 청산을 구분하지 않았다.❷

동안 주부❸관청이, 모두 낡은 집이라 기둥에 지탱하니, 거의 살 수 없어서, 홀로 서북 모퉁이 한 집에 홀로 있으니 기상이 드높고 쾌활하여 기뻐하며, 전인이 다스리던 문서와 책을 보며 한가한날 잔치하며 쉬는 것에 뜻을 두었다. 그러나 이름을 보이는 까닭은, 자질구레하게 사는 뜻과 같다. 내가 군자의 부류에는 들어갈 수 없다고 여겨서, 스스로 얻지 못하니, 이름이 옳지 않아 '고사헌'으로 고쳤다. 객이 나를 어려워하며 말하였다. '…… 지금 자네가 지저분한 먼지 속에서, 옆에 주묵❹을 두고 추초❺를 무릅쓰고, 고을 문서를 주관하면서 '고사'라는 이름으로 살면, 잘못된 것 아닌가?' 내가 말했다. '…… 선비가 실로 스스로 고상한체하는 뜻이 있는 것은 아니지만, 그 때문에 초연하게 만물 표면에 홀로 서있는 자가 또한 어찌 밖에서 나중에 높아지기를 기대하겠는가?' 고을문서를 주관하는 자가 매우 낮다는 것을 알지만, 결과적으로 자신의 고상함에 해가 되지 않을 것이다. 이 집이 누추하지만, 고상한 선비들도 때때로 올 것이다.❻

❶ 황각(黃閣): 정승이 집무하는 청사를 말한다. 한나라 때 승상의 청사 문을 황색으로 칠하여 궁궐과 구분했던 것에서 유래되었다
❷ 장재(張載), 『수찬 소부궐을 보내며 4수[送蘇修撰赴闕四首]』중4. "出異歸同禹與顏, 未分黃閣與靑山.
❸ 동안주부(同安主簿): 주자가 동안 주부(同安主簿)로 있을 때를 말한다.
❹ 주묵(朱墨): 주필(朱筆)과 묵필(墨筆)을 가지고 장부를 정리하는 것으로서, 보통 지방 관청의 사무를 집행하는 것을 말한다.
❺ 추초(箠楚): 매나 곤장으로 때림.
❻ 주희(朱熹), 「고사헌기(高士軒記)」, 『주문공문집(朱文公文集)』77권. "同安主簿廨, 皆老屋支柱, 殆不可居, 獨西北隅一軒爲尢爽可喜, 意前人爲之以待夫治簿書之暇日而燕休焉. 然視其所以名, 則若有屑居之之意, 予以爲君子當無入而不自得, 名此非是, 因更以爲高士軒. 而客或難予曰: '……今子仆仆焉在塵埃之中, 左右朱墨, 蒙犯箠楚, 以主縣簿於此, 而以高士名其居, 不亦戾乎?' 予曰: '……夫士誠非有意於自高, 然其所以超然獨立乎萬物之表者, 亦豈有待於外而後高耶? 知此則知主縣簿者雖甚卑, 果不足以害其高. 而此軒雖陋, 高士者亦或有時而來也.'"

계속 말하면 '좌우에 주묵을 두고, 벌을 받는[左右朱墨, 蒙犯箠楚]'자도 '고사高士'라고 할 수 있었다. 송대 특히 남송 사인은 출사하고도 은거했던 예가 전대에 비해 더욱 많은 것이 전형적이라 할 수 있다. 우무尤袤 같은 이는 예부상서禮部尙書와 시독侍讀을 겸직하였다. 죽을 때까지 관직을 버리지 못하는 사람은 "손작의 「수초부」를 자신의 호를 삼아서, 광종光宗이 편액을 써서 하사하였다."209)고 한 한탁주韓侂胄·가사도賈似道같은 이들은 권세가 대단한 신하라 할 수 있다. 그들은 임금이 하사한 원림에 '허한당許閑堂'·'귀경당歸耕堂'이 있고, 임금이 제한 '추학수초용당秋壑遂初容堂' 등이 있다.210)

제2장 사대부 출처사은의 모순과 은일문화의 발전

이런 현실의 기초위에 만들어진 이학가들의 말은 위의 말처럼 기세가 반드시 그러했다. 동시에 이학이 은일문화를 인식하는 것도 전반적인 사대부발전사에 결말을 맺게 하였다. 따라서 이학가들이 비로소 역사적으로 출사와 은거의 관계를 심도 있게 토론할 수 있었다. 몇몇 예를 들면 다음과 같은 것들이다.

선비가 어찌 오랫동안 산림을 지키는가. 오랫동안 삿갓과 도롱이와 친하여, 조정에 있으며 높은 벼슬할 때, 산림과 삿갓 쓰고 다닐 생각을 잊지 못한다면, 아름다울 뿐이다. 도연명이 「진군참군으로 부임하며」시에 말했다.

望雲慚高鳥	구름 바라보니 높이 나는 새에게 부끄럽고
臨水愧遊魚	물에 임하니 헤엄치는 물고기에게 부끄러워하네.
真想初在襟	진실한 생각 처음에는 마음에 있었는데
誰謂形跡拘	누가 형적에 얽매였다 하는가?

이와 같은 포부가 어찌 영달 외에서 물들었다 하겠는가? 형공이 재상을 배수 받은 날 벽 공간에 시를 지어 말했다.

| 霜松雪竹鍾山寺 | 서리와 눈 내린 송죽과 산사의 종소리 울리는 곳에 |
| 投老歸歟寄此生 | 돌아가서 늙은 몸 던져 생을 기탁하네. |

다만 그가 높은 취지를 보인 것이니, 이에 합하면 머물고, 합하지 못하면 소매 떨치고 곧 가서 다시 얽매이지 않았다.

산곡이 다음과 같이 말한 것도 이런 뜻이다.

| 佩玉而心苦槁木 | 옥을 차고 있지만 마음은 마른 고목 같으니 |
| 立朝而意在東山 | 조정에 있으나 뜻은 동산에 있구나.❶ |

❶ 나대경(羅大經), 『학림옥로(鶴林玉露)』5권. "士豈能長守山林長親簑笠? 但居市朝軒冕時, 要使山林簑笠之念不忘, 乃爲勝耳. 陶淵明「赴鎭軍參軍」詩曰: ' …… ' 似此胸襟, 豈爲外榮所點染哉. 荊公拜相之日, 題詩壁間曰: ' …… ' 只爲他見趣高, 故合則留, 不合則拂袖便去, 更無拘絆. 山谷云: ' …… '亦此意."

결론적으로 말하면, 사은仕隱이나 출처出處는 이러한 형적상에서 차별은 본래 중요하지 않지만, 사대부의 '흉금' 즉 독립적인 인격에 의지하여 바탕이 되기 때문이다.

중국전통문화가 쇠퇴하고 병든 근본을 이학이 힘써 해결하려는 집권제도와 사인의 관계에서 말하면, 착안점도 사은 출처의 형적 같은 말단적인 일을 이해하는 것이 결코 아니고, 전통문화가 날로 더욱 쇠퇴하는 추세에서 어떻게 해야 사대부이상인격을 다시 세우고 강화하느냐가 핵심적인 문제이다.

사대부인격에 관한 이론은 이학에서 가장 크고 중요한 관건이다. 이에 대해서 제4편 제3장에서 자세히 토론하겠지만는데, 이학이 사은관계를 인식하는 것은 필연적인 결과이고 보충하는데 지나지 않는다. 이런 점은 앞에서 인용한 주희가 「고사헌」에서 강조했던, 사인은 밖에서 기다릴 필요 없이 '만물에 구속되지 않고 독립한다.[超然獨立乎萬物之表]'는 것에서 실마리를 보였다.

『이학종요(理學綜要)』

제6절 오랫동안 배양된 탈바꿈

　원元·명明·청대淸代의 사대부들도 때때로 사은 출처의 문제를 마음속에 두거나 말하면서 여전히 소부巢父·허유許由·사안謝安·도잠陶潛·왕유王維·임포林逋를 생각했으나 봉건집권제도 아래에 있었기 때문에, 은일문화를 버릴 수 없는 이유가 존재하였다.

　그러나 전대의 사람들이 핵심적인 말을 했고, 갖출 것도 완전하게 갖추었으니, 후인이 비록 돌을 쌓아서 원림園林을 만들더라도, 시화詩畵에서 산수山水를 표현해야 하고, 자기의 이름과 원림의 명칭으로 '기영외신箕潁外臣'이나 '수석산방漱石山房' 등을 써 붙였던 것처럼 깨끗하고 우아하지 않지만, 이 모든 것들도 새로운 뜻을 다시 갖추기가 어려워졌다. 귀유광歸有光211)의 의론을 한 단락 읽어보자.

　송나라 문간공 우무는 일찍이 흥공 손작의 「수초부」를 좋아하여 '수초'라고 집 이름을 지어서, 숭릉(광종)이 편액을 써서 하사하였다. …… 흥공[손작]이 일찍이 회계산에 은거할 때 산수에 유랑하며 고상한 뜻이 있어서 이 부를 지은 것이다. …… 문간공[우무]이 세 조정에서 관직을 거쳐, 임금에게 알려져, 늙어도 떠가지 못한다는 뜻으로 '수초'라 한 것은, 합당하지 못한 것 같다. 옛날에 이윤·부열·여망의 무리는 가난하게 밭 갈고 낚시하다가, 상·주의 임금을 도왔으나, 종신토록 다시는 은거할 생각이 없었다. …… 후의 군자는 다시 옛 사람을 만날 수 없고, 벼슬하지 않은 뜻을 용납하지 못한다. 이미 귀한 나타남이 이르러도, 혹은 그 쓰임을 다하지 못하여도, 갑자기 갈 수도 없는 형편이다. 그런데 그 가운데 끼어있는 자도 결국 세속으로 옮기길 싫어한다. 삼공의 지위와, 만종의 녹이 있으나, 실로 그 마음은 하루도 편하지 못했다. 세속을 초월하고 높이 오르려는 뜻을, 그 때에 마땅하게 언어와 문자 사이에 드러내도, 스스로 그만 둘 수는 없었다. 송황을 도와 태평시대를 당해, 구양공의 지위가 양 부에 올라, 높은 기회를 만났으나, 지금은 그 「사영」의 시나 「귀전」의 기록을 읽으면, 공의 자리가 편치 않았음을 알 수 있다. 하물며 수도가 남으로 건너간 남송 후에, 효종이 뛰어났지만, 광종이 한 손에 장악하였으니, 송의 정치를 멀리 바라 볼 수는 없었다. 숭릉 말년에는, 성급하고 얼떨결에 관직에 친척을 모두 천거해서 조정의 정사에 관여하였으니, 당시의 일은 훌륭하다고 말할 수 없다.

비록 그러나 두 공의 말은 이미 조정에 행해져 당시의 임금이 알게 되어서 끝내 침묵을 지켰지만 스스로 편안치 못했으니, 대개 군자의 뜻은 이와 같다.❶

❶ 「수초당기(邃初堂記)」, 『진천선생문집(震川先生文集)』15권. "宋尤文簡公甞愛孫興公『邃初賦』, 而以'邃初'名其堂, 崇陵書扁賜之. ……按興公甞隱會稽. 放浪山水, 有高尙之志, 故爲此賦. ……文簡公歷仕三朝, 受知人主, 至老而不得去, 而以'邃初'爲況, 若有不相當者. 昔伊尹·傅說·呂望之徒, 起於胥靡耕釣, 以輔相商·周之主, 終其身無復隱處之思. ……後之君子, 非復昔人之遭會. 而義不容於不仕. 及其已至貴顯, 或未必盡其用, 而勢不能以遽去. 然其中之所謂介然者, 終不肯隨世俗而移易. 雖三公之位, 萬鍾之祿, 固其心不能一日安也. 則其高世遐擧之志, 宜其時見於言語文字之間, 而不能自己者. 當宋皇佑·治平之時, 歐陽公位登兩府, 際遇不爲不隆矣, 今讀其「思穎」之詩·「歸田」之錄, 而知公之不安其位也. 況南渡之後, 雖孝宗之英毅, 光宗之總攬, 遠不能望盛宋之治. 而崇陵末年, 疾疾恍惚, 官閫戚畹, 干預朝政, 時事有不可勝道者矣. 雖然, 二公之言, 已行於朝廷, 當世之人主, 不可謂不知之, 而終不能黙黙以自安, 蓋君子之志如此.

남송의 우무尤袤는 고위관직에 있었고, 죽을 때 까지 벼슬을 떠나지 못했으며 굳이 동진東晋의 손작孫綽이 상술한 '평소에 산수를 좋아한다雅好山水'는 말을 차용하여, 자연에 은일하고픈 정으로 「수초부」를 짓고, '수초거사'라 자호하였다. 이것은 실재로 합당하지 않다. 그러나 귀유광歸有光이 말한 사정도 가장 합리적인 과정이 아니어서 귀씨의 마음은 참으로 괴로웠을 것이다.

명明나라 사람들의 마음속에 때때로 생각하는 것은 한당漢唐의 기상을 회복하는 것이지만, 긴요한 곳에서는 온몸이 자기도 모르게 송나라 사람이 이룬 본보기에 나약해져서, 그들이 확정한 '호천'에서 여광餘光을 찾아 도약하지 않을 수 없었다. 이런 연유는 뒤의 장절에서 자세히 살필 수 있다.

그러나 은일문화의 탈바꿈은 상술한 변천과 비교해보면 더욱 깊이 내포되었다고 할 수 있는데, 이는 곧 은일문화의 출발점과 구체적인 표현형식의 핵심이 전통문화체계 유지에 필요한 사대부계층의 독립된 지위에 있었다. 하지만 전통문화의 발전에 따라 은일문화도 결국 자기의 이면으로 한걸음 달려가서, 사대부의 지위가 날로 상실되고, 사대부의 인격은 사라질 지경에 이르렀다.

이와 같은 필연적인 귀착점과 그 발전과정을 보면, 모든 은일문화나 원림예술은 모두 없어서는 안 되는 것이다. 은일문화가 탈바꿈한 것도 홀로 확립되거나 우연히 변천한 것이 아니기 때문이며, 이는 모든 중국전통문화가 탈바꿈한 일부분에 불과하다. 그러니 후자의 이해를 벗어난 전자의 설명만으로는 깊이 이해하지 못할 것이다.

이 때문에 이 내용을 모두 모아 제8편에서 추가로 서술할 것이다. 그 속에서 독자가 재차 보면, 한 곳에서 보통 정원·사소한 산수시·담담한 산수화를 볼 수 있을 것이며, 이것들과 중국고대문화체계의 총체적인 발전과 귀착점이 얼마나 밀접한 관계가 있는지를 알 수 있을 것이다.

연못가를 황석으로 장식한 근춘원

01 『논어(論語)·향당(鄕黨)』, "君命召, 不俟駕行矣"
02 『맹자(孟子)·등문공하(滕文公下)』, "三月無君則皇皇如也"
03 『논어(論語)·공야장(公冶長)』, "道不行, 乘桴浮於海."
04 『논어(論語)·위령공(衛靈公)』, "君子哉蘧伯玉, 邦有道, 則死, 邦無道, 則可卷而懷之."
05 『맹자(孟子)·이루하(離婁下)』, "無罪而殺士, 則大夫可以去；無罪而戮民, 則士可以徙."
06 양운(楊惲): 한(漢) 경조(京兆) 화음(華陰) 사람, 창(敞)의 아들, 자는 자유(子幼)이고, 사마천(司馬遷)의 외손으로 사기(史記) 전파에 힘썼다.
07 『한서(漢書)·양운전(楊惲傳)』, "誹謗當世, 無人臣禮"
08 『한서(漢書)·양운전(楊惲傳)』에 보인다. "誹謗當世, 無人臣禮", "闔門惶懼, 爲可憐之意", "大逆無道"
09 금문경학(今文經學) : 한대(漢代)에 통용되던 문자 즉 예서로 씌어진 경전을 주로 연구하던 경학(經學). 종래 구전되어 오던 유가의 각종 경전이 당시 통행되던 예서로 옮겨져 조정에 헌상되었다. 이때 헌상된 경서는 당시 통행되던 글자로 씌어졌다고 해서 금문경이라 불렸다. 고문학이 훈고학적인 실증을 중시한 것에 비해, 금문학은 사설(師說)을 중시하고 음양오행설(陰陽五行說)과 참위설(讖緯說) 등을 이용해 경전을 연구했다. 금문학은 전한(前漢) 때 성행했으나, 전한 중기 이후로 고문학에 눌려 점차 쇠퇴하다가 동진(東晉)의 원제(元帝) 때는 완전히 없어져 고문학만이 성행하게 되었다. 그러나 청대에 이르러 도광제(道光帝)와 함풍제(咸豊帝) 이후에 춘추공양학(春秋公羊學)을 중심으로 한 금문학이 다시 경학을 주도하게 되었다.
10 『한서(漢書)·동중서전(董仲舒傳)』에 보인다.
11 노신(魯迅), 『한문학사강요(漢文學史綱要)』제9편, 「무제시문술지성(武帝時文述之盛)」, 『노신전집(魯迅全集)』제9권, p301. "雖爲粹然儒者之言, 而牢愁狷狹之意盡矣"
12 『장자(莊子)·지북유(知北游)』, "山林歟, 皐壤歟, 使我欣欣然而樂焉"
13 사마천(司馬遷), 「비사불우부(悲士不遇賦)」, 『전상고삼대진한삼국육조문(全上古三代秦漢三國六朝文)·전한문(全漢文)』26권. "無造福先, 無觸禍始；委之自然, 終歸一矣"
14 이릉의 화[李陵之禍]: 이릉(李陵)을 변호하다 무제의 심기를 건드려 옥에 갇히고 궁형(宮刑)에 처해진 것을 이른다.
15 「반이소(反離騷)」, 『초사집주(楚辭集注)·후어(後語)』2권. "君子得時則大行, 不得時則龍蛇. 遇不遇, 命也, 何必湛身哉!"
16 태현(太玄) : 심오하고 현묘한 도리, 한(漢) 양웅(揚雄)이 주역에 견주어 지은 책으로 『태현경(太玄經)』이라고도 한다.
17 「태현부(太玄賦)」『전상고삼대진한삼국육조문(全上古三代秦漢三國六朝文)·전한문(全漢文)』52권. "辟斯數子(指伯夷·叔齊·屈原等人), 智若淵兮；我異於此, 執太玄兮；蕩然肆志, 不拘攣兮."
18 『한서(漢書)·양웅전(揚雄傳)』에 보인다.
19 『한서(漢書)·동방삭전(東方朔傳)』, 「自薦書」, "與枚皋·郭舍人俱在左右, 詼嘲而已."
20 이 사실은 사마천(司馬遷) 자신과 심지어 당시 많은 사대부의 지위는 동방삭(東方朔)과의 서로의 거리가 얼마 되지 않다고 여겼기 때문에 그가 "저의 선조들은 공신 부절(符節)을 받거나 붉은 글씨로 이름이 새

겨질만한 큰 공적을 세우지 못하였고 다만 문장이나 역사 그리고 천문이나 역법을 맡아 보았으므로 점쟁이나 무당에 가까운 부류들입니다. 그러므로 주상께서 희롱의 대상으로 여기시며 악공이나 배우들처럼 길러왔고 이에 세속 사람들조차 경시하고 있습니다[僕之先人非有剖符丹書之功, 文史星曆近乎卜祝之間, 固主上所戲弄, 倡優畜之, 流俗之所輕也]."라고 말한 것이다. 「보임소경서(報任少卿書)」, 『문선(文選)』41권.

21 『한서(漢書)』·엄조전(嚴助傳)』, "不根持論, 上頗俳優畜之"
22 『한서(漢書)』·동방삭전(東方朔傳)』, "揚雄亦以爲朔言不純師, 行不純德"
23 『한서(漢書)』·동방삭전(東方朔傳)』, 「비유선생론(非有先生論)」, "居深山之間, 積土爲室, 編蓬爲戶, 彈琴其中, 以咏先王之風, 亦可以樂而忘死"
24 「차백리(嗟伯夷)」『전상고삼대진한삼국육조문(全上古三代秦漢三國六朝文)·전한문(全漢文)』25권. "窮隱處兮, 窟穴自藏. 其隨接而得志兮, 不若從孤竹於首陽"
25 『한시외전(韓詩外傳)』5권 제33장."朝廷之士爲祿, 故入而不能出, 山林之士爲名, 故往而不能返"
26 『한서(漢書)』·왕공양공포전(王貢兩龔鮑傳)』, "(出處)各得道之一節, 譬諸草木, 區以別矣. ……二者各有所短."
27 이런 예는 가의(賈誼)의 「굴원을 조문하는 부[吊屈原賦]」가 『사기(史記)·가의전(賈誼傳)』에 보인다. 유향(劉向)의 「구탄(九歎)」이 『전상고삼대진한삼국육조문(全上古三代秦漢三國六朝文)·전한문(全漢文)』35권에 보인다.
28 신망(新莽): 전한(前漢) 말기의 왕망(王莽)을 이르는 말로, 그가 세운 신(新)나라를 이르기도 한다.
29 왕창(王暢; ?~169): 후한(後漢) 산양(山陽) 고평(高平) 사람, 자는 숙무(叔茂), 공(龔)의 아들이다. 벼슬은 남양 태수(南陽太守)·장락위위(長樂衛尉)·사공(司空)이였으며, 팔준(八俊)의 한사람이다.
30 이응(李膺; 110~169): 후한(後漢) 연천(潁川) 양양(襄陽)사람, 자는 원례(元禮)이다. 환제(桓帝) 때 사례교위(司隷校尉)가 되어 환관의 횡포를 규탄하다가 당고(黨錮)의 화를 당했다.
31 『삼국지(三國志)·위서(魏書)·왕위이유부전(王衛二劉傳)』에서, 장번(張璠)이 『한기(漢紀)』의 주를 인용하였다. "天下以(王)暢·(李)膺爲高士, 諸危言危行之徒皆推宗之, 愿涉其流, 惟恐不及."
32 서치(徐穉; 97~168): 후한 예장(豫章) 남창(南昌) 사람, 자는 유자(孺子)이다. 당시 남주고사(南州高士)로 불렸다.
33 모용(茅容; ?~?): 후한 진류(陳留) 사람, 자는 계위(季偉)이다.
34 곽림종(郭林宗): 후한 곽태(郭太; 128~169)의 자이다. 태원(太原) 계휴(界休) 사람으로, 전적(典籍)에 두루 정통했고, 담론(談論)을 잘 했으며, 높은 학문과 덕으로 일세의 추앙을 받았다. 일찍이 낙양에 노닐면서 하남윤(河南尹) 이응(李應)과 절친하게 교유했는데, 수천 명에 달했다. 외척과 환관이 전횡하는 세상에서도 절조를 굽히지 않았지만 언행이 신중하여 당고(黨錮)의 화를 면할 수 있었다.
35 『후한서(後漢書)·서치전(徐穉傳)』, "爲我謝郭林宗, 大樹將顚, 非一繩所維, 何爲棲棲不遑寧處?"
36 『세설신어(世說新語)·덕행(德行)』에서 『속한서(續漢書)』의 주를 인용하였다. "吾觀乾象人事, 天之所廢, 不可支也."
37 『전상고삼대진한삼국육조문(全上古三代秦漢三國六朝文)·전후한문(全後漢文)』권25집에 유실된 구가 있다.
38 장형(張衡), 「귀전부(歸田賦)」, "感老氏之遺誡, 將回駕乎蓬廬. 彈五玄之妙指, 咏周·孔之圖書."
39 『후한서(後漢書)·마융전(馬融傳)』, "今以曲俗咫尺之羞, 滅無資之軀, 殆非老莊所謂也." 마융은 "고금(鼓琴)을

잘 하고, 취적(吹笛)을 좋아하며, 삶을 깨달아 정에 맡기고, 유자(儒者)의 예절에 구애되지 않았다."고 기록되었다. 이것은 분명하게 이미 위진풍도(魏晉風度)의 전조(前兆)가 나타난 것이다.

40 『후한서(後漢書)·채옹전(蔡邕傳)』, "心恬澹於守高, 意無爲於持盈."

41 이 중에서 중요한 것은 진인각(陳寅恪)선생의『금명관총고초편(金明館叢稿初編)·도연명의 사상과 청담의 관계』·오세창(吳世昌)선생의『나음실학술논저(羅音室學術論著)』제1권의「위진풍류(魏晉風流)와 사가원림(私家園林)」·왕요(王瑤)선생의『중고문학사논집(中古文學史論集)·논희기은일지풍(論希企隱逸之風)』에 있다.

42 손작(孫綽),「답허순(答許詢)」,『선진한위진남북조시(先秦漢魏南北朝詩)·진시(晉詩)』23권, "散以玄風, 滌以淸川, 或步崇基, 或恬蒙園, 道足匈懷, 神棲浩然."

43 오두미(五斗米): 다섯 말의 쌀이라는 뜻으로, 얼마 안 되는 봉급을 이르는 말. 동진(東晉) 말기에 관리 생활을 하던 도연명(陶淵明)이 쌀 다섯 말 때문에 허리를 굽힐 수 없다고 하여 벼슬을 버리고 집으로 돌아왔다는 데서 유래한다.

44 정시(正始): 연호(年號)로, 삼국시대 위(魏) 폐제(廢帝)인 제왕방(齊王芳; 曹芳)의 연호(240~249)이다.

45 『세설신어(世說新語)·문학(文學)』유효표(劉孝標)가 주(注)를 내서 설명하길, (袁)宏以夏侯太初·何平叔·王輔嗣爲正始名士. 阮嗣宗·嵇叔夜·山巨源·向子期·劉伯倫·阮仲容·王濬沖爲竹林名士. 裴叔則·樂彦輔·王夷南·慶子嵩·王安期·阮千裏·衛叔寶·謝幼輿爲中朝名士."동진(東晉) 사인(士人)은 현풍(玄風)이 다시 번성해졌는데 이것이 뒤의 제4기이다.

46 『왕필집교석(王弼集校釋)·주역주(周易注)·둔괘(遯卦)』, "處遯之時, 不往何災, 而爲遯尾, 禍所及也 危至而後行, 難可免乎厲"."慢患不能累, 繒繳不能及, 是以肥遯, 無不利也."

47 『태평어람(太平御覽)』409권에『향수별전(向秀別傳)』을 인용하였다. "率爾相携, 觀原野, 極游浪之勢, 不計遠近, 或經日乃歸."

48 『진서(晉書)·유령전(劉伶傳)』, "放情肆志, ……欣然神解, 攜手入林"

49 혜강(嵇康),「산거원과 절교하는 글[與山巨源絶交書]」『문선(文選)』43권, "雖飾以金鑣(鑣), 饗以嘉肴, 逾思長林, 而志在豐草也"

50 『진서(晉書)·완적전(阮籍傳)』, "登臨山水, 經日忘歸. 博覽群籍, 尤好老莊"

51 『세설신어(世說新語)·서일(棲逸)』에서『위씨춘추(魏氏春秋)』주를 인용하였다. "率意獨駕, 不由徑路, 圍跡所窮, 輒痛哭而返."

52 『진서(晉書)·유령전(劉伶傳)』, "使人荷鍤隨之, 謂曰, '死便埋我'"

53 혜강(嵇康),「사언시(四言詩)」중, 『선진한위진남북조시(先秦漢魏南北朝詩)·위시(魏詩)』9권. "鼓楫容裔' 優游卒歲'"

54 혜강(嵇康),「산거원과 절교하는 중[與山巨源絶交書]」『문선(文選)』43권, "每非湯·武而薄周·孔."

55 완적(阮籍),「대인선생전(大人先生傳)」,『완적집(阮籍集)』상권. "無君而庶物定, 無臣而萬事理. ……君立而虐興, 臣設而賊生"

56 『세설신어(世說新語)·임탄(任誕)』에서『진양추(晉陽秋)』의 주를 인용하였다. "(竹林七賢)於時風譽扇於海內, 至今咏之."

57 관영(管寧; ?~?): 삼국시대 위(魏)나라 주허(朱虛) 사람으로 자는 유안(幼安)이다. 어려서 화흠(華歆)과 자리를 함께하여 글을 읽다가 화흠이 문밖에 지나가는 벼슬아치를 보러 가자 관녕은 즉시 그와 자리를 나누어 앉아 그를 친구로 여기지 않았다. 한말(漢末) 황건적의 난 때 요동으로 피난을 갔는데 따르는 자가 매우 많았으며 관녕의 덕화에 백성들이 감화되어 다투거나 송사하는 일이 없었다. 난이 평정되자 본군으로 돌아갔는데 조정에서 누차 불렀으나 나아가지 않았다. 『說新語 · 卷上之上 · 德行』『三國志 · 魏書 · 11권 · 管寧傳』

58 안연지(顔延之; 384~456): 육조시대 송나라의 문인. 유불(儒佛)에 통달해 '삼세인과(三世因果)'의 설을 주장했고, 자제(子弟)에게 처세의 길을 가르치는 데 세심하고 성실했다. 중서시랑(中書侍郞), 영가태수(永嘉太守) 등을 역임했다. 주요 저서에는 『정고(庭誥)』·『안광록집(顔光祿集)』등이 있다.

59 『송서(宋書) · 안연지전(顔延之傳)』, 「오군영(五君咏)」전문이 『문선(文選)』21권에 보인다. "鸞翮有時鎩, 龍性誰能馴"

60 왕임(往任): 옛날에 사람을 임용하던 법이다.

61 우승유(牛僧孺; 779~847): 자는 사암(思黯)이고 안정(安定:甘肅省) 출생. 805년 진사에 급제하여 고공원외랑(考功員外郞). 어사중승(御史中丞)을 역임하고, 목종(穆宗)의 신임을 받아 823년 재상이 되었다. 이종민(李宗閔)과 손을 잡고 붕당(朋黨)을 만들어 이덕유(李德裕) 일파와 정쟁을 벌였다. 이것이 '우이(牛李)의 당쟁'이다. 841년 무종(武宗)이 즉위하고 이덕유가 재상이 되자 실권을 잃고 한때 지방으로 좌천되기도 하였으나, 뒤에 다시 돌아와서 태자소사(太子少師)로 있었다. 전기소설 『주진행기(周秦行記)』·『현괴록(玄怪錄:幽怪錄)』의 저자로 전하여지지만 확실하지는 않다.

62 종회(鍾會; 225~264): 중국 삼국시대 위나라의 장수이며, 자는 사계(士季)이다. 상국(相國)을 지낸 종요(鍾繇)의 둘째 아들이다. 종회는 열심히 학문을 익혀 아는 것이 많았기에 명성을 얻었다. 촉나라에 항복했던 하후패(夏侯霸)는 강유(姜維)에게 종회가 나중에 정권을 잡을 경우 촉과 오 두 나라의 걱정거리가 될 것이라고 예측했다. 관직에 나아간 후 조모(曹髦)에 의해 관내후(關內侯)에 봉해졌으며, 학문에 능한 여러 신하들과 함께 조모와 학문을 논의하기도 했다.

63 「양생론(養生論)」, 『전당문(全唐文)』682권, "嵇康肆情傲物, 蔑棄冠服, 是禮之大喪也. 禮喪而道喪, 則鍾會欲無惡, 晉王欲不刑之, 不可得也."

64 『진서(晉書) · 왕융전(王戎傳)』, "以晉室方亂, 慕蘧伯玉之爲人, ……雖位總鼎司, 而委事僚寀. 間乘小馬, 從便門而出遊, 見者不知其三公也."

65 『진서(晉書) · 손작전(孫綽傳)』, "吏非吏, 隱非隱"

66 하후담(夏侯湛; 243?~291?): 자는 효약(孝若)이고, 패국초현(沛國譙縣; 지금의 安徽 亳州)사람으로, 서진(西晉)의 문학가이다. 조부(祖父) 하후위(夏侯威)는 조위(曹魏)의 명장(名將) 하후연(夏侯淵)의 넷째 아들로, 벼슬이 연주자사(兗州刺史)였다. 부친(父親) 하후장(夏侯莊)은 회남태수(淮南太守)였다. 하후담은 산기상시(散騎常侍)였다. 원강(元康) 초에 병으로 죽었는데 49세였다.

67 이선(李善; 630?~689): 중국 당나라의 문인 겸 학자. 조헌에게 『문선』을 배웠고 이후 658년에 『문선』에 방대한 주석을 단 『문선주(文選注)』60권을 편찬했다. 『문선주』는 깊이 있고 날카로운 분석과 방대한 수집 자료로 학술적 가치가 크다.

68 육기(陸機)의 「일민부(逸民賦)」는 『육기집(陸機集) · 보유(補遺)』1권에 보이고, 육운(陸雲)의 「일민부(逸民賦)」나 「일민잠(逸民箴)」은 『전상고삼대진한삼국육조문(全上古三代秦漢三國六朝文) · 전진문(全晉文)』100 · 104권에 보인다.

69 「회토부(懷土賦)」, 『육기집(陸機集)』2권, "遵黃川以葺宇, 被蒼林而卜居"

70 「영계기찬(榮啓期贊)」, 『전상고삼대진한삼국육조문(全上古三代秦漢三國六朝文)』・전진문(全晉文)』104권. "戀彼丘園, 硏道之微, 思樂寒泉, 薄採春蕪."

71 사령운(謝靈運), 「변종론(辨宗論)」, 『전상고삼대진한삼국육조문(全上古三代秦漢三國六朝文)』・전송문(全宋文)』 32권. "儒・道爲壹"

72 탕용동(湯用彤), 『위진현학논고(魏晉玄學論稿)』, pp.127~130.

73 곽상(郭象) 본인은 곧 출사하는 것도 은거하는 것이고 '유(儒)'도 '도(道)'라고 하는 전형이다. 『진서(晉書)』・본전(本傳)』에서 그를 일컬어 "노장(老莊)을 좋아하고, 청언(淸言)을 잘 했으며, 늘 한가하게 살면서 문론(文論)을 스스로 즐겼다."고 하였다. 그러나 후에 동해왕(東海王) 사마월(司馬越)이 "드디어 재직하여 권력을 장악하자 안팎으로 기세가 등등하다"고 한 곳에서도 거듭 보인다.

74 대규(戴逵; ?~395?): 동진의 문인화가. 자는 안도(安道). 어릴 때부터 재능을 나타내어 박학했으며, 거문고와 북 연주에 뛰어날 뿐 아니라 말(言)과 글이 훌륭했고 불상조각도 행했다. 그림은 범선에게서 사사했으며, 인물・조수・산수를 잘 그리고 순욱 위협 이후의 제 일인자라 칭한다. * 방달위비도론(放達爲非道論)은 세속에 구애받지 않는 것이 도를 논하는 것이 아님을 논한 것이다.

75 손성(孫盛; ?~?): 동진의 학자로 좌저작랑(佐著作郞)을 시초로 관료가 되어 비서감까지 승진하였다. 『위씨춘추(魏氏春秋)』・『진양추(晉陽秋)』외에 시부(詩賦)와 논문 수십 편을 저술하였다.

76 노담비대현론(老聃非大賢論): 노자는 어질고 지혜로운 사람을 논 한 것이 아니라는 논리이다. 『전상고삼대진한삼국육조문(全上古三代秦漢三國六朝文)』・전진문(全晉文)』137・63권에 보인다.

77 사만(謝萬; ?~?): 동진(東晉)의 정치가, 서예가. 자는 만석(萬石). 하남성 진군(陳郡) 양하(陽河)출신. 사안(謝安)의 동생. 벼슬은 예주자사에서 산기상시(散騎常侍)에 이르렀다. 젊었을 때부터 재주가 있어, 언론 및 문장에 뛰어났다. 서예는 가학(家學)을 받아 서체를 다 잘했으나 특히 초서에 능하였고, 청윤주경(淸潤遒勁)이라 평한다. 『순화각첩(淳化閣帖)』에 척독(편지)『칠월십일첩』이 있다.

78 『세설신어(世說新語)・문학(文學)』에서 사만(謝萬)의 「팔현론(八賢論)」 주를 인용하였다. "以處者爲優, 出者爲劣. 孫綽難之, 以謂體玄識遠者, 出・處同歸."

79 「종유경구북고응소(從游京口北固應詔)」, 『문선(文選)』22권. "事爲名敎用, 道以神理超."

80 「전남 수원 흐르는 물가에 느티나무를 심고 쓴 시의 서문[田南樹園激流植楥詩]」, 『선진한위진남북조시(先秦漢魏晉南北朝詩)・송시(宋詩)』3권. "樵・隱俱在山, 由來事不同"

81 「재중독서시(齋中讀書詩)」, 『선진한위진남북조시(先秦漢魏晉南北朝詩)・송시(宋詩)』2권. "昔余游京華, 未嘗廢丘壑"

82 『문심조룡(文心雕龍)・정채(情采)』, "故有志深軒冕而泛咏皐壤, 心纏幾務而虛述人外"

83 범엽(范曄; 398~445): 남북조시대(南北朝時代) 남조(南朝) 송(宋)의 역사가로서 『후한서(後漢書)』를 편찬하였다. 순양(順陽, 지금의 河南省 淅川) 출신의 강남(江南) 사족(士族) 명가(名家)에서 서자(庶子)로 태어났다. 그의 조상들은 대대로 진(晉)에서 벼슬을 하였으며, 조부인 범녕(范寧)이 12권의 『춘추곡량전집해(春秋穀梁傳集解)』를 저술하는 등 학문으로 이름을 떨쳤다. 420년, 송(宋)이 건국된 뒤 범엽(范曄)은 벼슬을 하여 상서외병랑(尙書外兵郞), 신채태수(新蔡太守), 상서이부랑(尙書吏部郞), 비서감(秘書監) 등을 역임했다. 그러나 성격이 오만(傲慢)하여 관직 생활은 그다지 순탄하지 않았다. 432년, 범엽은 선성(宣城) 태수(太守)로 좌천되었는데, 이 시기에 그는 10권의 본기(本紀)와 80권의 열전(列傳)으로 된 『후한서

『후한서(後漢書)』의 집필을 시작하였다. 그 뒤 좌위장군(左衛將軍), 태자첨사(太子詹事) 등을 역임하면서 10여 년 동안 『후한서(後漢書)』저술에 몰두하였다.

84 심약(沈約; 441~513): 남북조 시대(南北朝時代)인 송(宋)·제(齊)·양(梁)나라 때(441~513)의 학자로 시문(詩文)에 능하였음. 자(字)는 휴문(休文). 특히 음운학(音韻學)에 있어 사성(四聲) 연구의 개조(開祖)임. 저서로 『진서(晉書)』·『송서(宋書)』·『제기(齊記)』 등이 있고, 또 『사성보(四聲譜)』를 찬하였음.
85 곽상(郭象), "聖人雖在廟堂之上, 然其心無異於山林之中"
86 「반소은(反小隱)」, 『문선(文選)』22권. "小隱隱陵藪, 大隱隱朝市."
87 『위서(魏書)·도이유전(島夷裕傳)』. 劉裕"自云本彭城彭城人, 或云本姓項, 改爲劉氏, 然亦莫可尋也. ……劉家本寒微, 住在京口, 恒以賣履爲業. 意氣楚刺, 僅識文字."
88 송 문제(宋文帝): 남조송 제3대 황제 유의융(劉義隆)이다.
89 『송서(宋書)·소사화전(蕭思話傳)』. 戴顒"意於彈撫, 響韻殊勝."
90 『송서(宋書)·양현보전(羊玄保傳)』. "謂玄保曰, '欲令卿二子有林下正始餘風.'"
91 송 명제(宋明帝): 남조송 제6대 황제 유욱(劉彧)이다.
92 조익(趙翼)의 『22사예기(廿二史箚記)』12권, 「송제다황주(宋齊多荒主)」조(條)에 보인다.
93 『남제서(南齊書)·장서전(張緒傳)』. 張緖"有正始遺風", "宋明齊每見緒, 輒嘆其淸淡."
94 『남사(南史)·유림전(儒林傳)』. "素美風采, 明帝恒方稽叔夜, 使吳人陸探微畫叔夜像以賜之."
95 제 태조(齊太祖): 남조제(南朝齊)의 고제(高帝) 소도성(蕭道成)을 이른다.
96 『송서(宋書)·뇌차종전(雷次宗傳)』과 『남제서(南齊書)·저백옥전(褚伯玉傳)』에 보인다.
97 하점(何點; ?~?): 남조 양(梁) 사람, 구(求)의 아우, 자는 자석(子晳)인데 무제가 시중(侍中)에 임명하려 했으나 사양하였다.
98 『양서(梁書)·처사전(處士傳)』에 보인다.
99 증유(贈遺): 선사함, 증여하는 것이다.
100 『남사(南史)·은일하(隱逸下)』. "國家每有吉凶征討大事, 無不前以諮詢. 月中常有數信, 時人謂爲'山中宰相'. 二宮及王公貴要參候相繼, 贈遺未嘗脫時."
101 「방망문학(帮忙文學)과 방한문학(帮閑文學)」, 『노신전집(魯迅全集)』제7권, p.622.에 보인다.
102 왕요(王瑤), 『중국문학사론집(中國文學史論集)·중판후기(重版後記)』
103 『세설신어(世說新語)·배조(排調)』. "安石不出, 將如蒼生何!"
104 장흔태(張欣泰; ?~?): 남조 제(齊) 경릉(竟陵) 사람, 자는 의형(義亨)이다. 젊어서부터 의지와 지조가 있었으며, 무업(武業)을 좋아하지 않으며, 예서(隸書)를 좋아하였다. 벼슬은 옹주자사(雍州刺史)에 이르렀다.
105 『남사(南史)·장흔태전(張欣泰傳)』에 보인다. "寒門出身的張欣泰還因'著鹿皮冠, 衲衣錫杖, 挾素琴', '於松下飲酒賦詩'而遭到武帝的怒斥."
106 『통전(通典)·선거2(選擧二)』. "自後周以降, 選無淸濁. ……(隋)煬帝始建進士科, 又制百官不得計考增級, 其功德·行能有昭然者乃擢之."

107 권덕여(權德輿), 「고상서공부원외랑 증예부상서 왕공의 신도비명 병서[故尙書工部員外廊贈禮部尙書王公神道碑銘并序]」, 『전당문(全唐文)』500권.

108 당 고종(唐高宗): 이치(李治)를 이른다.

109 왕창령(王昌齡: 698~755?): 칠언절구에서 뛰어난 작품이 많은 중국 당나라의 시인. 여인의 사랑의 비탄을 노래한 『장신추시(長信秋詩)』, 『규원(閨怨)』 변경의 풍물과 군인의 향수를 노래한 『출새(出塞)』, 『종군기(從軍記)』가 유명하다.

110 「상이시랑서(上李侍郞書)」, 『전당문(全唐文)』331권. "置身靑山, 俯飮白水, 飽於道義, 然後謁王公大人, 以希大遇."

111 『구당서(舊唐書)』·이백전(李白傳). 李白"少與魯中諸生孔巢父·韓準·裵政·張叔明·陶沔等隱於徂來山, 酣歌縱酒, 時號'竹溪六逸'. 天寶初, 客游會稽, 與道士吳筠隱於剡中, 筠征赴闕, 荐之於朝, 與筠俱待詔翰林."

112 『구당서(舊唐書)』·방관전(房琯傳). 房琯"少好學, 風度沈整, 以蔭補弘文生. 與呂向偕隱陸深山, 十年不諧際人事. 開元中, 作「封禪書」, 說宰相張說, 說奇之, 奏爲敎書郞."

113 양형(楊炯: 650~695?): 초당(初唐)의 시인. 변려문(騈儷文)에 능하여 오언율시(五言律詩)에 정통했다. 왕발(王勃)·노조린(盧照鄰)·낙빈왕(駱賓王) 등과 더불어 초당 4걸 또는 왕양노락(王楊盧駱)이라 불렸다. 주요 저서에는 『양영천집(楊盈川集)』등이 있다.

114 노홍(盧鴻: ?~?): 중국 당(唐)나라 때 숭산(嵩山)에 은거해 살던 고사(高士)로, 이름은 홍일(鴻一)이다. 여러 번 황제로부터 부름을 받았으나 나아가지 않고 숭산에 영극(寧極)이라는 초당을 짓고 은거했다. 그는 박학하고 서화에 능하였는데, 그림은 산수와 수석(樹石)이 뛰어났다.

115 『구당서(舊唐書)』·본전(本傳)과 『신당서(新唐書)·은일전(隱逸傳)』, 「노홍(盧鴻)」에 보인다.

116 『전당시(全唐詩)』123권.

117 이 시는 『난성집(欒城集)』5권, 〈노홍초당도(盧鴻草堂圖)〉에도 나온다.

118 『소식시집(蘇軾詩集)』49권, 「노홍일 학사당도에 쓰다[題盧鴻一學士堂圖]」. "……江干萬畝田, 淸泉映修竹……"

119 『선화화보(宣和畵譜)』10권, "노홍〈초당십지시도〉(盧鴻〈草堂十志詩圖〉)」林彦伯所臨伯時本, 遺「草堂」·「樾館」二所, 存者八爾."

120 『운연과안록(雲煙過眼錄)』하권. "李參「盧鴻草堂十志」, 今所存者八, ……畵手意趣, 有神游八極氣象, 『歌』語亦淸峭淩厲, 如酌沆瀣而挹浮丘者."

121 『화감(畵鑒)』·당화(唐畵). "盧鴻傳世畵不多, 余見數人摹其「草堂圖」, 筆意位置, 淸氣襲人, 眞迹可知其妙也."

122 왕발(王勃: 650~676): 초당(初唐) 4걸(四傑)이라 불리는 중국 당나라 초기의 대표적 시인. 종래의 완미(婉媚)한 육조 시(六朝詩)의 껍질을 벗어나 참신하고 건전한 정감을 읊어 성당 시(盛唐詩)의 선구자가 되었다. 특히 5언 절구(五言絕句)에 뛰어났다. 시문집 『왕자안집(王子安集)』등을 남겼다.

123 『열자(列子)』·황제편(皇帝編), "海上之人有好鷗鳥者, 每旦之海上, 從鷗鳥游"

124 『장자(莊子)』·추수(秋水), "莊子與惠子游於濠梁之上."

125 양 간문제(梁簡文帝): 남조 양(梁) 제2대 황제 소강(蕭綱)을 이른다.

126 기영(箕穎): 요 임금이 다스리던 시절, 허유는 요 임금이 천하를 고스란히 선양하려 한다는 소식을 들었다. 그는 즉시 물러나 숭산에 있는 영수(潁水) 북쪽, 기산(箕山) 아래로 은둔해 버렸다. 요 임금은 여전히

그를 불러 천하를 다스리는 자로 삼으려 했지만, 허유는 그 소식을 듣고 싶지 않아서 귀를 영수 가에서 씻었다. 이 고사에 나오는 영수와 기산을 따서 기영의 정(箕潁之情)을 이르는 것으로, 세상에서 물러나 지조와 절개를 지킨다는 뜻이다.

127 「화림원을 꿈꾸며 경계하는 시[蒙華林園戒詩]」, 『선진한위진남북조시(先秦漢魏晉南北朝詩)·양시(梁詩)』21권. "弱齡愛箕潁"

128 왕유(王維; 699?~759): 중국 당(唐)의 시인이자 화가로서 자연을 소재로 한 서정시에 뛰어나 '시불(詩佛)'이라고 불리며, 수묵(水墨)산수화에도 뛰어나 남종문인화의 창시자로 평가를 받는다.

129 『전당시(全唐詩)』91권, 위사립(韋嗣立)의 「용문 북쪽 시내에서 유람하다 홀연히 여산별장이 그리워서 그 말뜻을 보이니 아우 숙이 대료에게 바치다[偶游龍門北溪忽懷驪山別業因以言志示第淑奉呈諸大僚]」와 『전당시(全唐詩)』89·91권에 장설(張說)같은 사람이 화답한 것과, 『당시기사(唐詩紀事)』11권, 「위사립」조 등에 보인다.

130 저광희(儲光羲): 당(唐) 연주(兗州) 사람, 일명 저태축(儲太祝)이다. 개원(開元)연간에 진사하여, 벼슬은 감찰어사(監察御使)였고, 시에 뛰어났다. 저서에 『정론(正論)』, 『문집(文集)』, 『시집(詩集)』 등이 있다.

131 중은(中隱): 한직(閑職)에 있으면서 재능을 숨기는 것인데, 은거(隱居)를 의미한다.

132 「등루가(登樓歌)」, 『왕우승집전주(王右丞集箋注)』1권, "王畿郁兮千里 山河壯兮咸秦. ……時不可兮再得, 君何爲兮偃蹇?"

133 「9일 파릉에 올라 술을 차리고 동정수군을 바라보다[九日登巴陵, 置酒望洞庭水軍]」, 『이태백전집(李太白全集)』21권, "酣歌激壯士, 可以摧妖氛. 齷齪東籬下. 淵明不足群."

134 이백(李白), 「벼슬에 오르는 곡을 노래하다[鼓吹立朝曲]」『이태백전집(李太白全集)』5권. "朝罷沐浴閒, 遨遊閬風亭. 濟濟雙闕下, 歡娛樂恩榮."

135 왕창령(王昌齡), 「도부사에게 보내다[寄陶副使]」, 『전당시(全唐詩)』143권, "聞道將軍破海門, 如何遠謫渡湘沅. 春來明主封西嶽. 自有還君紫綬恩."

136 철옥자(鐵屋子): '철의 방'으로, 암흑의 현실을 탈출구가 없는 철옥에 비유한 말이다.

137 초하한계(楚河漢界): 초나라와 한나라의 경계라는 뜻이다. 나중에는 '결코 넘을 수 없는 구덩이'라는 뜻으로 쓰인다.

138 제5편과 제7편에 사대부 사유방식과 중당 이후 전통문화체계가 고도로 완선(完善)할 때를 논하여, 여전히 월기(鉞起)의 서법과 차를 마시는 견해에 대해서 언급하였다. 문장을 짓는 관계로 이렇게 많은 문화 현상을 한 곳에서 소개할 방법이 없다. 그러나 실제로 이것들의 배경과 내포된 것은 완전히 통일되었다. 이 책에도 유사한 예가 많이 있는데, 이들 사이에 연계되지 않는 곳이 없어도 일일이 주를 내서 설명할 방법이 없다. 여기에서 지적할 수 있는 것은 각 부분 간의 일종의 통일성과 중국고대문화에 대한 인식과, 특히 중당 이후 문화의 특징을 파악하여 결정하는데 의의가 있다. 이런 고도의 통일성을 이룬 원인에 대해서는 이 책 제7편에 상세하게 보인다.

139 「최부마 옥산별업에서 연회하다[宴崔駙馬玉山別業]」, 『원차산집(元次山集)』2권. "滿朝辭賦客, 盡是入林人"

140 부곡(部曲): 군대 편성의 한 단위 부오(部伍).

141 월운초윤(月暈礎潤): 달무리가 지면 바람이 불고, 주춧돌이 젖으면 비가 올 조짐으로, 어떤 징조가 있으면 앞으로 일어날 일을 미루어 알 수 있음을 비유하는 말이다.

142 배도(裵度; 765~839) : 당나라 하동(河東) 문희(聞喜) 사람, 자는 중립(中立)이다. 덕종(德宗) 정원(貞元)

5년(789)에 진사에 올라서 사봉원외랑(司封員外郎)과 중서사인(中書舍人) 등의 벼슬을 거쳐 문종(文宗) 때 파직되어 산남동도절도사(山南東道節度使)가 되었지만 병으로 사직을 청한 뒤 동도(東都)로 돌아와 '녹야당(綠野堂)'이란 별장을 짓고서 백락천(白樂天)·유우석(劉禹錫) 등과 함께 풍류를 즐겼다.

143 이덕유(李德裕), 「산에 살 뜻으로 송양자를 불러 함께 짓다[懷山居邀松陽子同作]」, 『전당시(全唐詩)』475권, "我有愛山心, 如饑復如渴. 出穀一年餘, 常疑十年別."

144 이덕유(李德裕), 「초여름에 산에 살 뜻을 품다[初夏有懷山居]」, 『전당시(全唐詩)』475권, "翠岑當累榭, 皓月入輕舟. 只有思歸夕, 空簾且夢遊."

145 이덕유(李德裕), 「평천산에 살며 자손에게 경계하는 기를 쓰다[平泉山居誡子孫記]」, 『전당문(全唐文)』708권, "鬻吾平泉者, 鬻平泉者, 非吾子孫也. 以平泉一樹一石與人者, 非佳也. 吾百年後, 爲權勢所奪, 則以先人所命, 泣而告之. 此吾志也."

146 백거이(白居易)가 이미 여산의 구원(舊園)을 생각하여 누차 간곡히 말했는데, 『백거이집』80권, 「군재에서 한가한 날 여산초당을 생각하며 ……대부분 벼슬에서 좌천된 이후 벼슬할 뜻을 서술하다[郡齋暇日, 憶廬山草堂, ……多敍貶官已來出處之意]」와, 19권의 「용미도에 올라 남쪽을 바라보며 여산에서 옛날 은거할 때를 생각하다[登龍尾道南望, 憶廬山舊隱]」등에 자세하게 보인다.

147 일시일사(一時一事): 한 번에 한 가지 일을 집중적으로 처리하고 다른 일은 일체 배제한다는 것이다.

148 이 책 제3편 제3장과 제4편 제3장에 상세하게 보인다.

149 「원구에게 보내다[與元九書]」『백거이집(白居易集)』45권에 보인다.

150 「시 1백운을 대신 써서 원미지에게 부치며[代書詩一百韻寄微之]」『백거이집(白居易集)』30권. "所恨凌烟閣, 不得畵功名"

151 분신(粉身): 분골쇄신(粉身碎骨)이다.

152 『구당서(舊唐書)·본전(本傳)』, "自以逢好文之主, 非次拔擢, 欲以生平所貯, 仰酬恩造", "恩粉身以答殊寵, 但未獲粉身之所耳"

153 「배령공이 새로 만든 오교장 녹리당에서 즉사한 시에 삼가 화답하다[奉和裵令公新成午橋莊綠野堂卽事]」 『백거이집(白居易集)』33권.

154 채미표(蔡美彪) 등, 『중국통사(中國通史)』제5책, pp.19~33, 「중앙집권통치(中央集權統治)의 가강(加强)」1절에 보인다.

155 이 책 제1편에 소개된 송대의 정밀하고 아름다운 원림예술은 그 중의 한 부분이다.

156 임포(林逋; 967~1028): 송(宋) 전당(錢塘) 사람, 자는 군복(君復)이고, 시호는 화정선생(和靖先生)이다. 서호(西湖)의 고산에서 독신으로 20년간 은거하며 매화를 심고 학(鶴)을 길러 '매처학자(梅妻鶴子)'라고 일컬어졌다. 행서(行書)를 잘 쓰고 시(詩)짓기를 좋아하여 아름다운 구가 많다.

157 은일문화가 필연적으로 탈바꿈한 것에 관해서는 북송 때에 구체적으로 드러났는데, 이 책 제8편 제3장에 상세하게 보인다.

158 전연의 맹세[澶淵之盟]: 중국의 송(宋)에 침입한 요(遼)의 성종(聖宗)과 이를 막기 위해 북상하였던 송 진종(眞宗)이 전주(澶州)에 대진하고 체결한 강화조약이다.

159 천서(天書): 하늘에서 내려왔다는 글. 송 진종(宋眞宗)이 전연(澶淵)에서 요(遼)나라와 세폐(歲幣)의 약속

을 맺고는 이를 부끄럽게 여긴 나머지, 천서(天瑞)에 의거해서 봉선(封禪)하여 천하를 진무하려는 생각에서, 꿈에 신인(神人)이 천서(天書)를 내려주었다고 거짓말을 한 다음 이 글을 승천문(承天門)과 태산(泰山)에서 얻었다며 군신(群臣)들과 함께 대단히 기뻐하고 이를 천지·종묘에 고했던 데서 온 말이다.

160 『송사기사본말(宋史紀事本末)』22권, 「천서봉사(天書封祀)」. "一國君臣如病狂"

161 「초은당이 낙랑중에게 써서 보내다[招隱堂寄題樂郞中]」『매요신집편년교주(梅堯臣集編年校注)』21권. "日哦招隱詩, 日誦歸田賦, 未嘗見藝人, 勇抛冠冕去."

162 범중엄(范仲淹; 989~1052): 중국 북송 때의 정치가·학자(989~1052). 자는 희문(希文). 인종 때에 참지정사(參知政事)가 되어 개혁하여야 할 정치상의 10개 조를 상소하였으나 반대파 때문에 실패하였다. 작품에 「악양루기(岳陽樓記)」, 문집 『범문정공집(范文正公集)』이 있다.

163 엄자릉(嚴子陵): 후한 때 엄광(嚴光)의 자이다.

164 「염자상이 거문고를 가지고 마을로 들어온 것을 조무구가 읊은 문자에 차하다[次晁無咎韻閻子常携琴入村]」『소식시집(蘇軾詩集)』50권. "士寒餓, 古猶今"

165 「기오헌(寄傲軒)」『소식시집(蘇軾詩集)』31권. "定知軒冕中, 亨榮不償辱"

166 「자유고한이 부친 것을 보고 화답하다[和子由苦寒見寄]」『소식시집(蘇軾詩集)』5권. "丈夫重出處, 不退要當前"

167 「소줄 이통직2수에 차운하다[次韻韶倅李通直二首]」중1.『소식시집(蘇軾詩集)』44권. "回首天涯一惆悵, 却登梅岭望楓宸"

168 『소식시집(蘇軾詩集)』26권에서 호종유(胡宗愈)시를 주로 인용하였다. "知有竹林高興在, 欲閑誰肯放君閑"

169 관개상망(冠蓋相望): 수레 덮개를 서로 바라본다는 뜻으로, 앞뒤의 차가 서로 잇달아 왕래가 그치지 않음을 이른다.

170 「감동의 소궁에 유강직랑이 거처한 곳의 4영[監洞霄宮兪康直郞中所居四詠]」중3.「둔헌(遁軒)」『소식시집』11권. "冠蓋相望起隱淪, 先生那得老江村. 古來眞遁何曾遁, 笑殺逾垣與閉門."

171 「산길을 돌아 여찰추 시를 얻어 그 운을 써서 초대하고 강가에서 묵었다[自徑山回得呂察推詩用其韻招之宿湖上]」『소식시집(蘇軾詩集)』7권. "古來軒冕徒, 操舍兩悲悚"

172 원문(袁文; ?~?): 송(宋) 경원부(慶元府) 은현(鄞縣) 사람, 자는 질보(質甫)이고, 호는 일수(逸叟)이며, 곡(穀)의 증손자이다. 고적(古籍) 고정(考訂)을 잘 하였다.

173 『옹유한평(甕牖閒評)』3권. "蘇東坡詩云, '我大似樂天, 但無素與蠻. 挂冠及未艾, 當獲一紀閑.' 意亦欲如樂天退居之後, 安貧樂道, 優游以卒歲耳."

174 왕직방(王直方; 1069~1109): 송나라 변주(汴州) 사람. 자는 입지(立之)이고, 호는 귀수(歸叟)이다. 음보(蔭補)로 승봉랑(承奉郎)에 올랐다. 평생 다른 취미도 없이 오직 밤낮 책을 읽으면서 손으로 옮겨 적었다.

175 황정견(黃庭堅; 1045~1105): 중국 북송의 시인·서예가. 자는 노직(魯直). 호는 산곡(山谷). 기이하고 파격적인 시를 써 송시(宋詩)에 새로운 바람을 일으켰다. 강서 시파의 원조이며, 서예가로서 뛰어나 송대 사대가의 한 사람으로 꼽힌다. 시집으로『산곡시내외집(山谷詩內外集)』이 있다.

176 『정사(桯史)』11권,〈의접도(蟻蝶圖)〉조에 보인다.

177 오증(吳曾): 남송 초기 무주(撫州) 숭인(崇仁) 사람. 자는 호신(虎臣)이다. 고종(高宗) 소흥(紹興) 중에 저서를 올려 우적공랑(右迪功郞)이 되었다.

178 장관이대(張冠李戴): 이름과 실상이 일치하지 않음을 비유하는 말이다.
179 왕우칭(王禹偁; 945~1001): 북송 제주(濟州) 거야(鉅野) 사람. 자는 원지(元之)다. 집안이 대대로 농사를 지었고, 청빈하게 살았다. 태종 태평천국 8년(979) 진사(進士)가 되고, 단공(端拱) 초에 좌습유(左拾遺)와 직사관(直史館)을 지냈다.
180 「방언시(放言詩)」, 『소축집외집(小畜集外集)』7권. "不向世間爭窟穴, 蝸牛到處是吾廬."
181 『소식시집(蘇軾詩集)』24권. 「와우(蝸牛)」, "腥涎不滿殼, 聊足以自濡. 升高不知回, 竟作粘壁枯."
182 『소씨문견록(邵氏聞見錄)』16권에 보인다.
183 주자지(周紫芝; ?~?): 송(宋) 선성(宣城) 사람, 자는 소은(少隱), 호는 죽파거사(竹坡居士). 소흥(紹興) 연간에 진사하여 벼슬은 우사 원외랑(右司員外郞)·흥국군 지군사(興國軍持軍事)를 지냈다.
184 범성대(范成大; 1126~1193): 남송 때의 정치가·시인. 자는 치능(致能). 호는 석호거사(石湖居士). 남송 사대가의 한 사람으로 강서 시파(江西詩派)의 영향을 받고, 청신한 시풍으로 전원의 풍경을 읊었다. 저서에 『전원잡흥(田園雜興)』, 『석호거사시집(石湖居士集)』 등이 있다.
185 범성대(范成大), 「상청궁(上淸宮)」, 『범석호집(范石湖集)·시집(詩集)』18권. "蝸牛兩角猶如夢, 更說紛紛觸與蠻"
186 신기질(辛棄疾), 「초편(哨遍)·추수관(秋水觀)」, 『가헌장단구(稼軒長短句)』1권. "蝸角鬪爭 左觸右蠻, 一戰連千里"
187 양만리(楊萬里; 1124~1206): 남송의 학자·시인. 자는 정수(廷秀). 호는 성재(誠齋). 남송 사대가의 한 사람으로 경쾌하고 자유롭고 활달한 시체(詩體)가 특징이다. 저서에 시집 『강호집(江湖集)』, 『퇴휴집(退休集)』, 고전의 주석인 『성재역전(誠齋易傳)』 따위가 있다.
188 도구(菟裘): 노(魯) 나라 고을 이름[지금의 산동성 사수현(泗水縣) 북쪽]인데, 노은공(魯隱公) 이 말하기를, "도구에 별장(別莊) 을 경영하라. 내 장차 거기에 가서 늙으리." 하였으므로 은퇴하여 살 곳을 말한다.
189 양만리(楊萬里), 「조창부산거팔영을 제하다[題趙昌父山居八咏]」5편, 「이의헌(已矣軒)」, 『성재집(誠齋集)』34권. "蠻觸無休日, 菟裘別有天"
190 양만리(楊萬里), 「주원길좌사을 산거3영을 부치다[寄題周元吉左司山居三咏]」중2「가지정(可止亭)」, 『성재집(誠齋集)』34권. "世皆蠻觸君知止."
191 진사도(陳師道; 1053~1102): 북송의 시인이다. 자가 이상(履常)·무기(無己)이고, 호는 후산거사(後山居士)이며, 팽성(彭城; 지금의 江蘇 徐州) 사람이다. 강서시파(江西詩派)의 대표자 중 한 사람이다. 『후산선생집後山先生集』이 있다.
192 「사백당기(思白堂記)」『후산거사문집(後山居士文集)』14권. "夫前世游居之士有傳於後者多矣, 獨有意白公, 何邪?"接着他自己答道, 以其"進則效其忠, 退則存其身."
193 우주(虞儔; ?~?): 송(宋) 영국(寧國) 사람, 자는 수로(壽老), 융흥(隆興) 연간에 진사하여, 감찰어사(監察御使)로 재직 중 귀척(貴戚)과 근신을 배격하여 조정의 기강이 숙연해졌다. 시와 고문에 뛰어났다.
194 『존백당(尊白堂集)』의 권두(卷頭)에 있는 진귀의(陳貴誼)의 서문에 보인다. "漢魏公有醉白堂, 坡公有我似樂天之句, 此君所不敢, 惟知尊之敬之, 故扁以爲堂."
195 우주(虞儔), 「독백락천시집(讀白樂天詩集)」, 『존백당집(尊白堂)』3권. "大節更思公出·處, 寥寥千載是吾師."
196 왕안석(王安石; 1021~1086): 북송의 정치가·학자. 자는 개보(介甫). 호는 반산(半山). 부국강병을 위한

신법(新法)을 제정하여 실시하였다. 당송 팔대가의 한 사람이기도 하다.

197 주행기(周行己; ?~?): 송(宋) 영가(永嘉) 사람, 자는 공숙(恭叔), 호는 부지선생(浮沚先生)이고 정이(程頤)의 문인이다.

198 이런 예가 『황조문감(皇朝文鑒)』26권에 유기(劉跂)의 「제반은당(題半隱堂)」이 기재되어 있다.

199 정자(程子): 정호(程顥)·정이(程頤)를 이른다.

200 현상(現象): 관찰할 수 있는 사물이나 어떤 작용이 드러나는 바깥 모양새.

201 「연보(年譜)」『주자전서(周子全書)』20권. 周敦頤任虔州通判 "道出江州, 愛廬山之勝, 有卜居之志, 因築書堂於其麓. 堂前有溪, 發源蓮花峰下. 潔淸紺寒, 下合於溢江, 先生濯纓而樂之, 遂寓名以濂溪."

202 「염계사 병서(濂溪詞幷序)」『주자전서(周子全書)』19권에 보인다.

203 『송사(宋史)·소옹전(邵雍傳)』. 邵雍居洛陽, 爲富弼·司馬光等人我敬 "恒相從游, 爲市園宅, ……(邵雍)名其居日安樂窩, 因自號安樂先生."

204 『송사(宋史)·도학전서(道學傳序)』.

205 『이정집(二程集)·하남정씨문집(河南程氏文集)』3권에 보인다.

206 주희(朱熹), 「운곡기(雲谷記)」『부문공문집(朱文公文集)』78권에 보인다.

207 「주원회 무이정사12영에 부쳐서[寄題朱元晦武夷精舍十二咏]」, 『성재집(誠齋集)』28권.

208 육구연(陸九淵; 1139~1192): 남송의 유학자. 자는 자정(子靜). 호는 상산(象山). 주자의 이기설에 반대하여 우주 안에는 오직 '이(理)'만이 있다고 하는 이일원론(理一元論)을 세웠다. 뒤에 그의 주장은 명나라 왕양명에게 이어졌다. 저서에 『육상산전집』이 있다.

209 『송사(宋史)·우무전(尤袤傳)』. "取孫綽「遂初賦」以自號, 光宗書匾賜之"

210 『무림구사(武林舊事)』5권에 보인다.

211 귀유광(歸有光; ?~?): 명(明) 소주(蘇州) 곤산(崑山) 사람, 자는 희보(熙甫)·개보(開甫), 호는 진천(震川), 경학(經學)·사서(史書)·고문(古文)에 뛰어났고, 왕세정(王世貞)과 문단에서 각축을 벌이고, 왕신중(王愼中)·당순지(唐順之)와 함께 당송파(唐宋派)로 칭하여졌다.

제 3 장

원림 ― 은일문화의 가장 기본적인 재체*

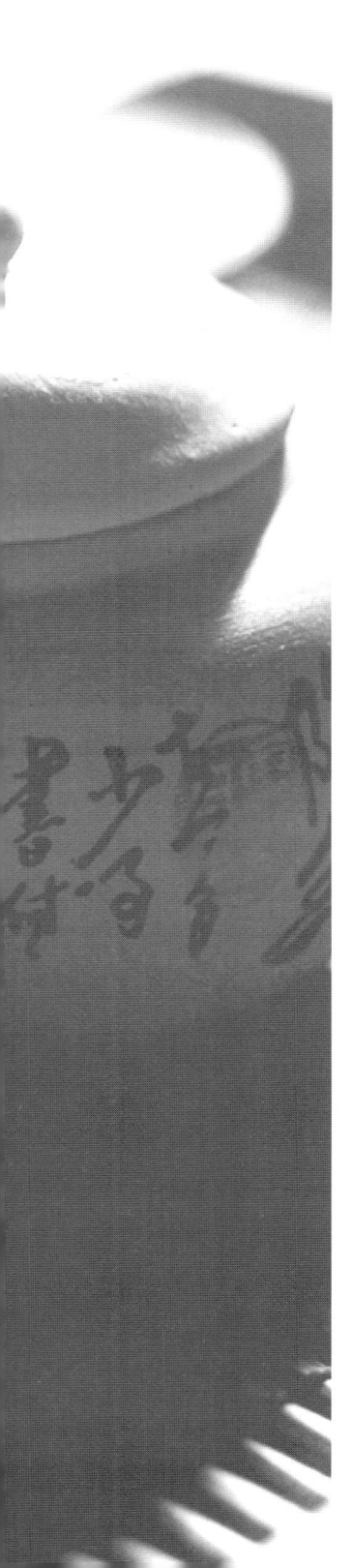

◁ 차 도구

* 재체(載體): 캐리어, 담체(擔體), 운반체 등인데, 여기에 서는 원림의 은일문화에 포함된 모든 매개 체를 가리키는 것이다.

은일문화는 중국봉건사회 구조에서 그 작용과 지위가 분명하고, 중국고전원림을 높은 수준으로 발달시킨 원인이 있다. 왜냐하면 원림[1]은 사대부가 은일할 수 있는 기본조건인 만큼, 은일문화가 전반적으로 발전하게 된 기초를 이루었기 때문이다.

원림예술의 성숙과 사대부 은일품격의 발전은 서로 불가분의 관계이며, 유안劉安이 「초은사」에서 묘사한 것처럼 어둡고 음침한 환경에서는 은일문화가 사회체제에서 요구하는 수준에 결코 도달할 수 없었을 것이다. 바꿔 말하면 사대부계층 자신이 상대적으로 독립된 지위를 추구하지 않았고, 중고中古 이후에는 원림예술이 발전해야할 주요한 동기와 원인도 잃어버렸다.

맹교孟郊가 일찍이 사대부원림의 작용을 지적하여 "공동은 평범한 고향이 아니고, 봉영은 신선의 문서에 있다. 말없이 먼 곳에서 숭상하니 대적할 만하다."[2]고 하였다. 공동이나 봉영 같은 환상적인 것에 기탁하여, 현실적인 요구에 만족할 방법이 없기 때문에, 사인원림예술이 비로소 시기에 순응하여 흥기하였다.

한대漢代의 장형張衡·중장통仲長統에서부터 명明·청淸에 이르기까지, 역대의 사대부들이 이런 의사를 말한 것이 어찌 천만 편뿐이겠는가! 이 때문에, 중국봉건사회 구조의 특징과 사대부계층의 특징을 인식하지 못하면, 근본적으로 중국고전원림의 본질에 접근할 방법이 없다.

원림과 사대부문화예술체계 간의 관계로 말하면, 원림의 지위는 가벼워 보인다. 이것은 고대 중국에서 뿐 만 아니라, 거주환경은 사대부 문화예술 활동의 가장 주요한 장소이고, 게다가 모든 사대부의 문화예술이 기인한 곳이기 때문이다. 시·그림·금琴·바둑·차·술·병病·게으름 같은 것들의 핵심은 모두가 사대부의 상대적 독립 인격·정신·정취를 추구하였고, 이러한 추구는 구체적인 형식이 있기 때문에, 사대부가 평소에 산수를 좋아하는 것과 함께 공감하는 데에서 비로소 발현되고, 부단히 강화되어 자기의 존재의의를 요구하지 않을 수 없었다.

사대부가 독립된 지위를 추구하고, 평소에 산수를 좋아하는 데에서 가장 충분하고 전형적으로 표현할 수 있는 것도 원림에 있는 은일문화에서 모든 부분의 기초를 결정하였다. 이 문제에 관해서는 제7편에서 자세히 토론할 것이다.

원림과 은일문화의 관계는 이미 언급했고, 이후의 논술에서도 수시로 언급하므로 여기서는 생략한다.

01 원림(園林)은 자연의 정취가 충만한 거주환경이기도 하다.
02 「위칠의 동정별업을 유람하다[游韋七洞庭別業]」, 『맹동야시집(孟東野詩集)』 4권. "崆峒非凡鄕, 蓬瀛在仙藉. 無言從遠尙, 玆焉與之敵."

03 천인지제天人之際의 우주관과 중국고전원림의 경계

감상하는 것 마다 거의 모두가 중국고전원림 특유의 예술적 매력을 분명하게 느낄 수 있어서, 그것들의 다양한 아름다움이 각기 풍부한 자태를 갖추었더라도, 항상 남방 정원의 작은 다리에 흐르는 물과 단장한 언덕이 낮고 아기자기한 것이 북방 궁원의 푸른 바위와 깊은 골짜기가 푸른 물에 하늘처럼 넓게 떠있는 것과는 다르다.

북경(北京)의 북해(北海)에 있는 '화방재(畵舫齋)'❶의 정려하고 단정함은 '호박간(濠濮間)'❷의 담박하고 완곡한 것과는 완전히 다르지만, 사람들이 곧 그것들 중에서 모종의 공통적인 의취를 느끼는 것이 어렵지 않은 것은 곧 품평하는 사람이 항상 말하는 '의경(意境)'이나 '경계(境界)'이다.

원림은 산(山)·수(水)·건축(建築)·화목(花木)등 구체적인 경관으로 조성 된 것이지만, 중국고전원림의 창작과 감상에서, 최고의 미학을 차례로 펼친 것은 한 정경과 한 사물의 공교로움과 졸렬함이나 곱고 추함을 나타내는 것이 아니고, '경계(境界)'를 추구한 것이다.

중국고전원림의 이러한 특징은 비난받을 것처럼 보이지만, 옛 사람들이 이에 대하여 상세하게 설명하였다. 예를 들면 두보(杜甫)는 「정씨의 동편 정자에서 다시 쓰다」에서 "아름다운 정자 엷은 푸른빛 속에 들어갔고, 가을해는 청량한 빛을 어지러이 뿌려대네."❸라고 하였다. 제목에 나타나는 원림의 정자는 뜻만 표현한 것이지만, 이는 건축·원림과 대자연이 서로 융합하여 의경(意境)을 형성한 것이다. 후인들은 이 말을 더욱 철저하게 하였다. 명대의 기표가(祁彪佳)❹가 원림의 정자를 묘사한 것을 예로 들겠다.

❶ 화방재(畵舫齋): 청대(淸代)의 행궁(行宮) 건축물로 북해(北海)의 동안(東岸)에 있다. 수전(水殿)이라고도 일컬어지는데, 그 자리는 방형(方形)의 연못의 중심이며 회랑(回廊)이 사방으로 둘러있는 그윽하고 조용한 정원이 있다.

❷ 호박간(濠濮間): 북해공원 동안(東岸)의 작은 토산(土山) 북단에 위치하고 있는 북해의 원림 중에 하나이다.

❸ 두보(杜甫), 『두시상주(杜詩詳注)』1권, "重題鄭氏東亭", "華亭入翠微, 秋日亂淸暉."

❹ 기표가(祁彪佳; 1602-1645): 명대의 정치가(政治家)·희곡가(戲曲家)·장서가(藏書家) 이다. 자는 호자(虎子), 혹은 유문(幼文)·굉길(宏吉)이라고 하며, 호는 새배(世培), 별호는 원산당주인(遠山堂主人)이다. 산음(山陰)의 매야촌(梅墅村) 사람으로, 지금의 절강(浙江) 소흥(紹興)이다.

　　우산(寓山)❺의 승경을 우산 속에서는 다 볼 수가 없으니, 모두 몸이 그 산 속에 있기 때문이라 하는데, 자첨(子瞻)이 광려산(匡廬山)❻을 말한 것이다. 이 정자[妙賞亭]는 산에 가까이 있지 않기 때문에 산의 전모를 잘 볼 수가 있으니, 몇 겹의 누대가 푸르른 벼랑에 들어가 있고, 때때로 구름이 아득히 왕래하기도 한다. 높은 하늘을 끼고 오르며 얼굴을 들어 응시하면 황홀하게 몸이 하늘에 있는 것 같아서 마치 모두 이 정자에 있는 것을 잊은 듯하였다. 홀연히 고개를 돌리면 곧 연못 가운데에 있음을 알게 된다. 물이 바위에 부딪치며 숲을 뚫고 흐르는 소리가 냉랭하게 울려 퍼진다. …… 연못에 섬을 설치하였고 섬에 정자를 설치했으니 마치 큰 바다의 물거품과 같아서 모든 오묘한 이치를 여기에 갖춘 듯하니, 어찌 고인(高人)의 즐기는 감상에 감동하지 않을 수 있겠는가!❼

　　도연명(陶淵明)과 원호문(元好問)❽이 원림의 경치를 읊은 것에 "동쪽 울타리 아래에서 국화를 따고, 아련히 남산을 바라보네."❾와 "찬 파도는 담담하게 일고, 흰 새는 유유히 내려 앉네."❿라는 명구는, 후에 왕국유(王國維)⓫가 이 네 시구를 '무아지경(無我之境)'⓬이라고 하였으니, 그들이 고려한 것은 당연히 원림과 원림을 읊은 시(詩)의 '경계'였다.

❺ 우산(寓山): 작가의 문집인 『기표가집(祁彪佳集)』에 고향에 있는 작은 산이라고 한다.
❻ 광려산(匡廬山): 중국의 남강부(南康府)에 있는데, 주나라 때 광유(匡裕) 형제 7명이 이곳에 은거하여 이름이 붙여졌다.
❼ 기표가(祁彪佳), 『기표가집(祁彪佳集)』7권, 「우산주(寓山注)·묘상정(妙賞亭)」, "寓山之勝, 不能以寓山之勝, 盖緣身在山中也, 子瞻於匡廬道之矣. 此亭不昵於山, 故能盡有山, 幾疊樓臺, 嵌入蒼崖翠壁, 時有雲氣往來縹緲, 披層霄而上, 仰面貪看, 恍然置身天際, 若并不知有是亭也. 倏然回目, 乃在一水中. 激石穿林, 泠泠傳响. …… 夫置嶼於池, 置亭於嶼, 如大海一漚然, 而衆妙都焉, 安得不動高人之欣賞乎!"
❽ 원호문(元好問; 1190~1257): 중국 원나라 초기의 시인. 자는 유지(裕之). 호는 유산(遺山). 금조(金朝)의 사적을 채록하고 저술에 전념하였다.
❾ 『도연명집(陶淵明集)』3권, 「음주20수(飮酒二十首)」중 5수, "採菊東籬下, 悠然見南山."
❿ 『원유산시집전주(元遺山詩集箋注)』1권, 「영정유별(潁亭留別)」, "寒波澹澹起, 白鳥悠悠下."
⓫ 왕국유(王國維; 1877~1927): 중국 청나라의 문학가이자 고증학자. 신해혁명으로 일본에 망명하였다. 저서에는 『인간사화(人間詞話)』, 『송원희곡사(宋元戱曲史)』, 『관당집림(觀堂集林)』 등이 있다.
⓬ 왕국유(王国维)의 저서인 『인간사화(人間詞話)』에 나오는 말이다.

여기에서 하나 더 지적하자면, 사대부의 예술체계에서 원림의 '경계'와 시(詩)·화(畵) 등 기타 예술의 '경계'는 일맥상통(一脈相通)한다. 그 실재도 우리가 발견한 것이 아니라 전인들의 이에 대한 논설은 지극히 자세하고 명료하다고 할 수 있다.

예를 들면, 전기(錢起)가 사원(寺園)을 노래하여 "방방마다 산 빛이 가득하고, 곳곳마다 샘물소리 울려 퍼지는구나. 대숲 속에서 시상(詩想)을 얻었고, 소나무 아래에서 도심(道心)을 깨달았네."❸라고 하였는데, 이는 먼저 자신의 몸을 원림의 승경에 두었기 때문에 '시상(詩想)'을 얻어서 도출했다는 것이 명백하다.

남송(南宋)의 홍괄(洪适)❹이 원림의 경치를 써서 "교초(茭草)와 관초(藿草)를 두루 바라보니 사방의 연못에 가득하고, 안개 낀 나무는 흐르는 물을 따라 서있으며, 돛대는 상하로 한들거린다. 화공들에게 평탄하고 먼 풍경을 그리게 한다면, 유자(柳子)가 말한 '가까이 초록빛 들이 펼쳐져 있고, 멀리 푸른 하늘이 마주하고 있다.'고 한 것과 같은 것이리라."❺고 하였으니, 이것은 이미 원림(園林)·회화(繪畵)·문학(文學)의 경계가 동일하다는 것을 깨달은 것이다.

또 예를 들면 "호수에 봄이 오니 마치 그림과 같네."❻와 "비록 오래 된 산수이지만, 끝내는 살아있는 그림이로다."❼고 한 것은, 원림·그림·시의 경계가 서로 통한다는 말로 수많은 예가 있다. 화가들은 원림을 감상할 때 받은 느낌을 구체적으로 설명하려고 하였는데 이는 당연한 사실이다.

---

❸ 『전당시(全唐詩)』237권, 「제정사사(題精舍寺)」, "房房占山色, 處處分泉聲. 詩思竹間得, 道心松下生."

❹ 홍괄(洪适; 1117~1184): 남송(南宋)의 금석학자이자 시인이다. 초명은 조(造)이고, 자는 온백(溫伯)이고, 또 경온(景溫)이라 한다. 관직에 나간 후에 괄(适)로 개명하였다. 요주(饒州)의 파양(鄱陽) 지금의 강서성(江西省) 파양현(派陽縣) 사람이다. 금석학에 조예가 깊었는데, 구양수(歐陽修)·조명성(趙明誠)과 함께 송대 금석삼대가로 불려진다.

❺ 『반주문집(盤洲文集)』32권, 「반주기(盤洲記)」, "茭藿彌望, 充仞四澤, 烟樹緣流, 帆檣上下, 類畵手鋪平遠之景, 柳子所謂邇延野錄, 遠混天碧'者."

❻ 백거이(白居易), 『백거이집(白居易集)』23권, 「춘제호상(春題湖上)」, "湖上春來似畵圖."

❼ 원굉도(袁宏道), 『원굉도집전교(袁宏道集箋校)』8권, 「음호심정, 동양도·황도원방공자부(飮湖心亭, 同兩陶·黃道元方公子賦)」, "雖云舊山水, 終是活丹靑."

북송(北宋)의 문동(文同)⑱은 「벽유헌에 거처하며[居辟幽軒中]」에서 "원봉을 바라보니 마치 화공이 담묵(淡墨)으로 고개를 그려서 높고 높은 곳에 때로 안개와 구름이 서로 덮은 것 같네."⑲라고 하였다. 이와 유사한 말은 고인들에게 있어서 곳곳에서 볼 수 있으며, 그러한 것들은 현재의 문예와 미학을 연구하는 사람들이 잘 알고 있는 것이니, 다시 번다하게 인용할 필요가 없.

이 편의 목적은 "경계"에 내포된 것은 도대체 무엇인가? 그것과 중국고대문화에 독특하게 내포하고 있는 것은 어떻게 필연적으로 관련되는 것인가? 원림(園林)·산수화(山水畵)·산수시(山水詩) 등에서 중국고전예술은 왜 약속하지 않아도 같은 '경계'로 심미의 최고 경지를 만드는가? 등등이다.

이미 제시했듯이 상고의 영대(靈臺)·영소(靈沼)를 논하지 않더라도 진한(秦漢)의 원유(園囿) 중에 있는 영해(瀛海)와 선산(仙山)이나 중당 이후의 '호중천지(壺中天地)'같은 원림은 실제로 모두가 사람들의 이상 속의 우주를 예술적으로 재현한 것에 불과하다.

이 때문에 중국고전원림 경계의 관건은 중국고대 우주관의 특징을 이해하는데 있으며, 이러한 특징과 중국고대사회형태의 특징과의 필연적인 관계를 이해하는데 있고, 중국고대사회가 발전하게 된 우주관(宇宙觀)의 영향에 대한 문제들이다.

'우(宇)'의 본래 의의는 처마라는 뜻이었지만⑳, 세상의 모든 일과 모든 사물의 근본이란 의의로 뜻이 확대되었다. 이 하나의 예만으로 중국고대문화에는 보통적인 사물과 오묘한 철학 사이에 불가분의 관계가 원래 있다는 것을 설명할 수 있으며, ㉑ 중국고전원림이 우주관을 표현한 것이 또 하나의 전형적인 예이다.

⑱ 문동(文同; 1018~1079): 중국 북송의 문인·화가. 자는 여가(與可). 호는 금강도인·소소선생·석실 선생. 지호주(知湖州)로 임명되었으나 부임 전에 죽어서 '문호주(文湖州)'라고 불리었다. 산수·화조(花鳥)를 잘 그렸고, 묵죽(墨竹)에 뛰어났다.
⑲ 문동(文同)찬, 『단연집(丹淵集)』24권, 「융주자연수석기(隆州自然水石記)」, "視遠峯, 若畵工引淡墨作鬱嶺, 嶷嶷時與煙雲相蔽兮."
⑳ 『설문해자(說文解字)』7하, "宀" 부수와 『회남자(淮南子)·명람(冥覽)』고유주(高誘注) 등에 보인다.
㉑ 이러한 밀접한 연관관계가 나타난 원인은, 「중국 전통문화 중의 "도(道)"와 "기(器)"」, 『독서(讀書)』, 1987년 제 6기에 발표된 저자의 논문에 자세히 나온다.

제1장

천인지제*가 중국고대철학의 주제로 성립된 원인

* 천인지제(天人之際): 천도(天道)와 인사(人事) 사이의 상호관계를 이른다.

◁ 남조묘(南朝墓) 전화(磚畵) 죽림칠현(竹林七賢)

중국고대우주관의 특징을 이해하는 데 봉착하는 하나의 문제는, 중국고대철학의 주제가 무엇인가 하는 점이다. 오랫동안 경험하여 규정한 것이 유물주의[1]와 유심주의[2]의 투쟁이지만, 중국고대사회와 고대철학에서부터 출발한다면, 결론은 완전히 다를 것이다.

제1편 제1장에서 이미 지적했듯이, 은나라와 주나라 사람들의 천지와 산수에 대한 인식과 조상신 숭배에 대한 것은 결국 같은 체제인데, 이 같은 원시숭배를 벗어나면, 천지라는 것은 본래 보편적으로 철학 상의 의의는 없다. 곽말약[3]은 "은허의 복사와 주나라 초기의 금문에 있는 '천天'자는 "모두 사람의 모양을 그린 것으로, 거대한 머리가 유난히 드러나 보인다. 그 머리는 이마이기도 하고 하늘이기도 하다. …… '천'자는 처음에는 어떠한 신비한 사상도 가지고 있지 않았다."[4]고 하였다.

은나라와 주나라 무렵에는 가장 지극한 神인 '제帝'나 '상제上帝'가 겨우 '천'이라 불리어지게 되었다.[5] 본래에는 인격의 의의를 갖춘 가장 지극한 신인 '제'와 우주宇宙나 시공時空의 의의를 갖춘 '천'이 하나로 결합되어 '천제天帝'라는 새로운 개념이 형성되었다.

이는 명백히 종교와 철학 상에서 진보한 것이다. 즉 원래 한 씨족의 조상신으로서 '제帝'이었지만 다시 보편적이고 사회적인 의의를 가지면서 더욱 발전되어 광대한 체계를 구비한 가운데 유일하게 전체를 다스린다는 의미가 싹트게 되었다.

왕국유王國維가 일찍이 "『강고康誥』아래 9편에서, 주周나라가 천하를 다스리는 '도道'가 있게 되었다. 그 책은 모두 백성을 말했고,『소고召誥』일편에는, 반복해서 더욱 자세하게 '명命'·'천天'·'민民'·'덕德' 네 가지를 말하여 하나로 꿰뚫었다."[6]고 언급하였다.

그러나 주나라 사람들로부터 전래된 설은, 보편적 사회의의와 철학적 의의를 갖춘 '천'이 명백히 성숙되었다. 이는 당시의 생산력·사회관계 등의 수준 때문이며, 주나라 천자가 많은 씨족부락을 완전히 부릴 수 있는 힘이 없었기 때문

제1장 천인지제天人之際가 중국고대철학의 주제로 성립된 원인

이다. 『사기史記·주본기周本紀』에서 "주나라 초기에 천하를 평정하고, 주공은 제후들이 주나라에 반란을 일으킬까 걱정하였다."고 하였는데, 이는 당시의 필연적인 상황이었다.

고힐강顧頡剛[7] 선생은 "중국의 통일이 진秦나라에 시작되었지만 중국백성들이 통일을 희망한 것은 전국시대에 비롯되었다. 전국시대 이전에는 단지 종족 관념만 있었고 통일에 대한 관념은 전혀 없었다. 갑골문 중의 지명을 보면 모두가 소지명이고 나라나 종족 이름의 목록은 없으니, 은나라 때 천하의 범위가 '방기천리'邦畿千里[8] 이내였음을 알 수 있다. 주나라가 천하를 다스림에 봉건제도로서 사방의 나라를 무력으로 통치하여, 이미 은(상)나라에 비하여 진일보 하였고, 시종일관 변방의 종족들의 토지와 백성들을 몰수하여 천하를 통일하려는 계책을 생각한 적이 없다."[9]고 하였다.

현실적으로 이미 천하를 통일하려는 계책이 없었기 때문에 철학 속에 보편적으로 전체를 다스린다는 의미의 '천'도 분파할 수 없는 용도를 갖춘 것이 당연하다. 『예기禮記·표기表記』에서 "은나라 사람들은 신神을 존숭하여 백성들을 이끌고 신을 섬겼다. ……주나라 사람들은 예를 존숭하여 항상 행하였고 귀신을 모시고 존숭하는 것을 멀리하였다."[10]고 하였다.

은나라와 주나라 시대에 귀신鬼神을 대하는 태도를 이렇게 구별하는 원인에 대해서, 곽말약 선생이 설명하여, 주나라 사람은 은나라 사람들이 경건한 마음으로 정성껏 상제 받드는 것을 보고 조종祖宗으로 삼았으나 끝내 망국을 면하지 못하였으며 하늘에 대하여 회의적인 태도를 가지게 되었다.[11]

주周대의 신神과 은殷대의 신은 중요성이 같지 않아서, 은나라 사람이 숭배한 '제帝'나 '상제上帝'도 본래 민족의 조상신이었지만, 주나라 사람은 '천제天帝'도 전 우주의 지상신[12]으로 발전시킨 것이 사실상 더욱 근본적인 원인이라고 할 수 있다.

주나라 사람들은 은나라에서 요구했던 것을 제거하고, 은나라 사람들은 반드시 조상신 위에 일종의 신성神聖을 찾았으며, 또 다시 보편성과 영원한 의의를

갖춘 지상신을 갖추었는데, 이것은 주나라부터 그 이후의 사람들에게 있었던 위작된 은[상]대의 문헌 중에 '천명天命'의 설법이 갑자기 급증한 원인과 관련이 있기 때문이다.

그러나 주나라 사람들은 '천'을 지상신으로 여기는 목적이 겨우 조상신을 은나라 사람에게 부여하기 위한 것으로, 곧 『상서尙書·소고召誥』에서 "하늘의 상제께서 그분의 큰 아들과 이 큰 나라 은의 운명을 바꾸셨다."[13]고 하였다. 은나라가 멸망하기를 기다린 후에, 여기에 다시 '상제上帝'의 맨 위에 보편적이고 철학적인 의의를 갖춘 '황천皇天'을 더하여서, 주나라 시대 분봉제分封制[14]에서 무력을 사용한 곳을 찾을 수 없었다.

주나라 문화는 매우 제한되어, 나라를 건국한 이후에 종교와 철학 상에서 다양해서 은나라 사람들을 그대로 답습하려고 해서, '황천' 아래에서 한 단계 어디로 뛰어넘어야 하는 지에 대해서도 분명하지 않았다. 참으로 신을 청하기는 쉽지만 보내기는 어려운 것이다.

이 때문에 은나라의 완고함을 제외하고서라도, 주나라 사람들은 '천天'을 높은 누각에 묶어두는 것만 좋아하여 천을 공경하면서도 멀리하였고, 어떤 자는 오히려 그들이 은나라 '제帝'의 원래 모습만 주관할 수 있다고 불평했다.

전대흔錢大昕[15]이 "고서에서 언급한 천도는 모두 길흉화복을 주관한다고 말했다."[16]한 것은 은주殷周시대의 통례였기 때문에 이때 '천도天道'의 겉모습은 곧 전통적인 조상신이며, 그들의 생각은 예로부터 본래의 씨족과 관계되는 인사人事와 물상物象 위에 전부 놓아두어서, 주나라 이후에 명목을 바꾸었지만, 길흉화복 외의 일은 예전처럼 크게 관여하지 않았다.

공자에 이르러서 누차 '천天'을 언급했다지만, 함축된 의의는 복사卜辭[17]의 '제帝'와 거리가 그리 멀지 않으니, 예를 들면 "하늘에 죄를 얻으면 빌 곳이 없다."[18]와 "생사는 운명으로 정해져 있고 부귀는 하늘에 달려 있다."[19]와 군자는 "천명을 두려워한다."[20]는 것들이다.

상술한 상황이 전국시대 이후에 급속히 변화하였다. 주나라 사람과 함께 '천'

에 대한 막연한 생각이 춘추시대 자산子産에 이르러 "천도는 멀고 인도는 가깝다."21)고 한 것과 분명히 대조를 이루었으니, 전국시대의 사상가들은 보편적으로 '천'의 문제에 대하여 매우 큰 관심을 가졌다.

묵자墨子・노자老子22)・자사子思・맹자孟子・장자莊子・혜시惠施・굴원屈原・순자荀子・추연鄒衍 등이 모두 예외가 아니다. 이들 학파는 차이가 매우 크지만, 서로 같은 점도 있어서, 그들은 전례 없이 방대하고 완정한 우주관을 구축하는데 노력하였다.

이러한 우주관은 세 가지 특징이 있다.

첫째는 전례 없이 방대하다는 것이다. 『묵자・천지상』에서 전체의 주지를 설명하여 "요즘 천하의 선비와 군자는 작은 것은 알지만 큰 것은 알지 못한다."23)고 하였다

『노자・1장』에서 "이름 지을 수 없는 것이 천지의 원천이며, 이름 지을 수 있는 것이 만물의 모태이다."24)고 말했다.

『관자・내업편』에서 송・윤학파25)를 인용하여 "정이 잘 보존되어 저절로 생하여야 한다. …… 못이 마르지 않으면 사지가 견고해지고, 샘이 마르지 않으면 구규26)가 잘 소통된다. 그래야 천지를 다하고 사해에 미칠 수 있다."27)고 했다.

『맹자・공손추상』에서 "호연지기의 기됨이 지극히 크고 지극히 강하여, …… 천지 사이에 가득하게 된다."28)고 하였다.

혹은 『장자・소요유』・굴원의 「천문」・우리가 인용했던 추연鄒衍의 구주의 작은 바다라는 설[九州神海說] 등과 같은 우주관은 인격신人格神의 신비한 광채 아래에 존재하거나, '사士'의 인격이나 마음 위에 세워지기도 하고, 혹은 무궁한 만물 속에서 형성되기도 한다.

일상적인 표현에 의하면, 그들은 본래 '주관적 유심론主觀唯心'・'객관적 유심론客觀唯心'・'유물론唯物論'같은 것은 물과 불처럼 받아들일 수 없는 차별성이 있다. 그러나 앞에 있던 우주관에 비하면 방대하지만, 근본적인 점에서는 완전히 동일하다.

둘째는 천지만물·인류사회·역사의 변천에서 귀신과 신령 마귀 등등까지 빠짐없이 망라하였다. 이러한 우주관은 철학적 특징이 있지만, 우주본체나 자연계의 인식과 인류의 인식이 하나로 결합하였다.

『묵자·천지상』에서 "반드시 위로는 하늘에 이롭고, 중간은 귀신에 이롭고, 아래는 사람에 이롭다."29)고 하였다.

『장자·천도』에서 "하늘의 도는 끊임없이 운행하여 멈추는 바가 없다. 그러므로 만물이 생성된다. 황제의 도는 끊임없이 운행하여 멈추는 바가 없다. 그러므로 천하가 귀의하는 것이다. 성인의 도는 끊임없이 운행하여 멈추는 바가 없다. 그러므로 나라 안이 모두 복종하는 것이다."30)고 하였다. 이와 유사한 예는 전국시대의 우주이론 곳곳에서 볼 수 있다.

순자의 예를 들면, 그는 당시에 유일하게 "천과 인을 분명하게 구분"31)할 것을 주장한 사상가이다. 그러나 그는 더욱 많이 설득하여 "군자의 큰마음은 하늘을 공경하여 도와 같다."32)하였고, "예는 세 가지 근본이 있으니, 천지는 생명의 근본이요, 선조는 종족의 근본이요, 군사는 다스림의 근본이다. …… 세 가지 중에 하나라도 없으면 사람을 편안하게 할 수 없다."33)고했다.

추연騶衍의 학설에서도 "그 말이 광대하여 상도에 벗어난다. …… 지금부터 위로 황제에까지, 학자들과 함께 서술하여 크게는 세상의 성쇠를 아울렀다. 그리하여 신의 화복과 제도를 더하였고, 이에 추리하여 천지가 생기기 이전 까마득하여 근원을 살피기 어려운 멀리까지 이르게 되었다."34)고 하였다.

셋째는, 이러한 우주관은 모두 유일한 우주본체의 효과적인 통솔 아래에서 세워졌다. 묵자墨子는 우주자체가 인격이 신화된 '천'이니, "천자가 선정을 행하면 하늘이 상을 줄 수 있고, 천자가 폭정을 행하면 벌을 줄 수 있다. …… 밝고 지혜로우시며 벼리이신 하늘이시여, 이 땅에 지존으로 강림하소서."35)라고 하였다.

노자老子는 우주가 '자연'이니 "사람은 땅을 본받고, 땅은 하늘을 본받고, 하늘은 도를 본받고, 도는 자연을 본받는다."36)고 하였다.

장자莊子와 그 후학들은 우주가 곧 '도'라고 하였다.

제1장 천인지제天人之際가 중국고대철학의 주제로 성립된 원인

도는 …… 스스로 근본이 되어서 천지가 생기기 전 예로부터 존재하였다. 귀신을 신령하게 하고 황제를 신령하게 하며 하늘을 낳고 땅을 낳았다."❶ "천지가 비록 크지만 그 조화는 고르다. 만물이 많지만 다스림은 하나이다. 사람이 많지만 주인은 임금이다. …… 도에 따라 말을 살피면 천하의 임금이 바르게 되고, 도에 따라 분별을 살피면 군신의 뜻이 분명해지며, 도에 따라서 능력을 살피면 천하의 관리가 다스려지며, 도에 따라서 널리 살피면 만물이 저절로 갖추어진다. 그러므로 천지에 두루 통하는 것이 덕이요, 만물에 두루 행하여지는 것이 도이다.❷

❶ 『장자(莊子)·대종사(大宗師)』, "夫道, …… 自本自根, 未有天地, 自古以固存. 神鬼神帝, 生天生地."
❷ 『장자(莊子)·천지(天地)』, "天地雖大, 其化均也. 萬物雖多, 其治一也. 人卒雖衆, 其主君也. …… 以道觀言, 而天下之君正, 以道觀分, 而君臣之義明, 以道觀能, 而天下之官治, 以道汎觀, 而萬物之應備. 故通於天者, 德也, 行於萬物者, 道也."

굴원의 우주관 본체는 구체적인 이름이 없지만 그것은 자연과 인류사회의 구체적인 사물 위에 군림하는 것이 확실하며, 하늘 끝 인간들의 수많은 의문에 대한 「천문」은 우주 본체를 탐구하기 시작하였다.

아주 오랜 옛날 누가 그것을 전했겠는가? 천지가 아직 이루어지지 않았는데 어떻게 살펴볼 수 있었겠는가? 어둠과 밝음이 아직 분명치 않은데 누가 그것을 다 알 수 있었겠는가?"❶

❶ 굴원(屈原), 『천문(天問)』, "遂古之初, 誰傳道之?上下未形, 何由考之?冥昭瞢闇, 誰能極之?"

사맹학파(思孟學派)37)의 우주관은 우주본체의 의의인 '성誠'을 갖추고 있다.

성실한 것은 하늘의 도요, 성실하려고 노력하는 것은 사람의 도이다."❶하고, "성실한 것은 사물의 시작과 끝이니 성실하지 않으면 사물이 존재할 수가 없다.❷

❶ 『중용(中庸)』, "誠者, 天之道也, 誠之者, 人之道也."
❷ 『중용(中庸)』, "誠者物之終始, 不誠無物." 사맹학파(思孟學派)의 본체론(本體論)은 후에 송명 이학(理學)에 의하여 크게 발전한 것은 사람들이 잘 알고 있다. 다만 이러한 우주론과 사회윤리 사상의 융합이 중국 고대미학 발전의 중대한 영향을 미쳤다는 것에 대해서는 언급하는 사람은 매우 적다. 이에 대해서는 이 책 4편에서 자세히 언급할 것이다.

순자(荀子)의 우주관은 우주 보편적 의의인 '도道'와 '왕제王制'를 모두 갖추고 있다.

원칙으로 잡다한 일을 행하고, 하나로 만사를 행한다. 시작하면 끝을 맺고 끝맺으면 다시 시작하여 마치 둥근 고리가 끝이 없는 것처럼 하니, 이것을 버려두면 천하가 그 때문에 쇠하게 될 것이다."❶와 "많은 왕들이 변함없이 지켜온 것이야말로 도가 일관되었다고 할 만하다. 한 번은 쇠하고 한 번은 성하는 변동이 있었어도 응함은 늘 일관되게 하였으니, 다스려 일관되게 하면 어지럽지 않다. 일관되게 함을 알지 못하면 변화에 대응함을 알지 못한다. 일관됨의 요체는 일찍이 끊어진 적이 없다. ……만물은 도의 일부이며 일물은 만물의 일부이니, 어리석은 자는 일물의 일부이니 스스로 도를 안다고 생각하여도 도를 모르는 것이다.❷

제1장 천인지제天人之際가 중국고대철학의 주제로 성립된 원인

❶ 『순자(荀子)·왕제(王制)』, "以類行雜, 以一行萬. 始則終, 終則始, 若環之無端也, 舍是而天下以衰矣."
❷ 『순자(荀子)·천론(天論)』, "百王之無變, 足以爲道貫. 一廢一起, 應之以貫, 理貫不亂. 不知貫, 不知應變. 貫之大體未嘗亡也. …… 萬物爲道一偏, 一物爲萬物一偏. 愚者爲一物一偏, 而自以爲知道, 無知也." 순자는 비록 「非十二子」편에서 격렬하게 자사(子思)와 맹자(孟子)를 비평하고 있지만, 그는 "왕제(王制)"를 "도(道)"와 함께 존재하는 우주본체로 보고 있으니, 이러한 것은 분명히 직접적으로 사맹학파(思孟學派)로부터 계승한 것이다.

전적典籍의 유실로 인하여, 위에서 언급한 세 가지 특징이 전국시대 우주이론을 모두 가지고 있다고 단정할 수는 없다.

예를 들면, 남방의 의倚 사람 황료黃繚의 학설에서, 알만한 것을 제외하고 "하늘과 땅이 떨어지지도 않고 꺼지지도 않는 이유와 바람이 불고 비가오고 우레가 치고 번개가 치는 까닭을 물었다."38)는 것이 있다. 이는 특별한 내용으로 고찰에 의한 것이 아니었다. 그러나 전국시대의 제자백가의 우주관 중에서, 상술한 세 가지 특징들이 모두 기초가 되어 이후의 중국철학과 중국사회에 매우 크고 깊은 영향을 초래한 것은 틀림없다.

'천인합일天人合一'39)은 중국철학의 특징을 개괄하는데, 글자 상으로만 보면 '천인합일'이 개괄하는 능력은 매우 한정적이다. 때문에 그것은 어떤 개인이 한정된 시간과 한정된 공간에서 서로 융합해야 겨우 이해할 수 있다.

전국시대의 제자백가를 막론하고 그 후에 이어지는 우주관의 세 가지 특징은 서로 의존하기 때문에 하나라도 없으면 안 되는 것이다. 우주가 영원하다는 것은, 무한한 시공이 영원하고, 전통문화의 발전과정이 영원하며, 완전한 종법사회의 통일체가 영원하다는 것이다.

『사기史記·천관서天官書』에서 무궁한 우주에 대한 인식은 일정하게 "나라를 다스리는 사람은 삼성과 오진을 중요시한다. 상하로 각각 천 년의 차이가 있은 뒤에 '천인지제'가 이어져 갖추어진다."40)고 귀결하였다.

이 구절에서 '나라를 다스림'과 천인지제의 '속續'과 천인지제의 '비備' 이 세 가지는 똑같이 중요한 의의가 있는데, 이러한 점은 중국고대철학을 인식하는 관건이다. 사람들의 사상은 유례없이 활발하였고, 철학영역에서 뛰어난 성과를 낸 '백가쟁명百家爭鳴'41)시대의 각종 우주이론은 가장 기본적인 점에서 표현된 것도 놀랍도록 일치한다는 점은 매우 중시할 가치가 있다.

'천인지제'의 맹아는 원시숭배 가운데 이미 존재하여서, 당시 사람들의 모든 행위와 신들의 의지가 가장 직접적인 관계가 있었다. 앞에서 말했듯이, 상고시대 종교와 철학에서 최고 주재主宰는 오직 씨족의 조상신이었지만, 후세에는 그렇게 지극하게 여기지 않았으며, 끝없이 광대한 우주본체인 '천'이었다.

이러한 신과 인간의 관계는 씨족종법제도와 원시사유의 산물인데, 이는 세계 고대문화에서 보편적으로 존재하며 중국에만 특별히 있는 것이 아니다. 바로 이 때문에, 중국의 대臺는 생김새는 물론이고 효용적인 면에서는 다른 민족의 금자탑과 서로 비슷할 수 있다. 주나라 사람들이 철학 의의 상에서 '천'을 발명하였으나 용도는 크지 않았으며, 이러한 상황은 전국시대까지 이어졌다.

'중국 백성들이 통일을 열망한 것은 전국시대에 시작되었다.'는 것과 같은 보편적이며 전례 없는 희망은 관념형태의 각 영역에 끼친 거대한 영향도 이전에는 없었으며, 맨 먼저 정치상에서 대통일 관념이 발생하였다.

──────────────

······ 천자와 삼공이 이미 세워졌는데 천하는 넓고 크기 때문에, 먼 나라와 다른 고장의 백성들의 옳고 그름과 이해의 분별을 헤아려 자세히 알 수가 없다. 그러므로 여러 나라로 나누어 제후국의 임금을 세운다. 제후국의 임금이 세워진 다음에도 그들의 힘이 부족하므로, 그 나라의 현명하고 훌륭한 사람들을 선발하여 정장[군주]으로 삼는다. 정장이 이미 갖추어지고 천자가 천하의 백성들에게 정사를 펼친다. ······ 윗사람이 옳다고 여기는 것을 반드시 옳다고 여기고, 윗사람이 그르다고 여기는 것을 반드시 모두가 그르다고 여긴다.❶

맹자께서 양나라 양왕을 만나보시고 …… 왕이 갑자기 묻기를, '천하는 어떻게 정립되겠습니까?'라고 하였다. 내가 대답하기를 '하나로 정립됩니다.'고 하였다.❷

나라를 다스리는 데는 방법이 있고 군주에게는 직분이 있다. …… 무릇 한 사람의 재상을 뽑아 모두 그들을 통솔하게 하여, 신하와 모든 관리들로 하여금 숙도42)와 방향을 정하는데 힘쓰지 않을 수 없게 하는 것, 이것이 군주의 직무이다. 이와 같이 한다면 천하를 하나로 하고 명성은 요임금이나 우임금과 나란히 할 것이다. …… 옷자락을 드리우고 자리 위에서 내려오지 않아도 천하의 사람들이 그를 얻어서 제왕으로 삼기를 원하지 않는 사람이 없다. …… 이런 까닭으로 천하를 고르게 하고 사해를 하나로 함에 어찌 반드시 스스로 하려 하겠는가?❸

---

❶ 『묵자(墨子)·상동상(尙同上)』, "天子三公旣以立, 以天下爲博大, 遠國異土之民, 是非利害之辯, 不可一二而明知, 故畵分萬國, 立諸侯國君. 諸侯國君旣已立, 以其力爲未足, 又選擇其國之賢可者, 置立之以爲正長. 正長旣已具, 天子發政於天下之百姓. …… 上之所是必皆是之, 上之所非必皆非之."
❷ 『맹자(孟子)·양혜왕상(梁惠王上)』, "孟子見梁襄王, (王)卒然問曰, '天下惡乎定? 吾對曰, '定於一'."
❸ 『순자(荀子)·왕패(王霸)』, "治國有道, 人主有職. …… 若夫論一相以兼率之, 使臣下百吏莫下宿道鄕方而務, 是夫人主之職也. 若是則一天下, 名配堯禹. …… 垂衣裳, 不下簟席之上, 而海內之人莫不願得以爲帝王. …… 是以縣天下, 一四海, 何故必自爲之?"

상술한 설법은 이전의 것과는 절대로 같지 않은 것이 분명하다. 고힐강 선생은 전국시대에 시작된 이러한 변화를 자세히 논하였다.

춘주시대에 대부분의 사람들은 종족의 관념만 있었을 뿐 세계의 관념이 없었다. …… 당시 중국의 국가 상황은 실재 매우 보잘 것 없었다. …… 이때의 국가는 현재의 촌락과 다를 바 없었다. …… 전국시대에 이르러서 몇몇 거대한 대국을 이루었으니, 하夏·상商·주周보다 모두 큰 나라였다. …… 이러한 상황에서 자연히 종족관념은 점점 약해졌으며❶, 보이지 않는 사이에 '중국'이라는 일개 명사가 매우 커져버렸다. …… 이전에 「상송商頌」에서 언급한, "천리 넓이의 왕의 땅이여, …… 사해를 개척하시었다."❷에서 사해는 겨우 천리이며, 그 때의 천하는 어찌 그리 작았던가! …… 전국시대에 이르러 맹자가 "지금 사해 안의 땅이 천리가 되는 나라가 아홉이다."❸한 것은 전국시대의 사해는 춘추시대의 천하에 비하여 더욱 넓었다. 그래서 그 때 사해의 안에 아홉 개의 사방에 천리의 나라가 있었으니, 때문에 구주九州라는 말이 생겼다. …… 구주는 전국시대 당시의 세력으로 인하여 생긴 가상적인 토지구획으로, 이런 가설은 통일의 의지 위에서 이루어졌다.

---

❶ 고힐강(顧頡剛) 선생의 이 설은 『귀지록(歸知錄)』13권 「주나라 말기의 풍속」조에 증명하고 있으니 "춘추시대에는 오히려 제사(祭祀)를 엄격하게 지내고 빙향(聘享)을 중히 하였으나 칠국(七國)은 그러한 일이 없었다. 춘추시대에 오히려 종성(宗姓)과 씨족(氏族)을 논하였으나 칠국(七國)은 하나도 언급한 것이 없었다."라고 하였다.
❷ 『시경(詩經)·상송(商頌)』, "邦畿千里, …… 肇域彼四海."
❸ 『맹자(孟子)·양혜왕하(梁惠王下)』, "今四海之內方千里者九."

바로 이러한 '시세時勢' 때문에 전통적인 우주관이 같은 시기에 거대하게 변화할 수 있었다.

당시의 영토가 날로 확대되었기 때문에, 백성들의 견문이 날로 풍부해져서 그들의 사상에 세계적인 관념을 불러일으키게 되었으며, 대부분의 사람들은 흥겹게 우주를 의심하고 한편으로 추측하기 시작했다. 『장자』는 "사해가 천지 사이에 있는 것을 헤아려보면, 소라의 구멍이 큰 연못가에 있는 것과 비슷하지 않은가? 중국의 해내에서 헤아려보면, 큰 창고에 있는 곡식알과 비슷하지 않은가?"❶하였는데, 이는 양적으로 추측하여 사해와 중국을 매우 작다고 생각하였다.❷

제1장 천인지제天人之際가 중국고대철학의 주제로 성립된 원인

❶ 『장자(莊子)·추수(秋水)』, "計四海在天地之間, 不似礨空之在大澤乎? 計中國之在海內, 不似稊米之在大倉乎?"
❷ 「진한(秦漢) 통일의 유래와 전국인의 세계에 대한 상상(想像)」, 『사고변(古史辨)』제2책, pp.3~6.

고힐강顧頡剛과 동서업童書業 선생은 『한대이전 중국인의 세계 관념과 역외교통의 고사漢代以前中國人的世界觀念與域外交通的故事』라는 장문의 저서에서 상술한 변화를 정세하고 뛰어나게 설명했는데, 그 결론은 다음과 같다.

전국시대 이전 중국인의 세계관은 매우 협소하였다. 그들은 사방의 정세에 대하여 그다지 알려고 하지 않았다. 그때에는 '구주'와 '사해'를 공허하고 아득하게 여긴 세계관만 있었다. 전국시대 이후에 비로소 구체적인 '구주九州'설과 '사극四極'설이 출현하였고, 이러한 '구주'와 '사극'을 포괄한 세계관은 송나라·명나라 양 대의 중국과 별다른 차이가 없었다. 전국시대 후기에 이르러서 생겨난 이상적 대세계의 설은 '대구주'설과 '대사극'설은 해외의 36국과 함께 기록되어서 전해왔다. 이는 외국과의 상업교통과 철학사상과 천문학 등의 영향을 받아서 성립된 것이다.❶

❶ 동서업(童書業), 『중국고대지리고증논문집(中國古代地理考證論文集)』 p.38.

이후 대대로 송나라·명나라에 이르기까지 중국인의 세계관과 우주관은 모두 전국시대에 다져진 것으로, 이런 사실에 관하여 이 책에서 언급한 모든 문제도 매우 중요한 의의가 있다.

전국시대 사상가들은 주나라 사람들이 우주의 문제에 대한 무관심한 태도를 고쳐서, 방대한 것을 통일하고 완정한 우주관을 구축하는데 전례 없는 열정과 노력을 다한 배경 아래에서 세워졌기 때문에, 우주관의 대통일은 현실사회의 대통일 이상이 하늘 위에 투영된 것에 지나지 않는다.

…… 군신과 상하는 은혜를 베풀고 충성을 다하며, 부자와 형제는 자애롭게 효도를 다한다. 때문에 하늘에 순종하는 뜻을 밝힐 수 없으며, 하늘을 받들어 천하에 넓게 펼치면 형벌과 정치가 다스려지고 만민이 화합하게 된다. …… 하늘의 뜻은 순종하지 않을 수가 없다. 또한 천자가 천하를 다스림은 비유하자면, 한 나라의 임금과 제후가 사방 경계의 안을 다스리는 것과 다름이 없다.❶

> ❶ 『묵자(墨子)·천지중(天志中)』, "君臣上下惠忠, 父子弟兄慈孝, 故唯毋明乎順天之意, 奉而光施之天下, 則刑政治, 萬民和, …… 天之意不可不順也. 且夫天子之有天下也, 闢之無以異乎國君諸侯之有四境之內也." 묵자(墨子)는 전국시대 초기의 사람으로 공자(孔子)의 시대와 매우 가깝다. 그러나 그의 이러한 사상은 공자와 현저히 다르다.

심지어 장자莊子 후학의 이론에서도 우주관은 또한 분명히 '왕제王制'의 특색을 띠었다.

…… 그러므로 '그 움직이는 것은 하늘이요, 고요히 있는 것은 땅이다. 하나로 마음을 안정시키면 천하에 왕 노릇하여, 귀신도 해를 입히지 못하고 정신도 피로하지 않을 것이니, 하나로 마음을 안정시키면 만물이 복종

할 것이다.'라고 하였다. 텅 비고 고요함으로 천지에까지 미루어 행하여 만물의 이치를 관통함을 이야기하였으니, 이것이 '천락'이다. 천락은 성인의 마음이요, 천하를 기르는 것이다.❶

> ❶ 『장자(莊子)·천도(天道)』, "故曰, "其動也天, 其靜也地. 一心定而王天下, 其鬼不祟, 其魂不疲, 一心定而萬物服." 言以虛靜推於天地, 通於萬物, 此之謂天樂. 天樂者, 聖人之心, 以畜天下也."

　　전국시대의 우주이론에서 앞에 언급한 세 가지 특징이 불가분의 관계인 까닭은, 그 원인이 현세의 대 통일에 있으며, 하나의 미세한 요소들마다 모두 집권제도의 체계를 벗어나 독립적으로 존재할 수 없다. 현실세계적現實世界的·피안세계적彼岸世界的·우주적宇宙的·역사적歷史的·본체적本體的·상징적象徵的인 것들 일체의 사물은 이러한 체계에서만 비로소 존재가치를 찾을 수 있다.

농부는 밭을 나누어 갈고 상인은 물품을 나누어 팔고 백공은 일을 나누어 권면하고 사대부는 직책을 나누어 정사를 듣게 되고 나라를 세운 제후국의 임금은 토지를 나누어 지키게 된다. …… 이는 모든 왕들이 같은 것이며 예법의 큰 강령이다. 날을 거듭하여 평화롭게 다스리며, 사물을 헤아려 쓰임을 알맞게 하며, 의복은 규정이 있게 하며, 궁실에는 법도가 있게 하며, 사람들은 적정한 수가 있게 하며, 상례와 제례의 기물을 쓰는 데는 모두 등급대로 마땅함이 있게 하여, 이를 가지고 모든 일에 두루 미치게 하여 척·촌·심·장의 치수를 쓰는 데도 제도와 수량을 따르지 않을 수 없도록 한 후에 행하여지게 한다.❶
원칙을 가지고 잡다한 일을 행하고 하나를 가지고 많은 일을 행하여 시작하면 끝나고 끝나면 시작하니 마치 둥근 고리가 끝이 없는 것 같이 한다. 이것을 버리면 천하가 쇠하게 될 것이다. …… 군주와 신하, 부모와 자식, 형과 아우, 남편과 아내의 관계는 시작하면 끝나고 끝나면 시작하여 천지와 함께 같은 원리로 이루어져 만세토록 함께할 것이니, 이러한 것이 '대본'이다.❷

> ❶ 『순자(荀子)·왕패(王覇)』, "農夫分田而耕, 賈分貨而販, 百工分事而勸, 士大夫分職而聽, 建國諸侯之君分土而守. …… 是百王之所同, 而禮法之大分也. 若夫貫日而治平, 權物而稱用, 使衣服有制, 宮室有度, 人徒有數, 喪祭械用皆有等宜. 以是用挾於萬物, 尺寸尋丈, 莫不循乎制度數量然後行."
> ❷ 『순자(荀子)·왕제(王制)』, "以類行雜, 以一行萬, 始則終, 終則始, 若環之無端也, 舍是而天下以衰矣. ……君臣父子兄弟夫婦, 始則終, 終則始, 與天地同理, 與萬世同久, 夫是之謂大本."

 은나라 사람들의 우주관이 정제正題이고, 주나라 사람들의 우주관은 반제反題라면, 전국시대 제자백가의 우주관은 확실히 합제合題이다. 전국시대 우주관은 이미 은나라 사람들 사상의 핵심43)을 계승하였으며, 또한 주나라 사람들의 사상적 핵심44)을 계승하였다.

 역사이래로 가장 발달한 중국의 봉건제도가 시종일관 원시씨족사회의 혈친제도를 완전히 포기하지 못한 것처럼, 전국시대 이후의 중국고대철학도 항상 사람과 주재[하느님] 사이에서 일정하게 연계된 원시숭배를 완전히 포기할 수 없었다.

 그러나 대통일의 봉건제국이 원시종법 혈친제도를 용납할 수 없었던 관계처럼, 우주 자체에 보편적 의의를 갖춘 것도 새로운 봉건시대철학에서 필수적인 것이었다.

 하나로 통일된 사회의 큰 추세에서만, 비로소 전국시대 제자백가의 우주관이 가장 기본적인 점 위에서 표현해낼 수 있었던 것은 사람들을 놀라게 할 만큼 일치한다. 이러한 사회형태의 특징은 중국고대철학이 세계의 다른 민족과 함께 각각 다른 길로 갈 수밖에 없게 한다.

 일반 철학사 저서에서 '백가의 배척[罷黜百家]'에 대하여 항상 '백가쟁명'을 부정하는 것으로 여기지만, 전국시대 제자백가의 우주관이 상호간 놀랄 만큼 일치한다는 점을 주의한다면, 곧 한대漢代에 크게 하나로 통일된 철학이 생겨난 필연성은 바로 "백가쟁명"에서 기반이 되었음을 알게 될 것이다. 바로 이러한 의

의에서 이 책에서는 전국시대와 진한시대의 우주관을 하나의 통일체로 보는 것이다.

'천인지제'는 중국고대철학의 주제와 중국통일의 종법집권사회형태 사이의 필연적 관계에서 형성되어 진한시대에는 전례 없이 명확하게 표현되었다. 동중서는 전국시대 제자백가 우주관의 삼대 특징을 한 걸음 나아가서 융합하여 발휘했을 뿐만 아니라, 이러한 우주관을 사회의식형태의 지주로 만들어 그 위치가 완전히 고정되었다. 그의「현량대책」첫머리의 요지를 설명하면 다음과 같다.

폐하께서 덕담을 하시고 명철한 조서를 내리시어 천명과 본성(本性)을 구하시니, 모두 어리석은 신하들이 미칠 수 없는 것입니다. 신이 삼가 『춘추』를 고찰하여 전대에 이미 행한 일을 살피고 하늘과 사람이 서로 함께 할 때를 보니 매우 두려워 할 만하였습니다.❶

❶ 반고(班固), 『한서(漢書)·동중서전(董仲舒傳)』「현량대책(賢良對策)」, "陛下發德音, 下明詔, 求天命與情性, 皆非愚臣之所能及也. 臣謹案『春秋』之中, 視前世已行之事, 以觀天人相與之際, 甚可畏也."

확실히 '하늘과 사람이 서로 함께한 때[天人相與之際]'는 모두 철학의 주제이다. 동중서는 또 다음과 같이 말하였다.

신이 삼가 『춘추』에서 일원의 뜻을 살펴보니, '일'이란 만물이 근원을 따르는 것이요, '원'이란 큰 것을 말하는 것이다. 일원은 큰 근원을 보고 근본을 바로하려는 것이다. 『춘추』는 그 근본을 깊이 탐구하여 돌이켜 스스로 귀하게 하는 것이 '시'이다. 그러므로 임금 된 자는 마음을 바로잡은 것으로 조정을 바로잡고, 조정을 바로잡은 것으로 백관을 바로잡고, 백관을 바로잡은 것으로 만민을 바로잡고, 만민을 바로잡은 것으로 사방을 바로잡는다.❶

> ❶ 반고(班固), 『한서(漢書)·동중서전(董仲舒傳)』, "臣謹案『春秋』一元之意, 一者, 萬物之所從始也, 元者, 辭之所謂大也. 謂一元者, 視大始而欲正本也. 『春秋』深探其本, 而反自貴者始, 故爲人君者, 正心以正朝廷, 正朝廷以正百官, 正百官以正萬民, 正萬民以正四方."

    천인지제의 우주관과 그 본체론은 통일집권제도와 필연적인 관계에 있으며, 여기에서 말한 것은 다시 한 번 분명하게 한 것이다.
    진한 시대부터 명청 시대까지 중국의 통일된 종법집권제도는 시종일관 연속해서 바뀌지 않았는데, 이는 근본적으로 '천인지제'가 중국고대철학의 주제로 결정된 상황에서 변할 수 없었던 것이다.

당시에 하안은 이부상서였는데, 왕필을 매우 기특하게 여겨 탄식하며 말하기를, "공자께서 뒷사람이 두렵다고 하셨는데, 이와 같은 사람과는 천인지제를 함께 이야기할 만하구나!"❶

천지의 벼리를 통하고 만물의 실정을 서술하고 생사의 변화를 통달하며 내성과 외왕의 도를 밝힌다.❷

> ❶ 진수(陳壽), 『삼국지(三國志)·위서(魏書)·종회전(鍾會傳)』, "於時何晏爲吏部尙書, 甚奇弼, 歎之曰: '仲尼稱後生可畏, 若斯人者, 可與言天人之際乎!'"

제1장 천인지제天人之際가 중국고대철학의 주제로 성립된 원인

> ❷ 곽상(郭象), 『장자주(莊子注)·서(序)』, "通天地之統, 敘萬物之情, 達死生之變, 而明內聖外王之道."

이러한 것이 현학玄學이다.

현이라는 것은 자연의 시조이며, 만물의 근본이다. …… 그 높이는 하늘 꼭대기를 뒤덮고 그 넓이는 온 땅 끝을 가두었다.❶

> ❶ 갈홍(葛洪), 『포박자(抱朴子)·내편(內篇)·창현(暢玄)』, "玄者自然之始祖. …… 其高則冠蓋乎九霄, 其曠則籠罩乎八隅."

이러한 것이 도교道敎이다.

신이란 만물을 오묘하게 변화시키는 것을 말한다. 형태를 바탕으로 하여 만들어지고 형태를 따라 멸한다면, 형을 근본으로 삼는 것이니 어찌 오묘한 것으로 말하는가? 정신이란 온 사방에 흘러 막힘이 없어서, 위로는 하늘에 닿고 아래로는 땅에 도사리니, 성인이 기미를 다하고 현인도 은미함을 연구한다.❶

허공은 일·월·성·신과 대지·산하와 일체의 초목과 악인·선인과 악법·선법과 천당·지옥을 머금을 수 있으니, 모두 공중에 있도다.❷

> ❶ 종병(宗炳), 『홍명집(弘明集)』2권, 「명불론(明佛論)」, "神也者, 妙萬物 而爲言也. 若資形以造, 隨形以滅, 則以形爲本, 何妙以言乎? 夫精神四 達, 並流無極, 上際於天, 下盤於地, 聖之窮機, 賢之研微."
> ❷ 『단경(壇經)』24, "虛空能含日月星辰 · 大地山河, 一切草木 · 惡人善人 · 惡法善法 · 天堂地獄, 盡在空中."

이러한 것이 불학佛學이다.

그러므로 성인은 천지와 더불어 그 덕을 합하였고, 일월과 더불어 그 밝음을 합하였고, 사계절과 더불어 그 차례를 합하였고, 귀신과 더불어 그 길흉을 합하였으니, 군자는 그것을 닦으므로 길하고, 소인은 어긋나므로 흉하다. 그러므로 '하늘의 도를 세우는 것을 음양이라 하고, 땅의 도를 세우는 것을 유강이라 하고, 사람의 도를 세우는 것을 인의라고 한다.'❶
하늘은 도로 인하여 생기고, 땅은 도로 인하여 이루어지고, 사물은 도로 인하여 형성되고, 사람은 도로 인하여 행동하니, 하늘·땅·사람·사물이 곧 다르지만 그 도에 있어서는 하나이다.❷

> ❶ 주돈이(周敦頤), 『주자전서(周子全書)』3권, 「태극도설(太極圖說) · 하(下)」, "故聖人與天地合其德, 日月合其明, 四時合其序, 鬼神合其吉凶, 君子修之吉, 小人悖之凶. 故曰, 立天之道曰, 陰與陽, 立地之道曰, 柔與剛, 立人之道曰, 仁 與義." 여기서 "與天地合德"과 "立天之道"라 한 것은 원래 『易經 · 乾卦 · 文言』 과 『易經 · 說卦』에 나온다.
> ❷ 소옹(邵雍), 『황극경세서(皇極經世書)』6권, 「관물편59(觀物篇之五十九) · 내편 9(內篇之九)」, "天由道而生, 地由道而成, 物由道而形, 人由道而行, 天地人物 則異矣, 其於道, 一也."

이러한 것이 송대宋代의 이학理學이다.

제1장 천인지제天人之際가 중국고대철학의 주제로 성립된 원인

천지의 사이에 유행하여 고금이 같지 않음이 없는 것이 '이'이다. 이는 나의 마음에 갖추어져 사물에서 증험이 된다. 마음이 이러한 이를 통괄하는 까닭이다.❶

> ❶ 고염무(顧炎武), 『일지록(日知錄)』18권, '심학(心學)'조, "流行天地之間, 貫徹古今無不同者, 理也. 理具於吾心而驗於事物. 心者, 所以統宗此理."

이러한 것을 '심학心學'이라 한다.

한漢·진秦 이후 역대철학의 우주관은 그 모습이 각기 다르지만 '천인지제'를 주제로 한 점은 조금도 다르지 않다. 중국봉건사회 구조의 기본특징을 제외하고 어떠한 기타의 역량도 의식형태에서 고도의 통일을 이룰 수가 없었던 것은 분명하다.

우주관은 사람들의 일상생활과 관념의 결정에 불과하지만 특별히 고대 중국에서 철학은 언제나 사람들 일상의 물질생활과 심미생활 속에서 개념을 추출해 내지는 못하였다. 이학理學의 대가들은 일찍이 중국문화의 이러한 중요 특징을 매우 치밀하게 언급했다.

주희朱熹는 "도는 인륜과 일용 사이에 마땅히 행하여져야 할 것이다."45)하였고 장식張栻은 "지극한 이치는 자취가 없으니 오묘함은 일용 속에 있다."46)고 하였다.

'천인지제' 우주관의 '흔적[轍迹]'을 연구하는 이유는 고대예술의 경계에서 어떻게 융합하고, 고전원림에서 필수적인 요소로 인식하며, 중국고대문화 자체의 특징을 결정하기 때문이다. 이는 우연하거나 주관적 원인에서 발생된 것은 결코 아니다.

01 유물주의(唯物主義): 의식이나 정신 따위의 실재를 부정하고, 우주 만물의 궁극적 실재는 물질이라고 보는 이론.
02 유심주의(唯心主義): 우주 만물의 근본은 정신적인 것이며, 여기서 물질적인 것이 나온다고 생각하는 철학적 이론.
03 곽말약(郭沫若; 1892~1978): 중국의 문학가·정치가. 신문학 운동에 종사하였고 중일 전쟁 후에는 인민공화국 정부에서 과학원 원장, 부수상을 지냈다. 저서에 『중국고대사회 연구』, 『갑골문자 연구』, 시집 『여신(女神)』등이 있다.
04 「선진천도관의 진전(先秦天道觀之進展)」『청동시대(靑銅時代)』p.5에, 在殷墟卜辭和周初金文中, '天'字"都是畵一个人形, 特別顯示着有巨大的頭腦. 那頭腦便是顚, 便是天. ……天字在初本沒有什麽神秘的意思."라고 기재되어 있다.
05 위의 책 6, 7, 9p에 실렸다.
06 왕국유(王國維), 『관당집림(觀堂集林)』10권, 「은주제도론(殷周制度論)」, "『康誥』以下九篇, 周之經綸天下之道胥在焉, 其書皆以民爲言. 『召誥』一篇, 言之尤爲反覆詳盡, 曰'命', 曰'天', 曰'民', 曰'德', 四者一以貫之."
07 고힐강(顧頡剛; 1893~1981): 중국의 역사가. 고대사(古代史)의 연구에 많은 업적을 남겼으며, 저서에 『고사변자서(古史辨自序)』가 있다.
08 방기천리(邦畿千里): 왕도 주위의 천리를 말한다. 『시경(詩經)』「상송(商頌)·현조(玄鳥)에 "邦畿千里, 惟民所止."라는 문구가 보인다.
09 고힐강(顧頡剛), 『고사변(古史辨)』제1책, p.100, 「유호량선생의 글에 답하다[答劉胡兩先生書]」.
10 『예기(禮器)·표기(表記)』, "殷人尊神, 率民以事神, ……周人尊禮尙施, 事鬼敬神而遠之."
11 인용문은 이 책 제1편 제2장 「신을 즐겁게 하는 것에서 사람을 즐겁게 하게 되었다[由娛神到娛人]」에 실려 있다.
12 지상신(至上神): 여러 신들 중에서 최고의 위치에 있는 신.
13 『상서(尙書)·소고(召誥)』, "皇天上帝, 改厥元子, 玆大國殷之命."
14 분봉제(分封制): 영토를 친척과 공신들에게 나눠주던 제도.
15 전대흔(錢大昕): 중국 청나라의 고증학자(1728~1804). 자는 효징(曉徵)·신미(辛楣). 호는 죽정(竹汀). 종산(鐘山)·자양(紫陽) 서원을 주재하여 많은 제자를 가르쳤으며 고증을 중시하는 청나라의 역사학을 수립하였다. 저서에 『22사고이(二十二史考異)』, 『십가재양신록(十駕齋養新錄)』등이 있다.
16 전대흔(錢大昕), 『십가재양신론(十駕齋養新論)』3권, 「천도(天道)」, "古書言天道者, 皆主吉凶禍福而言."
17 복사(卜辭): 갑골문자(甲骨文字)이다.
18 『논어(論語)·팔일(八佾)』, "獲罪於天, 無所禱也."
19 『논어(論語)·안연(顏淵)』, "生死有命, 富貴由天."
20 『논어(論語)·계씨(季氏)』, "君子畏天命."
21 『좌전(左傳)·소공18년(昭公十八年)』, "天道遠, 人道邇."
22 『노자』가 전국시대에 지어졌다는 것은 이미 정설이다.
23 『묵자(墨子)·천지상(天地上)』, "今天下之士君子 知小而不知大."
24 『노자(老子)·1장(一章)』, "無名天地之始, 有名萬物之母."
25 송윤학파(宋尹學派): 중국전국시기의 중요한 철학유파 중의 하나로, 대표적 인물이 송견(宋鈃)·윤문(尹文)

제1장 천인지제天人之際가 중국고대철학의 주제로 성립된 원인

인데, 두 사람 모두 제(齊)나라 직하학사(稷下學士)로 명성이 가지런하였다. 인간의 속성을 심(心)의 허일이정(虛壹而靜)을 통해서 극복할 것을 주장하였다.

26 구규(九竅): 사람의 몸에 있는 아홉 개의 구멍을 말한다. 눈(2), 코(2), 입(1), 귀(2)의 일곱 개와 요도, 항문을 가리킨다. 배꼽 이상을 양규(陽竅), 이하를 음규(陰竅)라 한다.
27 『관자(管子)·내업편(內業篇)』, 引宋 尹學派所謂 "精存自生, …… 淵之不涸, 四體乃固, 泉之不竭, 九竅遂通. 乃能窮天地, 乃能窮天地, 被四海."
28 『맹자(孟子)·공촌추상(公孫丑上)』, "其爲氣也 至大至剛…… 則塞於天地之間."
29 『묵자(墨子)·천지상(天志上)』, "必上利於天, 中利於鬼, 下利於人."
30 『장자(莊子)·천도(天道)』, "天道運而無所積, 故萬物成. 帝道運而無所積, 故天下歸. 聖道運而無所積, 故海內服."
31 『순자(荀子)·천론(天論)』, "明於天人之分"
32 『순자(荀子)·불구(不苟)』, "君子 大心則敬天而道."
33 『순자(荀子)·불구(不苟)』, "禮有三本 天地者, 生之本也; 先祖者, 族類之本也; 君師者, 致治之本也. …… 三者偏無, 焉無安人."
34 『사기(史記)·맹자순경열전(孟子荀卿列傳)』, "閎大不經, …… 先序今, 以上至黃帝, 學者所共術, 大幷世盛衰, 因載其禨祥制度, 推而遠之, 至天地未生, 窈冥不可考其原也."
35 『묵자(墨子)·천지중(天志中)』, "天子爲善, 天能賞之, 天子爲暴, 天能罰之 …… 日明哲維天, 臨君下土."
36 『노자(老子)·25장(二十五章)』, "人法地, 地法天, 天法道, 道法自然." 중국고대철학 중에서 '자연'의 의미는 요즘 사람들이 말하는 '자연계'와는 매우 다르다. 그 뜻은 우주는 그 내재한 원인의 자연에 의지하여 그렇게 움직이는 것이다. 이러한 사상은 후에 위진의 현학(玄學)에 의하여 발양(發揚)되었으며, 그 본체론(本體論)의 핵심을 이루었으니, 이 책 2장 제4절에 자세히 나온다.
37 사맹학파(思孟學派): 맹자(孟子)에게 학문을 전수한 자들이 이룬 학파이다.
38 『장자(莊子)·천하(天下)』, "問天地 所以不墜不陷, 風雨雷霆之故."
39 천인합일(天人合一): 동양세계관의 하나로, 하늘과 사람은 도를 매개로 하여 하나로 연결되어 있다고 생각하는 것으로, 유교에서는 하늘과 사람이 하나라는 의미이다.
40 『사기(史記)·천관서(天官書)』, "爲國者必貴三五. 上下各千歲, 然後天人之際續備." 여기에서 '삼오(三五)'는 삼성(三星)과 오진(五辰)을 가리키고, 『사기·천관서』에서 또 "천수를 헤아리는 사람은 반드시 삼오를 통달해야 한다[爲天數者, 必通三五.]"라고 하였으니, 이를 종합해보면 '위국(爲國)'과 '위천수(爲天數)'는 상통함을 알 수 있다. 청대(淸代)까지도 중국문화의 특징은 여전히 '사회질서와 우주질서가 융합하여 일체를 이룬다.'는 것이다. (費正淸, 『劍橋中國晚淸史』, p.33.)
41 백가쟁명(百家爭鳴): 춘추전국시대(春秋戰國時代)때, 유(儒)·법(法)·도(道)·묵가(墨家) 등 각종 사상의 유파(流派)가 자신의 학설을 주장하며 서로 논전을 벌였던 일.
42 숙도(宿道): 오래도록 실천되어진 도(道)를 이른다.
43 은나라 사람들의 사상적 핵심은 신과 사람 간에 가장 직접적이고 긴밀한 통제관계를 형성하였다.
44 주나라 사람들의 사상적 핵심은 자신들 민족의 조상신을 확대하여 우주 보편적 의의를 담은 철학본체로 격상시켰다.
45 『사서장구집주(四書章句集注)·논어(論語)·술이(述而)』, "道, 則人倫日用之間所當行者是也."
46 장식(張栻), 『남헌문집(南軒文集)』1권, 「송장심도(送張深道)」, "至理無轍迹, 妙在日用中."

제 2 장
중국고전원림의 사중四重경계

◁ 청송풍처(聽松風處)

원림은 산·물·건축·꽃·나무 등의 조형이 주요 표현수단이며, 또 삼차원공간의 표현영역이다. 고전원림이 모든 예술형식에서, 중국고대 우주관을 가장 생동적인 형상으로 보여주기 때문에 연구하기에 편리하다.

그러나 고전원림경계에 내재된 함의는 매우 풍부하여 전통문화의 역사 과정에서 끊임없이 발전하였지만, 서술의 편의 상 나누어서 분석한다. 실제 고전원림의 경계는 하나로 융합된 통일체이고, 중당 이후에는 완전한 통일성이 더욱 두드러지고 중요시 되었다.[1] 따라서 이러한 이해를 떠나면 '천인지제'를 말할 수 없다.

강남의 전원풍경

제1절 끝없이 광대하며 만물을 함유한 우주의 모방형식

"사방과 상하를 '우宇'라 하고, 예로부터 지금까지 시간을 '주宙'라 한다."2)는 것에서, 우주에 가장 기본적으로 내함 된 세계는 존재하는 공간과 시간에 의지하는 것이고, 이 둘 중에서도 공간을 사람들에게 공급하면 형상을 직접 느끼기 때문에, 우리가 경계를 토론하는데 맨 먼저 중국고전원림 공간의 특징을 말하는 것이다.

중국고전원림이 우주를 모방한 형식의 예술이라고 말하는데, 가장 큰 뜻은 원림은 형태상과 내용상에서 사람들의 우주관을 예술적으로 표현하는 것을 말한다. 이런 관계는 중국고전원림에서 최초의 구조와 격식이 대단했음을 분명히 보여주었다.

예를 들면 '상고의 원림'은 높이 솟은 영대靈臺를 가장 중요한 경관으로 삼았고, 물은 그 다음으로 중요한 위치를 차지하였는데, 이는 상고인들이 조상신 형체의 특징과 중국 서북부 지역의 지리적 특징이 반영되었다.

이러한 우주관의 지배하에 '원림'에서의 고대한 모습은 반드시 더욱더 넓게 해야 한다는 중요성이 많아졌으며, 높이 솟은 영대의 단일체의 효과 또한 더욱더 완비된 경관체계의 구성을 요구하였으니, 갖가지 경물 사이에 세우는 밀접한 연계와 합리적인 비례가 더욱 중요시되었다.

앞에서 언급했듯이, 전국시대 이후의 우주관은 중대한 변화를 가져와서 '천인지제'의 모방형식에서 우주공간의 기본특징은 끝없이 광대하여 천지만물을 남김없이 뒤덮는다는 것이다. 이러한 우주관은 진한秦漢의 궁원예술에서 직접적으로 표현되었다.

수 백리 이어진 원림규모는 논하지 않더라도, 산해山海를 포함하고 만물萬物을 삼키고 토해내는 경관은 천지天地를 본받고 건곤乾坤을 부앙俯仰하는 것을 본받은 구조와 격식으로, 이는 모두 당시 사람들이 우주공간의 특징에 대한 인식을 명백하게 반영하였다. 한대漢代 원림의 이런 예술적 특징과 동중서董仲舒가 "하늘은 만물의 시조이다. 때문에 두루 덮고 감싸서 해와 달과 바람과 비를 두어 조화롭게 하고, 음양과 추위와 더위를 거쳐서 이루어진다. 그러므로 성인이 하늘을 본받아 도를 세웠다."3)고 한 이론 사이에서 그림자처럼 서로 연계되어 있다.

  철학적인 관계에서 말하면, 진한秦漢의 궁원은 이후의 역대 중국고전원림에 비하여 사인원림을 포괄하여 창립했다는 의의를 모두 갖추었다. 그 원인은 제일먼저 원림의 예술형식이 완전히 통일되어, '천인지제' 우주를 모방한 양식의 공간적 특징을 성공적으로 표현하였고, 이러한 우주 모방양식은 이후 2천 여 년간 중국고대문화의 철학기초가 되었다.

  진한秦漢이후에 중국고전원림은 언제나 광대하여 만물을 포용할 수 있는 것을 기본 공간원칙으로 삼았으니, 시대의 조건·물질수단·원림기술·경관풍경 등을 막론하고 많은 변화가 생겨서 이러한 원칙이 지켜져 왔다.

  이러한 정황은 중당이후에 '호중천지'가 중국고전원림의 기본적인 구조와 격식을 이룬 정황 아래에서 전형적으로 표현되었다. 고대사회의 변천은 중당 이후 사대부의 생활과 원림예술을 더욱더 철저하게 한당漢唐문화의 경계를 벗어나서 '호중'에 깊이 빠지게 하였다. 그러나 천지가 날로 좁아져서 원림이 '천인지제' 우주관의 공간원칙을 포기하지 않도록 하였으나, 이와 반대로, 이러한 협소한 범위 내에서 무한히 넓은 공간을 표현하고 만물이 모두 그 속에 갖추어지게 하였다. 이때의 원림은 더욱더 자각하여 요구하였고, 모든 원림예술기교에서 발전의 기초를 이루었다.

  구체적인 예는 제1편 제6장 제1·2절에서 이미 여러 차례 언급했지만, 이때의 원림공간특징의 기술을 다시 보겠다.

    池亭雖小頗有深   못의 정자 비록 작으나 자못 깊은 정취가 있네.❶

    …… 북쪽 물가에 정자를 짓고 '창랑정'이라 하였다. 정자의 앞에는 대나무가

있고 뒤에는 물이 있으니 물의 남쪽에 또한 대나무가 끝없이 펼쳐져 있다.❷

葺茅如蝸廬	띠로 지붕을 이으니 달팽이집 같고
容膝才一丈	방은 무릎을 용납할 정도 겨우 한 길이네.
規圓無四隅	집이 그림쇠처럼 둥글어 네 모퉁이가 없고
空廓含萬象	빈 울타리는 만상을 머금었네.❸

기이한 꽃과 아름다운 나무는 다투어 앞에서 바치고, 맑게 흐르는 물과 빼어난 바위는 돌아보는듯하기도 하고 읍하는듯하기도 하다. …… 오르면 높고 밝아 환히 드러나니, 마치 속세를 벗어난듯하였다. 들어가면 깊고도 깊어서 끝이 없는가를 의심한다.❹

❶ 백거이(白居易), 『백거이집(白居易集)』29권, 「우음2수(偶吟二首)」.
❷ 소순흠(蘇舜欽), 『소순흠집(蘇舜欽集)』13권, 「창랑정기(滄浪亭記)」, "構亭北碕, 號滄浪'焉. 前竹後水, 水之陽又竹, 無窮極."
❸ 양이(楊怡), 「장절의 서원시에 답하다[和章粢西園詩]」, 이 시는 조학전(曹學佺)의 『촉중명승기(蜀中名勝記)』4권에 보인다.
❹ 육유(陸游), 『육유집(陸游集)·방옹일고(放翁逸稿)』상권, 「남원기(南園記)」, "奇葩美木, 爭效於前, 淸流秀石, 若顧若揖. …… 升而高明顯敞, 如蛻塵垢, 入而紛窕邃深, 疑於無窮."

명청 이후의 상황은 더욱 이와 같았다. 예를 들면 기표가가 산의 원림에 우거(寓居)하며 받은 느낌을 읊은[水龍吟] "술잔 속 세계에 몸을 맡기고, 꿈속을 소요하니, 세상이 작다는 것만 알겠네."4)하였다. 왕세정이 자기 원림의 경치를 다음과 같이 묘사하였다.

…… 골짜기 양쪽에 괴석이 있는데, 깊숙한 곳은 그늘지고 차며 올려다보아도 해를 볼 수가 없다. 계곡을 따라 옮겨가며 굽이굽이 거슬러 올라가면, 서로의 모습들을 도와서 빼어나다. 일찍이 이르기를 골짜기가 높아

도 세 길 쯤이 되지 않으리라 하였으며, 촉나라 기부가 있다.❶

❶ 왕세정(王世貞), 『엄산원기(弇山園記)』, "峽兩旁有怪石, 窈窕陰沍, 仰不見日. 緣澗而轉, 委曲溯沿, 兩相翼爲勝. 嘗謂峽高不能三尋許, 而有蜀夔府."

원명원(圓明園)

제2절 무아지경5) — 원림의 경관과 우주의 융합

사방 수 백리나 되는 공간에 산을 쌓고 바다를 조성하는 것을 논할 것 없이, '호중'의 빈 공간에 샘과 돌을 배치하거나, 집에 원림을 만드는 제한된 공간에도 광대하고 풍부한 원림에 포함된 것들을 모두 구축할 수 있는 예술창작이 진행되었다.

눈에 보이는 사물을 얼마나 많이 갖추었는가를 논할 것 없이, 원림의 실제 공간은 제한되었다. 중국고전원림 가운데 사인원림에서 제한된 공간특색이 가장 잘 보이고, 공간의 제한성도 사인원림이 가장 두드러진다. 이에 '천인지제' 우주관의 기초 중 하나가 우주의 무한한 광대함이기 때문에, 우주공간은 무궁한데 원림의 실제 공간은 매우 제한되어서 이 사이의 모순이 두드러진다. 분명히 이러한 모순은 해결되지 않았으며, 사람들은 심미 중에 체현된 자신의 우주관을 모든 사회문화체계에 융화시키는 것은 여전히 불가능하였다.

위에서 언급한 상황은 중국고전원림[산수화 등을 포함]이 반드시 구체적인 예술방식을 통해서 제한된 실제공간의 길을 뚫어서 찾아내어야 한다고 결정한 것이다. 이러한 길은 먼저 거대한 것으로부터 세세한 것까지 모든 공간상에서 제한된 원림경관이 무한한 우주천지 속에 융합된 것이다.

제한된 경관을 무한한 우주 속에 융합시킨 심미방식은 위진魏晉에서 시작하여 빠르게 발전하였는데 진한秦漢시대에 오직 위수渭水와 남산南山을 통과시키는 것을 궁원 속의 거대한 공정에 포함시켜야만 방대한 우주모식을 구축할 수 있다고 말한다면, 위진 이후 사람들은 원림경관에 우주 어느 곳에나 있는 것들을 연계시키는 가운데서 우주의 무한함을 더욱 이해할 수 있다.

이 때문에 중국고전원림의 예술방법은 새로운 발전단계에 진입하여, 그 체계가 끝나는 날까지 줄곧 한 방향으로 향하여 변화할 수 없었다.

제1편에서 지적한 위진남북조 이후 원림[특히 사인의 원림]은 원림 내부의 연계 및 원림 안의 경관과 원림 밖의 자연산수경관과의 연계를 매우 중시하였다. 이러

한 연계가 원림공간특성의 새로운 기초가 되었는데, 동진東晉 담방생의 「유원영」을 보겠다.

諒玆境之可懷	진실로 이곳이 마음에 드니
究川阜之奇勢	시내와 언덕은 기이한 형세를 다하였구나.
水窮淸以澈鑑	물은 지극히 맑아서 거울처럼 흐르고
山鄰天而無際	산은 하늘과 접하여 끝이 없네.
乘初霽之新景	처음 비 개인 새로운 경치에
登北館以悠矚	북관에 올라 유유히 바라보네.
對荊門之孤阜	형문의 외로운 언덕을 마주하고
傍魚陽之秀岳	어양의 빼어난 산 곁에 있구나. ❶

❶ 『전상고삼대진한삼국육조문(全上古三代秦漢三國六朝文)·전진문(全晉文)』 140권, 담방생(湛方生), 「유원영(游園咏)」.

감상자가 '산은 하늘과 접하여 끝이 없네.'라고 한 느낌은 모두 원림의 경물이 아니며, 이는 원림의 경치와 원림 밖의 산수가 융합되어 한 곳으로 모여 연계된 것이 분명하다.

위진남북조의 원림에서 공간관계를 처리한 새로운 예술방법은 '경계' 조건에서 생긴 물질이며, 이 때 원림의 경관과 경치를 바라보는 건물을 설치하는 것은 모두 원림경관과 우주의 융합에 특히 주의한 것으로, 사조謝朓의 많은 시 중에서 묘사한 예를 보겠다.

洞庭張樂地	동정호는 황제가 음악을 연주하던 곳이요
瀟湘帝子游	소상은 요의 여식 아황 여영❶이 노닐 던 곳이네.

雲去蒼梧野	구름은 창오산 들판에 흘러가고
水還江漢流	물은 다시 강한❷으로 흐른다.❸
....	
寒城一以眺	차가운 성루에 올라 바라보니
平楚正蒼然	평야는 초목이 무성하구나.
山積陵陽阻	산은 능양에 쌓여 가로막고
溪流春谷泉	시내는 춘곡의 샘이 흐르는구나.
威紆距遙甸	구불구불 경기에서 멀리 떨어져
巉嵒帶遠天	가파른 바위는 먼 하늘과 맞닿아 있네.❹
高軒瞰四野	높은 난간에 올라 사방의 들을 바라보며
臨牖眺襟帶	창문 옆에서 금대 같은 물줄기를 바라보네.
望山白雲裏	산의 흰 구름 속을 바라보며
望水平原外	평평한 들 너머 물을 바라본다.❺

❶ 아황(娥皇)과 여영(女英): 아황(娥皇)과 여영(女英) 아황과 여영은 전설 속 요임금의 두 딸이다. 요가 순의 재능과 덕을 높이 평가하여 두 딸을 그에게 시집보냈다. 아황은 왕후가 되고 여영은 왕비가 되었다. 순임금이 재위 39년 만에 남쪽을 순시(巡視)하던 중 창오(蒼梧)에서 죽자 소상강(瀟湘江)에서 눈물을 흘렸는데, 떨어진 눈물로 반죽(斑竹)이 생겼다고 하며, 끝내 슬픔을 못 이겨 강물에 투신해 죽었다고 한다. 그리하여 소상강의 여신이 되었다. 전하는 말로 굴원(屈原)의 「구가(九歌)」에 나오는 상군(湘君), 상부인(湘夫人)은 이 두 여성을 가리킨다고 한다.
❷ 강한(江漢): 중국 양자강(揚子江)에서 한수(漢水)가 합류하는 땅. 곧 우창(武昌), 한구(漢口), 한양(漢陽) 지방을 이른다. 중국에서 양자강과 한수를 아울러 이르는 말.
❸ 『선진한위진남북조시(先秦漢魏晉南北朝詩)·제시(齊詩)』3권, 「물 가운데 새로 지은 정자에서 범령릉을 보내는 시[新亭渚別范零陵詩]」
❹ 『선진한위진남북조시(先秦漢魏晉南北朝詩)·제시(齊詩)』3권, 「선성군에 올라 바라보는 시[宣城郡登望詩]」
❺ 『선진한위진남북조시(先秦漢魏晉南北朝詩)·제시(齊詩)』4권, 「후재로 돌아가기를 바라는 시[後齋回望詩]」

여기에는 원림의 내부와 외부가 융화되어 일체가 되었을 뿐만 아니라, 또한 경관이 평탄하고 먼 것과 높은 것의 대비와 통일 등의 방법을 통해서 우주의 끝없는 광대함을 표현함은 매우 조화롭고 아름다운 것이라는 것을 충분히 이해하였다. 사조의 수많은 경치를 쓴 구절 중에서 두 구를 보겠다.

| 天際識歸舟 | 하늘 가 돌아가는 배를 알아보고 |
| 雲中辨江樹 | 안개 속에서 강가의 나무를 분별한다.❶ |

| 雲端楚山見 | 구름 끝에서 초산을 보고 |
| 林表吳岫微. | 숲의 겉으로는 오수가 희미하네.❷ |

❶ 『선진한위진남북조시(先秦漢魏晉南北朝詩)』·제시(齊詩)』3권, 「선성군에 가서 신임포를 나와 판교로 향하는 시[之宣城郡出新林浦向板橋詩]」
❷ 『선진한위진남북조시(先秦漢魏晉南北朝詩)』·제시(齊詩)』3권, 「휴가를 얻어 단양을 돌아오는 도중의 시[休沐重還丹陽道中詩]」

이것도 펼쳐진 경물을 통하여 우주의 맑고 깨끗한 운치와 표리表裏를 모아서 예술경계가 형성된 것이다. 이후 역대 고전원림의 발전과정에, 원림과 더욱 광대한 자연경관이 융합하여 우주의 무한한 경계가 표현되었는지가 항상 조원예술의 고하를 결정하는 표준이 되었으니, 양만리楊萬里의 기록을 예로 들겠다.

영신현의 동쪽 성곽 밖 십리가 못되는 횡강에 사리를 지낸 장덕견이 살고 있었다. 근처 마을이 고요하여 산속에 원림을 짓고 외곽에는 여러 가지 상을 만들었다. 흙을 파서 연못을 만들고 연꽃을 심었다. 조약돌을 깔아 길을 만들고 길가에 해당화를 심었다. 정자를 짓고 집을 지어 쉬기도 하고 임하기도 하였다. 원림이 이루어지자 나의 벗인 유경명과 노닐었는데, 장덕견이 마치 만족하지 못한 듯이 돌아보며 말하기를, '이것이 아름답지만 사람이 만든 것이지 하늘이 만든 것이 아니다.'라고 했다. 이에 명경과 함께 대나무 지팡이에 짚신

제2장 중국고전원림의 사중四重경계　177

을 신고 해당화가 심어져 있는 길을 북쪽으로 백보쯤 되는 곳 화강 가에 이르러서, 덕견이 문득 이야기하기를, '이제야 내가 좋은 곳을 얻었다.'고 하였다. 강 서쪽 모양이 아득하여 하늘에서 여러 줄기가 흘러나온 것 같더니, 여기에서 양쪽으로 나뉘었다. 중간에 섬 하나가 돌출하여 마치 횡으로 놓인 녹금 같아 운치는 뛰어나지만 낮은데 있는 것 같다. 아름다운 대나무와 기이한 나무는 보살피지 않아도 울창하며, 물은 섬 남북의 절벽에서 흘러 마치 벽옥을 비녀다리로 가른듯하다. 형세는 마치 다자란 집오리 같아서 소리가 서로 상응하는 듯하였다. 마치 약속을 하고 섬 아래에 모인듯하였다. 미처 다 보지 못했을 때, 요산에서 구름이 일어 소나기가 내리려하고 바람이 동쪽에서 불어오다 흩어지니 전혀 보지 못했다. 의산 뒤에서 홀연히 흰 광채가 하늘을 밝혀, 마치 옥쟁반을 빠르게 끌어당겨 산꼭대기로 올려놓은 것 같은 달이 이미 나온 것이다. 경명이 축하하며 이르기를, '오직 강 위의 청풍과 산 사이의 밝은 달은 귀로 들으면 소리가 되고, 눈으로 보면 색을 이루어 취하여도 금지하는 바가 없고 써도 다하지 않으니, 이것이 조물주의 '무진장'이다.' …… 일찍이 그대와 함께 겪었던 것 중에 잊어버린 것을 거두어 여기에 두었구나!'하였다. 덕견이 그 곳에 당을 짓고 제액을, '무진장'이라고 하였다.❶

---

❶ 『성재집(誠齋集)』72권, 「무진장기(無盡藏記)」, "永新縣東郭外不十里曰橫江, 張司理德堅居之, 近無邑喧, 遠不林荒, 乃築山園以郛萬象. 刳壤爲沚, 實以芙蕖. 布礫爲徑, 夾以海棠. 爲亭爲軒, 以憩以臨. 園成, 與吾友劉景明游焉, 德堅若不滿意者, 顧曰, '是非不佳, 然人爲, 非天造也.' 乃與景明竹枝芒屩, 循海棠徑北行百許步至禾江之濱, 德堅却立曰, '止吾得佳處矣.' 盖江水西樣, 渺然若衆天流出, 至是分爲兩, 中躍出一洲, 如橫綠琴, 味昂居庳, 美竹異樹, 不蓺而蔚, 水流乎洲之南北崖, 若裂碧玉釵股, 勢若竟鶩, 聲若相應. 若將胥命而會於洲之下, 覽觀未竟, 雲起樂山, 意欲急雨, 有風東來, 吹而散之, 不見朕才. 義山之背, 忽白光燭天, 若有推挽一玉盤疾馳而上山之巓者, 盖月已出矣. 景明賀曰, '惟江上之清風與山間之明月, 耳得之而爲聲, 目遇之而成色, 取之無禁, 用之不竭, 是造物者之無盡藏也. …… 嘗試與子追亡收逋而儲於斯乎!' 德堅乃作堂於其處, 而題曰, '無盡藏云." 여기에서 "惟江上之清風 …… 是造物者之無盡藏也"는 소식의 『적벽부(赤壁賦)』에 나오는 말이다.

　천지의 무궁한 경치를 하나의 원림이나 집에 거두어들일 수 있는 것이 중국 고전원림경계의 중요한 내용이다.
　원림의 경관과 우주의 융합을 실현하기 위하여 중국고전원림은 대경對景·차경借景·취경聚景·납경納景·인경引景 등 일련의 예술방법이 점점 발명되었다. 이런 방법의 구체적인 운용기교와 상호연계에 대하여서는 이 책 제6편에서 소개할 것이며, 여기에서는 중국고전원림 공간관계의 특징만 중요하게 설명하겠다.

대경對景은 경치를 보는 것이다.

이런 방법이 고전원림에서 보편적으로 운용되었던 예는 역대원림을 묘사한 작품에 있다.

隔牖風驚竹	창밖엔 바람에 날리는 댓잎소리 들리고
開門雪滿山	문을 여니 산에는 눈이 가득하네.❶
別業居幽處	소씨 별장은 그윽한 곳에 있어
到來生隱心	와서 보니 은거하고 싶은 마음이 생기네.
南山當戶牖	남산으로는 들창이 마주하고
澧水映園林	예수❷에는 원림이 비치누나.❸
平山闌檻倚晴空	평평한 산은 난간이 청천에 의지하였고
山色有無中	산 빛은 있는 듯 없는 듯하구나.❹
碧嶂橫陳似斷鰲	푸른 봉우리 가로 뻗어 금계벼슬 같고
畵闌相對兩雄豪	그림 같은 난간을 대하니 모두 웅장하구나.
東山只有雲千頃	동쪽 산은 구름이 천 길이나 되지만
不似西山爽氣高	서쪽 산의 서늘한 기운이 높은 것만 못하구나.❺

❶ 왕유(王維), 『왕우승집(王右丞集)』7권, 「겨울 저녁에 눈을 보고 호거산가를 기억하며[冬晚對雪憶胡居士家]」
❷ 예수(澧水): 중국 하남성(河南省)에서 서북쪽으로 흐르는 강.
❸ 조영(祖咏), 『전당시(全唐詩)』131권, 「소씨별업(蘇氏別業)」
❹ 구양수(歐陽脩), 『전송사(全宋詞)』1책, p.122, 「조중조(朝中措)」
❺ 범성대(范成大), 『범석호집(范石湖集)·시집(詩集)』32권, 「호구6절(虎丘六絶)·치상각(致爽閣)」

원림에서 '대경'은 거대한 산체와 수체뿐만 아니라 밝은 노을과 먼 하늘, 또한 정원 사이와 연못 사이의 정자와 바위와 꽃과 나무까지라고 할 수 있다. 그러나 원림을 형상하는 공간경계의 중심에 대해서 말하면, 대경은 더욱 중요한 의의가 있다. 대경은 원림 전체에서 우주의 융합 내지 세부적 예술처리의 기초이기 때문이다. 왕유와 맹호연의 시를 각각 예로 들겠다.

寂寞掩柴扉	적막한 속에서 사립문 닫아놓고
蒼茫對落暉	아득히 서산에 지는 해를 마주하고 있네.❶
八月湖水平	팔월의 호수는 평온하여
涵虛混太淸	허공을 머금어 하늘인지 하늘인 듯하네.
氣蒸雲夢澤	기운은 운몽택❷을 찌는 듯하고
波撼岳陽城	파도는 악양성을 뒤흔든다.❸

❶ 왕유(王維), 『왕우승집(王右丞集)』7권, 「산거즉사(山居卽事)」
❷ 운몽택(雲夢澤): '운몽대택(雲夢大澤)'이라 하며, 중국 역사상 최대의 담수호(淡水湖)의 하나이다. 위치는 호북성(湖北省) 강한평원(江漢平原)으로 끊기어 그 넓이가 변하였으며 가장 넓었던 시기에는 4만평방km였다. 지금 많은 부분이 육지가 되었고, 겨우 변하지 않고 남아있는 물은 홍호(洪湖)와 같은 호수이다.
❸ 맹호연(孟浩然), 『전당시(全唐詩)』160권, 「동정호를 바라보며 장승상에게 보낸다(望洞庭湖贈張丞相)」

위의 시에서 원림이나 건축물의 세부묘사는 볼 수 없지만, 넓은 공간은 도리어 경계의 미를 가장 잘 갖추었다. 후대의 홍력弘歷이 원명원의 '호묘루'가 유명해진 이유를 때때로 다시 말하면서 "산의 오묘함은 누를 감싸는데 있고, 누의 묘는 산을 받아 들이는데 있으니, 서로 어울리는 기운을 구하니, 이것이 '호묘루'가 이름을 떨친 이유이다."6)고 하였다.

원명원(圓明園) 40풍경 중의 하나

　　차경借景은 경치를 빌리는 것이다.
　　이것도 제한된 원림경물에 무한한 우주를 조화시켜 넣는 일반적인 방법이다. 그 구체적인 운용은 변화가 무궁무진하지만, 기본원칙은 역시 원림의 실제 공간 범위를 타파하는 것이다. 예를 들면 다음과 같다.

萬里橋西宅	만리교 서쪽의 집이며
百花潭北莊	백화담❶ 북쪽의 별장이로다.
層軒皆面水	높은 난간은 모두 물을 마주하였고
老樹飽經霜	늙은 나무는 오랜 세월 겪었도다.
雪嶺界天白	눈 내린 고개는 하늘을 경계하여 하얗고
錦城曛日黃	금성❷은 석양에 누렇구나.
惜哉形勝地	아깝도다! 아름다운 땅이여
回首一茫茫	고개 돌려 바라보니 아득하기만 하네.❸

❶ 백화담(百花潭): 사천성(四川省) 성도현(成都縣)의 서북쪽에 있던 못 이름인데, 이 못의 북쪽에 두보(杜甫)의 완화초당(浣花草堂)이 있었다고 한다. 두보의 「광부(狂夫)」 시에 "만리교의 서쪽으로 한 초당이 있으니, 백화담의 물이 바로 창랑의 물이라네.[萬里橋西一草堂 百花潭水卽滄浪]"라고 하였고, 또 두보의 [회금수거지(懷錦水居止)]시에는 "만리교 서쪽의 집이며, 백화담 북쪽의 별장이, 높은 난간은 모두 물을 마주했고, 늙은 나무는 오랜 세월 겪었도다[萬里橋西宅 百花潭北莊 層軒皆面水 老樹飽經霜]."라고 하였다.
❷ 금성(錦城): 사천성 성도의 다른 이름.
❸ 두보(杜甫), 『두시상주(杜詩詳注)』14권, 「금수에 살 때를 회상하며 2수[懷錦水居止二首]」중 1수.

이 시에서 말하는 '높은 난간'과 '늙은 나무'는 원림 속의 풍경이고, '설령'과 '금성'은 원림 밖의 경치를 원림 속으로 빌려 온 것이 분명하다. 두보가 별도로 이 원림을 "울타리가 끝이 없으니, 마음대로 강 위의 하늘을 향한다."⁷⁾라고 읊었으니, 울타리 가운데 원림에 무한한 우주의 경치를 빌려서 조화롭게 담는 작용을 했다고 명확하게 말하였다. 이와 대조를 이루는 것은 조원가가 내외 경관이 떨어진 원림작품을 비평하였다.

진태일 공께서 산 양지쪽에 집을 지었는데, 당명을 '함삼관'이라 하였다. 산꼭대기에 정자를 짓고 상·하 두 길로 연결시키니, 규모와 형제가 매우 아름답지만 울타리 밖으로 나갈 수 없어서 안타깝게 바라보았다.❶

❶ 기표가(祁彪佳), 『기표가집(祁彪佳集)』8권, 「월중원정기(越中園亭記)」에서 2수, "陳太一公於山之陽構爲堂, 名'函三館'. 構亭於巔, 而以復道接之, 規度甚佳, 惜眺覽不能出籬落外耳."

여기에서 알 수 있듯이, 원림에 우주를 조화롭게 담지 못하면, 단독으로 지어진 건축이 얼마나 훌륭한지 논할 필요 없이, 하품이 될 수밖에 없다.

중국고전원림의 차경기술이 완비되어, 산·물·꽃·나무·건축·원림 속의 서로 다른 명소·명승지 공간에서 원림 밖의 동산에 이르기까지 차경하지 않은 것이 없었다. 이상은李商隱8)의 시를 예로 들겠다.

信陵亭館接郊畿　　신릉❶의 정관을 근교에서 만나니
幽象遙通晉水祠　　그윽한 모습은 진사❷로 통하여 있네.❸

❶ 신릉군(信陵君): 전국시대(戰國時代) 위(魏)나라의 정치가. 사군(四君)의 한 사람이다.
❷ 진수(晉水): 산서성(山西省) 태원현(太原縣)의 남서쪽 현옹산(懸甕山)에서 발원하여 분수(汾水)로 흘르는 하천. 산기슭에 진사(晉祠; 주(周)대 진(晉)나라 개국 군주인 당숙우(唐叔虞)의 사당)가 있다.
❸ 『옥계생시집전주(玉谿生詩集箋注)』1권, 「고부에서 무위공의 교성 옛 별장을 지나며 느낌을 읊다武威公은 王武元也」

이는 사인원림士人園林이 사원원림寺院園林을 차경한 것이다. 또 소식의 「작은 원림에 새로 지붕을 이며」1수를 예로 들겠다.

短竹蕭蕭倚北墻　　짧은 대 쓸쓸히 북쪽 담장에 기대어 있고
斬茅披棘見幽芳　　풀 베고 가시 헤치어 숨어있는 꽃을 바라보네.
使君尙許分池綠　　그대에게 연못의 푸르름 나누게 허락하였더니
鄰舍何妨借樹凉　　이웃에서 나무그늘 빌리는 걸 어찌 방해하나?❶

❶ 소식(蘇軾), 『소식시집(蘇軾詩集)』3권,
「작은 원림에 지붕을 이며[新葺小園二首]」중 1수

제2장 중국고전원림의 사중四重경계 183

이는 사인원림 공간에 차경한 것이다. 자세하게 구분해서 말하면, '차경'은 원차遠借9)·근차近借10)·부차俯借11)·앙차仰借12)·실차實借·허차虛借 등이 각기 다르다.

명청明淸 이후에 '호중천지壺中天地'와 '개자납수미芥子納須彌'가 원림공간의 원칙이 되었으나, 겨자에 수미세계의 광경을 포함시키기 위해서 차경한 방법이 한층 발전하여 보편적으로 운용되었다.

무석無錫의 기창원寄暢園의 경우 남쪽의 석산錫山과 서쪽의 혜산惠山 등의 자연경관을 동시에 원림의 내부로 차입한 것이다. 또 원매袁枚가 원림의 너비에 따라 금릉金陵의 여러 경치를 차입한 예를 들겠다.

무석(無錫)의 기창원(寄暢園)

금릉의 경치 좋은 곳으로, 남쪽에 '우화대'가 있고, 서남쪽에 '막수호'가 있으며, 북쪽에 '종산'이 있고, 동쪽에 '야대'가 있으며, 동북쪽에는 '효릉'이 있으니 '계명사'라고 한다. 소창산을 오르면 모든 경치가 높게 떠오른다. 강과 호수가 커서 안개가 변화하니, 산이 소유한 것이 아니지만 모두 산에 있는 것이다.❶

❶ 원매(袁枚), 『수원전집(隨園全集)·소창산방문집(小倉山房文集)』12권, 「수원기(隨園記)」, "凡稱金陵之勝者, 南曰雨花臺, 西南曰莫愁湖, 北曰鐘山, 東曰冶城, 東北曰孝陵, 曰雞鳴寺. 登小倉山, 諸景隆然上浮. 凡江湖之大, 雲煙之變, 非山之所有者, 皆山之所有也."

당시 조원가들이 원림공간의 차경에 대하여 더욱 구체적으로 논술하였다. 계성13)의 말을 예로 들겠다.

원림은 차경으로 인하여 공교해진다. …… 경치를 빌린다는 것은 원림이 안 밖으로 나누어 있지만, 득경❶은 원근에 구애될 것 없다. 비가 그치면 산이 빼어나고 감우❷가 높이 치솟는다. 눈길이 닿는 데까지 바라보니, 속된 것은 가리고 아름다운 것은 거두어들이니 집 옆의 빈터가 구분할 수 없을 정도로 모두 안개 낀 경치로다.❸

❶ 득경(得景): 정원의 건축 배치방법 중의 하나로, 성경(成景)과 득경(得景)이 필요한데 성경은 밖에서 그 정원을 볼 적에의 아름다움이고, 득경은 그 정원 안에 들어가서 보는 바깥의 풍경을 말한다.
❷ 감우(紺宇): 불사(佛寺), 귀인(貴人)의 집이다.
❸ 계성(計成), 『원야(園冶)』1권, "園林巧於因借 …… 借者, 園雖別內外, 得景則無拘遠近. 晴巒聳秀, 紺宇凌空, 極目所至, 俗則屛之, 不分町畦, 盡爲烟景."

이 말에서도 무한한 우주의 의취를 원림에 조화시켜 넣지 못하면 중국고전원림의 경계라고 말할 수 없음을 분명하게 보여주었다.

취경聚景은 경치를 모우는 것이다.

'취경'이란 적합한 경관을 선택하는 것으로, 사람들이 거하는 곳에 원림의 내외內外·원근遠近·고하高下의 층차나 풍격이 다른 많은 경관을 모아서 한 눈에 볼 수 있게 한다. 이에 우주의 풍부함과 공간의 넓이를 두드러지게 하여, 모든 구체적인 원림의 경관도 가운데 조화롭게 모우는 데 그 중에서 정亭·대臺·당堂·누각 등의 취경은 중요한 예술목적의 하나이다. 이런 예로, 이격비李格非는 『낙양명원기洛陽名園記·부정공원富鄭公園』의 와운당臥雲堂 부분에서 말했다.

남에서 북으로 좌에서 우로 이어진 두 산은 뒤에서 가로막고 그 곳을 통하여 물은 흐르니, 무릇 여기에 앉으면 한 원림의 경치 좋은 곳이 모두 포함되어 있다.❶

❶ 소백온(邵伯温), 『소씨문견후록(邵氏聞見後錄)』23권에 "南北左右二山, 背壓通流, 凡坐此, 則一園之勝, 可擁而有也."라고 보인다.

또 소식蘇軾의 「급제 동기 단씨가 덕흥 유씨의 취원루를 시로 부탁하여」 3수를 예로 들겠다.

賴有高樓能聚遠　　높은 누각 덕에 원경의 볼거리를 모을 수 있네."❶

無限靑山散不收　　끝없이 펼쳐진 청산은 흩어져 거두기 힘들고
雲奔浪卷入簾鉤　　달리는 구름과 물결이 주렴 안으로 들어오네."❷

❶ 소식(蘇軾), 『소식시집(蘇軾詩集)』12권, 「급제 동기 단씨가 덕흥 유씨의 취원루 시를 부탁하여[單同年求德興兪氏聚遠樓詩]」3수 중 1수
❷ 소식(蘇軾), 『소식시집(蘇軾詩集)』12권, "無限靑山散不收, 雲奔浪卷入簾鉤."

여기에서 '모으다[聚]'는 예술수단이고 '원경[遠]'은 예술목적이 우주관까지 도달한 것이다. 후에 남송南宋의 덕수궁德壽宮에 있는 누각의 편액에 '취원聚遠'이라 한 것과, 소식의 시를 큰 글씨로 쓴 병풍은14) 모두 이러한 뜻을 강조한 것이다.

경관 선택이 합당하여 매우 제한된 원림공간에 무한한 우주가 혼융되어 틈이 없는 것은 소철이 「무창구곡정기武昌九曲亭記」에서 말한 것을 예로 들 수 있다.

송백의 사이를 걷고, 꼬부랑길 구곡에서 조금의 평화를 얻는다. 노니는 자들이 여기에 이르면 반드시 쉬니, 괴석과 빽빽한 나무의 그늘에 의지하고, 대강을 굽어보고 언덕을 우러러보며 계곡을 두루 바라본다. 풍운은 변화하고 숲 비탈의 향배는 모두가 좌우를 본받은 것이다. 부서진 정자가 있으니, 그 남은 터는 매우 좁아 여러 객들이 앉기에 부족하다.❶

❶ 소철(蘇轍), 『난성집(欒城集)』「무창구곡정기(武昌九曲亭記)」, "行於松柏之間, 羊腸九曲而獲小平, 遊者至此必息, 倚怪石, 蔭茂木, 俯視大江, 仰瞻陵阜, 旁矖溪谷, 風雲變化, 林麓向背, 皆效於左右. 有廢亭焉, 其遺址甚狹, 不足以席衆客."

제2장 중국고전원림의 사중四重경계 187

이 정자는 '취경'하여 아름답게 지었음이 분명하다. 더욱 전형적인 예는 명대 明代의 기표가祁彪佳가 그가 우거하는 산의 원림에 '원각遠閣'의 예술효과를 묘사한 것이다.

누각을 '원'자로 이름 지은 것은 시력이 멀리까지 미치기 때문이 아니다. 내 누각은 월 중의 여러 산수를 다 갖추어, 여러 산수를 합쳐도 내 누각보다 못하니, 나의 누각이 비로소 우러러보이고 원림들 위에 자리하게 되었다. 누각은 눈이 내리거나, 달이 뜨거나, 비가 내려도 어울린다. 은빛 바다 물결이 돌고, 옥 같은 봉우리 높아 맑은 빛이 경치를 희롱하니, 문득 깨끗한 영혼과 얼음 같은 마음을 본다. 가랑비 오려하여 아득한 산색을 함께 알리니, 이것이 나의 누각이 빼어난 대강이다. 그러나 자태는 원경에서 생겨나고 원경이란 뜻에 운치가 있으며, 봉우리 사이에서 세차게 흐르고, 멀리서는 아름다운 경치가 기이함을 다투네. 노을은 무성하고 구름은 찌는 듯하며, 원경은 빼어나게 드러나고 집집마다 등불을 밝혔구나. 원경이기 때문에 누대와 천 겹의 계곡과 산을 다 넣을 수 있었고, 원경이므로 모두 주름 속으로 들일 수 있었다. 마을에서 피어나는 연기와 고깃배의 횃불은 아득히 밝은 듯하며, 여뀌 핀 물가에서 애내곡[뱃노래] 부르고 버드나무 물결치는 가지에서 맑고 고운 새소리를 들으니, 이것이 모두 원경에 포함된 것들이다. 큰 호수와 높은 산을 마음껏 관람하고, 푸르른 하늘은 아득하니, 서강❶ 끝까지 바라보니 큰 물결 부딪치며 흐른다. 하늘과 땅은 곧 손가락 같고 해와 달은 한 쌍의 구슬 같으니 이것이 원경에서 변화하는 것들이다. 옛 자취가 여전히 우비❷가 우뚝 서있는 것이 보이고, 패도❸가 다하여 한탄하네. 큰 집 너머에서 새가 지저귀다가 서쪽 원림으로 날아가니, 지는 석양 쇠한 풀잎에 공연히 슬퍼하여 난초 물가에서 술잔을 돌리니, 아직도 곧은 대와 무성한 숲이 있으니, 이 또한 원경 속에서 나온 것이요, 한편으로는 넋이 빠지고 한편으로는 마음을 장대하게 하는 것이다. 모두 이 곳에 이르면 강산의 경치가 비로소 장관을 갖추어 일구일학❹이 작은 운치를 이룬다는 것을 느낀다.❺

❶ 서강(胥江): 소주의 강 이름, 춘추말기 오나라 오자서(伍子胥)의 억울한 혼을 기념하기 위하여, 소주(오나라의 수도) 사람들은 강 이름을 서강(胥江)이라고 부른다.
❷ 우비(禹碑): 회계산의 구루비(岣嶁碑)를 말하는데 '우비'라고도 칭한다. 하우(夏禹)가 치수(治水)할 때 각(刻)한 것이라고 전해오는데 모두 70여 자이다.
❸ 패도(霸圖): 패업(霸業)이나 왕업(王業)으로, 나라를 세우는 것을 이른다.
❹ 일구일학(一丘一壑): 한 언덕과 한 골짜기라는 뜻으로, 세속을 떠나 풍류를 즐기는 것을 비유함.
❺ 『기표가집(祁彪佳集)』7권, "閣以遠名, 非第因目力之所及也. 盖吾閣可以盡越中諸山水,

而合諸山水不足以盡吾閣, 則吾之閣始尊而踞於園之上. 閣宜雪·宜月·宜雨. 銀海瀾回, 玉峯高幷, 澄暉弄景, 俄看濯魄氷壺, 微雨欲來, 共詑空濛山色, 此吾閣之勝槪也. 然而態以遠生, 意以遠韻, 飛流夾巘, 遠則媚景爭奇, 霞蔚雲蒸, 遠則孤標秀出, 萬家燈火. 以遠, 故盡入樓臺, 千疊溪山. 以遠, 故都歸帘幕. 若夫村烟, 漁火遙明, 蓼汀唱欸乃之歌, 柳浪聽睍睆之語, 此遠中之所孕合也. 縱觀瀛嶠, 碧落蒼茫, 極目胥江, 洪潮激射, 乾坤直同一指, 日月有似雙丸, 此遠中之所變幻也. 覽古迹依然, 禹碑鵠峙, 嘆霸圖已矣. 越殿鳥啼, 飛盖西園, 空愴斜陽衰草, 回觸蘭渚, 尙存脩竹茂林, 此又園中之所吞吐, 而一以魂消, 一以懷壯者也. 盖至此而江山風物, 始備大觀, 覺一壑一丘, 皆成小致矣."

마린(馬麟), 〈누대야월도(樓臺夜月圖)〉

제2장 중국고전원림의 사중四重경계   189

강산의 경치가 한 누각에 구비되었기 때문에, 원림에 일구일학 등의 갖가지 '작은 운치[小致]'에까지 무한한 우주경관과 융합하여 승화된 것이다. 중국고전원림의 정자와 누대 등은 항상 '견산見山'[15]·'회경會景'[16]·'원정遠亭'[17]·'함허涵虛'·'천개도화天開圖畵'[18]·'췌미萃美'[19] 등으로 이름 지었으며, 심지어는 직접 '상하사방지우上下四方之宇'[20]·'건곤일초정乾坤一草亭'[21] 등으로 제하기도 하였다. 이런 모든 현상들은 틀림없이 '천인지제' 우주관의 기초 위에서 탄생할 수 있었다.

송나라 마린(馬隣) 〈승촉야유도(秉燭夜游圖)〉

제3절 유아지경22) — 심미자審美者와 원림·우주의 융합

완비된 원림경관과 우주의 융합을 논하지 않더라도 그 목적은 모두 심미 형식에서 이상적 우주모식을 구축하는 것이다. 그러나 중국고대철학에서 끝없이 광대한 만물을 포함하고 있는 것은 겨우 우주의 껍질에 불과하며 그것의 내포된 의의는 '천인상여天人相與' 즉 사람과 우주의 융합이라고 한다.

이는 근본적으로 중국고전원림예술 속에서 결정 되며, 심미자審美者의 정감情感·의취意趣·시공時空에 대한 감수感受 등과 원림경물과의 관계를, 경물상호간의 관계보다 더욱 중요하게 여겼다.

'천인지제'의 우주관이 고전원림예술의 발전에 따라서 원림 속의 다른 어떤 경물이라도 완전히 객관적인 것은 없으며, 심미자와 원림은 우주사이의 관계에서는 원림경물 사이의 관계보다 더욱 깊이 '천인지제'의 우주관을 반영하였다. 이는 예술영역에서도 유아지경有我之境이 무아지경無我之境보다 더욱 높은 심미계층이기 때문이다.

이 편 제1장에서 제시했듯이, 신神과 인간 사이에서 형성된 연관관계는 상고上古시대부터 은상殷商시대에 이르기까지 철학이 추구한 목표이다. 전국戰國시대와 진한秦漢시대의 우주관은 이러한 핵심을 계승한 동시에 더욱 보편적인 의의를 갖추었다.

이 때문에 상고上古에서 은상殷商을 거쳐 진한秦漢에 이르기까지의 원림에 있는 구체적인 경관은 사람과 신神, 혹은 우주본체 간의 관계에서 체현되었다는 것은 말하지 않아도 알 수 있다. 반고班固도 "영대와 명당으로 하늘과 사람을 다스려 온화하게 한다."23)고 하였다.

'유아지경'을 토론함에 위진남북조 이후 원림의 경계에 더욱 유의해야하는데, 그 중요한 원인은 위진 현학玄學을 출발점으로 삼았기 때문에 '천인지제'의 우주관은 모두 고대문화의 발전에 따라서 부단히 자아완선을 실현하였고, 이러한 과정은 고전원림 및 사람들에게 자연심미에 대한 거대한 영향을 불러일으켰

다.[24)]

원림심미에서 정감과 경물이 서로 융화되는 직접적 방식을 왕국유가 『인간사화人間詞話』에서 "유아지경은 자아로써 사물을 관찰하기 때문에 사물이 모두 자아의 색채를 띠게 된다."[25)]고 하였다. 제2편에서 사대부가 산수에 노닐며 감상하는 중에 자신이 상대적으로 독립하는 인격의 필연성은 이미 서술하였고, 이후 제4편에서 원림과 산수에 노닐며 감상하는 것에서 사대부인격이 완전하게 된다는 의의를 볼 것이다.

이 때문에 중국 사대부들은 조화로운 자연과 원림경관은 곧 객관적 감상대상일 뿐만 아니라 또한 자기 인격이상 내지는 우주이상이 원림에 담겨져 있다고 한다. 이는 또한 곧 중국고전미학에서 정경교융情景交融[26)]이 보편적인 심미원칙으로 형성되었기 때문이다. 원림예술의 심미정감과 경물의 융합은 종종 은일문화와 직접 연계된다. 진대晉代 좌사左思의 「초은시」를 읽어보자.

杖策招隱士	지팡이 짚고 은사를 초청하러 가는데
荒涂橫古今	황폐한 길은 예나지금이나 닫혀있구나.
巖穴無結構	바위굴에는 만들어 놓은 것이 없으나
丘中有鳴琴	언덕에는 명금이 있구나.
白雲停陰崗	흰 구름은 북쪽 언덕에 머물고
丹葩耀陽林	붉은 꽃은 남쪽 숲에 피었네.
石泉漱瓊瑤	샘물은 옥 같은 돌들을 양치질하고
纖鱗或浮沉	물고기는 간혹 떴다가 사라진다.
非必絲與竹	반드시 악기가 없어도
山水有淸音	산수에는 맑은 소리가 있구나.
……	
經始東山廬	동산에 오두막집을 경영하니
果下自成榛	과일나무 아래는 저절로 수풀우거지네.
前有寒泉井	앞에는 찬 옹달샘 있어

聊可瑩心神	심신을 밝게 할만하다.
峭蒨青蔥間	무성한 푸른 파사이에서
竹柏得其眞.	대와 잣나무는 그 참됨을 얻었네.
……❶	

❶ 『문선(文選)』22권, 「초은시(招隱詩)」.

    좌사는 여기에서 심미자의 정감과 의취를 직접 언급하지 않고, 원림에서 그가 동경한 자연 산·물·대나무·잣나무만 담았는데, 바로 이러한 것이 기초가 되어 '산수에는 맑은 소리가 있다.'는 것과 '죽백은 그 참됨을 얻었다.'는 '정경교융'이 구체적으로 표현되었다.

    오랫동안 "사물은 모두 자신의 색채를 드러낸다."고 하였는데, 이것은 산수 등의 경물을 통하여 인격을 부여하는 형식이 실현된다는 것이다. 원산송袁山松[27]은 「의도기宜都記」에서 "이미 스스로 기묘한 경관을 얻어서 기쁘니, 산수는 영험하고 또한 천고에 막역한 친구이기에 놀랐다."[28]하였다. 이러한 방법은 이후 고전원림에 대한 기록 곳곳에서 볼 수 있다.

衆鳥高飛盡	온갖 새들은 높이 날아가고
孤雲獨去閒	외로운 구름은 홀로 한가로워라.
相看兩不厭	서로 바라보며 싫어하지 않는 것은
只有敬亭山	오직 경정산 뿐이로구나!❶

❶ 이백(李白), 『이태백전집(李太白全集)』23권, 「독좌경정산(獨坐敬亭山)」

제2장 중국고전원림의 사중四重경계

이것은 산을 벗으로 삼은 것이다.

淸川帶長薄	맑은 시냇물 우거진 숲을 휘감아 흐르는데
車馬去閑閑	수레 타고 가는 마음 한가롭기 그지없다.
流水如有意	흐르는 물도 내 마음을 아는 듯하고
暮禽相與還	황혼녘의 새들도 더불어 돌아가는구나. ❶

❶ 왕유(王維), 『왕우승집(王右丞集)』7권, 「귀숭산작(歸嵩山作)」

이것은 물을 벗으로 삼은 것이다.

峭峯幽竇相吐呑	솟은 봉우리 그윽한 물길 서로 토하고 삼키는데
翠嶺丹崖渺聯絡	푸른 고개와 붉은 벼랑은 아득히 이어졌네.
石不能言意可解	바위는 말 못해도 뜻을 아니
問我胡爲憐寂寞	나에게 어찌 이웃이 적막하냐고 묻는구나. ❶

❶ 육유(陸游), 『육유집(陸游集)·검남시고(劍南詩稿)』3권, 「가양관사에 기이한 돌이 많아 버려서 흩어진 것으로 내가 가산을 만들어 서재를 '소산당'이라하고 단가를 지었다(嘉陽官舍奇石甚富, 散棄無領略者, 予始取作假山, 因名西齋曰小山堂, 爲賦短歌)」.

이것는 원림의 산과 돌을 벗으로 삼은 것이다.

시여택(施餘澤) 〈배석도(拜石圖)〉 부분　　　소주(蘇州) 이원(怡園)의 '배석헌(拜石軒)' 현판

유명한 예로 미불米芾이 큰 돌에 절을 하고 '석장石丈'・'석형石兄'으로 불렀다는 고사가 있다.29)

問余何事覺身輕	무슨 일로 몸이 가벼워 졌음을 아느냐고 묻기에
暫脫朝衣傍水行	공복을 잠시 벗고 물가를 걸었네
鷗鳥亦知人意靜	갈매기도 사람의 뜻이 고요한줄 아니
故來相近不相驚	예부터 서로 가까이하여 서로 놀라는 일이 없네.❶

❶ 배도(裴度), 『전당시(全唐詩)』335권, 「방수한행(傍水閑行)」

이것은 새를 벗으로 삼은 것이다.

연못 속에 물고기 백여 마리쯤 되는데, 모두 아무데도 의지하지 않고 허공에 노는 듯하다. 햇빛이 바닥까지 비쳐서 물고기 그림자가 돌 위에 펼쳐지는데, 자유롭게 움직이지 않다가 가까이 왔다 멀리 가고 빨리 왕래

하여 마치 노니는 사람과 서로 즐기는 듯하였다."❶

❶ 유종원(柳宗元), 『유종원집(柳宗元集)』29권, 「소구 서쪽 소석담에 이르러 쓴 기[至小丘西小石潭記]」, "潭中魚可百許頭, 皆若空遊無所依. 日光下澈, 影布石上, 怡然不動, 俶爾遠逝, 往來翕忽, 似與遊者相樂."

이것은 물고기를 벗으로 삼은 것이다.

원림 중의 소나무·대나무·매화 등 화목을 벗으로 삼고, 의탁한 상황에 대해서는 사람들이 잘 알고 있다. 결론적으로 모든 원림경관은 인격화의 방법을 통해야 심미정감과 직접적으로 연계된다.

인격화 방법의 설명이 때때로 전제筌蹄30)라는 말에 구애되는 것 같지만, '마음과 경치가 부합'되면, 원림예술에서 더욱 높은 경계境界이다.

'심여경계心與境契'라는 말은 정감과 모종의 경물 간의 단일한 대응관계가 아니며, 경물은 정감을 상징 하거나 비유하는 것도 아니다. 정감은 심미자의 모든 의취가 원림경관에까지 언제 어느 곳에서나 존재하고 융합되어 모여든다. 천지만물의 경계에는 뚜렷한 인격화 흔적이 없지만 오히려 심미자가 미세한 심미활동을 하더라도 원림과 우주 사이에서 끊임없이 체현된다.

왕국유는 도연명의 "동쪽 울타리 아래에서 국화를 따고, 유연히 남산을 바라보네."31)를 무아지경이라고 평하였으나, 실재로 도연명이 시에 쓴 것은 원림에서의 마음과 경계가 계합한 경지이다. 이 시에서 드러나는 것은 "마음이 멀어지니 땅이 저절로 치우친다."32)는 말과 같으며, 소식의 평이 비교적 정확하게 "국화를 땄기 때문에 남산을 본다는 것은 '경'과 '의'가 모인 것으로, 이 구가 가장 묘처이다."33) 하였다.

이후의 각종 고전원림의 모양과 격식은 같거나 다르기도 하지만, 이러한 경계를 추구하였다. 황가원림 간악艮岳을 예로 들겠다.

騰山赴壑	산을 오르고 골짜기를 달려
窮深探險	깊은 곳까지 탐험하니
綠葉朱苞	푸른 잎과 붉은 꽃 피어 있고
華閣飛陛	화려한 전각은 날 듯 한 계단에
玩心愜志	마음이 노닐고 뜻이 흡족하여
與神合契	정신과 합치되었다네.

......
하늘은 인간을 통하지 않고는 자신의 뜻을 펼칠 수단이 없고, 인간은 하늘의 도움 없이는 일을 성사시킬 수 없으니, 진실로 그렇다!❶

❶ 조길(趙佶), 『휘진록(揮塵錄)·후록(後錄)』2권, 「간악기(艮岳記)」, ……夫天不人不因, 人不天不成, 信矣!

사인원림의 예를 들겠다.

人閑桂花落	인적 드무니 계수나무 꽃 절로 지고
夜靜春山空	고요한 밤 봄 산이 텅 비었구나.
月出驚山鳥	달이 뜨자 공연히 산새 놀라서
時鳴春澗中	때때로 봄날 개울가에 산새들 울어대네.❶
獨坐幽篁裏	그윽한 대나무 숲속 홀로 앉아
彈琴復長嘯	거문고 뜯다 다시 긴 휘파람 분다.
深林人不知	깊은 숲속 사람들은 알지 못하고

제2장 중국고전원림의 사중四重경계　197

| 明月來相照 | 밝은 달 다가와 서로를 비추네.❷ |

❶ 왕유(王維), 『왕우승집전주(王右丞集箋注)』13권, 「황보악운계잡제5수(皇甫岳雲谿雜題五首)」중의 1수, 「새우는 산골[鳥鳴澗]」
❷ 왕유(王維), 『왕우승집전주(王右丞集箋注)』13권, 「망천집(輞川集)·죽리관(竹里館)」중의 1수

사원원림의 예를 들겠다.

淸晨入古寺	맑은 새벽 옛 절을 찾아드니
初日照高林	떠오르는 해 높은 숲을 비춘다.
曲徑通幽處	구불한 길은 깊숙한 곳으로 통하고
禪房花木深.	선방엔 꽃과 나무들 우거졌어라.
山光悅鳥性	산 빛을 새를 기쁘게 하고
潭影空人心.	못에 비친 그림자 사람의 마음을 비워주네.
萬籟此俱寂	삼라만상이 다 고요한 지금
惟餘鐘磬音.	오직 풍경소리만 남아 들려온다.❶

송(宋) 작자미상 〈망천도(輞川圖)〉

❶ 상건(常建), 『전당시(全唐詩)』144권, 「파산사 뒤 선원을 제하다[題破山寺後禪院]」

교외 들판의 원림을 예로 들겠다.

時於山川	산천에는 언제나
風煙勝處	바람과 안개 경치 좋은 곳에
垂橐而往	빈 자루로 가서 돌아오는데
困載而歸	고불어진 버섯 싣고 돌아오니
俾廓落之懷	넓고 큰 뜻을 가지게 하여
心凝神釋	마음 모으니 정신이 자유로워
與萬化冥合	만 가지 조화와 하나로 합쳐지네.❶

❶ 왕운(王惲), 『추간선생대전집(秋澗先生大全集)』36권, 「임락산 유람기[游霖落山記]」

유랑하는 공간과 대나무 울타리의 초가집 사이까지도 자연심미 중에서 체현된 것은 여전히 사람과 천지만물이 융합한 것이다. 이에 대하여 두보는 다음과 같이 표현하였다.

| 未將梅蕊驚愁眼 | 매화꽃은 근심스런 눈을 놀라게 하지 못하니 |
| 要取楸花媚遠天 | 산초 꽃을 꺾어야 먼 하늘을 아름답게 여기리라.❶ |

| 短短桃花臨水岸 | 짧고 단단한 복숭아꽃은 물 건너 둔덕에 있고 |
| 經經柳絮點人衣 | 가벼운 버들개지는 사람의 옷에 묻어 있다. |

❶ 두보(杜甫), 『두시상주(杜詩詳注)』14권,
「12월1일3수(十二月一日三首)」

적은 양의 물과 한 조각 돌·한 치의 풀과 한 그루 꽃은 조원가를 통하여 이처럼 중요하게 표현하고자 했더라도, 이것은 결코 경물과 감상자 사이의 대응관계일 뿐만 아니라, 사람이 경물을 통하여 우주와의 조합관계를 이룬 것으로, 예를 들면 아래의 왕유의 「산수유」나 송나라 말 임경희의 「조오별업」 같은 것이다.

| 幸有叢桂花 | 다행이 한 떨기 계화가 있으니 |
| 窓前向秋月 | 창 앞에서 가을 달을 향하였네.❶ |

| 開池納天影 | 연못을 파 하늘 그림자를 들이고 |
| 種竹引秋聲 | 대를 심어 가을 소리를 끌어오네.❷ |

❶ 왕유(王維), 『왕우승집전주(王右丞集箋注)』13권, 「산수유(山茱萸)」
❷ 임경희(林景熙), 『제산집(霽山集)』2권, 「조오의 별장(趙奧別業)」

원림 경계의 이러한 정취는 매우 생동적으로 묘사한 것이다. 신기질의 「남가자·새로 못을 파고 희작하다」를 예로 들겠다.

涓涓流水細侵階 졸졸 흐르는 물 가늘게 계단을 침범하여
鑿開池兒 파서 연못을 만드니
喚个月兒來 달이 찾아와서 부르는 구나.❶

    ❶ 신기질(辛棄疾),『가헌장단구(稼軒長短句)』12권,
      「남가자(南歌子)·못을 새로 파고 희작하다[新開池戲作]」

  오랜 시간이 지난 뒤에도 이어진 원림 속의 자욱한 소리와 그림자는 심미자의 심경을 무한한 우주에 융합시킬 수 있었다. 이백의 「종남산에서 자각34)은자를 바라며」를 예로 들겠다.

有時白雲起 때때로 흰 구름 일어나
天際自舒卷 하늘가에서 흩어졌다 모였다 하네.
心中與之然 마음속은 그와 같으니
托興每不淺 의탁한 흥취는 항상 깊어라.❶

    ❶ 이백(李白),『이태백전집(李太白全集)』13권,「종남산에서
      자각 은자를 바라며[望終南山紫閣隱者]」

△ 졸정원(拙政園) 소창랑정(小滄浪亭)

◉이화원(頤和園) 낙수당(樂壽堂)

〈소나무 바람 소리를 고요하게 듣는 그림[靜聽松風圖]〉두루마리[軸] [마린(馬麟)]

『예원철영(藝苑掇英)』의 기록에 소나무 소리를 통하여 심미정회(審美情懷)가 원림과 우주를 혼연일치 시킨 정황은 일찍이 문자로 기술되었다. 예를 들면『양서(梁書)·도경전(陶弘景傳)』에 "특히 소나무에 바람이 불면, 소리마다 울림이 들려서 기쁘고 즐거우니, 때로는 홀로 이를 유람하며 바라보는 자 신선이 된 것 같다."고 하였다. 건륭(乾隆)이 그림에 제하여 "생동하는 면도 특별하여 청기(淸機)가 갑자기 가슴에 가득하구나."하였다. 이는 정회와 우주와 유합한 것을 찬탄한 것이다. 지금 우리들이 소주의 졸정원에서 '청송풍처(聽松風處)' 경치를 볼 수 있다.

또 전기의 「남전계 잡영22수·원산종」을 예로 들겠다.

風送出山鍾	바람은 산사의 종소리를 내보내고
雲霞度水淺	노을은 엷게 물은 가로지르네.
欲知聲盡處	소리 다하는 곳 알고자 하나
鳥滅寥天遠	새는 먼 하늘로 아득히 사라지네.❶

❶ 『전당시(全唐詩)』239권, 전기(錢起), 「남전계잡영22수(藍田溪雜詠二十二首)·원산종(遠山鍾)」.

고전원림의 경계를 묘사한 문장에서 유사한 예가 매우 많다. 세상에 남아있는 명청 원림의 작품에도 '지청의원志淸意遠'35)과 '수목자친水木自親'36) 등의 의경을 어디에서나 쉽게 볼 수 있다. 이러한 의경들을 예술적인 면에서 분석하고 감상하게 하는 것이 문예학 저술들의 임무이다. 더욱 관심을 가지는 것은 원림의 경계 중에 심미자와 경물관계에서 체현된 '천인지제'의 우주관이다.

여기에는 조원가가 원림경관의 형색을 생동하고 핍진하게 형용한 장편의 묘사를 생략했기 때문에, 아래에 인용한 문장만 예를 들겠다.

대개 땅에는 승경이 있지만 사람이 그것을 터득한 뒤에 드러난다. 사람은 마음속으로 헤아리는 점이 있지만, 사물을 얻은 이후에야 그것이 열린다. '경'과 '심'이 서로 만나는 것은 실로 때가 있는가?❶

내가 자연 속에 자취를 감추고 지내며 늙는 줄도 모르지만, 철에 따라 사물이 천변만화하고 꽃과 새와 샘과 돌의 이치를 모두 터득하였다. 항상 뜻이 맞을 때면 소원을 거닐며 풍경과 사람이 일체됨을 느낀다.❷

❶ 백거이(白居易), 『백거이집(白居易集)』71권, 「백평주오정기(白苹洲五亭記)」, "大凡地有勝景, 得人而後發. 人有心匠, 得物而後開. 境心相遇, 固有時耶？"
❷ 장자(張鎡), 『서호유람지여(西湖遊覽志餘)』10권, 「상심락사서(賞心樂事序)」, "余掃軌林間, 不知衰老, 節物千變, 花鳥泉石, 領會無餘. 每適意時, 相羊小園, 殆覺風景與人爲一."

'경과 마음이 서로 만나다'37)와 '풍경과 사람이 일체가 된다'38)는 원림경계는 사람들에게 가장 완벽하게 아름다운 형식을 통하여 '하늘과 사람이 함께하는 경지'39)를 체득하게 하는데, 이것도 고전원림이 추구한 예술목표이다.

도연명 시대의 사대부들은 이미 자연과 원림에서 경물의 심미를 통하여 그들의 우주관이 혼연 일체되어 인위적인 흔적 없이 표현해왔다.

……
迢迢新秋夕	아득하고 아득한 새로운 가을 저녁에
亭亭月將圓	높이 솟은 달 점차 둥글어지네.
果菜始復生	과일과 나물 새로이 나기 비롯하니
驚鳥尙未還	새가 아직 돌아오지 않아 놀랜다.
中宵佇遙念	한 밤에 우두커니 생각에 잠기다가
一盼周九天	구천을 두루 바라본다.❶

❶ 도연명(陶淵明), 『도연명집(陶淵明集)』3권, 「무신년 6월에 불을 만나다 [戊申歲六月中遇火]」

당나라 사람들에게서도 유사한 글들을 많이 볼 수 있다.

連峰入戶牖	연이은 봉우리 창으로 들어와
勝概凌方壺	좋은 경치는 방호산을 업신여기네.
時作白紵詞	때로 백저❶를 짓고
放歌丹陽湖	단양호에서 맘껏 노래하네.
水色傲溟渤	물빛은 큰 바다를 업신여기고
川光秀菰蒲	시내의 빛에 줄풀·부들이 빼어나구나.
當其得意時	득의할 때를 만나면
心與天壤俱	마음과 하늘과 땅이 모두 갖추어지리라.
閒雲隨舒卷	한가한 구름은 흩어졌다 모이고
安識身有無	어찌 몸이 존재하는 줄을 느끼겠는가?❷

林中空寂舍	숲 사이에 텅 비어 고요한 집
階下終南山	섬돌 아래가 바로 종남산이라네.
高臥一床上	평상 위에 높게 누워 있으며
回看六合間	천지와 사방을 두루 둘러보네.❸

❶ 백저사(白紵詞): 오(吳) 나라 무곡(舞曲)의 이름.
❷ 이백(李白), 『이태백집(李太白集)』, 「단양횡산에 은거하는 주유장 서생에게 주다[贈丹陽橫山周處士惟長]」
❸ 왕진(王縉), 『전당시(全唐詩)』129권, 「왕창령·배적과 함께 청룡사를 유람하고 현벽상인 원집과 왕유에게 답하다[同王昌齡裴迪游靑龍寺懸壁上人兄院集和兄維]」

……………………………

…… 부여잡고 당기며 산에 올라 발을 쭉 뻗고 앉아서 놀자니, 몇몇 고을의 땅 모두가 앉은 자리 아래에 있네. 높고 낮은 형세가 불룩하고 우묵한 것이 흙더미 같고 구멍과도 같은데, 천리를 한 자나 한 치의 길이로 축약해 포개어 쌓아도 숨길 수가 없구나. 푸른 산과 흰 구름이 빙 둘러 밖으로 하늘가에 닿아있어 사방을 둘

러보아도 모두 한 결 같다. 그런 연후에야 이 산이 특출하여 다른 구릉이나 산들 부류와 다르다는 것을 알게 되었다. 유유히 큰 기운이 함께하여 그 끝을 알 수 없으며, 충만하게 조물주와 함께 노닐어 그 다함을 알 수 없구나. …… 마음이 한 곳에 모이고 몸은 흩어져 천지만물과 그윽하게 합일되었네.❶

❶ 유종원(柳宗元), 『유종원집(柳宗元集)』29권, 「비로소 서산을 연유한 기[始得西山宴游記]」, "攀援而登, 箕距而遨, 則凡數州之土壤, 皆在衽席之下. 其高下之勢, 岈然窪然, 若垤若穴, 尺寸千里, 攢蹙累積, 莫得遯隱. 縈靑繚白, 外與天際, 四望如一. 然後知是山特出, 不與培塿爲類, 悠悠乎與灝氣俱, 而莫得其涯, 洋洋乎與造物者遊, 而不知其所窮. …… 心凝形釋, 與萬化冥合."

송명宋明 이후에 심미자가 경물 실현과 우주의 융합을 통하게 하는 것이, 원림미학의 가장 기본적인 원칙이 되었다.

月仄金盆	달은 금분에 어리어 기울고
江縈羅帶	강은 비단 띠처럼 굽어있는데
涼飆天際	서늘한 회오리바람 하늘가에서 인다.
……	
夜色蒼茫	밤빛은 아득하니
浮雲滅沒	뜬 구름도 사라지고
擧世方熟寐	온 세상이 깊은 잠에 빠져든다.
誰人著眼	어떤 사람이 잠들지 못하고
放神八極	팔극에 정신을 쏟아
逸想寄塵實外	생각을 속세 밖에 맡겼는가?❶

❶ 『이동양집(李東陽集)·문전고(文前稿)』10권, 「청우정기(聽雨亭記)」

정관자가 북쪽 집을 넓혀 정자를 만들었는데, 정자 앞에 여러 가지 화훼를 섞어 심어두었으나 성품이 유독 연을 좋아하여 두 개의 분지를 만들어서 심은 것이 항상 가득하였다. 더욱 비를 좋아하여 비가 오면 여러 잎들이 뒤얽혀 소리를 내니, 주룩주룩 내리는 소리가 천천히 나다가 빨리 나고 성글게 나다가 조밀하게 남이 마치 법도에 맞는 듯하였다. 정관자가 한가하게 거처하며 홀로 앉아 있기도 하고 혹은 술에서 깨거나 꿈에서 깨어나면 안석에 기대어 들으며 그 마음을 아득히 생각하고 엄숙히 노닐어도 마치 배 속에 있는 듯하고 물가에 있는 듯하니, 천지 사이 속세의 굴레에 얽매여 무엇인지를 알지 못하겠구나!❶

> ❶ 장원간(張元幹), 『노천귀래집(蘆川歸來集)』 5권, 「영우락(永遇樂)·숙구맹헌(宿歐盟軒)」, "靜觀子旣辟北軒作亭, 亭之前雜植群卉, 而性獨愛荷, 置二盆池, 種者常滿. 尤愛雨, 雨至中葉交錯有聲, 浪浪然, 徐疾疏密, 若中節會. 靜觀子閑居獨坐, 或酒醒夢覺, 凭几而聽之, 其心冥然以思, 蕭然以游, 若居舟中, 若臨水涯, 不知天壤間塵鞅之累爲何物也!"

'여조물유與造物游'40)·'지청처志淸處'41)·'의원대意遠臺'42)·'천우함창'43) 같은 것들은 원림에서 '경境'과 '심心'이 서로 만난 것이라고 일일이 분명하게 밝혔다. 풍경과 사람이 하나가 되는 경계가 고전원림예술에서 가장 상용되었던 방법이다.

소주(蘇州) 졸정원(拙政園)

제4절 조화롭고 영원한 우주의 운율

고전원림의 상술한 삼중의 경계는 제각각 다르지만 심미라는 것은 그 안에서 느끼는 것으로 기본적으로는 모두 우주의 공간형태이다. 하지만 이편 제1장에서 이미 제시한, '천인지제' 우주관이 만물을 내포하였다는 것은 원림의 모든 공간을 포괄하는 동시에 자연계의 변천과 인류역사 등의 시간이 오래 동안 운행되었다는 내용도 포함되었다.

'천인지제'를 말하는 경우 시간상으로 영원불변성 특히 자연계와 인류역사가 영원히 운행되는 중의 각종 조화관계를 벗어나서 말한다면, 방대하고 완전한 모든 우주체계는 의미가 없을 것이다. 만일 중국고전원림에서 산수시나 산수화 같은 예술에 이르기까지, 완전한 우주경관을 재현한 것이 '형形'이고, 자연경관과 심미정감을 하나로 융회 관통하는 것이 '의意'라고 말한다면, 우주운율을 조화롭게 표현하는 것은 '신神'이라 할 수 있다.

중국고대 사인예술에서 '화경化境'·'천뢰天籟'·'일편신행一片神行' 등이 미美의 극치에 이른 까닭은, 그 원인이 상술한 삼중경계의 기초 위에 있으며, 이를 더욱 힘써 표현한 것이 사중경계이다.

『논어·자한』에서 "공자가 시냇가에서 말하기를 '가는 것이 이와 같구나, 밤낮을 쉬지 않는구나.'고 하였다."44)는 구절은 매우 풍부한 정감이 있는 동시에 깊은 철학적 의취가 있는 말이다. 공자는 눈앞의 하천 물이 천천히 흐르는 속에서 당시 우주의 운행이 무궁하다는 것을 채득한 것으로 이는 일종의 현세적인 것이며 인정이 충만하다는 뜻으로 우주를 인식한 것이며, 장면과 말은 간단하지만 어렴풋하게나마 일종의 시정詩情과 화경畵境을 모두 갖추었다.

하지만 유사한 상황이 공자의 시대에는 매우 적었지만 다시 볼 수 있었던 원인은 당시 사람들이 우주에 대한 문제에 막연했기 때문이다. 전국시대 사람들의 우주에 대한 생각은 열정이 있었지만 '가는 것이 이와 같구나.'한 경계는 다시 볼 수 없었다.

이 때문에 그 당시 사람들의 관심은 우주의 개척이었다. "북명에 물고기가 있는데, 그 이름은 곤이다. 곤의 크기는 몇 천리가 되는지 알 수가 없었다."45)고 한 것과 "대지가 내뿜는 기운을 바람이라고 한다. 이것은 일어나지 않으면 그만이지만 일단 일어나면 온갖 구멍이 소리를 낸다."46)는 설명에서부터 『초사楚辭』에 이르기까지 해괴하고 괴이한 상상에서 "해와 달과 나란히 하고, 우주를 손바닥에 든다."47)는 것들을 모두 체득할 수 있었다.

이 때문에 많은 사람들의 관심은 우주 사이에 엄격한 질서를 세우는데 있었으며 우리들도 "하늘에는 변함없는 자연의 법칙이 있는 것은 요 임금이 현군이기 때문에 존재하는 것이 아니며, 걸 임금이 폭군이기 때문에 사라지는 것도 아니다. 바르게 응하면 이롭고 어지럽게 응하면 흉할 뿐이다."48)는 글에서도 천도天道의 운행은 일반적이며 준엄하다는 것을 확실히 알 수 있다.49)

전국시대 자연의 운행과 변화에 대한 관심을 가장 많이 받은 것은 『주역周易』이었다. 하지만 그것은 전문적인 현담서玄談書이기 때문도 아니고 예외적인 경우이며, 『초사』의 시작부분 제1구에서 "하늘은 높고 땅은 낮으니 건곤의 하는 일은 정해졌다. 낮고 높음이 펼쳐있으니 귀하고 천한 것이 정해졌다."50)고 하였다. 후면에 "천지의 가장 큰 덕성은 낳는 것이고, 생하고 생하는 것을 역이라 일컫는다. …… 지혜는 높고 예의는 낮으며, 높은 것은 하늘을 본받고, 낮은 것은 땅을 본받는다. 천지가 자리를 베풀어 역이 그 가운데서 행해진다."51)고 한 것을 볼 수 있다.

이 당시 가장 관심거리는 어떻게 "생하고 생하는 것을 역이라 일컫는다."를 크게 하나로 통합된 우주체계 속에 집어넣느냐는 것이며, 생하고 향하여 끊임없이 운행하고 변화하는 그 자체가 아니었다. 전국시대 사람들이 『주역』을 읽고 변화를 논한 것은 그들 스스로의 목적이 있었으니 "『주역』이 흥한 것이 은나라 말기이니 주나라의 성한 덕이 아니겠는가? 문왕과 주왕의 일에 해당하지 않겠는가? 이 때문에 그 말이 위태로우니, 위태로운 자를 평이하게 하고 나태한 자를 기울어지게 한다."52)는 원래 그들은 순자荀子와 같아서 입으로는 천도

天道를 말하지만 눈으로 응시하는 것은 여전히 '왕제王制'였다.

  이러한 심경에서는 약간의 시경詩境과 화의畵意도 생겨나기 어려웠고, 언제나 이 시대의 사람들은 우주에 대하여 매우 큰 열정을 품고 있었기 때문에 『시경』에서 항상 볼 수 있었던 여유로운 풍격과 자연경물은 도리어 자취를 감추게 되었다.

昔我往矣	옛날 내가 떠나올 때에는
楊柳依依	수양버들 하늘거렸지.
今我來思	오늘 내가 돌아가면
雨雪霏霏	눈비만 흩날리리.❶
蒹葭蒼蒼	갈대는 무성한데
白露爲霜	흰 이슬은 서리가 되었네.
所謂伊人	말했던 그 님은
在水一方	강 건너에 계신다네.
遡洄從之	물결 거슬러 따라가려니
道阻且長	길은 멀고 험하고
遡游從之	물결 거슬러 따르려하나
宛在水中央	여전히 물 가운데 있네.❷

❶ 『시경(詩經)·소아(小雅)·채미(采薇)』
❷ 『시경(詩經)·진풍(秦風)·겸가(蒹葭)』

  여기에서는 천지만물과 사람들의 정감어린 운율이 모두 이렇게 함축성이 풍부하고 조화로우며 향기로운데, 진시황과 한 무제가 다시 태어난들 무슨 소용이 있겠는가?

전국시대 우주를 모방한 양식의 광대한 규모와 쇠처럼 냉엄한 질서는 진한秦漢시기에 응집하여 일체가 되었다. 동중서의 철학에서 "『춘추』는 일원53)"과 "하늘과 사람이 서로 함께 할 때를 보니 매우 두려워 할만하다."54)는 양대 원칙은 나눌 수 없는 것이 되었으며, 이로 말미암아 '파출백가罷黜百家'와 '백가쟁명百家爭鳴'의 사이에는 본래 형세가 물과 불의 관계 같은 일면만 있는 것은 아니라는 것을 또 다시 알 수 있다.

한대漢代의 '천인상여天人相與'는 실로 상고시대 사람들의 역량이 신神의 위엄 아래에서 사라지는 것과는 크게 다르다. 그러나 별도의 한 분야인 우주질서도 그 당시 '매우 두려워 할만하다.'는 주요 논조를 오랜 세월동안 계승해왔다. 한대의 조형예술에서 선조가 자유롭고 강한 것은 현세의 열정과 활력이 충만한 것으로, 은나라의 동기銅器에서 도철문饕餮文·운뢰문雲雷文의 장엄하고 위엄 있는 것과는 다르다. 다만 기이하고 과장된 유동적인 변화에서 강력하고 신비로운 색채를 띠고 있는 것은 당시의 우주관에서 발현된 철학이 원인이라는 것은 쉽게 알 수 있다.

제1편에서 이미 소개한 진한秦漢 궁원宮苑 배치의 특징은 빽빽하게 밀집된 건축물들 사이에 용도甬道·각도閣道를 건설하였고, 한 무제 시대에는 물을 둘러서 원림 경관을 조성하기 시작했지만, 그들의 성숙은 더디어서 수대隋代에 이르러 서원西苑이 건립되었다. 실용적이고 직접적으로 용도甬道 등은 많은 것이 밀집된 경관이 조합하여 하나의 방대하고도 질서 있는 궁원을 이루었고, 이는 실제로로 진시황이 "천하를 36군으로 나누었다. 군에는 수守·위尉·감監을 두었다."55)는 것과 "천하에 치도56)를 만들었다."57)는 업적위주의 예술이 재현되었기 때문에 조화로우면서도 풍부한 운율을 표현할 수 없었던 것이다.

총괄해서 말하면, 진나라와 서한시대 우주 모식의 질서·원림의 심미에서 정감과 경물의 관계·집권제도와 사대부의 관계·병마용진58)의 엄정한 대열·화상석 위의 풍부한 내용 등등은 논하지 않더라도, 이러한 만령萬靈59)과 만물 자체 사이의 '조화로움和諧'은 모든 것들이 운행하며 변화하는 운율을 발굴하는 것에 의지하는 것이 중요하지 않고, 우주를 뒤덮은 위력에 의지하여 형성된 것이다.

이 또한 한대漢代의 장편 부부賦를 읽을 때에 당시 궁원의 장엄하고 웅장함에 경탄하였으며, 한나라의 화상석을 볼 때 그 내용의 풍부함과 선조의 역량에 마음을 기울였고, 마왕퇴馬王堆 한묘漢墓의 칠기漆器를 볼 때 정교한 아름다움에 찬탄하였다. 그러나 이러한 작품들에서 시의詩意와 화경畵境을 발견해 내는 것은 영원히 불가능할 것이다.

선진시대에 이미 경치를 묘사한 서정시가 이렇게 발달했는데, 이 때에 이런 점이 이렇게 계승되었다는 소리를 듣지 못했기 때문에, 후대에 종영이 결론지어 다음과 같이 말했다.

왕포王襃・양웅揚雄・매승枚乘・사마상여司馬相如와 같은 사람들로부터 사부가 다루어 흥상하였으나 시가가 지어졌다는 소리는 듣지 못하였다. 이도위❶로부터 반첩여❷이르기까지 거의 일백 년 동안 여류시인은 오직 이름한 사람뿐이었다. 시인의 기풍이 갑작스럽게 끊어져 버린 것이다. 낙양의 후한 이백 년 동안 반고❸의「영사」시만 질박하고 문체도 없었다.❹

---

❶ 이도위(李都尉): 한무제(漢武帝) 때 기도위(騎都尉)를 지낸 이릉(李陵)을 가리킨다.
❷ 반첩여(班婕妤): 한성제(漢成帝)의 후궁으로 총애를 받다가 뒤에 조비연(趙飛燕)에게 밀려나서 원행가(怨行歌)를 지은 것이 남아있다.
❸ 반고(班固; 32~92): 동한시대의 사학가이며 사부가이며 산문가이다. 자는 맹견(孟堅)이고, 부풍(扶風) 안육(安陸; 지금의 陝西 咸陽 東北) 사람이며, 반표(班彪)의 아들이다. 그는 장제건초(章帝建初)까지 24년간의 집필을 통하여 『한서(漢書)』를 일차적으로 완성하였으나, 죽게 되자 그의 누나인 반소(班昭)에 의해 완성되었다고 전해진다. 그는 또한 한 대(漢代) 사부(辭賦)의 대표적인 작가로서「양도부(兩都賦)」・「유통부(幽通賦)」등의 작품이 있다.
❹ 종영(鍾嶸), 『시품(詩品)・서(序)』, "自王・揚・枚・馬之徒, 詞賦競爽, 而吟咏靡聞. 從李都尉迄班婕妤, 將百年間, 有婦人焉, 一人而已. 詩人之風, 頓已缺喪. 東京二百載中, 惟有班固「咏史」, 質木無文."

위진남북 시기의 의식형태는 한 대漢代에 대한 배신감을 표현한 것이 분명하다. 그 중에서도 현학玄學이 동중서董仲舒철학을 지양止揚한 것이 가장 전형적인 의의이다.

이편 제1장에서 이미 예를 들어 지적했듯이, 위진의 현학은 그 이전의 중국 고대철학과 똑같이, '천인지제'의 우주체계를 수립하고 보호하는 것을 자신들의 근본적인 목적으로 삼았다. 이전의 철학 연구에서 현학은 '명교名敎'와 '자연自然'의 모순을 조화롭게 하는 것에 많은 주의를 기울였지만, 철저하게 유학의 정황을 부정하는 것은 아니었다. 그러나 이러한 원인을 분석하는 것은 위진 사대부 성격의 이중성·위진 시대 정치의 특징만 고려한 것이다.

그러나 더욱 높은 단계인 중국고대철학에서 '천인지제'의 주제가 부단히 완선한 방향으로 나아가는 전체과정을 보면, 동중서 철학과 위진 현학의 지위는 분명하다. 완선해지는 과정에서 긴요한 곳은 선후 두 부분이 있는 것에 불과하다.

이 때문에 위진 시대의 정치가 진보적인가 암담했는가를 논하지 않더라도, 위진 현학은 한대의 철학을 비판하고 버린 후에, 동중서와 일치하는 기초로 돌아가야 했던 것이 필연적이었다. 바로 이러한 것도 부단히 완선해지는 전 과정에서, 현학이 그 이후에 불학 특히 이학 부분의 재능을 개발한 것은 자신을 분명하게 보인 점에 그 의의가 있다.

현학과 한대철학의 근본이 다른 점은 무엇인가? 중국고대미학에서 다른 점은 고전원림 예술경계의 발전에도 무슨 의의가 있는가?

현학의 이론상 가장 두드러지는 특징은 '천인지제'의 우주체계는 무엇을 의지하여 세워졌고 운행되었으며 이러한 문제의 인식 위에서 한대의 철학과 대조를 이루었다.

동중서는 전례 없이 방대한 대통일의 우주모식을 구축했고, 그 속에서 확립한 것은 유일하게 지극히 높이 총괄하여 다스리는 원칙을 확립하여, 전국시대 우주관을 계승한 동시에 은나라 선조들이 숭배하던 인격신을 부활했으며, 이러한 기초를 바탕으로 한대의 철학 속에 '천天'이라는 개념을 만들었다.

'천'은 두루 덮고 실려 있는 거대한 규모와 신령스런 위엄과 기이함은 한대 철학 속의 '천인지제' 우주체계의 수립과 운행을 보증하였다. 강대한 한 제국이 쇠미하여 멸망한 이후에도, 신령스런 위엄과 기이함까지도 옛적에 '매우 두려워 할만하다'고 했던 사회적 지위를 모두 잃어버렸기 때문에, '천인지제'의 우주체계가 계속 이어지길 바란다면, 반드시 새로운 버팀목을 찾아야 했을 것이다.

한대 철학의 운명과 위진시대 왕권이 오랫동안 약화되어, 현실적으로 '천인지제'의 기초가 다시 세워질 수 없어서, 강력한 규범의 질서를 결정하였다. 이에 현학은 '천인'체계 자체의 내부 운행규율에 시선을 집중하였다.

현학은 천지만물이 외재적인 힘에 의지하지 않는다고 인식하였다. 이는 완전히 자체의 원인에 의지하여 현학의 존재 의의를 실현하였다. 이런 의의는 모든 우주체계의 조화와 운행 에까지 실현되었다. 현학은 이러한 법칙을 '자연'[60]이라 하며, 자연이 우주의 본체를 돕는다고 하였다.

하후현夏侯玄[61]은 "천지는 자연을 운행시키고 성인은 자연을 운용하니, 자연이라는 것은 도이다."[62]하였다.

왕필도 반목하여 말하길 "천지는 자연스러움에 맡겨서 함도 없고 조작함도 없다. 그래서 만물은 스스로 다스리며 질서를 유지한다."[63], "크게 평평한 도는 사물의 본성을 따르기 때문에 사물을 잘라서까지 평평하게 하려고 하지 않는다."[64], "만물은 스스로 그러함을 본성으로 삼는다. 그러므로 따를 수는 있어도 작위할 수는 없고, 통할 수는 있어도 붙잡을 수는 없다."[65], "성인은 자연의 성품을 통달하고 만물의 정을 통창하였기 때문에, 그것으로 인하여 함도 없고 순종하여 베풂도 없다."[66]고 하였다.

이러한 본체론에 기초하여 현학의 미학관은 동중서의 미학관을 통해 거대한 변화를 일으켰는데, 예를 들면 다음과 같을 것이다.

천지의 운행은 아름답다. 이 때문에 하늘은 그 자리를 높게 하고 그 베풂을 아래로 하며, 그 형체를 감추고 그 빛을 드러내며, 늘어선 별들을 차례대로 하고 지극히 정미함을 가까이 하며 음양을 살펴서 서리와 이슬을 내리게 한다. 그 자리를 높게 하는 것은 높이기 때문이며, 그 베풂을 아래로 하는 것은 인을 행하기 때문이며, 그 형체를 감추는 것은 신령스럽기 때문이며, 그 빛을 드러냄은 밝음을 행하기 때문이며, 늘어선 별들을 차례대로 함은 서로 계승하기 때문이며, 지극히 정미함을 가까이 하는 것은 강함을 행하기 때문이며, 음양을 살핌은 한 해를 이루기 때문이며, 서리와 이슬을 내림은 낳고 거두기 때문이다.❶

도라고 할 수 있는 것의 성대함은 천지를 다스리는 것으로도 족하지 못하고 형체의 지극함이 있음은 만물을 감싸는 것으로도 부족하다. 이 때문에 감탄하는 사람도 이러한 아름다움을 다할 수가 없으며, 읊조리는 사람은 이처럼 넓은 것을 꿰뚫지 못한다. …… 도라는 것은 만물의 근원에서 취한다.❷

❶ 동중서(董仲舒), 『춘추번로(春秋繁露)』 17권, 「천지지행(天地之行)」, "天地之行, 美也. 是以天高其位而下其施, 藏其形而見其光, 序列星而近至精, 考陰陽而降霜露. 高其位, 所以爲尊也, 下其施, 所以爲仁也, 藏其形, 所以爲神也, 見其光, 所以爲明也, 序列星, 所以相承也, 近至精, 所以爲剛也, 考陰陽, 所以成歲也, 降霜露, 所以生殺也."
❷ 『왕필집교석·노자지략(老子指略)』, "可道之盛, 未足以官天地, 有形之極, 未足以府萬物. 是故歎之者不能盡乎斯美, 詠之者不能暢乎斯弘. …… 夫'道'也者, 取乎萬物之所由也."

우주의 아름다움을 찬탄했지만, 동중서가 신봉한 아름다움은 인격신화人格神化적인 '천'으로부터 규정된 질서이며, 왕필의 마음에 끌리는 아름다움은 '만물의 근원'으로, 곧 만물 자체의 운행이다. 고금의 사람은 모두 구체적인 각도에서 현학이 위진 이후 예술발전에 끼친 영향을 지적했다.[67] 하지만 여기에서 더욱 관심을 가지는 것은 위진 시대를 기점으로, 산수 심미가 모든 중국고대미학에 미쳐서, 심미대상 자체의 운율을 자각하는 것을 중시하여 추구한 것이 전반적인 발전추세이다.

전국·진한 시기의 우주관은 중국고대미학 외연外延[68]의 구조와 격식을 다졌

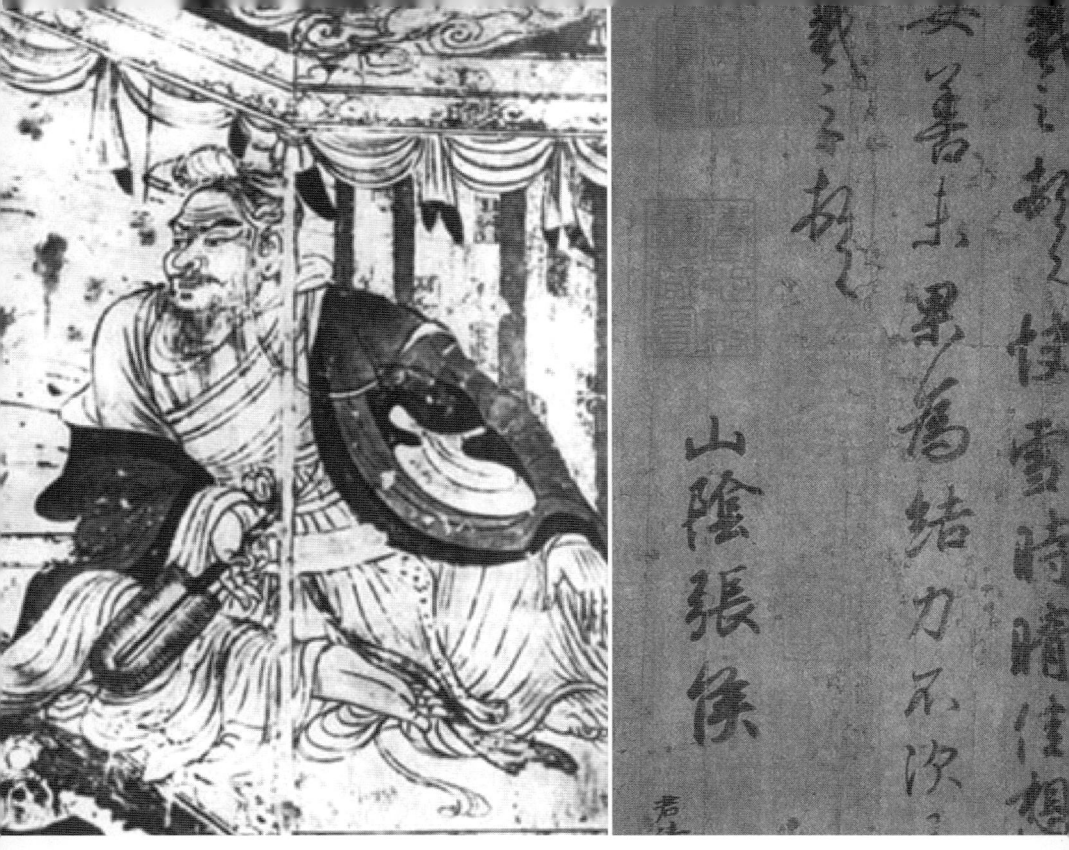

고개지(顧愷之)의 〈유마힐도(維摩詰圖)〉   왕희지(王羲之)의 〈쾌설시청첩(快雪時請帖)〉

으며, 이러한 기초 위에서 중국고전예술이 성숙한 방향으로 발전해간 관건은 방대한 체계의 우주운율을 전체적으로 잘 파악하는지 아닌지에 달려있다. 위진 남북조는 중국고대예술이 성숙한 방향으로 진보한 가장 중요한 시기로, 거의 모든 예술이 발전하였다.

왕희지와 왕헌지의 서예에서 선이 날아 움직인다. 고개지顧愷之는 〈유마힐도維摩詰圖〉에서 사대부의 마음을 탐구하였다.

도연명陶淵明과 사영운謝靈運의 시는 자연의 운행을 화경畵境으로 묘사하였다. '영명체永明體'69)시는 시가와 운율을 조합하여 변환에 심혈을 기울였다.

북위北魏 숭악사嵩岳寺의 탑이 부드럽게 아름다운 곡선으로 조성되었고, 사원 건축들의 축선이 끝없이 이어졌으며, 북조北朝 조상造像의 모습들과 다양한 문양들이 날로 점차 풍부한 운율이 막힘없이 표현되었다.

상술한 것들을 논하지 않더라도, '천인天人' 운율의 추구가 모든 시대 예술에서 공통적이며 기본적인 추세라는 것을 분명히 알 수 있다. 그런데 사실 천인운율을 추구하는 의의는 밀접하지 않아서 예술심미가 포괄할 수 있는 것이 아니다.

제2편에서 소개한 '죽림칠현' 이후 진晉과 남북 시기의 모든 황권과 사대부계층이 모두 상대방의 특성에 적응하기 위하여 끊임없이 자아 조절했던 사실을 연상한다면, 만물 자체의 운행 특성을 추구하고 파악한 기초 위에서 더욱 풍부한 '운율'을 건립하였다. 이는 삼엄한 사회조직에 있는 것이 결코 아니었으며, 중국봉건문화체계가 진한秦漢의 강성함으로부터 수당隋唐으로 향한 성숙함에 관건이 있는 것이다.

북위(北魏) 숭악사(嵩岳寺)의 탑   북조(北朝) 조상(造像)의 모습

상술한 사회와 문화배경 아래에서 산수심미와 원림예술은 한대의 예술형식을 중시함으로써 방대한 우주모식이 재현되었으며, 위진 이후에 계승된 완전한 우주모식의 기초 위에서 변화하였고, 내포된 심미객체와 심미주체의 심층적 운율을 표현하는 것을 중시하는 방향으로 변했다.

동진東晋 담방생의 「배가 남호에 들어가며」와 「날이 개이다」를 보겠다.

彭蠡紀三江	팽려호는 삼강의 시원이요
廬岳主衆阜	여산은 뭇 산의 주봉이네.
白沙淨川路	흰 모래는 맑은 내를 따라 길이나 있고
靑松蔚巖首	푸른 소나무는 바위 머리에 울창하구나.
此水何時流	이 강물은 언제부터 흘렀으며
此山何時有	이 산은 언제부터 있었는가?
人運互推遷	사람의 운명 서로 변하는데
茲器獨長久	이들은 홀로 장구하도다.
悠悠宇宙中	아득한 우주 가운데에
古今迭先後	인간 세상 고금이 서로 갈마드는구나!❶

靑天瑩如鏡	푸른 하늘은 말게 빛남이 거울 같고
凝津平如研	고요한 물가는 평온하기가 벼루면과 같네.
落帆修江湄	돛을 내리고 물가를 나란히 하고
悠悠極長眄	유유히 멀리 바라본다.
淸氣朗山壑	맑은 기운은 산골짜기에서 불어오고
千里遙相見	천리에 아득히 서로 바라보네.❷

❶ 『선진한위진남북조시(先秦漢魏晉南北朝詩)·진시(晉詩)』15권, 담방생(湛方生), 「배가 남호에 들어가며[帆入南湖]」.
❷ 『선진한위진남북조시(先秦漢魏晉南北朝詩)·진시(晉詩)』15권, 담방생(湛方生), 「날이 개다[天晴詩]」.

시인이 묘사한 경계는 맑고 푸른 하늘과 우뚝 솟은 여산廬山의 봉우리와 투명한 강물과 아름다운 해안의 길과 푸르고 무성한 숲 등으로 아름다운 자연경관들이다.

여기에서 작자가 느낀 가장 깊은 감정은 이러한 경관의 모양새와 광채의 매력이 결코 아니고, 경물들 구성이 멀리 이어지는 심원한 공간·이어지는 아득함·풍부하게 변화하는 자연의 운행 들과 심미자의 생각이 은연중에 일치하여, 모든 것들이 한 곳에서 혼융한 우주의 운율이라는 것을 분명히 알 수 있다.

이전 사람들은 자연을 숭상한 노장철학의 예술적 영향에 대하여 탐구하고 토론하였는데, 이따금 아름답게 다듬으면 안 된다는 데에 얽매여서 꾸미고 단장하는 풍격을 배척하였다. 실재로 '천연은 꾸밈을 버린다.'는 창작원칙도 도구나 방편에 불과한 것으로, 진정한 핵심은 우주 자체 운율을 갈구하는데 있다. 위진 남북조의 원림예술에서 우주운율을 가장 성공적으로 표현한 자는 도연명이다. 그가 원림을 묘사한 몇 수의 시를 보자.

사계절이 운행은 늦은 봄에 노니는 시이다. 봄옷은 만들어졌고 경치는 화창한데, 그림자와 짝하여 홀로 노닐자니 기쁨과 슬픔이 마음에 교차한다.
邁邁時運　　성큼성큼 계절이 운행하여
穆穆良朝　　화창하니 좋은 아침이로다.
襲我春服　　나는 봄옷을 입고서
薄言東郊　　동쪽 교외에 나가 노라.
山滌餘靄　　산에는 남은 안개 깨끗이 걷히고
宇曖微霄　　하늘엔 엷은 구름 희미한데
有風自南　　바람은 남녘에서 불어와
翼彼新苗　　새싹들 나부끼누나. ❶

藹藹堂前林　　무성한 집 앞의 숲
中夏貯淸陰　　한 여름에 맑은 그늘을 드리웠네.
凱風因時來　　부드러운 바람은 때맞게 불어오고
回飆開我襟　　회오리바람이 옷깃을 풀어 헤치누나.
　……

遙遙望白雲	높이 떠있는 흰 구름 바라보며
懷古一何深	옛 일 생각하니 하나같이 어찌 그리 깊은가?
……❷	
靡靡秋已夕	어느덧 가을이 저물어
凄凄風露交	싸늘한 바람과 이슬이 교차하네.
蔓草不復榮	덩굴진 풀도 생기를 잃고
園木空自凋	뜰의 나무도 쓸쓸히 시드는구나.
淸氣澄餘滓	맑은 기운으로 더러움을 씻어내고
杳然天界高	아득히 하늘은 높기만 하도다.
哀蟬無歸響	애처로운 매미는 울음을 그치고
叢鴈鳴雲霄	기러기 떼 멀리 구름 속에 울며 가는구나.
萬化相尋繹	만물이 서로 찾아 변하여 가는데
人生豈不勞	인생살이 어찌 힘들지 않으랴?
……❸	

❶ 도연명(陶淵明), 『도연명집(陶淵明集)』 1권, 「사계절의 운행[時運]」, 서문, "時運, 游暮春也, 春服旣成, 景物斯和, 偶影獨游, 欣慨交心."
❷ 『도연명집(陶淵明集)』 2권, 「곽주부에 답하다2수[和郭主簿二首]」 중 1.
❸ 『도연명집』 3권, 「기유세9월9일(己酉歲九月九日)」.

    도연명이 원림을 읊은 작품은 세상 사람들에게 널리 알려져 있지만 그것들이 중국고대예술과 문화의 관계는 마치 우주운율의 표현에서 시작해야만 비로소 분명하게 이해될 것 같다. 도연명의 시에서 가장 유명한 구절을 보자.

採菊東籬下	동쪽 울타리 아래에서 국화를 따고
悠然見南山	유연히 남산을 바라보네.
山氣日夕佳	산 기운은 해 저물어 아름답고
飛鳥相與還	새도 무리 지어 날아 둥지로 돌아오는구나.

此中有眞意	여기에 진정한 기쁨이 있어
欲辨已忘言	말을 하고 싶으나 그 말을 잊었네.❶

❶ 『도연명집』, 「음주20수(飮酒二十首)」중 5.

여기에서 '국화를 따고'를 언급한 것은 이미 심미정감과 원경 곧 우주공간까지 융합하여 성공적으로 표현된 것이며, 그런 그가 어찌 다시 '여기에 진정한 기쁨이 있어, 말을 하고 싶으나 그 말을 잊었네.'라고 하였는가?

현재 쉽게 볼 수 있는 '진의眞意'는 조화된 영원한 우주의 운율을 마음 깊은 곳에서 체득한 것으로, 도연명만 완미하고·깊이 생각하고·미묘할 수 있었던 것이다.

도연명의 원림에 대한 창작에는 산을 깎고 물을 다스려 세운 것이 없지만, 후세의 조원가나 문학예술가의 안목에 그는 끝없이 높은 지위를 차지하였는데, 그 원인은 도연명이 고전원림에 대하여 최고의 예술경지로 이해하여 표현한 것은 전무후무하기 때문이다.

도연명 이후 역대 사인 예술가들은 모두 우주운율이 예술창작의 최고 경지라고 하였다. 예를 들면 왕유가 원림을 읊은 시 중에 「종남별업」이 유명한데, 그 가운데 "물이 다하는 곳까지 이르러 앉아서 구름이 일어날 때를 본다."70)는 두 구가 사람들의 입에 회자되었다는 황정견黃庭堅의 말을 보자.

내가 근래에 산을 오르고 물가에 갔었는데, 왕유의 시를 읽지 않은 적이 없었으니, 진실로 이 분의 마음을 이해할 수 있어서, 산수를 지나치게 좋아하는 병이 생겼다.❶

❶ 호자(胡仔), 『초계어은총화(苕溪漁隱叢話)·후집(後集)』9권, "余頃年登山臨水, 未嘗不讀王摩詰詩, 固知此老胸次, 定有泉石膏肓之疾."

    위의 두 구는 왕유가 원림을 매우 좋아했다는 것을 표현했을 뿐만 아니라, 더욱 중요한 것은 그가 물이 다하는 곳 구름이 이는 경물에서 우주의 무한함과 그 운행의 조화로움을 체득하여 이러한 운율 속에 자기의 정감을 완전히 융화시켜 넣었다.
    이에 후인들이 평가하여 "이 시에서 묘한 뜻은 조물과 서로 표리가 되었으니, 어찌 시 속에만 화경이 있다고 하겠는가! 그 시를 보면 속세에서 벗어나 만물의 곁에서 유람한다는 것을 알 것이다."71)고 하였다. 이 속에서 '조물과 서로 표리가 되었다.' 한 것은 경치의 묘사에서 공졸이 결정되는 것이 아니고, 우주를 표현하는 것에서 고저가 구분된다는 것이다.
    당시에서 원림의 경계를 묘사한 것 중에 왕유의 위 구절과 견줄만한 것은, 대략 두보의 "물이 흘러도 마음은 다투지 않고, 떠 있는 구름처럼 뜻도 더디구나."72)라는 한 연구일 것이다.
    이 경계에서 하늘빛과 물빛의 구분 없는 경물의 조화가 '형形'이다. 심미정감과 구름과 물의 의태가 혼합 융화되는 등의 정·경의 조화가 '의意'이다. 오직 만물의 운행과 생각에 흘러넘치는 동태에서 한데 모이는 것이 우주운율의 조화이며 이것이 바로 '신神'이다.
    바로 이 때문에, 두보의 이 연에서 중국고전원림예술의 경계가 깊게 파악되었으며, 후세 문학가·조원가들이 추숭하는 이유가 되었다. 청나라 사람인 심덕잠沈德潛은 찬에서 "이치를 설명하는 말을 하지 않았는데, 저절로 이치와 정취가 족하다."73)고 하였다.
    승덕피서산장承德避暑山莊과 소주蘇州의 유원留園 등 청대의 원림작품에는 모두 유명한 '수류운재水流雲在'의 명승지와 명소를 건립하였다. 하지만 두보의 이 연

승덕(承德)의 피서산장(避暑山莊)

聯의 경계에 마음이 끌리기 보다는 송명이학을 중시하였다. 이러한 문제는 다음 장에서 토론하겠다.

  중국고전원림의 사중경계가 많이 표현 된 것은 원림예술 전반이며 부분이 아니고, 동적인 모양이며 정적인 모양으로 파악하지 않는다.

  이격비의 「낙양명원기·호원」에서는 많은 경관의 구체적인 풍모를 하나하나 묘사한 후에 또 다음과 같이 말했다.

온갖 꽃 감미롭지만 대낮이라서 현혹되고, 푸른 마음은 움직이지만 숲 그늘에 가리고, 물은 고요하지만 뛰는 물고기가 소리를 내며, 나뭇잎은 지지만 여러 봉우리는 모습을 드러내며, 비록 네 계절이 다르지만 경치가 모두 좋으니, 또 그 기록한 것이 다함이 없구나. ❶

소주(蘇州)의 유원(留園)　　　　　　　　　소주(蘇州)의 수류운재(水流雲在)

❶ 이격비(李格非), 『소씨문견후록(邵氏聞見後錄)』25권, 「낙양명원기(洛陽名園記)·호원(湖苑)」, "若夫百花酣而白晝眩, 青萍動而林陰合, 水靜而跳魚鳴, 木落而群峰出, 雖四時不同, 而景物皆好, 則又其不可殫記者也."

    이 속에서 이격비가 느낀 것은 곧 원림예술은 어느 곳 어느 때에서나 체현되지는 않지만 매우 풍부하고도 조화로운 우주의 운율이라는 것이다. 『몽양록』「서호」에서 다음과 같이 말했다.

湖山之景　　　　호산의 경치가
四時無窮　　　　사계절 끝이 없어
雖有畵工　　　　비록 화공이 있더라도
莫能摹寫.　　　　그릴 수가 없네.

제2장 중국고전원림의 사중四重경계 225

…… 근자에 화가가 호산의 사계절 경치가 가장 아름다운 것이 열 가지 있다고 말하는데,……
春則花柳爭妍　　봄이면 꽃과 버들이 아름다움을 다투고
夏則荷榴競放　　여름이면 연과 석류가 다투어 피네.
秋則桂子飄香　　가을이면 계화가 피어 향기를 날리고
冬則梅花破玉　　겨울이면 매화가 옥 같은 꽃망울을 터뜨린다.
사계절의 경치가 같지 않으니 감상하는 마음과 일을 즐기는 것이 무궁하도다.❶

> ❶ 오자목(吳自牧), 『몽양록(夢梁錄)』93권, 「서호(西湖)」, …… 近者畵家稱湖山四時景色最奇者有十; 曰 …… 四時之景不同 而賞心樂事者亦與之無窮矣."

　　무궁하고 모든 것이 갖추어진 예술경계는 어떤 하나의 구체적인 경물을 조성하지 않더라도, 원림과 우주 공간관계에서 직접 연계하여 완성될 수 있는 것이다. 앞에서 말한 열 곳의 아름다운 경치는 다음과 같다.

蘇堤春曉　　서호에 있는 제방으로 소동파가 만들었다.
曲院荷風　　연꽃의 향기가 날리는 서호의 경치
平湖秋月　　평호의 가을달
斷橋殘雪　　단교(끊어진 것처럼 보이는 다리)에 남는 눈경치)
柳浪聞鶯　　수양버들과 휘파람 새가 하모니를 이루는 곳
花港觀魚　　꽃과 물고기가 어우러진 기이한 광경의 못
雷峰夕照　　노을 속 뇌봉탑의 아름다움
雨峯挿雲　　남고봉과 북고봉을 이어주는 운무
南屛晚鍾　　남병산 아래 자은사에서 울리는 종소리
三潭映月　　서호에 있는 3개의 호수

소제춘효(蘇堤春曉)

곡원하풍(曲院荷風)

평호추월(平湖秋月)

단교잔설(斷橋殘雪)

유랑문앵(柳浪聞鶯)

화항관어(花港觀魚)

뇌봉석조(雷峯夕照)

양봉삽운(兩峯揷雲)

남병만종(南屛晚鍾)

삼담영월(三潭映月)

제2장 중국고전원림의 사중四重경계   231

　이러한 경계는 앞에 있었던 삼중경계의 기초 위에서 승화하여 이루어진 것이며, 산·물·건축·도로 등을 이용하여 풍부한 선형이 표현된 자연과 정감변화는 무수한 조원방법을 벗어나거나, 천차만별한 원림공간의 실제를 파악하는 것을 떠나면 조화롭고 영원한 우주운율의 표현은 또한 말할 길이 없다. 몇 가지 구체적인 예를 들겠다.

　　小廊回合曲闌斜　　작은 행랑 돌아 합하는 굽은 난간은 빗겨있네.❶

　　　　　　❶ 장필(張泌), 『전당시(全唐詩)』742권, 「기인(寄人)」.

이는 건축 선형변화의 운율이다.

　　畵舫夷猶灣百轉　　그림 같은 배에서 한가로이 굽이굽이 돌아가니
　　橫塘塔近依前遠　　횡당❶의 탑 근처는 전처럼 멀도다.❷

　　　　　　❶ 횡당(橫塘): 소주(蘇州)의 유명한 옛 제방의 이름이다.
　　　　　　❷ 범성대(范成大), 『범석호집(范石湖集)·석호사(石湖詞)』, 「기인(寄人)」.

이는 강물 선형변화의 운율과 굽이도는 강물에서 뱃놀이 하는 정취이다.

| 山重水復疑無路 | 산 첩첩 물 겹겹 길이 없나 했더니 |
| 柳暗花明又一村 | 버들 빛 짙고 꽃은 활짝 핀 또 한 마을이 있네.❶ |

> ❶ 육유(陸游), 『육유집(陸游集)·검남시고(劍南詩稿)』1권, 「유산서촌(游山西村)」

이는 산·물·꽃·나무·건축 등 경물조합의 운율변화이다. 항주의 소공제[74]는 아래와 같다.

自西迄北	서쪽으로부터 북쪽까지
橫截湖面	호수를 가로질러
綿亘數里	몇 리를 이어서
夾道雜植花柳	도로 양쪽으로 꽃과 버들을 섞어 심었고
置六橋	여섯 개의 다리를 세웠으며
建九亭	아홉 개의 정자를 건립하였다.❶

> ❶ 『몽양록(夢梁錄)』12권, 「서호(西湖)」.

이는 많은 형태가 다양한 건축물의 기복과 멈추고 전환함으로 운율의 변화를 표현한 것으로 이화원 서쪽 제방도 이와 비슷하다.

| 鍾傳高閣遠 | 종소리는 높은 누각에서 아득히 들려오고 |
| 柳覆小橋低 | 버들은 작은 다리의 아래까지 덮었구나.❶ |

❶ 오유영(吳惟英), 「연화암(蓮花庵)」. 이 시는 『제경경물약(帝京景物略)』1권에 보인다.

항주(杭州) 소공제(蘇公堤)의 버드나무

이 시는 어떤 한 정경 위에서 원경·근경·산경·수경 등 다양한 예술을 대비하는 중의 운율변화를 표현한 것이다.

또 4~5 십 명의 무인들이 '양월량'을 만들었는데, '양월량'에는 정자가 있어서 달뜨기를 기다릴만하였으니, 새와 물고기는 한가로이 노닐고 바람 부는 못은 물결이 일었으나 온화하게 비치어 사물을 살필 수 있었다. '양월량'을 건너서 '득한당'에 들어갈 수 있었으니, '득한당'은 들 가운데에서 가장 아름다운 곳에 위치하였다. 난간 밖의 석대는 백여 명의 사람이 앉을 수 있었는데, 머물며 노래하고 즐기는 객들의 장소였다. '득한

당'의 서북에는 '경관거'를 마련하고 불상을 모셨다. '영각'부터 '득한당'까지는 그윽히 깊은 곳에서 크고 높은 것까지를 얻었고, '득한당'부터 '경관거'에 이르기까지는 크고 높은 것으로부터 맑고 고요함을 얻었다.❶

> ❶ 종성(鍾惺), 「매화서기(梅花墅記)」, "又四五十武, 爲漾月梁, 梁有亭, 可候月, 風澤有渝, 魚鳥空游, 沖照鑒物. 渡梁, 入得閑堂, 堂在墅中最麗. 檻外石臺可坐百人, 留歌娛客之地也. 堂西北, 結竟觀居, 奉佛. 自映閣至得閑堂, 由幽邃得弘敞, 自堂至觀, 由弘敞得淸寂." 이는 진식(陳植)・장공이(張公弛)의 『중국역대명원기선주(中國歷代名園記選注)』pp. 216~217에 보인다.

    이것은 많은 명승지 사이의 공간・경관・공용公用75)이 끝없이 바뀌면서 전체 원림 속에 각기 다른 예술경계의 운율변화를 이룬 것들이다.
    사계절의 운행・원경과 원림을 감상하는 사람의 심경이 변화하여 상호융합하고 '천인'의 운율을 직접적으로 표현한 예를 보겠다.

사조정은 관아의 동북에 있다. 소흥14년에 군수 왕환이 집 사방에 각종 꽃과 바위를 심고 세시의 마땅함을 따랐다. 봄에는 해당화를 심고, 여름에는 태호석을 두었고, 가을에는 부용을 심었고, 겨울에는 매화를 심었다.❶

> ❶ 범성대(范成大), 『오군지(吳郡志)』6권, "四照亭, 在郡圃之東北. 紹興十四年, 郡守王喚爲屋四合, 各植花石, 隨歲時之宜 : 春海棠, 夏湖石, 秋芙蓉, 冬梅."

    이화원頤和園 가운데, 구불구불하며 긴 행랑 사이 네 자리에 '유가留佳'・'기란寄

瀾'·'추수秋水'·'청요淸遙' 등 일 년 사계절을 대표하는 각기 다른 경관의 정자를 나누어 설치하였으며, 이러한 예술기법도 실재하는 예이다.

중국고전원림예술에서 이러한 기교는 매우 풍부하고 성숙한 것이다. 이에 대해서는 6장에서 상세하게 소개할 것이다. 여기에 몇 가지 예를 든 목적은 다음과 같다.

정미하고 구체적인 원림기법이 생겨난 것은 예술기교가 진보하여 생긴 결과

이화원(頤和園) 가운데, 수궁처럼 긴 행랑의 천장

가 아니다. 더욱 깊은 원인은 오히려 심미자의 희망이 원림에서 언제 어디서나 느끼는 영원한 우주운율을 조화롭게 표현하길 요망하는 데 있었다.

　중국 사대부들의 우주에 대한 인식은, 철학의 추상적 사고로 사물을 인식하는 데에서 유래했을 뿐만 아니라, 더욱 많은 것이 그들의 환경에서 유래했으며, 자기 계층의 생활과 예술 속의 조화로운 운율에 관해서는 직접적이고 언제 어디서나 분명한 느낌을 받았다. 또한 철학원칙과 이러한 예술과 생활운율이 융화하여 일체가 될 때, 중국전통문화는 비로소 성숙할 수 있었을 것이다.

서호단교(西湖斷橋)

01 구체적인 원인은 이편 제3장에 상세히 나온다.

02 시교(尸佼),『시자(尸子)』, "四方上下曰宇, 往古來今曰宙."

03 반고(班固),『한서(漢書)·동중서전(董仲舒傳)』, "天者, 群物之祖也. 故遍覆包函而無所殊, 建日月風雨以和之, 經陰陽寒暑以成之. 故聖人法天而立道."

04 기표가(祁彪佳),『기표가집(祁彪佳集)』9권, "任杯中世界, 逍遙一枕, 但覺乾坤小."

05 무아지경(無我之境): 관물(觀物)정신의 미학적 경계로, 원림 가운데 우주가 녹아들어 사물과 더불어 하나가 되어 자신을 잊어버린 상태를 이른다.

06 영렴(英廉) 등 편찬,『일하구문고(日下舊聞考)』81권,「임금의 다가헌 10영시(御製多稼軒十景詩)·호묘루(互妙樓)·서(序)」, "山之妙在擁樓, 而樓之妙在納山 映帶氣求, 此互妙之所以得名也."

07 두시상주(杜詩詳注)』14권,「춘일강촌5수(春日江村五首)」중 2수, "藩籬頗無限, 恣意向江天."

08 이상은(李商隱; 813~858): 당나라 말기 회주(懷州) 하내(河內) 사람. 자는 의산(義山)이고, 호는 옥계생(玉谿生)이다. 진사 시험에 합격하여 동천절도사판관(東川節度使判官)과 검교공부원외랑을 지냈다. 당시 우승유(牛僧孺)와 이덕유(李德裕)가 정치적으로 팽팽하게 대립하고 있었는데, 우당(牛黨)의 영호초(令狐楚)에게서 병려문(駢儷文)을 배우고 그의 막료가 되었다. 그러나 나중에 반대당인 이당(李黨)의 왕무원(王茂元)의 서기가 되어 그의 딸을 아내로 맞았기 때문에 당파와는 무관하게 초자도(楚子綯)의 미움을 받아 불우한 생애를 보냈다.

09 원차(遠借): 원경을 빌리는 것.

10 근차(近借): 가까운 곳의 경을 빌리는 것.

11 부차(俯借): 눈 아래 전개되는 낮은 곳의 경을 빌리는 것.

12 앙차(仰借): 눈 위에 전개되는 고악(高嶽)의 경을 빌리는 것.

13 계성(計成): 명대의 저명한 조원 예술가『원야(園冶)』의 작자이다. 그의 말 중에 "우리 인간은 어차피 백 살밖에 살지 못하는데 굳이 천 년의 일을 할 필요가 없고 그저 한가로움을 즐기는 것으로 족하다."는 말이 있다.

14 오자목(吳自牧)의『몽유록(夢遊錄)』8권에 보인다.

15 사마광(司馬光)의 낙양(洛陽) 집의 원림에 있는 대 이름으로,『온국문정사마공문집(溫國文正司馬公文集)』66권「독락정기(獨樂園記)」에 보인다.

16 『온국문정사마공문집(溫國文正司馬公文集)』5권, "이주의 선우전운 공거 8영에 답하다[和利州鮮于轉運公居八咏]」의 일곱 번째 시인 「회경정(會景亭)」에 나온다. "景物浩無窮, …… 萬狀靜相對."

17 원정(遠亭): 심괄(沈括)의 몽계원(夢溪園) 속의 정자 이름으로,『몽계필담교증(夢溪筆談校證)』p.7과 심괄

의 『장흥집(長興集)』일문(逸文)의 「자지(自志)」에 보인다.

18 천개도화(天開圖畵): 남송(南宋) 내원 정자의 대(臺) 이름으로, 주밀(周密)의 『무림구사(武林舊事)』4권에 보인다.

19 『금사(金史)·왕약허전(王若虛傳)』에 "東游泰山, 至黃山見峯, 憩萃美亭."이라는 문구가 보인다.

20 전여성(田汝成), 『서호유람지(西湖遊覽志)』3권, 기일정(記一亭)에 "亭其三山之顚, 杭越諸峯, 江湖海門, 盡在眉睫, 匾以, '上下四方之宇', 奇觀也."라 하였다.

21 건곤일초정(乾坤一草亭): 왕세정(王世貞)의 원림 중의 정자 이름으로, 『엄주산인속고(弇州山人續稿)』59권, 「엄산원기(弇山園記)」에 보이며, 말은 『두시상주(杜詩詳注)』18권, 「늦은 봄에 양서의 새로 빌린 초옥에 제한 5수[暮春題瀼西新賃草屋五首]」중 3수에 나온다.

22 유아지경(有我之境): 관물(觀物)정신의 미학적 경계로, 심미자의 감정이 선명하고 강렬하게 직접적으로 밖으로 드러난 경지이다. 심미자의 감정이 객관경물에 이입되어 원림과 우주가 융합된 경계를 이른다.

23 『문선(文選)』1권, 「동도부(東都賦)」, "靈臺明堂, 統和天人."

24 본편 제 3장에 자세히 언급하였다.

25 왕국유(王國維), 『인간사화(人間詞話)』, "有我之境, 以我觀物, 故物皆著我之色彩."

26 정경교융(情景交融): 경물 묘사와 감정 토로가 융합되는 것이다. 인간은 자기 스스로 존재하기도 하지만 대부분 자기 바깥의 것들과 관계하면서 존재한다. 그렇다면 자기와 자기 바깥의 것은 어떻게 관계하는가? 예술에서는 이것을 주관적인 자기의 마음과 자기 바깥의 객관적 실체가 만나는 방식을 감동이라는 개념으로 설명한다. 어떤 사람이 원림작품이나 그 경관을 보고서 감동했다면 그것은 감상의 주체인 자기와 감상의 대상인 작품이 교감하고 어울렸기 때문이다. 이것을 감상하는 자기의 정(情)과 감상의 대상인 경(景)이 잘 어울렸다는 뜻에서 '정경교융'이라고 할 수 있다

27 원산송(袁山松; ?~400?): 중국 동진(東晉)의 음악가이자 역사가로서 『후한서(後漢書)』100권을 편찬하였으나 지금은 전해지지 않는다. 원숭(袁崧)이라고도 하며, 진군(陳郡) 양하(陽夏; 지금의 河南省 淮陽)출신이다.

28 『수경주(水經注)·강수(江水)』, 「의도기(宜都記)」, "旣自欣得此奇觀, 山水有靈, 亦當驚知己於千古矣."

29 섭몽득(葉夢得)의 『석림연어(石林燕語)』10권·비곤(費袞)의 『양계만지(梁谿漫志)』6권·『석사(宋史)·미불전(米芾傳)』등에 보인다. 미불(米芾)의 이런 예로 든 것은 후인들의 칭송이 그치지 않았기 때문이다. 명청(明淸)에, 이르러도 많은 원정(園亭)에 '우석(友石)'·'배석(拜石)'을 이름으로 삼았다는 사실이 『기표가집(祁彪佳集)』7권 「유산주(寓山注)·우석사(友石榭)」·인광(麟廣)의 『홍설인연도기(鴻雪因緣圖記)』제3집 「배석배석(拜石拜石)」에 보인다. 세간에 남아있는 소주(蘇州)의 이원(怡園)에도 '배석헌(拜石軒)'이 있다.

30 전제(筌蹄): 고기를 잡는 통발과 토끼를 잡는 올가미라는 뜻으로, 목적을 위한 방편이나 사물의 길잡이를 비유하는 말이다. 장자(莊子)는 언어란 뜻을 얻어 내는 전제라고 했다.

31 도연명(陶淵明), 『도연명집(陶淵明集)』, 「음주20수(飮酒二十首)」 중 5수, "採菊東籬下, 悠然見南山."

32 『도연명집(陶淵明集)』, 음주20수(飮酒二十首) 중 5수, "心遠地自偏."

33 소식(蘇軾), 『소식문집(蘇軾文集)』67권, 「연명의 음주시 뒤에 제하다[題淵明飮酒詩後]」, "因採菊而見南山, 境與意會, 此句最有妙處."

34 자각(紫閣): 신선이나 은자(隱者)들이 사는 곳. 옛날 궁궐을 자색(紫色)으로 칠했으므로 궁궐을 말하기도 한다.

35 지청의원(志淸意遠): 소주(蘇州)의 대표적인 원림인 졸정원(拙政園) 내부의 소창랑정(小滄浪亭) 서편에 있는 독립된 소원(小院)이다.

36 수목자친(水木自親): 곤명호(昆明湖) 북쪽 언덕에 있는 이화원(頤和園) 락수당(樂壽堂)정문의 제액(題額)이다.

37 경심상우(境心相遇): 경관과 마음이 서로 만나는 경지.

38 풍경과 사람이 하나가 되다[風景與人爲一]: 풍경과 사람이 일체가 된 경지.

39 천인상여지제(天人相與之際): 하늘과 사람이 함께하는 경지.

40 '여조물유(與造物游)': 『영규율수(瀛奎律髓)』 35권에 조사수(趙師秀)의 「진수가 '조물과 더불어 유람하는 루'[陳水云'與造物游之樓」]라 한 것과 『제산집(霽山集)』1권에 「왕수죽 감부가 '여조물루'라고 이름 지어 나에게 부를 지으라 하였다[王脩竹監簿名樓曰'與造物游', 命予賦]」는 것과 같다. '與造物者游'의 출전은 『장자(莊子)·천하(天下)』이다.

41 '지청처(志淸處)': 『문정명집(文征明集)·보집(補輯)』 20권, 「왕씨졸정원기(王氏拙政園記)」에 보인다.

42 '의원대(意遠臺)': 『문정명집(文征明集)·보집(補輯)』 20권, 「왕씨졸정원기(王氏拙政園記)」에 보인다.

43 '천우함창(天宇咸暢)': 승덕피서산장(承德避暑山莊)의 36경 중의 하나이다.

44 『논어(論語)·자한(子罕)』, "子在川上曰, 逝者如斯夫, 不舍晝夜."

45 『장자(莊子)·소요유(逍遙游)』, "北冥有魚, 其名爲鯤. 鯤之大, 不知其幾千里也."

46 『장자(莊子)·제물론(齊物論)』, "夫大塊噫氣, 其名爲風. 是唯無作, 作則萬竅怒呺."

47 『장자(莊子)·제물론(齊物論)』, "旁日月, 挾宇宙."

48 『순자(荀子)·천론(天論)』, "天行有常, 不爲堯存, 不爲桀亡. 應之以治則吉, 應之以亂則凶."

49 이러한 것으로 생각할 수 있는 것은 한비(韓非)나 이사(李斯) 등은 유가(儒家)에서 법가(法家)로 들어갔기 때문에, 그 뿌리는 그들의 선생에게 있었다. 이 또한 시세가 그러한 것이었으니, 만일 이보다 일찍이 유문(儒門)의 제자인 자로(子路)로 하여금 그렇게 용기를 믿게 하였다 해도, 죽음에 이르더라도 유가의 예

의(禮義)를 잊지는 못하였을 것이다. 『해여총고(陔餘叢考)』4권 41의 '이사본학제왕지술(李斯本學帝王之術)'을 참조하였다.

50 『주역(周易)·계사상(繫辭上)』, "天尊地俾, 乾坤定矣. 卑高以陳, 貴賤位矣."

51 『주역(周易)·계사상(繫辭上)』, "日新之謂盛德, 生生之謂易, …… 知崇禮卑, 崇效天, 卑法地, 天地設位而易行乎其中矣."

52 『주역(周易)·계사하(繫辭下)』, "易之興也, 其當殷之末世, 周之盛德耶? 當文王與紂之事耶? 是故, 其辭危. 危者使平, 易者使傾."

53 일원(一元): 사물이나 현상의 근원이 오직 하나인 것.

54 동중서(董仲舒), "『春秋』一元", "天人相與之際, 甚可畏也"

55 『사기(史記)·진시황본기(秦始皇本紀)』, "分天下以爲三十六郡. 郡置守·尉·監."

56 치도(馳道): 예전에 임금이나 귀인(貴人)이 다니던 길.

57 『한서(漢書)·고산전(賈山傳)』, "爲馳道於天下."

58 병마용진(兵馬俑陣): 진시황릉(秦始皇陵)의 병마용(兵馬俑)을 이른다.

59 만령(萬靈): 여러 신령이나 인류를 이른다.

60 노장(老莊)과 현학에서 말하는 자연은 요즘 사람들이 이야기하는 '자연계(自然界)'와는 다르다.

61 하후현(夏侯玄; 209~254년): 삼국시대 위나라의 문신으로 자는 태초(太初)이다. 위나라의 명장 하후상의 아들이자 조상의 사촌 형제로 황제 조방과 함께 사마사를 토벌하려다가 처형당했다.

62 장담(張湛), 『열자주(列子注)·중니편(仲尼篇)』, "天地以自然爲運, 聖人以自然爲用, 自然者道也." 곽상(郭象)의 시대에 이르러 현학(玄學)은 이미 많은 부분을 수정하게 되었는데, 다만 이러한 기본원칙은 시종일관 법도를 지켜 변함이 없었으니, 『장자(莊子)·소요유(逍遙游)·주(注)』에 "자연은 행함이 없이 그대로의 자연이다.[自然者, 不爲而自然者也.]"와 같은 것이다.

63 『왕필집교석(王弼集校釋)·노자(老子)·주(注)·5장(五章)』, "天地任自然, 無爲無造, 萬物自相治理."

64 『왕필집교석(王弼集校釋)·노자주(老子注)·41장』, "大夷之道, 因物之性, 不執平以割物."

65 『왕필집교석(王弼集校釋)·노자주(老子注)·29장』, "萬物以自然爲性, 故可因而不可爲也, 可通而不可執也."

66 『왕필집교석(王弼集校釋)·노자주(老子注)·29장』, "聖人達自然之性, 暢萬物之情, 故因而不爲, 順而不施."

67 주자청(朱自淸)의 「도연명 시의 탐구[陶詩的探究]」(『주자청 고전문학 논문집[朱自淸古典文學論文集]』하책)·황보진(黃保眞)의 「사공도의 시가철학을 논함[論司空圖的詩歌哲學]」(「고대문학이론연구(古代文學理

論研究)』제7집 등에 보인다. 지금까지의 연구자들은 모두 이러한 시문(詩文)과 현학(玄學)과의 관계에서 논하였지만, 원림예술은 현저히 또한 이러한 것을 포괄하고 내재하고 있다. 도연명(陶淵明)의 시구를 말하기를 기다리지 않아도 사공도(司空圖)의 『시품(詩品)』은 그러한 논리의 저작이며, 또한 원림의 경계(境界)로 시경(詩境)을 비유함이 많다. 예컨대 「섬농(纖穠)」과 같은 경우 "흐르는 물은 넉넉하고[采采流水], 봄은 깊어 저 멀리까지 가득하네[蓬蓬遠春]. 멀고 그윽한 깊은 골짜기에[窈窕深谷], 때때로 미인이 보인다[時見美人]. 푸른 복숭아나무에 가득하며[碧桃滿樹], 바람 부는 날의 물가 경치로다[風日水濱]. 버드나무 그늘진 길모퉁이에[柳陰路曲], 앵무새들 이웃하여 끊임없이 날아간다[流鶯比隣]."라고 하였으며(소주(蘇州) 졸정원(拙政園) 중의 "柳陰路曲廊"은 이러한 경계를 모방하여 세워졌다.), 『전아(典雅)』에 "옥 술병에 좋은 술 가득 담고서[玉壺買春], 초가지붕 아래서 비를 감상한다[賞雨茆屋]. 한자리에 아름다운 선비들 앉아 있고[坐中佳士], 좌우에는 키 큰 대나무 서 있다[左右修竹]. 비 갠 하늘에는 흰 구름 떠가고[白雲初晴], 호젓한 새들은 서로를 쫓는구나[幽鳥相逐]. 녹음 속에서 잠자다 거문고 연주하고[眠琴綠陰], 위에는 물을 뿜는 폭포가 있구나[上有飛瀑]." 등등을 들 수 있다.

68 외연(外延): 주어진 개념이 적용될 수 있는 사물의 범위나 개체들의 집합. 이를테면 생물이라는 개념의 외연은 모든 동식물이다

69 영명체(永明體): 시를 짓는 데 성율(聲律)의 조화가 고려되고 음성미를 추구하는 것으로, 이런 유미주의 경향의 새로운 체제의 시는 제나라 무제의 영명(永明; 483~493) 때에 성행했기 때문에 흔히 '영명체'라 일컫는다.

70 왕유(王維), 『왕우승집전주(王右丞集箋注)』3권, 「종남산의 별장[終南別業]」, "行到水窮處, 坐看雲起時."

71 호자(胡仔), 『초계어은총화(苕溪漁隱叢話)·전집(前集)』15권, "此詩造意之妙, 至與造物相表裏, 豈直詩中有畵哉! 觀其詩, 知其蟬蛻塵埃之中, 浮游萬物之表者也." 『후호집(後湖集)』에서 인용하였다.

72 두보(杜甫), 『두시상주(杜詩詳注)』10권, "水流心不競, 雲在意具遲."

73 『당시별재집(唐詩別裁集)』 10권, "不着理語, 自足理趣."

74 소공제(蘇公堤): 중국 송(宋)나라의 소식(蘇軾)이 항주자사로 있을 때 축조한 제방의 이름.

75 공용(公用): 공공(公共)으로 사용하는 것을 이른다.

제 3 장

송명이학의 중대한
의의 중 첫째인
천인지제 체계의
강화와 완선이
원림경계에 미친 영향

◁ 소주(蘇州) 망사원(網師園) 월도풍래정(月到風來亭)

중국전통문화의 발전 후기에는, 어떠한 것도 송명이학宋明理學처럼 전형적인 의의를 갖춘 것이 없다. 사회와 문화체계의 모든 발전경향은 체계 내부에도 크고 작은 모순과 문제점들이 있다. 이러한 체계는 필연적으로 생겨나는 곤경 속에서 날마다 쇠잔해 가며, 그 과정에서 종종 쇠약해감을 잠시 억제하고 거대한 역량에서 벗어나고자 하였으나, 말기에는 한층 더 쇠약해졌는데, 송명이학이 이런 모든 것을 명백하게 반영하였다.

이학은 중국고전원림의 봉우리·바위·숲·샘과 관계가 없지만, 실제로 이학은 중국고대문화 속에서 전례 없이 깊은 영향을 끼쳤다. 그 원인 중의 하나는 기본적인 목적에서 표면상으로 서로 관련 없는 문화요소인 '이理'라는 우주본체의 유대를 통하여 완전히 일체를 이루어, 폐쇄적인 전통문화 체계 가운데 융화되고 엉키어서, 그 속의 세부적인 활동역량에 의지하여 체계가 직면한 위기에 전면적으로 대항하였다.

이학의 우주관과 고전원림의 샘과 바위와 산수 사이의 관계가 강화되어 완선하게 되었다. 이러한 것은 모든 과정에서 결핍되어서는 안 될 구성부분이다. 다만 이학과 관련된 문제는 매우 복잡하기 때문에 원림과의 관계를 토론하기 전에, 이학 자체의 문제점을 분명하게 이해해야 한다.

소주 풍경

제3장 송명이학의 중대한 의의 중 첫째인 천인지제 체계의 강화와 완선이 원림경계에 미친 영향

제1절 이학의 출현과 강화되고 완선해진 천인체계를 기본목적으로 하는 역사의 필연성

전반적인 중국고대철학을 이해하고, 이학의 관건을 인식하는 것은 이학의 기본목적을 찾느냐 못 찾느냐에 달려 있고, 이러한 목적에서 역사의 필연성이 생겼다. 이학체계 내부에 같은 것과 다른 것이 잇달아 드러나더라도, 그 이론의 기초인 모든 학파의 출발점은 역시 '천인지제'의 우주관이다. 주희를 예로 들겠다.

어렸을 때 영특하여 겨우 말할 때, 아버지가 하늘을 가리켜 보이며 말하기를 '저것이 하늘이다.'라고 하였다. 주희가 묻기를 '하늘 위에는 어떤 것이 있습니까?' 라고 하니 아버지 송이 매우 특별하게 여겼다.❶

❶ 『송사(宋史)·주희전(朱熹傳)』, "幼穎悟, 甫能言, 父指天示之曰 : "天也". 熹問曰 : "天之上何物?"松異之."

또 육구연을 예로 들었다.

3·4세 부터 천지는 어느 곳이 끝인가를 생각하였으나 알 수가 없어서 밥을 먹지도 않고 깊이 생각하는 지경에 이르렀다. 부친인 선교공이 웃으며 끝내 그대로 두다. 마음속의 의문이 항상 있었다. 10세 때에 고서를 읽다가

'우주' 두 글자를 풀이해서 '사방 상하를 '우'라고 하고, 옛날과 지금을 '주'라 한다.'고 하였다. 홀연히 깨달아 이르기를 '우주는 본래 무궁하여 사람과 천지의 만물이 모두 무궁한 속에 있는 것이다.'라 하고 곧 글씨를 써주며 '우주 안의 일이 곧 자기 분수 내의 일이며, 자기 분수 내의 일이 곧 우주 안의 일이다.'고 하였다."❶

❶ 「육구연연보(陸九淵年譜)」, 『육구연집(陸九淵集)』 36권, "自三四歲時, 思天地何所窮際不得, 至於不食. 宣敎公呵之, 遂姑置之, 而胸中之疑終在. 後十餘歲, 因讀古書至'宇宙'二字, 解者曰:'四方上下曰宇, 往古來今曰宙.' 忽大省曰:'元來無窮, 人與天地萬物, 皆在無窮之中者也.' 乃授筆書曰 '宇宙內事乃己分內事, 己分內事乃宇宙內事.'"

주희와 육구연의 예에서 알 수 있듯이, 이학은 이전의 어떤 철학보다도 '천인지제'의 우주관을 더욱 자각하여 이학 이론의 기초를 삼았다. 『송사·도학전서』에 다음과 같이 말했다.

양 한 이래로 유학자들이 대도를 논함에, 그것을 살펴도 정밀하지 못하였고 그것을 말하여도 자세하지 못하였으며, 이단과 사설이 연이어 일어나 거의 무너지는 지경에 이르게 되었다. 천 여 년이 흘러 송나라 중엽에 주돈이가 용릉에서 태어나 성현이 전하지 않았던 학문을 얻어 「태극도설」·「통서」를 짓고 음양오행의 이치를 미루어 밝혀서 하늘의 '명'과 사람의 '성'이 명료하게 되었다. 장재는 『서명』을 짓고, 이치는 하나이나 그 나누어짐은 각기 다르다는 뜻을 다 밝힌 후에 도의 큰 연원은 하늘로부터 나온다는 것은 분명하여 의심할 여지가 없다고 하였다.❶

❶ 『송사(宋史)·도학전서(道學傳序)』, "兩漢而下, 儒者之論大道, 察焉而弗精, 語焉而弗詳, 異端邪說起而乘之, 幾至大壞. 千有餘載, 至宋中葉, 周敦頤出於舂陵, 乃得聖賢不傳之學, 作「太極圖說」·「通書」, 推明陰陽五行之理, 命於天而性於人者, 瞭若指掌. 張載作『西銘』, 又極理一分殊之旨, 然後道之大原出於天者, 灼然而無疑焉."

이 말도 이학은 유학사상체계에서 완선한 관건이 "하늘에서의 명命과 사람에 있어서의 성性"1)과 "도道의 큰 연원은 하늘로부터 나온다."2)는 것으로 곧 '천인지제'의 원칙을 강화시키는 데에 있다는 것이다.

어떤 원인 때문에 이학이 이처럼 '천인지제'를 자각하여 이론의 기초로 삼게 하였는가? '천인지제'체계의 강화를 사명이라고 여기는가? 중당中唐 이후 전통문화가 직면한 정치적 상황이나 사건의 위기 신앙의 위기 등을 구별해보면, 이러한 문제들은 대답하기가 어렵지 않다.

직면한 당시의 정치위기와 사건위기

전통문화의 쇠미함을 보고 유학을 강화시켜 쇠퇴하는 형세를 저지하고자한 것은 이학가로부터 시작되지 않았고, 중당부터 북송 희령 연간 이전까지 2백여 년 동안 이미 많은 사람들이 이 때문에 노심초사하였다. 한유가 노장과 불교의 해에 대하여 진술한 것을 예로 들겠다.

주나라의 도가 쇠하고, 공자가 돌아가시니, 진나라 때에는 책이 불태워졌으며, 한나라 때에는 황로학이 성행하였으며, 진나라·송나라·제나라·양나라·위나라·수나라 사이에는 불교가 성행하였다.
도덕과 인의를 말하는 자는 양주파에 속하지 않으면 묵적파에 속하였고, 노자파에 속하지 않으면 불교에 속하였다. …… 후세의 사람들이 인의와 도덕의 이야기를 듣고자 해도 그 누구를 좇아서 듣겠는가!❶

---

❶ 『원도(原道)』, 『한창려문집교주(韓昌黎文集校注)』1권, 「독이고문(讀李翶文)」 "周道衰, 孔子沒, 火於秦, 黃老於漢, 佛於晉·魏·梁 隋之間. 其言道德仁義者, 不入於楊, 則入於墨. 不入於老, 則入於佛. …… 後之人, 其欲聞仁義道德之說, 孰從而聽之!"

한유의 『원성原性』과 이고李翶의 『복성서復性書』 등에도 인성人性의 근원은 유가의 교의敎意에 나아가 유학이 위기 앞에서 더욱 심오한 기초를 세워야 한다고 설명하고 있다.

북송 정치가나 사상가들의 위기에 대한 우려는 중당中唐보다도 더욱 심하였다. 호원胡瑗·손복孫復·석개石介·범중엄范仲淹·구양수歐陽修 등은 곧 이러한 전형적인 예이다.

구양수는 「이고李翶의 글을 읽다」에서 "…… 그러나 이고가 지금 태어나지 않아서 다행이지만, 오늘의 일을 본다면 그 근심은 더욱 심할 것인데 어찌 요즘 사람들은 근심하지 않는가?"3)라고 하였다.

사회위기를 직면하고, 사대부계층의 많은 사람들은 가장 직접적인 현상 위에서 전통예악과 법률이 두드러지게 붕괴되는 것에 대하여 본능적으로 주의를 집중하였다. 손복孫復4)은 「유욕儒辱」편에서 다음과 같이 말했다.

인의와 예악은 치세의 근본이므로 왕도가 그것으로부터 흥하고, 인륜이 그것으로부터 바르게 되니, 근본을 버리고 어찌 하겠는가! 아, 유자의 욕됨이 전국시대부터 시작되었으니, 양주와 묵적이 앞에서 어지럽히고, 신불해와 한비는 뒤에서 번거롭게 하였다. 한위 이후로 이와 같은 현상이 더욱 심하게 되었다. 불가와 노장의 무리가 중국에 횡횡하게 되었다. …… 그 실체와 무리지음을 살펴보니 잡다하고 어지럽게 천하에 두루 퍼져, 이에 그 가르침이 유가와 나란히 가는 수레처럼 거의 비슷하여, 세 갈래로 대립되었다. 아, 괴이하도다! 또한 군신·부자·부부가 인륜의 큰 단서인데, 저들은 군신의 예를 없애고, 부자의 연을 끊으며, 부부의 의리를 없애는구나. ❶

---

❶ 『송원학안(宋元學案)』2권,「태산학안(泰山學案)」, "夫仁義禮樂, 治世之本也, 王道之所由興, 人倫之所由正. 捨其本則何所爲哉! 噫, 儒者之辱始於戰國, 楊墨亂之於前, 申韓雜之於後. 漢魏而下, 則又甚焉. 佛老之

> 徒, 橫乎中國, …… 觀其相與爲群, 紛紛擾擾, 周乎天下, 於是其教與儒齊驅並駕, 峙而爲三. 吁, 可怪也! 且夫君臣父子夫婦, 人倫之大端也, 彼則去君臣之禮, 絶父子之戚, 滅夫婦之義."

석개石介5)는 「원난原亂」편에서 종지를 열고 뜻을 밝히며 "주나라와 진나라 이후에 어지러운 세상이 끊이지 않았으니, 어찌하여 그런가? 원래 그 것이 유래된 까닭은 옛 제도를 어지럽게 했기 때문이다"6) 하였다.

구양수는 다시 "심하도다, 오대의 시대여! 임금은 임금답고 신하는 신하다우며 아버지는 아버지답고 자식은 자식다운 도가 무너지고, 종묘와 조정, 사람 귀신이 모두 질서를 잃었으니, 이것을 어지러운 세상이라고 말하지 않겠는가! 예로부터 이러한 것은 있지 않았다."7)고 분명하게 말했다. 또 말하기를 "오대는 전쟁과 도적들이 난리를 부리는 세상이었으니, 예악이 붕괴되고 삼강오륜의 도가 끊어져, 선왕의 제도와 문장이 사라져서 없어지게 되었다."8)고 하여, 세상 사람들을 경계하고 깨닫게 하기위하여 그는 『신오대사』에서 매 편의 전傳에서 논하는 것을 모두 '오호嗚呼'라는 말로 시작하였다. 그 뜻은 "옛날에 공자가 『춘추』를 지은 뜻이 어지러운 세상 때문에 법을 세운 것이요, 나의 본기는 법을 다스려 어지러운 임금을 바로잡음이니, 논함에는 반드시 '오호'로 하니, '이는 난세의 책이기 때문이다.'라고"9)하였다.

이는 역대 정사에서 전무후무한 강렬한 서술법이며, 작자의 우려하고 매우 초조해 하는 상황이 반영되었다. 이와 같은 심경心境은 양송兩宋의 많은 정치가와 사상가들에서 모두 볼 수 있다.

왕안석王安石 같은 사람은 "안을 살펴보면 사직을 근심하지 않을 수 없고, 밖을 살펴보면 오랑캐를 두려워하지 않을 수 없다. 천하의 재력이 날로 곤궁해지고 풍속이 날로 쇠퇴해져 간다."10)고 하였다.

섭적葉適11)은 "도가 한결같지 않음이 오래되었다. 왕도정치가 잘못되어 예악이 무너지고, 백성이 천성을 잃어, 눈으로 바른 색을 볼 수 없으며, 귀로 바른 소리를 들을 수 없도다. 밖으로부터 들어오는 것은 오랑캐의 짓 아닌 것이 얼마나 되는가!"12)라고 하였다.

이런 위기의 근원이 '예악의 붕괴'라는 것을 인정하고, 그들이 가장 관심을 가진 문제는 당연히 어떤 구체적이고 유효한 방법을 통하여 직접적이고 가장 신속하게, 통일된 봉건제도의 문제점을 수리하느냐는 것이었다.

이 때문에 손복孫復은 「춘추존왕발미春秋尊王發微」13)를 지었고, 석개는 「춘추설春秋說」과 「중국론中國論」14) 등을 지었는데, 왕을 높이고 외세를 물리치는 이론을 펼치는 것이 천하의 급선무라고 여겼다.

석개는 또 「명금明禁」・「복고제復古制」・「명사주明四誅」15)들을 지어서 '왕제王制'의 강화와 "예악禮樂・형정刑政・제도制度가 갖추어지지 않은지도 오래되었다."는 상황을 바꾸어야 한다고 주장하였다.

구양수는 더욱 노력하여 그가 지은 「정통론正統論」・「본론本論」・「춘추론春秋論」16) 등에서 왕제王制와 유학儒學의 큰 맥을 밝히고 거듭 이적夷狄과 불가佛家와 노장老莊의 병폐를 밝혔으며, 「붕당론朋黨論」17)을 지어서 군자와 소인의 규율을 밝혔고, 그의 『신오대사』중의 「영관전伶官傳」은 군왕君王의 우환은 항상 소홀히 하는 것에서 쌓인다는 것을 논하였으며, 「환자전宦者傳」을 지어서 여자와 환관宦官의 화를 말하였고, 「사절전死節傳」과 「사사전死士傳」을 지어서 충의忠義의 절개를 드날렸다.

그의 『신당서・예악지』는 12권이나 되었는데, 이처럼 장편의 거대한 문집에서 역대 정사正史 중 전장典章의 제도를 명백히 구별한 것은 전례 없는 것이었다. 이러한 거론은 곧 중당中唐 이후의 "예악禮樂이 허명虛名이 되었다"는 상황을 통감하면서 제시한 것이다.18)

송대의 사학史學은 고도로 발달하였는데, 역대의 흥하고 망함과 다스려지고 어지러움의 교훈을 총결하고자 하는 급박함에서 나오게 되었다.19)

이와 서로 적합한 것은, 구양수 등의 철학이 극도로 '현실'의 정신을 표현하며, 그들은 모두 사회와 인사의 손익과 화복에 시선을 경주하였고, 우주문제에서 강림과 현세를 완전히 동일한 차원의 이론으로 여겼다.

하늘과 사람의 사이는 멀고도 은미하도다.❶

성인은 사람에게서 하늘을 끊지 않으며, 또한 하늘을 빙자하여 사람을 참여시키지도 않는다. 사람에게서 하늘을 끊으면 천도가 폐하게 되고, 하늘을 빙자하여 사람을 참여시키면 인사가 의혹 된다. 그러므로 항상 보존하고 궁구해야 한다. …… 그렇다면 하늘은 과연 사람과 함께할 수 있는가? 사람과 함께할 수 없는가? 곧 알지 못하는 것이다. 그것은 알 수 없기 때문에 항상 높이되 멀리하며, 그것은 사람과 다를 바가 없기 때문에 인사를 닦을 뿐이다.❷

❶ 『신오대사(新五代史)·사천고제1(司天考第一)』, "夫天人之際, 遠哉微矣."
❷ 『신오대사(新五代史)·사천고제2(司天考第二)』, "蓋聖人不絶天於人, 亦不以天參人. 絶天於人則天道廢, 以天參人則人事惑, 故常存而不究也. …… 然則天果與人乎? 不與人乎? 則所不知也. 以其不可知, 故常尊而遠之, 以其與人無所異也, 則修吾人事而已." 『新唐書·五行志序』에도 아울러 보인다.

'천인지제'에 대하여 이렇게 완전한 태도는 심지어 그가 『주역』을 논할 때에도 변하지 않는다.

성인은 인사에 매인 사람이니, 하늘과 사람의 사이를 드물게 말하는 것이다. …… 성인은 사람이니, 사람을 알 뿐이다. 천지의 귀신은 알지 못하기 때문에 그 자취를 미루어 짐작할 뿐이며, 사람은 알 수 있는 것이므로 곧바로 그 마음을 말하는 것이다. 사람의 마음으로 천지 귀신의 자취를 미루어 짐작함은 다름이 없다. 그렇다면 우리 인사를 수양할 따름이니, 인사를 수양하면 천지 귀신과 더불어 합치하는 것이다.❶

❶ 『구양수전집(歐陽脩全集)·역동자문(易童子問)』1권, "聖人急於人事者也, 天人之際罕言焉. …… 聖人, 人也, 知人而已. 天地鬼神不可知, 故推其迹 ; 人可知者, 故直言其情. 以人之情而推天地鬼神之迹, 無以異也. 然則修吾人事而已, 人事修, 則與天地鬼神合矣."

구양수 등은 정치·역사·철학·사대부인생관 등 전통문화의 체계에서 거의 모든 현실과 직접적인 물질·정신적 역량들을 동원하고 집결시켜서 하나하나 구체적 방면으로 체계의 쇠퇴를 저지하려했음을 쉽게 볼 수 있다.

여기에 동원된 범위와 자각의 정도는 역사상 전례 없는 것이었으며[20], 그것은 사대부의 대표 인물들이 본래 계급의 현실이익에 대하여 어떠한 책임감[21]을 가지고 있었던 것과 구양수가 당시 사대부계층을 이끌 수 있었던 원인을 설명해줄 뿐만 아니라, 전통문화가 직면한 위기의 긴박성을 설명하고 있다.

이러한 현실적 긴박성은 사회체제에 전면적으로 도전하는 데는 일반적인 규칙과 빠른 효과적인 방식으로 대응할 것을 요구한다. 때문에 구양수가 위에서 언급한 심혈을 기울여서 깊이 연구한다는 것과, 중당으로부터 북송에 이르기까지 빈번한 정치개혁과[22], 중당의 한유로부터 북송의 석개·구양수 등의 한족과 이민족에 대한 정책·불가와 노장의 병통에 대한 강조를 볼 수 있을 뿐만 아니라, 송대 이후 집권제도의 끊임없는 강화 등을 볼 수 있다.

이러한 모든 것은 사회체제가 전반적인 위기 앞에서 본능적이고 기계식의 자위반응自衛反應을 보였는데, 이러한 반응은 직접적이고 신속한 효과의 특징을 지녔기 때문에 봉건사회가 발전하는 데 절대적이고 필수적인 것으로 여겼다.

그러니 남송에 이르러서도 여전히 진량陳亮과 섭적葉適 같은 사람들에게서 통치계급의 공명과 이욕에 대한 마음이 절박하여 기다리지 못하는 열정을 볼 수 있다.

고황지간膏肓之間23)의 체계위기와 신앙위기

중당 이후 중국전통문화가 직면한 근본적인 모순은 결코 한유·호원·손복·석개·구양수·왕안석·섭적 같은 사람들이 주목한 대상 속에 내포되어 있던 것이 아니었다. 그 또한 어떤 일시적인 효용과 이익을 위한 행동으로 제거될 수 있는 것도 아니었다. 한당漢唐의 역사적 전통문화를 가지고 있는 것에 대하여 이야기한다면, 송대 이후의 모든 위대한 업적은 모두 "일찍이 큰 바다를 본적이 있어서 보통 하천은 대수롭지 않게 여긴다."는 것을 두려워하였다.

전통문화가 직면한 근본 모순과 위협을 예를 든다면, 번진藩鎭24)이 활거하고, 이적이 횡행하며, 불가와 노장이 번성하며, 붕당이 없어지지 않았고 군대의 위엄이 날로 쇠퇴 하는 등등의 사건들은 당시 정치상황의 위기일 뿐만 아니라 전체 전통문화체계의 생명력을 쇠약하게 하였다. 이로 말미암아 날로 더욱 쇠퇴해가는 사회계층 특히 사대부계층을 통치하는 계급에서는 이러한 체계와 전통 우주질서에 대한 믿음이 동요하는 것을 견고히 하였다.

중당 이후 상술한 체계위기와 신앙위기가 여전히 변함없음을 가장 먼저 깨달은 자는 백거이이다. 백거이는 종종 중당의 정치가 폐단적이라고 하였고 이러한 폐단은 통치자의 득실과 성패에만 관계되는 것이 아니라, 또한 근본적으로 전통의 우주질서를 위협한다고 여겼다. 그는 자신이 느끼는 불길한 예감을 세상 사람들에게 알렸다. 예를 들면「도연명의 체 16수를 본받다」에서 그는 마음속의 복잡한 고뇌를 술회하였고, 마지막에는 천도天道에 대하여 지속되는 의문으로 결론을 맺고 있다.

謂天不愛民	하늘은 백성을 사랑하지 않는다면
胡爲生稻粱	어찌 곡식을 내었단 말인가?
謂天果愛民	하늘이 과연 백성을 사랑한다면
胡爲生豺狼	어찌 맹수를 내었단 말인가?
謂神福善人	신이 착한 사람을 복되게 한다면
孔聖竟棲遑	공자는 끝내 허둥거리며 살게 하였는가?
謂神禍淫人	신이 간사한 사람을 화를 입게 한다면
暴秦終霸王	잔혹한 진시황은 끝내 패업을 이루게 하였는가?
顔回與黃憲	안회와 황헌❶ 같은 사람은
何辜早夭亡	무슨 허물로 일찍 요절하게 하였는가?
蝮蛇與鴆鳥	살모사와 짐새는
何得壽延長	어찌 긴 수명을 누리게 하는가?
物理不可測	사물의 이치는 예측하기 어렵고
神道亦難量	신들의 도도 헤아리기 어렵구나.
擧頭仰問天	머리 들어 푸른 하늘에 묻지만
天色但蒼蒼	하늘 빛은 단지 푸르고 푸를 뿐이네!❷

❶ 황헌(黃憲): 후한(後漢) 여남(汝南) 신양(愼陽) 사람. 자는 숙도(叔度)이고 효렴(孝廉)으로 천거되었으나 벼슬에 나가지 않았다.
❷ 『백거이집(白居易集)』 5권, 「도연명을 본받은 체16수[效陶潛體十六首]」

    과거에는 시대의 어려움과 사대부 개인운명의 불행함이 수 없이 많았다. 예를 들면 건안문학建安文學25)에서 참혹한 전란의 광경을 보았고, 서진문학西晉文學에서 사인들이 자신의 생사와 성쇠에 대하여 마치 깊은 못에 이르러 살얼음을 밟는 것처럼 근심하는 것을 보았으며26), 두보의 시에서도 세간의 수많은 불평에 대한 상심과 번뇌는 매우 깊고도 지극하였다.
    하지만 백거이처럼 전통우주체계의 조화를 흉내 낸 적은 없었고, 고래로부터 내려온 의심할 여지가 없는 도리가 의문을 일으켰다. 이러한 의문은 백거이의 마음속에 깊게 뿌리내렸으며, 이와 비슷한 시구를 다른 사람들한테서도 자주 볼 수 있다.

樂往必悲生	즐거움이 가면 반드시 슬픔이 생기고
泰來由否極	좋은 일이 옴은 나쁜 일이 극함에서 연유하네.
誰言此數然	운수가 그렇다고 누가 말했나?
吾道何終塞	나의 도는 어찌 끝내 막히는가!
嘗求詹尹卜	일찍이 첨윤❶의 점을 구하여
拂龜竟默默	거북점을 쳐도 끝내 조용하기만 하네.
亦曾仰問天	또 일찍이 우러러 하늘에 물어도
天但蒼蒼色	하늘은 단지 푸르기만 하네.❷

❶ 첨윤(詹尹): 고대 점(卜)을 관장하던 관리의 이름으로 성은 정(鄭)씨이며, 점을 잘 쳤던 것으로 전하여짐. 후대에는 점을 잘 치는 사람의 대명사로 쓰인다.
❷ 「견회(遣懷)」, 『백거이집(白居易集)』 31권

모든 전통의 가치 관념이 백거이의 안목에는 모두가 이 때문에 의의를 잃었다는 것이며, 성현들도 예외가 아니었다.

莫驚寵辱虛憂喜	총애와 비난에 놀라 근심과 즐거움을 허비하지 말며
莫計恩讎浪苦辛	은자와 원수를 따져서 고생한 것을 낭비하지 말라.
黃帝孔丘無問處	황제와 공자는 물을 곳이 없으니
安知不是夢中身	이 몸 꿈속에 있는 줄을 어찌 알겠는가?
鹿疑鄭相終難辨	사슴인가 의심해도 정상은 끝내 분별 못하였으니
蝶花庄生詎可知	나비인지 장자인지 어찌 알겠는가?
假使如今不是夢	만일 지금이 꿈이 아니라면
能長於夢幾多時	꿈속에서 자란 것이 얼마나 될까?❶

❶ 「의몽2수(疑夢二首)」, 『백거이집(白居易集)』 28권

심지어 시도詩道가 쇠퇴함에 이르렀으니, 문인들이 단순히 아름다운 자연 경을 시로 읊는데 몰두하는 상황이 당시의 구체적인 폐단이었고, 그들도 근본원인은 우주질서에 큰 병폐가 생겼기 때문임을 인식하고 있었다. 백거이가 말했다.

아! 어찌 육의❶와 사시❷의 풍모를 하늘이 파괴하려하니, 지탱할 수 없어서 인가? 아니면 또 하늘의 뜻이 아래의 사람들이 병들고 괴로워하는 소리가 위에 들리는 것을 바라지 않는 다는 것을 알지 못해서인가?❸

❶ 육의(六義): 『시경(詩經)』 육체(六體)의 분류법(分類法)으로, 첫째 풍(風)이요, 둘째 부(賦)요, 셋째 비(比)요, 넷째 흥(興)이요, 다섯째 아(雅)요, 여섯째 송(頌)이다.
❷ 사시(四始): 『시경(詩經)』의 「관저(關雎)」는 풍(風)의 시(始)요, 「녹명(鹿鳴)」은 소아(小雅)의 시(始)요, 「文王」은 대아(大雅)의 시(始)요, 「청묘(淸廟)」는 송(頌)의 시(始)이니, 이것을 사시(四始)라 한다.
❸ 「여원구서(與元九書)」, 『백거이집(白居易集)』 45권, "嗚呼! 豈六義四始之風, 天長破壞, 不可支持耶? 抑又不知天意不欲使下人病苦聞於上耶?"

이처럼 백거이는 체제위기에 민감하였지만 당시의 다른 사대부들은 깨닫지 못했던 것이었다. 바로 이 때문에 그는 활기를 잃고 '술' 속에 스스로 빠졌으니 이는 개인 생활의 출로를 선택한 것일 뿐만 아니라, 후기 봉건사회 전체 사대부계층의 인생철학과 생활진로에서 선구자였다.

백거이 같은 풍류를 이해하는 것이 송대에 그 의의가 뚜렷하게 나타나서 송대의 정치가와 사상가들은 거의 예외 없이 긴박함을 느끼고, 도처에 정치상황과 사건의 위기가 있었다는 점을 앞에서 언급했다. 이러한 재앙이 모두 절박하

제3장 송명이학의 중대한 의의 중 첫째인 천인지제 체계의 강화와 완선이 원림경계에 미친 영향

더라도 치명적인 위협은 따로 있었다. 예를 들면 다음과 같은 것이다.

天地四維誰主張	천지의 사유❶는 누가 주장했나?
縱使群陰入風日	여러 별들을 바람과 볕에 들도록 했다고 해도
日光在天已蒼凉	햇볕은 하늘에 있어서 이미 푸르고 서늘하며
風氣吹人更慘慄	바람의 기운 사람에 부니 슬프기만 하네.
樹木慘慘顔色衰	나무들은 안색이 쇠함을 슬퍼하고
燕雀啾啾群侶失	제비와 참새는 짝들을 잃음을 재잘거린다.
我有愁輪行我腸	나에게 근심의 바퀴가 있어 근심만 더할 뿐이며
顚倒回環不能律	바꾸어도 고리가 되어 법으로 삼을 수 없구나.
我本孜孜學詩書	나는 본래 부지런히 시서를 배웠으나
詩書與今豈同術	시서가 지금과 어찌 같은 방법이겠는가?❷
人衆者勝天	사람이 많으면 하늘을 이기지만
天定亦勝人	하늘이 안정되어지면 역시 사람을 이긴다.
鄧通豈不富	등통❸은 어찌 부유하지 못했으며
郭解安得貧	곽해❹는 어찌 가난하게 되었는가?
驚飛賀廈燕	집이 완성되어 축하하러온 제비 놀라 날고
走散入幕賓	장막에 들어온 손님도 흩어지네.
醉眠中山酒	중산❺의 술에 취하여 잠들고
夢結南柯姻	남쪽 가지에서 꿈속에 혼례를 올리네.
寵辱能幾何	총애 받고 미움 받음이 얼마나 되는가?
悲歡浩無垠	슬픔과 기쁨은 넓어서 끝이 없구나.
回視人間世	인간 세상을 돌아보니
了無一事眞	한 가지도 참됨이 없구나!❻

❶ 사유(四維): 예(禮), 의(義), 염(廉), 치(恥)로 나라를 다스리는 데 지켜야 할 네 가지 원칙을 이른다.
❷ 증공(曾鞏), 「추회(秋懷)」, 『증공집(曾鞏集)』 3권.
❸ 등통(鄧通): 한(漢)나라 효문제(孝文帝) 때의 사람으로, 황제의 총애를 받아 부유하게 살았으나 효문제가 죽고 효경제(孝景帝)가 즉위한 후, 전 황제 때에 저지른 죄로 재산을 몰수당하고 굶어 죽었다.
❹ 곽해(郭解): 한무제(漢武帝)에 의하여 멸문(滅門)을 당한 협객(俠客). 타고난 성품이 잔인

하여 젊었을 때 뜻대로 되지 않는 일이 있으면 곧 분개하여 죽인 사람이 대단히 많았었다. 그 뿐 아니라 가짜 돈을 만들고 무덤을 파헤치는 등 이루 헤아릴 수 없을 정도의 악행을 저질렀다. 나이가 먹은 뒤로는 성질을 바꾸어 검소한 생활을 했고, 덕으로써 남의 원수를 갚아주며, 남에게 후한 은혜를 베풀면서 그 보답을 바라는 일도 거의 없이, 의협적인 일을 즐겨 행하였다.

❺ 중산(中山): 중국의 지명으로 복건성(福建省)에 위치함.
❻ 소식(蘇軾), 「재용전운화손지거(再用前韻和孫志擧)」, 『소식시집(蘇軾詩集)』 45권.

이런 것은 그야말로 「호료가好了歌」27)의 전주곡이었다. 그러나 소식은 백거이의 우주질서와 전통가치관에 대한 의문을 반복한 것만 아니고 전통문화의 체계를 말한 것으로 그는 백거이의 감춰진 더욱 위험한 요소에 대하여 비교하는 것을 염두에 둔 것이다.

소식이 춘추시대의 다섯 패자 중 하나인 진 목공과 세 사람의 어진 대부를 순장한 것에 대하여 지은 두 수의 시를 살펴보자.

…… 진목공이 살아서 맹명을 죽이지 않았으나, 어찌 그가 죽었다고 하여 차마 그 어진 사람들을 따라죽게 하겠는가? 이에 세 사람이 공을 따라 죽으려는 뜻을 알았으니, 제나라 두 사람이 전횡을 따라 죽은 것과도 같다. 옛사람은 한 소쿠리의 밥에도 감발하여 오히려, 그 몸을 희생하였네. 지금 사람들은 이와 같은 것을 다시 볼 수 없으니, 이에 보는 것이 옛사람을 의심하게 되네. 옛사람도 보지 못하니, 요즘사람은 더욱 삼가해야하리라!❶

❶ 소식(蘇軾), 「진목공묘(秦穆公墓)」, 『소식시집(蘇軾詩集)』 3권. " …… 公生不誅孟明, 豈有死之日, 而忍用其良? 乃知三子殉公意, 亦如齊之二子從田橫. 古人感一飯, 尚能殺其身. 今人不復見此等, 乃以所見疑古人. 古人不可見, 今人益可飾!"

此生泰山重	이 삶이 태산처럼 중하가도 하지만
忽作鴻毛遺	홀연히 기러기 털처럼 버려지기도 하네.
三子死一言	세 사람이 죽음에 한결같이 말하기를
所死良已微	죽으니 어짊도 이미 희미해진다 하네.
賢哉晏平仲	어질도다! 안평중❶이여
事君不以私	군주를 모심에 사사롭게 하지 않는구나.
我豈犬馬哉	내가 어찌 개나 말이겠느냐마는
從君求蓋帷	임금을 따름에 하찮은 덮개와 장막을 구하는구나.❷
殺身固有道	살신함에도 실로 도가 있으니
大節要不虧	큰 절개는 이지러지지 않아야 하리.
君爲社稷死	임금이 사직을 위하여 죽으면
我則同其歸	나는 그 돌아감을 함께하리라.
顧命有治亂	임금의 유언에는 치란이 있고
臣子得從違	신하와 자식은 복종과 배반이 있네.
魏顆眞孝愛	위과❸는 참다운 효애를 행하였지만
三良安足希	세 어진 사람을 어찌 바라겠는가!❹

❶ 안평중(晏平仲): 중국 춘추시대 기원전 500년경에 살았던 제(齊)나라의 명재상이다. 명은 영(嬰), 자는 중(仲), 시호는 평(平)이다. 안약(晏弱)의 아들로, 제(齊)나라 이유(夷維) 사람이다.
❷ 『예기(禮記)·단궁하(檀弓下)』에, "공자가 기르던 개가 죽자 자공(子貢)으로 하여금 묻도록 하면서 말하기를, '내가 들으니 해어진 휘장도 버리지 않는다고 하니 말을 묻기 위함이며, 못 쓰는 뚜껑도 버리지 않음은 개를 묻기 위함이다.'라고 하였다.[仲尼之畜狗死, 使子貢埋之曰, '吾聞之也, 敝帷不棄, 爲埋馬也, 敝蓋不棄, 爲埋狗也.']"는 말이 있다.
❸ 위과(魏顆): 중국 춘추시대(春秋時代) 진(晉)의 위무자(魏武子)는 병이 들자, 아들 위과(魏顆)에게 자신의 첩실(妾室)을 개가(改嫁)시켜 순사(殉死)를 면케 해달라고 하였다. 위독한 지경에 이르러서는 여인을 순사시켜 자신의 옆에 묻어달라고 하였다. 아버지가 사망하자 위과는 '병이 위중하면 정신이 혼미하여 판단력이 흐려진다.'고 여겨 첩실을 개가시켰다. 이 일로 나중에 위과는 진(秦)나라와의 전쟁에서, 서모(庶母) 아버지의 혼령이 나타나 결초보은(結草報恩)하여, 진(秦)나라를 물리치고 진(秦)의 명장 두회(杜回)마저 생포하였다.
❹ 소식(蘇軾), 「화도영삼량(和陶咏三良)」, 『소식시집(蘇軾詩集)』 40권.

『소문충시합주蘇文忠詩合注』에서 『초계어은총화苕溪漁隱叢話』를 인용하여 말했다. "나는 동파의 「진 목공묘」시와 「화삼양和三良」의 시는 시의가 서로 상반된다고 보았는데, 아마 젊었을 때의 비평은 이와 같았지만 만년의 견해는 더욱 고상해졌다."28)고 하였다.

젊을 때에 쓴 앞의 시에서 소식이 중점을 둔 것은 이처럼 세 어진이가 요행이 패주인 진 목공을 만났다는 것인데, 자기를 알아주는 사람을 위하여 기꺼이 따라 죽을 수 있는 임금과 신하가 만났다는 것이었다. 그러나 만년에 쓴 뒤의 시에는 그의 태도에 큰 변화가 생겼다. 『예기禮記・단궁檀弓』에 공자의 말이 있는데, 해진 휘장도 버리지 않음은 말[馬]을 묻기 위함이며, 못 쓰는 뚜껑도 버리지 않음은 개를 묻기 위함이라고 하였다.

소식이 큰 소리로 묻기를, 예로부터 신하는 견마犬馬가 아닌데 무엇을 위하여 군주에게 이러한 못 쓰는 뚜껑과 해진 휘장을 구걸해야 하는가? 그래서 그는 "임금의 유언에는 치란이 있고, 신하와 자식은 복종과 배반이 있네[顧命有治亂, 臣子得從違]."라고 하였는데, 이는 군신君臣의 도에 크게 어긋나는 결론이다.

춘추시대부터는 진목공이 세 어진 신하를 따라 죽게 한 것에 대한 비평도 적지 않았다. 예를 들면, "진목공이 맹주가 되지 못한 것이 마땅하도다! 죽어서도 백성을 버리는구나. …… 이제 무법을 방종하게 하여 후사에게 물려주고, 또 그 어진 이를 거두어서 죽게 하니, 윗자리에 있기가 어렵다."고29) 하였다.

그런데 중요한 것은, 지난 비평의 관점은 모두 군주가 만약 백성을 근본으로 하지 않고 어진사람을 중하게 여기지 않는다면 '윗자리에 있기가 어렵다.'고 한 것이다. 또한 민본民本・애인愛人・존현尊賢 등등이 모두 군주가 '윗자리에 있기[在上]' 위한 필수적인 수단과 방법이었다.

그러나 현재 소식이 진 목공에 대한 비평은 완전히 다른 각도인데, 세 어진이의 사람됨의 가치는 본래 태산처럼 무거움이 있으나 진목공은 무엇을 근거로 견마犬馬처럼 대하기를 요구하는가? 세 어진이 자신은 또 무엇을 위하여 죽고자하는 것을 이처럼 가볍게 기러기 털과 같이 할 수 있는가! 전통적 우주질서의 입장에서 이야기한다면, 소식의 이러한 것들은 이적夷狄과 불노佛老에 비하여 훨씬 위험하다는 것을 염두에 둔 것이 아닌가?

후대에 주희朱熹가 왕안석王安石을 평가하여 칭찬과 비방을 적절히 하였으니, 모두가 그에 대하여 "바름이 마치 의사가 병을 치료함과 같으니, 그 마음이 어찌 다른 사람을 살리려 하지 않겠는가?"라고 말하였는데, 다만 소식의 비방한 것은 엄격함이 많다는 것에 대하여, "비경蜚卿이 형공荊公과 파공坡公의 학문에 대하여 질문하면서, '두 공의 학문은 모두 바르지 못하지만, 동파東坡의 덕행에서 형공荊公처럼 할 수 있겠는가!' 동파가 초년에 등용 되었다면 반드시 그 근심이 형공보다 심했을 것이다"고 하였다.30)

이학가의 우열이 왕안석과 소식에서 기인한 것은 완미할만한 가치가 있다.

소식상

이학理學 — 전통문화체계의 위기가 만들어낸 가장 심각한 반응에 대한 사회구조

　이학가理學家는 통치계급인 다른 정치가·사상가의 원칙과 길을 달리하고 불필요하게 '변법變法'을 하거나 유심唯心 혹은 유물唯物 등등을 주장하지 않았고, 전통문화가 계속됨에 따라서 만나는 근본적인 위기가, 무엇인가에 대하여 혹자는 어느 지방에서 입수된 지식과 능력인지 포착해서 전반적인 체계위기의 문제점을 정리해야한다고 하였다.

　정자程子와 주자朱子학설의 탄생은 이학이 성숙하였다는 상징이 되었는데, 그 원인은 많지만, 그들이 위에서 언급한 문제에 대한 인식이 분명하고도 자각한 것이 놀라울 정도에 도달한 것이 가장 중요한 원인이라 할 수 있다. 정호程顥와 주희朱熹의 이야기를 예로 들겠다.

천리의 바름을 얻고 인륜의 지극함을 다한 것이 요순의 도요, 그 사심을 써서 인의의 치우침에 의지하는 것은 패자의 일입니다. 왕도는 숫돌과 같아서 인정에 근본하고 예의에서 나오는 것이니, 마치 큰 길을 밟고 가는 것과 같아서 다시 휘거나 굽는 법이 없습니다. 패자는 험난하고 좁은 길 가운데에서 불안해하며, 끝내 요순의 도에 들어갈 수 없습니다. …… 일이란 크고 작음이 있고 선과 후가 있습니다. 그 작은 일을 세밀히 살피고 그 큰일을 소홀히 하며, 뒤에 할 것을 먼저하고 먼저 할 것을 나중에 하면 모두 잘 다스릴 수 없습니다. 또한 뜻을 게을리 할 수 없으며 때를 잃을 수도 없으니, 오직 폐하는 선성의 말씀을 상고하시고, 인사의 이치를 살피며, 요순의 도를 알아서 자기에게 갖추어지게 하며 자신을 돌이켜 정성스럽게 하고, 그것을 미루어 사해에 미치도록 하십시오.❶

……신이 가만히 요즘 천하의 형세를 살펴보니, 마치 사람이 중병이 있는 듯하여, 안으로 심장과 배로부터서 밖으로는 팔과 다리에 이르기까지 모두 조그만 것이라도 한 번 발하면 병을 받지 않는 것이 없습니다. 비록 일어나고 앉고 마시고 먹는데 있어서는 방해됨에 이르지 않겠지만, 그것의 위급한 증세는 의사보다도 심함이 있어서 진실로 이미 바라만 보아도 달아나게 됩니다. 이는 반드시 편작이나 화타와 같은 무리를 얻어 신단과 묘제를 주어서, 그를 위하여 창자를 씻고 위를 세척하여 그 병의 뿌리를 없앤 연후에야 안전할 수 있습

니다. 만일 그렇게 하지 않는다면 병이 날로 깊어가도 병자는 깨닫지 못할 것이니 그것이 한심스러우며, 자못 속된 의사가 일반의 약재를 써서 미칠 수 있는 것이 아닙니다. …… 그러나 세상의 일에 마땅히 말해야 할 것이 너무도 많으니, 그 차례가 미치지 못함이 있는 것을 살피느라 신은 말할 겨를이 없으나, 또한 홀로 천하의 대본과 금일의 급무를 깊이 폐하를 위하여 말씀드립니다. …… 신이 문득 폐하의 마음으로 천하의 대본을 삼은 것은 무슨 까닭이었겠습니까? 천하의 일은 천변만화하여 그 단서가 무궁하면서도 하나라도 임금의 마음에 근본하지 않음이 없는 것이 자연의 이치입니다. 그러므로 임금의 마음이 바르면 천하의 일이 하나라도 바름에서 나오지 않음이 없으며, 임금의 마음이 바르지 못하면 천하의 일이 하나라도 바름에서 나올 수 없는 것입니다. ……❷

❶ 『이정집(二程集)·하남정씨문집(河南程氏文集)』1권,「논왕패찰자(論王霸札子)」, "得天理之正, 極人倫之至者, 堯舜之道也, 用其私心, 依仁義之偏者, 霸者之事也. 王道如砥, 本乎人情, 出乎禮義, 若履大路而行, 無復曲曲. 霸者崎嶇反側於曲徑之中, 而卒不可入堯舜之道. …… 夫事有大小, 有先後. 察其小, 忽其大, 先其所後, 後其所先, 皆不可以适治. 且志不可慢, 時不可失, 惟陛下稽先聖之言, 察人事之理, 知堯舜之道備於己, 反身而誠之, 推之以及四海."
❷ 『주문공문집(朱文公文集)』11권,「무신봉사(戊申封事)」, "盖臣竊觀今日天下之勢, 如人之有重病, 內自心腹, 外達四肢, 蓋無一毛一發不受病者. 雖起居飮食未至有妨, 然其危迫之證, 深於醫者, 固一望之而走矣. 是必得如盧扁, 華佗之輩, 授以神丹妙劑, 爲之湔腸滌胃以去病根, 然後可以幸於安全. 如其不然, 則病日益深而病者不覺, 其可寒心, 殆非俗醫常藥之所能及也. …… 然天下之事所當言者不勝其衆, 顧其序有未及者, 臣不暇言, 且獨以天下之大本與今日之急務深爲陛下言之. …… 臣之輒以陛下之心爲天下之大本者, 何也? 天下之事, 千變萬化, 其端無窮, 而無不本於人主之心者, 此自然之理也. 故人主之心正, 則天下之事無一不出於正, 人主之心不正, 則天下之事無一得由於正. ……"

정주程朱가 이처럼 최고의 통치자에게 절실히 호소하는 것은 정치를 행함에 대소와 본말을 분명하게 가리고, '병근病根'을 없애야 함이며, 그들이 심각하게 본 것은 당시 정치상황의 위기를 비교하여 전통문화의 위협에 대한 체계의 위기를 다소 알지 못한다는 것이었다.

이러한 분명한 인식 때문에 그들의 모든 행위와 이론도 '대본大本'의 출발점이 되었고, "왕안석王安石이 고사를 인용한 것부터 정호程顥가 일찍이 한 한마디 말도 공리功利에 이르지 않음이 없었다."31)고 한 것과 같은 것이다.

이학가들은 의식衣食과 예악禮樂을 무용하게 여기는 어리석은 사람들이 아니며, 그들의 '일찍이 한 한마디 말도 공리功利에 이르지 않음이 없었다.'는 것은 다시 융성하는 공리를 거론하고 이학의 고차원적인 추구를 서로 비교하고자 하기 위함이지만, 서로의 거리는 너무 멀어서, "태산泰山은 높다고 하지만 태산의 정상은 이미 태산에 속하지 않는다. 비록 요순堯舜의 일이라도 단지 태산 속 한 점의 구름처럼 지나쳐 볼 뿐이다."32)고 하였다.

　또한 이학가들이 전례 없이 심각하게 여겼기 때문에 북송의 구양수 등이 '천인'의 학을 버리는 것과 대조를 이루어서, 남송에 이르러서는 가장 공리적 사상가로 이미 여러 차례 언급한 정자程子와 주자朱子에 이어졌다.

　예를 들면, 진량陳亮은 「동선가洞仙歌·정미수주원회丁未壽朱元晦」에서, "요임금·순임금·우임금·탕임금·무임금에게 묻노니, 얼마나 공명을 쌓았는가? 이제부터 한조각 구름이 지나가는 것처럼 하리라."33)라고 한 것과 같은 것이다.

　이학이 중당 이래 사상가들의 우열을 평하는 것과 취사의 선택은 완전히 '대본大本'으로부터 착안했으며, 한유가 도통에 대하여 얼마나 간절했는가는 논하지 않았다.

　주희는 여전히 그를 비평하여, "한공은 나라를 다스리고 천하를 평안하게 하는 것에만 힘쓸 뿐, 일찍이 자기 자신을 지키는 것에는 주의하지 않았다. …… 다만 이것은 한공이 본체의 공부가 부족함을 알 수가 있다."34)고 하였다.

　또한 호원胡瑗35)·손복·석개 등이 왕실을 높이고 오랑캐를 배척하느라 유학을 부흥시키어 큰소리로 창도함에는 어느 정도의 여력도 남기지 못했음을 막론하고, 단지 주자의 입장에서 보면 그들은 겨우 피상적인 것뿐이었으니, "안정[호원]의 전함은 모두 장구를 외워서 말한 것에서 나온 것이 아니어서 근세의 높고 자득한 학문을 따져보고 그 원대함을 본받으려고 해도 서로 미칠 수가 없다."36)고 하였고, "몇 몇 사람들은 모두 타고난 자질이 높아 왕도를 높이고 패도를 물리칠 줄 알며 의義를 밝혀 이利를 버리지만, 이와 같아서 이理를 보지 못하기 때문에 중中을 얻지 못하는 것이다."37) 하였다.

육구연陸九淵의 구양수에 대한 비평도 이와 같아서 "구양수의 「본론本論」은 진실로 좋으나 역시 겉모습만 이야기 하였다."³⁸⁾고 한 것이 그 예이다.

그는 왕안석王安石의 지적한 '이로움을 말함[言利]'·'법을 변화시킴[變法]' 등은 이러한 단계에서 착안한 것이 아니라는 것에 대하여 다음과 같이 말했다.

....

당시에 왕안석을 멀리하는 사람은 한 사람도 없었으니, 곧 왕안석의 법도에서 잘못된 것을 말하는 것이고, 다만 '만족스럽게 여기는 것이 자신과 같음'이나 '선조의 법은 변화시킬 수 없음'을 말할 뿐이었다. …… 요임금의 법은 순임금이 변화시켰고, 순임금의 법은 우임금이 변화시켰다. …… 다만 '선조의 법은 변화시킬 수 없음'을 말한 것은, 왕안석의 자질이 높으나 어찌 문득 복종할 수 있겠는가? ……어떤 이는 왕안석의 이로움을 말한 것이 이치에 맞지 않다고 이야기 할 것이다. 『주관』이란 책은 재물을 잘 다루는 것이 대부분을 차지하니 총재가❶ 나라의 쓰임을 조절하여 재물을 잘 다스리고 언사를 바르게 한다고 하였으니, 고인이 이로움을 만나는 것을 어찌 이롭게 여기지 않았겠는가! …… 왕안석이 요순 삼대의 이름을 존숭하였지만 일찍이 실천하여 실재적인 위치를 얻지 못했기 때문에 성취한 것이 왕도도 이루지 못하고 패도에도 나아가지 못하였다. 본질은 모두 격물하지 못한 까닭이니, 형사를 모색하여 문득 요순 삼대가 이와 같다고 생각했을 따름이다. 때문에 배우는 사람은 먼저 이치를 궁구하여야만 한다.❷

....

❶ 총재(塚宰) : 주대(周代) 6경(六經)의 우두머리를 이름.
❷ 「어록(語錄)」하, 『육구연집(陸九淵集)』 35권, "當時關介甫者, 無一人就法度中言其失, 但云'喜人同己', '祖宗之法不可變'…… 夫堯之法, 舜嘗變之, 舜之法, 禹嘗變之 …… 或言介甫不當言利, 夫 『周官』一書, 理財者居半, 塚宰制國用, 理財正辭, 古人何嘗不理會利? 介甫慕堯舜三代之名, 不曾踏得實處, 故所成者, 王不成, 霸不就, 本原皆因不能格物, 模索形似, 便以爲堯舜三代如此而已, 所以學者先要窮理."

주희의 사상체계는 이처럼 넓어서, 중국전통문화의 영역을 거의 포괄하면서도 그 요점은 도리어 『대학大學』의 짧은 문자 속에 귀결시켜 놓고 있다. 주희는

『대학』을 『사서四書』의 맨 앞에 두고 이학理學전체 학설의 기초로 삼았는데, 이러한 깊은 뜻은 사람들이 이해하지 못할까 하는 염려에서 반복적으로 설명한 것이 어찌 천백번만 되겠는가?

"『대학』은 수신하고 치인하는 밑바탕이 된다. 사람들이 집을 세우는 것과 비슷하여, 먼저 지반을 다져야 하는 것이다."하였고, "먼저 『대학』에 능통하여 강령을 세우면 나머지 경전은 모두 잡다한 말들로 그 속에 있게 된다."39)고 하여, 그가 이처럼 『대학』을 추중하는 까닭은 곧 그의 다음과 같은 대화에서 드러난다.

사물에는 근본과 말단이 있고 일에는 마침과 시작이 있으니, 먼저하고 나중에 할 바를 알면 도에 가까울 것이다. 옛날에 명덕을 천하에 밝히려는 이는 먼저 그 나라를 다스렸고 그 나라를 다스리려는 이는 먼저 그 집안을 바로잡았으며, 그 집안을 바로잡으려는 이는 먼저 그 자신을 수양하였고 그 자신을 수양하고자 하는 이는 먼저 그 마음을 바르게 하였으며, 그 마음을 바르게 하려는 이는 먼저 그 뜻을 참되게 하였고 그 뜻을 참답게 하려는 이는 먼저 그 앎에 이르게 하였으니, 앎에 이름은 사물의 이치를 궁구함에 있는 것이다.❶

주희상(朱熹像)

❶ 『사서장구집주(四書章句集注)·대학장구(大學章句)』, "物有本末, 事有終始, 知所先後, 則近道矣. 古之欲明明德於天下者, 先治其國, 欲治其國者, 先齊其家, 欲齊其家者, 先脩其身, 欲脩其身

원래 모든 근본은 우주체계나 우주질서의 태도와 인식에 대한 사람의 마음에 있으니, 주희의 설을 인용하여 설명하면 다음과 같다.

앎을 이룸이 사물의 이치를 궁구함에 달려있다고 한 것은, 나의 앎을 이루고자 한다면 물에 나아가 그 이치를 궁구함에 달려 있음을 말한다. 사람 마음의 신령함이 아는 것이 있지 않음이 없고, 천하의 물에 이치가 있지 않을 수 없지만, 다만 이치에 궁구하지 못함이 있기 때문에 그 아는 것이 다하지 못하는 경우가 있게 된다. 이 때문에 대학에서 처음 가르침에 반드시 배우는 자로 하여금 무릇 천하의 물에 나아가 그 이미 아는 이치를 바탕으로 더욱 궁구하여 그 극진한 데에 이르는 것을 구하지 않음이 없게 하는 것이다.❶

❶ 『사서장구집주(四書章句集注)·대학장구(大學章句)』, "所謂致知在格物者, 言欲致吾之知, 在卽物而窮其理也. 蓋人心之靈莫不有知, 而天下之物莫不有理, 惟於理有未窮, 故其知有不盡也. 是以大學始敎, 必使學者卽凡天下之物, 莫不因其已知之理而益窮之, 以求至乎其極."

　　모든 사람들의 심중에 이미 알고 있는 이치가 천지에 이르러 '천인天人'의 체계에 끝없이 포함되어, 거듭 새롭게 건립하여 하나로 통괄하고, 거듭 새롭게 조직하여 조화와 질서를 이루어 거듭 새롭게 '하늘과 사람이 함께[天人相與]' 융화하여 내재된 생명력을 끊임없이 충만하게 한다. 이것은 이학가들이 전통문화가 곤경에 처할 때에 고려해야할 문제와 관계되는 것들이다.
　　바로 이러한 전통문화가 후기에 계속 생존하고 발전하여 더욱 깊고 가장 높은 의의를 갖추었다. 이 때문에 사회구조가 비로소 이런 유구한 역사시기 내에, 이같이 거대한 지혜와 정감을 기울여서, 사대부가 세운 철학이 수많은 백성들의 심중에 있는 광대한 문화체계인 '천리인심天理人心'까지 곧바로 도달한 것이다. 그런데 송대부터 명 청대에 이르러서, 심지어 더욱 가까운 '삼충어사무한三忠於四無限'40)이나 '두사비수斗私批修'41)같은 사상들은 이를 세운 규모나 의의가 전통문화의 어떤 '공리功利'42)를 거론하는 것과는 너무 멀어 비교할 수 없는 것이다.

제2절 이학의 강화와 천인체계 완선 방법

이학이 출현하게 된 필연성 및 이학이 '천인지제天人之際' 우주체계를 완선하게 한 기본목적의 큰 문제가 전통문화발전 후기에는 허다한 영역에서 구체적으로 뚜렷하게 보이는데 이는 중요한 의의가 있다.

이편에서 연구할 대상을 예로 들겠다.

송대 이후 철학의 필연적 경향을 분명하게 보았다면, 천인체계를 완선하게 하는 목적에 도달하기 위하여 반드시 거쳐야하는 길을 쉽게 발견할 것이다. 이런 구체적인 길을 일단 발견하면, 이학과 고전원림예술경계의 관계를 분명하게 알 수 있을 것이다.

전국·진·한 이후 우주관의 변천을 하나의 완전한 나선형의 발전과정으로 간주한다면, 동중서가 '천인'체계의 대 통일을 강조한 가운데 '천'은 모든 영령과 만물 어느 곳에서나 직접적으로 통괄하는 것이 명백하다. 이 과정 중에서 주제가 되는 것이 정제正題이고, 현학玄學과 선종禪宗에서 '천인'체계를 강조하는 가운데 변화하는 자연운율과 마음으로 느끼는 것은 곧 주제에 반하는 반제反題인데, 이학은 이 두 주제가 합한 것으로 곧, 합제合題이다.

이학에서 '천인' 체계의 대 통일을 매우 강화하고, 우주본체[理·心]가 모든 영령과 만물을 통괄하는 것과 '천인' 체계에서 변화하는 자연운율을 전례 없이 중시하여, 이 두 가지가 결합하기 시작하였다. 이렇게 고도로 강화하여 결합한 것이 바로 이학이며, 또한 '천인지제'를 완선하게 하는 유일한 수단이었다.

이러한 설명은 선험적先驗的[43]인 논리의 연역演繹[44]이 아니고, 중당 이후 날로 폐쇄되고 위축되는 전통문화체계에서 이학은 '천인지제'의 완선한 실현을 객관적으로 요구하였으며, 최대한 과학적으로 유효하게 흡수하고, 소화하여 조직한 체계에 원래부터 있던 문화성과를 제외하고, 찾지 못한 어떤 새로운 요소를 자기수단으로 삼았다.

아래에서 완선하고 강화된 구체적인 과정을 서로 다른 측면에서 관찰하더라도 이러한 측면은 모두 고도의 완전무결한 체계에 속하며, 그것들 사이는 불가분의 관계일 뿐만 아니라 어디에든 모두 서로 스며들었다는 것을 반드시 주의해야 할 것이다.

이 편 제1장에서 이미 주돈이周敦頤·소옹邵雍같은 사람이 '천인합일의 근원을 궁구[窮天人合一之源]'한 이론을 서술하였지만, 이학이 '천인지제'를 고도로 강화시킨 것을 정자程子와 주자朱子의 이론에서 충분히 전개한 것이다.

정자와 주자는 이미 전대 사람들과 달리 추상적 바탕에서 '천인'의 대 통일을 강조하였으며, 이러한 체계에서 중요한 부분을 모두 정밀하게 분석하였다. 맨 먼저, 그들은 천지만물 자체가 내외內外가 없이 융화되어 결집된 통일체를 이루었다는 것을 재삼 명확히 하였다. 이정二程은 다음과 같이 말했다.

사람들은 천지의 외면에 대한 말들을 많이 하지만, 천지가 어떤지도 모르고 내외를 이야기하는데, 외면이 반드시 이렇게 심할까?
천지에 어찌 내외가 있으며, 천지의 외면을 이야기하면서도 도리어 천지를 알지 못한다.❶

> ❶ 『이정집(二程集)·하남정씨유서(河南程氏遺書)』2권상, "人多言天地之外, 不知天地如何說內外, 外面畢竟是箇甚?", "天地安有內外, 言天地之外, 便是不識天地也."

또 말하였다.

장자는 모든 사물이 같다고 생각하였다. 사물은 본래 같은데 어찌 네가 같다고 여기기를 기다리겠는가? ······

사물은 본래 같으나, 너희 스스로 같지 않다고 여기고 모든 사물이 같지 않다고 여기는 것에 상관하지 않는다.❶

> ❶ 『이정집(二程集)』·하남정씨유서(河南程氏遺書)』19권, "莊子齊物. 夫物本齊, 安俟汝齊? …… 物未嘗不齊, 只是偏自家不齊, 不干物不齊也."

　여기서 이학가들은 우주가 고도로 완전무결하여 조금도 분리할 수 없는 대통일의 체계이며, 아울러 우연이거나 강력하거나 외재적 원인에서 기인한 것이 아니라 크게는 하늘과 땅에서, 작게는 풀이나 나무 샘이나 돌에서 기인한 것이 더욱 중요한 것으로, 그들의 면모는 비록 천차만별이지만 그 본체는 하나이다. 이는 곧 '이理'이며, 우주 사이에 어떠한 사물도 '이'에서 생겨나서 이루어지지 않는 것이 없다. 이 때문에 어떠한 사물도 우주본체의 통제 아래에 있다.
　정자와 주자가 장재張載45)의 「서명西銘」46)을 추숭하는 중요 원인은 그들이 이 글을 통하여 '이치는 근본적으로 하나이지만, 다양한 만물들 속에서 다양하게 실현된다[理一而分殊]'는 우주본체론을 부연해냈기 때문이다. 이 원칙은 이학 전체이론의 핵심이다. 실제 「서명」에 '이일분수理一分殊'라고 말한 것은 없지만, 장재는 다음과 같이 말하였다.

있음과 없음이 하나이고, 안과 밖이 합치되니, 이것은 사람 마음의 자연스러운 것이다. …… 만물은 본래 하나이므로 하나는 다름을 합할 수 있다.❶

> ❶ 『장재집(張載集)』·정몽(正蒙)·건칭편제17(乾稱篇第十七)』19권, "有無一, 內外合, 人心之所自來也, …… 萬物本一, 故一能合異."

하지만 정자와 주자의 견해는 "「서명」은 '이일이분수'를 밝힌 것이다."⁴⁷⁾라는 것과 "「서명」의 대강은 '이일이분수'이다."와 "「서명」은 구마다 '이일이분수'라는 것을 알아야 한다."⁴⁸⁾는 본체론의 완성으로, 이학 자체 발전의 가장 관건이 한 걸음 진보한 것을 알 수 있다.

정자와 주자는 시종 '이일이분수'를 강화하여 '천인'체계의 지주로 삼았다. 따라서 정이程頤와 주희朱熹는 다음과 같이 말했다.

분산되어도 이에 있으면 만 가지로 다르고, 통일되어도 도에 있으면 두 가지 이치가 아니다. 그래서 역에 태극이 있으니, 이것이 양의를 낸다.❶

지극히 정성스러워 쉬지 않는 것은 도의 본체이니, 만 가지로 다른 것이 다 하나의 도를 근본으로 하고 있는 것이요. 만물이 각기 있어야할 자리를 얻음은 도의 쓰임이니, 하나의 근본이 만 가지로 달라지는 것이다.❷

❶ 『정이집(程二集)·역서(易序)』, "散之在理, 則有萬殊, 統之在道, 則無二致. 所以易有太極, 是生兩儀."
❷ 『논어집주(論語集注)』2권, 「吾道一以貫之章」, "蓋至誠無息者, 道之體也, 萬殊之所以一本也. 萬物各得其所者, 道之用也, 一本之所以萬殊也."

제자가 '하나로 관통한다一以貫之'는 것에 관하여 질문할 때, 주희는 오히려 특별히 당부하여, "또한 침잠沈潛⁴⁹⁾하게 알아야 할 것은 『논어』의 일장이다."⁵⁰⁾라고 하여 대통합의 근거를 수립한 것은 깊고 미묘하며 광대한 우주본체인 이理에 있다는 것이다.

이것과 동중서가 인격신화한 '천'을 대통합한 토대를 서로 비교하였지만, 깊이의 정도로 구별하는 것은 분명한 기준을 세우기 어려웠을 것이다. 이에 정자와 주자는 한나라 유학자들의 조잡함을 비평하는 데에는 조금도 사양하지 않았다. 예를 들겠다.

모장❶과 동중서는 가장 성현의 뜻을 얻었다. 그러나 도를 이해하는 것은 분명하지 않았다.❷

한나라 유학자들은 오로지 재이❸·참위❹·풍각❺·조점❻과 같은 것을 내학이라 하였고, …… 반대로 의리의 학문을 외학이라 하였다.❼

❶ 모장(毛萇): BC145년경에 활동한 중국 한대(漢代) 조(趙)나라 학자. 『시경(詩經)』을 수정하고 주석을 달았다. 그의 주석은 그 후 2천 년 동안 널리 알려져 『모시(毛詩)』라 불리기도 했다. 그의 저작은 일반적으로 시경의 권위 있는 주석으로 인정받고 있다.
❷ 『정이집(程二集)』·하남정씨유서(河南程氏遺書)』1권, "毛萇董仲舒, 最得聖賢之意, 然見道不甚分明."
❸ 재이(災異): 자연 재해와 드물게 보이는 자연 현상을 말한다.
❹ 참위(讖緯): 미래의 길흉화복(吉凶禍福)의 조짐이나 예언을 말한다.
❺ 풍각(風角): 사방과 네 모퉁이의 바람을 궁(宮)·상(商)·각(角)·치(徵)·우(羽)의 다섯 음으로 구별해서 길흉(吉凶)을 점치는 방술이다.
❻ 조점(鳥占): 새로 점을 치는 것이다. 일설에는 연초에 산에 들어가 새의 배를 갈라 그 속에 곡물이 있으면 길(吉), 없으면 흉(凶)으로 그 해의 풍흉(豊凶)을 점치는 것이라 한다.
❼ 『주자어류(朱子語類)』135권, "漢儒專以災異讖緯, 與夫風角鳥占之類爲內學, 反以義理之學爲外學."

이러한 말은 그들이 보기에 본말이 전도된 것으로 여겼다. '이일분수'⁵¹⁾라는 토대가 있었기 때문에, 이학은 우주본체와 표상⁵²⁾사이의 연계가 강화되어도 모두 이치에 맞고 조리가 있었다. 이학은 어떠한 보잘것없는 구체적인 사물과 표상도 모두 '이'가 생육시킨 결과이며, 모두 우주본체의 운행하는 공을 내포하고 있다고 인식하는 것이다.

이정二程은 특히 노장老莊이나 불교佛敎같이 화려한 종교가 우주본체와 끝없이 광활한 세계의 인식에 대한 것을 좋아하여, "장자가 도를 체득한 것을 형용한 말은 모두 좋은 곳이 있으며, 노자의 '골짜기의 신은 죽지 않는다.'가 장이 가장 아름답다."53)고 하였다.

혹자가 "제가 일찍이 『화엄경華嚴經』을 읽었는데, 첫째 '진공절상관眞空絶相觀54)'과 둘째 '사리무애관事理無碍觀55)'과 셋째 '사사무애관56)', …… 등의 이치는 무엇입니까?"라고 질문하였다. 정이程頤가 대답하여 "한마디로 말하면, 만 가지 이치가 하나의 이치로 귀결된다는 말에 불과하다."고 하였다. 또 "다른 것을 이해할 방법을 알지 못하겠습니다."라고 질문하니, "나 또한 다른 것도 그러한지 않은지 알지 못하겠다."고 대답하였다.57)

주희는 더욱 진일보하여 유명한 '화육유행化育流行'58)과 '천리유행天理流行'59)설을 제시하여 다음과 같이 말하였다.

이치가 있으면 기가 유행하여 만물을 발육시킨다.❶
도가 유행하여 천지 사이에 발현되어 있지 않은 곳이 없다. …… 도의 본체와 쓰임이 유행하고 발현되어 천지 사이에 가득하여, 예로부터 지금까지 털끝만큼도 비거나 한 순간도 끊어진 적이 없었다.❷

---

❶ 『주자어류(朱子語類)』1권, "有理, 便有氣流行, 發育萬物."
❷ 『사서혹문(四書或問)』4권, "道之流行發現於天地之間, 無所不在. …… 道之體用, 流行發見, 充塞天地, 亘古亘今, 雖未嘗有一毫之空闕, 一息之間斷."

결론적으로, 천리는 형체가 없지만 스스로 운행에 의하여 고도의 완전히 통일된 치밀하고 질서 있는 우주체계를 구축하였다. 후에 명대明代 이학의 영수였던 담약수湛若水[60]는 주희와 육상산陸象山을 융화시켜, "곳곳에서 천리를 마음속으로 인정한다隨處體認天理"와 "우주 사이에는 하나의 기만이 가득하여 운행될 뿐이다宇宙之間只是一氣充塞流行"를 제시하였고,[61] 아울러 〈심성도心性圖〉를 만들어서 '상하와 사방의 공간[宇]', '고금과 왕래의 시간[宙]'과 '심心·성性·정情', '만사 만물과 천지의 마음'을 하나의 큰 원 안에 모두 넣었다.

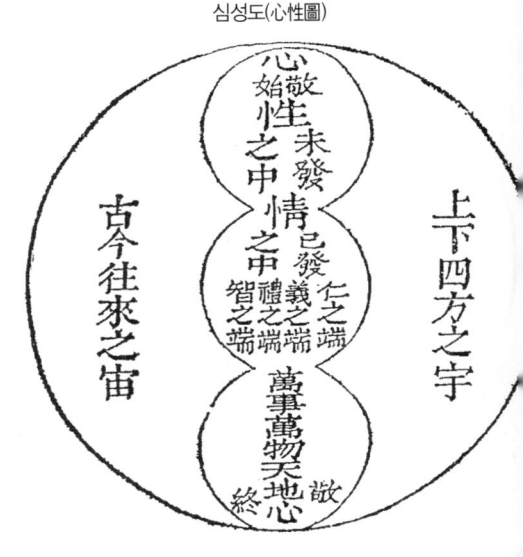

심성도(心性圖)

명대(明代理學)의 우주모식(宇宙模式)

이학의 이러한 추세는 우주관의 기본목적을 분명히 밝혀냈을 뿐만 아니라, 중국고대철학사에 내재한 발전논리의 귀결점을 명확히 표현해 냈다.

다음면의 전국시대 사상가 추연의 우주모식과 비교한다면 다음과 같은 점을 알 수 있을 것이다.

1. 전자(명대의 우주모식)는 전체 구조와 결구방법에 있어서 후자(전국시대의 우주모식)와 같은 계열에 속한다.
2. 전자의 개념은 후자에 비하여 크게 축소되어, 모든 세계에 병존하는 상황을 완전히 제거하였다.
3. 후자와 비교하였을 때, 전자의 내부 구조는 매우 정밀하고 치밀하며, '천인'체계 중의 모든 구성요소가 이미 결집되어 일체를 이루고 있다.

이와 같이 엄밀한 우주본체론이 있었기에, 필연적으로 '천'과 '인'은 이학 속

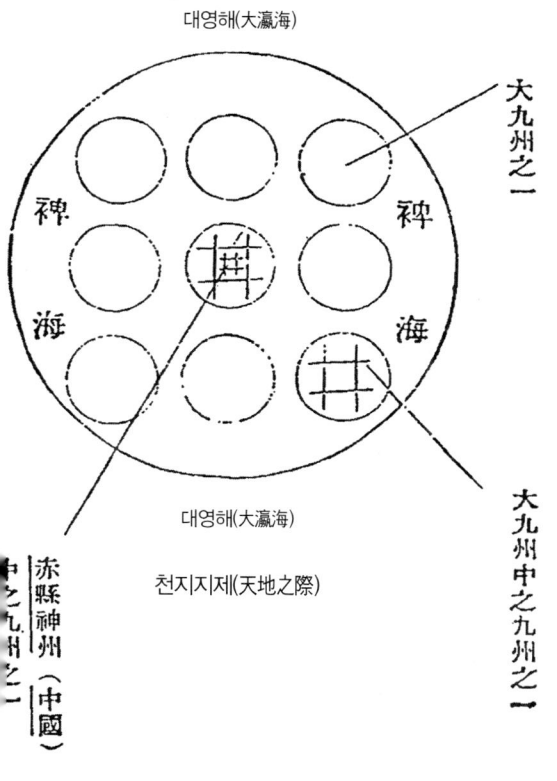

전국(全國) 추연(騶衍)의 우주모식(宇宙模式)

에서 전례 없던 고도의 융합을 실현하는 것이 필연적이었다.

장재의 「서명」에서 이학의 이러한 기본원칙은 이미 완전히 확립되어, "하늘을 아버지라 하고 땅을 어머니라고 한다. 나는 여기서 미미하게 섞여 그 가운데 있도다. 그러므로 천지에 가득 찬 것은 내가 그 몸이요, 천지의 주재자는 내가 그 본성이다. 모든 사람들은 나의 형제이고, 만물은 나와 더불어 살아간다."62)고 하였다.

그는 다시 본체론本體論에서 출발한 초보적인 원칙을 논증하여 "이는 사람에 있는 것이 아니라 모든 사물에 있으니, 사람은 단지 사물의 하나일 뿐이다. 이와 같이 보는 것이 올바른 것이다."63)라고 하였다.

정자와 주자가 '천'과 '인'이 일체라는 것을 반복적으로 밝힌 것은 본체 상에서 완전히 일치한 것으로 "사람은 오직 만물과 함께 변화하며, 천지와 함께 변화한다."64)하였다. 또 "천지·음양·생사·주야·귀신은 단지 하나의 이치이다."65)라고 하였다.

이학理學이 인식하는 것은 오히려 '하늘과 사람'의 일체는 형기形器66)상에서 틈이 없다는 것을 표현했을 뿐만 아니라, 중요한 것은 사람의 심령경계와 우주경계가 암암리에 합치된 것으로, "천지의 상도는 그 마음을 만물에 두루 미치게 하여 사심을 두지 않고, 성인의 상도는 그 정을 만사에 순응하게 하여 사사로운 정을 두지 않는다. …… 밖을 그르다 하고 안이 옳다고 하는 것은, 내외를 모두 잊어버리는 것보다 못하니, 모두 잊으면 맑고 깨끗하여 무사할 것이다."67)라는 것이다.

정호의 이러한 설은 장자와 현학의 설을 많은 부분 흡수하였는데, 이에 비하여 주희는 이학본체론이 심령과 우주일체 중의 작용에 있다는 것이 더욱 두드러진다. 주희는 장재의 『정몽正蒙·대심大心』을 해석한 가운데 "마음을 크게 하면, 천하의 사물을 두루 체득할 수 있다."68)는 구절을 때때로 말했다.

심리가 널리 행한다는 말은 맥락이 관통하여 모든 곳에 이르는 것이다. 진실로 하나의 사물에도 체득하지 못한다면, 곧 이르지 못하는 곳이 있어서, 모두 포괄하지 못 할 것이니, 이러한 마음을 도외시함이 있다고 한다. 대개 사사로운 뜻으로 간격이 생기고 사물과 내가 대립하게 되면, 매우 가깝다고 하더라도 반드시 도외시함이 있을 것이다. '그래서 도외시하는 마음이 있으면 천심이 합치될 수 없다.'고 하였다.❶

❶ 『주자어류(朱子語類)』918권, "言心理流行, 脈絡貫通, 無有不到. 苟一物有未體, 則便有不到處, 包括不盡, 是心爲有外. 蓋私意間隔, 而物我對立, 則雖至親, 且未必能無外矣. '故有外之心, 不足以合天心'."

이 속에서 주희는 그가 항상 말한 '천리유행'을 '심리유행'으로 바꿨으나, 두 가지에 내포된 뜻은 완전히 일치하며, 모두 '천'과 '인'이 우주본체의 운행 작용 아래에서 융합되는 것을 설명하고자 하였다.

이학가들은 천인과 전통문화 체계 중의 모든 요소를 융합하여 전에 없던 고

차원의 경지에 이르게 했을 뿐만 아니라, 이러한 융합은 본체가 일치된 기초 위에서 완전히 수립되었으며, 외부의 힘에 의하여 생겨난 것이 아니다.

그들은 일찍이, "천인은 억지로 나눌 수 있는 것이 아니기에, 『역』에서 말한 천도는 사람의 일과 같은 줄기로 논한 것이다. 만약 나눈다면 단지 말한 뜻이 희석될 뿐이다."69)하였다. 또 "천인은 조금도 서로 떨어져 있지 않으니, 만일 조금이라도 떨어지면 둘이 된다."70)고 하였다.

이정二程71)은 이러한 것을 더욱 자각하고 성숙시켜서 "천인은 본래 둘이 아니니, 반드시 합치됨을 말 할 필요는 없다."72)고 하였다. 또 "도는 일찍이 천인을 구별하지 않았고, 단지 하늘에 있으면 천도요, 땅에 있으면 지도요, 사람에 있으면 인도이다."73)고 하였다. 아울러 왕안석이 말한 "천인을 둘로 여기는 것은 도가 아니다."는 것을 평하였다. 정호는 형상의 비유를 통하여 천인天人이 하나라는 것과 도인道人이 하나라는 이학관을 왕안석의 학설과 구별하여 설명하였다.

선생이 일찍이 왕개보❶에게 말하기를, '공이 도를 이야기하는 것은 마치 13층 탑 위에 상륜❷을 마주보고, 상륜은 이러이러함이 매우 분명하다고 하는 것과 같다. 만일 나의 경우라면, 우직하여 이와 같이 할 수 없을 것이다. 곧바로 탑 속으로 들어가 위로 올라가서 상륜을 찾을 것이니, 힘써 부지런히 오르고 연이어 올라가 곧바로 30층에 이르렀을 때, 비록 상륜을 보지 못하였더라도 공의 말과 같을 것이다. 그러나 내가 실재로 탑 속에 있으니, 상륜과의 거리가 점점 가까워져 그것을 바라면 마침내 이를 수 있을 것이다. 상륜 속에 이르러 앉아 있을 때에, 전처럼 공이 탑을 대하고 이 상륜은 이러이러하다고 말하는 것을 볼 것이다.'라고 하였다. 개보는 단지 도를 이야기함에, 나에게 도가 이러이러하다고 이야기 한다. 하지만 그가 도를 말할 때, 이미 도와는 거리가 멀어졌다.❸

---

❶ 왕개보(王介甫): 송나라 문학가인 왕안석(王安石)을 말함.
❷ 상륜(相輪): 불탑 꼭대기에 있는, 쇠붙이로 된 원기둥 모양의 장식 부분.
❸ 『정이집(程二集)』·하남정씨유서(河南程氏遺書)』1권, "先生嘗語王介甫曰, '公之談道, 正

> 如說十三級塔上相輪, 對望而談日, 相輪者如此如此, 極是分明. 如某則戇直, 不能如此, 直入塔中, 上尋相輪, 辛勤登攀, 邐迤而上, 直至十三級時, 雖猶未見相輪, 能如公之言. 然某卻實在塔中, 去相輪漸近, 要之須可以至也. 至相輪中坐時, 依舊見公對塔談說此相輪如此如此.' 介甫只是說道, 云我知有个道, 如此如此. 只佗說道時, 已與道離."

정호의 요구는 '도[우주본체]'에 대한 이해와 파악 뿐만아니라, 온 몸과 마음을 도와 함께 융화시켜 일체화 시키려고 한 것을 중요하게 여긴 것이 확실하였다. 천인의 간격이 없음은 중국철학사에서 이미 있었던 명제임에도 불구하고, 지난 철학가들도 일찍이 천인의 간격이 없다는 근거에 대하여 본체론에 입각한 설명을 힘써 도모하였다.

예를 들면 『장자莊子·지북유知北游』에서 도를 해석하여 "있지 않음이 없다."라고 말한 뒤에 "일찍이 아무 것도 없는 궁에서 더불어 노닐며 함께 논함에 다하지 않음이 없구나!"74) 한 것과 같다.

그러나 이학 이전에는 천인이 둘이 아니라는 것에 대하여 이처럼 절박하게 요구하거나, 명백하고 이지적으로 설명한 것을 보지 못했으며, 천인이 함께한 문제와 철학본체론은 전체 철학체계에서 정밀하고 밀접한 관계가 있다.

이 때문에 이학의 탄생은 중국전통문화에서 오래 동안 이어져온 객관적인 요구였을 뿐만 아니라 중국고대철학 논리 발전 자체의 필수적인 귀착점이라고 하는 것이다.

제3절 천인체계의 강화와 완선이 송대 이후 원림경계에 미친 영향

앞 절에서 이학이 강화시킨 '천인지제' 체계의 구체적인 방법을 서술하였다. 이것은 이학의 가장 핵심인 최고단계의 이론이며, 이학의 미학관·논리관·인격관 등등은 모두 '화육化育75)'의 기초에서 나온 것이다.

전통문화는 이른 시기에 전반적으로 성숙하였으며, '새로운' 우주의 격식 구조가 하루아침에 확정되어, 그 사이에 '하늘은 둥글고 땅은 모났다天地方圓'는 상세한 면모와 위치까지도 계획하여 배치하기가 어렵지 않았던 것이다.

이학의 최종목적이 고도의 완선 된 '천인지제'의 우주체계를 건립하는데 있다면, 이학이 원림에 끼친 근본적인 영향은, 산수와 자연경치·정대·누각을 어떤 방법으로 해야만 이런 목적을 실현할 수 있다고 하며, 어떤 이는 어떻게 해야 원림 속에 고도의 완선한 예술 '경계'를 창조해낼 수 있다고 말한다.

이는 마치 이학이 완전히 전통문화 요소를 재료로 삼아 자신의 체계를 구축하는 것과 똑 같으며, 이학의 영향 아래에서 고전원림이 완선하게 된 것도, 완전히 그 근원이 사중경계가 발전되고 심화한데 있는 것이다. 그러나 다른 한 방면으로는 그 발전의 정도와 심화의 자각은 곧 전례 없는 것이었다.

중국고전원림의 사중경계 중에, 앞의 삼중은 실제로 어떻게 해야 광대하고 완정한 '천인' 체계를 수립하는가의 문제이며, 사중은 어떻게 해야 이러한 우주체계를 조화시켜서 생기가 가득하게 하는가의 문제이기에, 이학이 원림경계에 끼친 영향도 이 두 방면에서 고찰할 수 있다.

먼저 첫 번째 방면을 보자.

제1편에서 중국고전원림의 양식이 어떻게 진한시대의 '법천상지法天象地'76)와 '포온산해包蘊山海'77)에서 점점 변화하여 중당 이후의 '호중천지壺中天地'78)와 명청 이후의 '개자납수미芥子納須彌'79)가 되었는지를 구체적으로 소개하였다.

중당 이후에 조원가들은 날로 협소한 공간 속에 완정한 '천인'의 경계를 구축할 수 있었는데, 이러한 것은 전통문화 모든 역사발전 진행과정에서 원림예술에 요구하였기 때문에, 조원가들이 자신의 창작과 우주관의 연계에 관한 의식이 옳았는지 아닌지를 논할 것 없이, 그들은 실제로 여전히 그러한 제약을 받았다.

예를 들면, 백거이의 원림에 하나의 샘과 바위 하나마다 '호중'에 완정한 천지를 구축한다는 요구를 체현하였고, 후대의 사람들은 하나하나 사소한 화분에까지도 우주에 대한 인식을 표현한 것이 모두 이와 같았다.

그러나 이학이 생기기 이전에는, 이러한 창작은 예술가의 직관이 기초가 된 것으로, 원림심미와 '천인' 체계 인식 사이의 관계도 감성적이고, 불분명하며, 완정하지 못하였다. 더욱 중요한 것은 중당 이후의 원림가들이 가까운 거리에만 리의 경계를 만들려고 모든 힘을 쏟았다 하더라도, 단지 '작은 공간의 맑은 물결이 만경창파 같다[澄瀾方丈若萬頃]'고 하거나, '작은 높이에 형상을 모방한 것이 기운은 만 인이나 된다[形摹三尺氣萬仞]'고 한 것을 논하지 않았다.

이러한 상상 중에 만경의 파도와 만인의 산은 이미 볼 수 있지만, 천지에 가득한 것과 만물을 화육하는 우주본체와 서로 비교하면, 그것들은 여전히 큰 창고에 좁쌀 한 톨처럼 보잘것없어서, 다만 '만 가지로 다른 것[萬殊]' 중에서 하나의 다른 것일 뿐이었다. 겨우 이런 근거를 빙자했기 때문에, 사람과 우주의 융합을 실현할 방법이 영원히 없었던 것이다.

그러나 이학에서 '이일분수理一分殊'라는 본체론이 생긴 이후에, 이러한 난제가 쉽게 해결되었다. 우주 사이의 어떠한 보잘것없는 사물도 예외 없이, 넓고도 정미한 우주본체를 직접적으로 충분히 체현하였다. 원림경물을 통해서만 우주본체의 존재나 우주운행의 무궁함에 도달할 수 있으니, 눈앞의 주먹만 한 돌과 한 국자의 물이 규모가 다시 작아 졌더라도, 그것들이 감상자를 완전히 우주에 융화해 들어갈 수 있게 하였다. 소옹이 분지盆池[80] 읊은 것을 보자.

……	
都邑地貴	도읍의 땅은 귀하고
江湖景奇	강호의 경치는 기이하네.
能遊澤國	수향에 노닒에
不下堂基	집을 나서지 않았다.
簾外青草	발 밖에는 푸른 풀이 펼쳐지고
軒前黃陂	집 앞에는 누런 언덕이 있네.
壺中月落	호리병에 달이 지고
鑑裏雲飛	거울 속에 구름이 나는구나.
既有荷芰	이미 연과 마름이 있으니
豈無鳧茈	어찌 올방개와 이엉은 없으리!
既有蝌蚪	이미 올챙이가 있으니
豈無蛟螭	어찌 교룡은 없으리!
……	
可以觀止	감탄할 만하니
可以忘機	기미를 잊을 만하구나.
可以照物	사물을 관조할만하니
可以看時	때를 알 수 있구나.❶

❶ 소옹(邵雍), 「분지음(盆池吟)」, 『이천옹양집(伊川陸壤集)』14권.

　하나의 작은 화분 속에서도 강과 바다의 경계를 체득하려는 것은, 이학가들 이전에 조원가들이 한 말이지만, 우주 사이에 구름이 날고 달이 지며 사물이 움직이고 시간이 흐르는 것을 체득하려는 것이었으나, 이러한 것은 이학이 생겨난 후에 비로소 실현될 수 있었다.
　정호가 「분하盆荷」에서, "누가 먼 정취가 없다고 말했는가? 스스로 느끼니 남은 흥취가 있네."라고 하였고 "소발자국에 고인 물과 창해를 비교하지 않는다."81)고 한 것은 모두 이러한 뜻이다. 이와 반대로 겨우 수많은 물상들만 보고 한 이치로 함께 돌아감을 알지 못한다면, 심미의 참뜻에 이를 수 없다.

조화는 예로부터 사람을 저버리지 않았으니, 온갖 붉은빛과 자줏빛이 천진스럽게 보이네. 성 가득한 수레와 말들 공연히 요란하나, 봄을 맞았다고 모두가 봄을 얻은 것은 아니로다.❶

> ❶ 소옹(邵雍), 「장자가 낙양성의 꽃을 보다 에 답하다[和張子望洛城觀花]」, 『이천육양집(伊川陸壤集)』14권, "造化從來不負人, 萬般紅紫見天眞. 滿城車馬空撩亂, 未必逢春盡得春". 후일 명(明)의 선비인 귀유광(歸有光)이 『진천선생집(震天先生集)』25권 「용춘당기(容春堂記)」에서 "무릇 봄이란 여러 사람이 함께 하는 것이지만, 그것을 알 수 있는 사람은 지극히 적다[蓋以春者, 衆人之所同, 而能知之者, 惟點也.]"라고 하였다.

'봄을 맞이하다[得春]'는 관건은 붉은 빛과 자주 빛에서 모든 '조화'와 '천진'의 공을 깨닫는가의 여부에 달려 있음을 알 수 있다. 이러한 과정은 하루아침에 실현되는데, 우주는 한결 같아서 구체적이고 세밀한 표상과 본체의 융합은 틈이 없는 관계에서 발현되며, '천인' 체계의 고도한 완정도 이루어진다. 중국철학사에서 이학가들은 '관물觀物'과 '격물格物'을 중시한 전대에는 '유물주의唯物主義'를 말한 허다한 철학가들 모두가 위와 같은 말을 하지 못했다.

소옹이 "나는 나이가 들어서야 유학을 공부하였으니, 인생의 즐거움이라는 것이 어찌 하나 둘뿐이겠는가, 가르침의 즐거움은 진실로 많고도 많다. 하물며 관물의 즐거움 또한 많고도 많구나."라고 말했다.82) 관물의 의의를 '명교名敎' 위에 둔 것은, 이학에서 우주관宇宙觀과 인식론認識論에 대하여 이학가들이 인식하는 범위가 당시 사람들과 다르다는 점을 충분히 보여준다.83) 이 때문에 주희가 소옹의 학문을 평하여, "우주에서 비롯하여 고금까지 포괄할 수 있다."84)고 하였다.

소옹은 '관물'의 의의를 강조하여 "비록 오묘함을 통해야 한다고 빗대어 말했지만, 또 사물을 통하여 기미를 본다."고 하였다.85) 그러나 이학가들이 원림심미에 크게 영향을 미친 것은 「역학변혹易學辨惑」에 기록된, 정이가 꽃을 본 고사를 소옹이 지적한 것이라고 할 수 있다.

정이천이 또 장자견과 함께 왔는데, 바야흐로 봄이었다. 소옹이 함께 와서 함께 천문의 길거리에서 꽃을 보았다. 정이천이 말하기를, '평소에 꽃을 보지 못했습니다.'고 하였다. 소옹이 말하기를 '무엇이 문제인가? 사물은 모두 지극한 이치를 갖추고 있다. 우리들이 꽃을 봄에는 보통 사람들과 다르니, 스스로 조화의 묘를 볼 수 있어야 한다.'고 하였다. 이천이 말하기를 '이와 같이 한다면 저는 선생을 따라 노닐겠습니다.'하였다.❶

❶ 『정이집(程二集)·하남정씨문집(河南程氏文集)·유문(遺文)』引, "伊川又同張子堅來, 方春時, 先君(邵雍)率同游天門街花. 伊川辭曰, 平生未嘗看花. 先君曰, 庸何傷乎. 物物皆有至理. 吾儕看花, 異於常人, 自可以觀造化之妙. 伊川曰, 如是則愿從先生游."

소옹과 정이천이 꽃을 본 것과 유사한 예는, 이학가들이 보편적으로 원림 중의 초목을 통하여 만물의 생기를 보는 것이다.

주무숙이 창 앞의 초목을 제거하지 않았다. 그 까닭을 묻자, 말하기를 '자신의 생각과 같기 때문이다.'라고 하였다.❶
사마온공이 때때로 독락원에 이르러 독서당에 단정히 앉아 일찍이 이르기를, '풀이 걸음에 방해되면 깎고, 나무가 관에 부딪히면 베고, 나머지는 자연에 맡겨두라. 서로 더불어 천지 사이에 살아감에, 또한 각기 그

생을 이루고자 할 뿐이다.'하였다. 장문잠이 「정초시」에, '사람이 여러 동물 속에 살아감에, 기가 본래 다르지 않네. 어찌 스스로 사사롭게 하여, 저들을 해치고 그 몸만 편안하게 하겠는가!'하였으니, 이를 본다면 주무숙이 창 앞의 풀을 베지 않는 뜻을 알 수 있을 것이다.❷

명도 선생 서재 창 앞에 무성한 풀이 무성하게 섬돌을 덮었는데, 어떤 이가 베기를 권하였다. 명도 선생이 '안 된다. 항상 조물주의 생기를 보려한다.'고 하였다. 또 작은 어항에 작은 물고기 몇 마리를 기르며 때때로 보았다. 혹자가 그 까닭을 물으니 말하기를, '만물이 스스로 득의함을 보려한다.'고 하였다. 풀과 물고기는 사람들이 모두 보는 것이지만, 오직 명도 선생은 풀을 보면 생의를 알았고, 물고기를 보면 득의함을 알았다. 이것이 어찌 속인의 견해로 함께 말할 수 있는 것이겠는가?❸

❶ 『정이집(程二集)·하남정씨유서(河南程氏遺書)』3권,"周茂叔窓前草不除去. 問之, 云, 與自家意思一般."

❷ 왕응린(王應麟), 『곤학기문(困學紀聞)』20권, "司馬公時至獨樂園, 危坐讀書堂, 嘗云, 草妨步則薙之, 木礙冠則芟之, 其他任其自然, 相與同生天地間, 亦各欲遂其生耳. 張文潛庭草詩云 人生群動中, 一氣本不殊. 奈何欲自私, 害彼安其軀. 觀此則知周子窓前草不除之意."

❸ 장구성(張九成), 『횡포문학(橫浦文集)』부록 「횡포일신(橫浦日新)」, "明道先生書窓前有茂草覆砌, 或勸之芟. 明道曰, 不可, 欲常見造物生意. 或問其故, 曰, 欲觀萬物自得意. 草與魚, 人所共見, 惟明道見草則知生意, 見魚則知自得意, 此豈流俗之見可同日而語."

초목을 베지 않아 원림에 자연의 소박한 풍모를 갖춘 것은, 옛날부터 있었던 조원방법이다. 남제의 공치규孔稚圭[86] 같은 이는 "세상의 일을 즐겨하지 않으니, 집에 머물며 산수를 성대하게 경영할 것이다. …… 집안에 있는 잡초도 베지 않는다."[87]고 하였다.

이학이 생긴 이후에 원림 속의 한 포기의 풀과 한 그루의 나무도 '천인지제'와 함께 깊이 자각하여 일체를 이루었으니, 원경과 우주의 융합은 충분히 이성화理性化된 기초 위에서 실현되었다. 반대로, '생의를 보는 것[觀生意]'은 이학의 원림심미방법을 이루었을 뿐만 아니라, 그것은 이학이 '천인' 체계를 인식하는

제3장 송명이학의 중대한 의의 중 첫째인 천인지제 체계의 강화와 완선이 원림경계에 미친 영향

기본방법이었다. 예를 들면 정호는 "만물의 생의가 가장 볼만하니, …… 사람과 천지는 같은 사물이다."[88]하였다. 주희는 "저 산 가득한 청·황·벽·녹색 빛깔은 천지의 조화가 운행하여 발현되지 않는 것이 없다."[89]고 하였다. 그는 불교사상을 흡수하여 이학의 우주이론을 풍부하게 하였다.

가까이는 한 몸에서부터, 멀리는 팔황 밖에까지, 미미하게는 한 포기 풀과 한 그루 나무에도 각각 이러한 이치를 갖추었다. …… 몇 그릇의 물을 배치하는 것과 서로 비슷하다. 이 그릇도 이런 물이고, 저 그릇도 저런 물이니, 각각 만족하여 바깥에서 구하기를 기대하지 않는다. 그러나 그릇을 깨고 속에 물을 흘려보내도, 하나의 물이다. 이렇게 추리하면 모두 통한다. …… 석가모니가 이르기를, '달 하나가 온 세상의 물에 두루 나타나니, 온 세상 물속 달이 달 하나를 거느린다.'는 것은 석가모니도 이러한 도리를 볼 수 있다는 것이다.❶

❶ 『주자어류(朱子語類)』18권, "近而一身之中, 遠而八荒之外, 微而一草一木之衆, 莫不各具此理. …… 如排數器水相似, 這盂也是這樣水, 那盂也是這樣水, 各各滿足, 不待求假於外. 然打破放裏, 却也只是箇水. 此所以可推而無不通也. …… 釋氏云, 一月普現一切水, 一切水月一月攝. 這是那釋氏也窺見得這些道里."

더욱 더 협소해지는 공간 속에서 심원하고 무한한 경계를 창조하는 것은, 중당 이후 고전원림예술이 발전해간 기본방향이었다. 그러나 이학이 생긴 후에, '호천'의 객관적인 한계는 심미자와 함께 무한한 '천인지제'를 추구하는 사이의 모순을 비로소 해결할 수 있었고, '호중천지'와 '개자납수미'도 실현할 수 있었다. 이학가들은 협소한 원림공간에서 우주본체는 어느 곳에나 있다는 것을 체득하였고, 주먹만 한 돌이나 한 국자의 물도 우주에 유입되어 갖추어진 '경계'

라고 이해한 예가 있다.

化工生意源源在	조물주의 생의는 끝없이 있나니
靜處詳觀總不偏	고요한 곳에서 자세히 보면 모두 치우치지 않는다.
飛絮滿空春不盡	날리는 버들개지 하늘 가득한데 봄은 다하지 않고
新荷貼水已田田	새로운 연 물을 만나 이미 물에 떠있네.❶
半畝方塘一鑒開	반 이랑정도의 연못에 거울 하나 열렸는데
天光雲影共徘徊	하늘빛 구름 그림자 함께 배회하네.
問渠那得淸如許	어떻게 이렇게 맑을 수가 있냐고 물었더니
爲有源頭活水來	근원에서 활수가 흘러오기 때문이라네.❷

❶ 장식(張栻), 「제성남서원30영(題城南書院三十四咏)」중19수, 『남헌문집(南軒文集)』6권.
❷ 주희(朱熹), 「책을 읽고 느낌이 있어서 지은 두 수(觀書有感二首)」중1수, 『주문공문집(朱文公文集)』6권.

　나대경羅大經의 기록에서 주희가 "일찍이 지은 절구시를 배우는 자들에게 들어 보이며 '반묘 정도의 네모난 못이 거울처럼 열렸다.……'는 것은 사물을 빌려서 도를 밝힌 것이다."90)고 하였다. 이것은 원림심미와 이학우주관의 관계를 더욱 분명하게 지적한 것이다.
　이학우주관이 원림심미에 끼친 영향은 몇몇 이학가들 자신이 원림을 조성하거나 원림을 감상하는 가운데서만 체득한 것이 아니다. 이학이 전통문화발전에 필연적이었다는 결론을 내렸다면, '천인' 우주체계에 대한 인식은 모든 사대부계층이나 전 민족 우주관의 결정체에 불과할 뿐이다.
　원림심미를 예로 들면, '호중'에서 산천 만 리의 경계를 창조해낼 수 있을 뿐만 아니라, 심지어 우주본체가 화육하는 공이 도처에 있다는 것까지도 체득해야하며, 이학의 내외를 막론하고, 더욱 보편적으로 자각한 심미를 추구해야한다.

이 때문에 소식蘇軾과 정이程頤처럼 원망을 많이 하는 사람이라도, 원림심미에서는 이학가와 똑같이 '관물화觀物化'의 원칙을 강조하였다.

起行西園中	일어나 서쪽 정원을 거닐자니
草木含幽香	초목에는 그윽한 향기가 서려있네.
榴花開一枝	석류꽃 한 가지가 외롭게 피어있고
桑棗沃以光	뽕과 대추 잎은 윤기가 넘쳐 빛이 나네.
......	
杖藜觀物化	명아주 지팡이를 짚고 사물의 변화를 살피다가
亦以觀我生	또한 그러한 관점으로 나의 삶도 살폈노라.❶

❶「서재(西齋)」,『소식시집(蘇軾詩集)』13권.

이것은 소식이 이야기한 "그윽한 곳에서 묵묵히 거처하여 만물의 변화를 살펴보니, 자연의 이치를 다하고 있네."⁹¹⁾를 연상하게 한다. 원림심미에서 이학과 일치되는 것은 모두 우연한 것이 아니라는 것을 알 수 있다.

송대 이후 이학우주관을 그대로 답습하여 원림경계를 강화한 예는 수없이 많다. 예를 들면 다음과 같다.

────────

양만리가「호계형의 관생정에 쓰다」의 주석에서, "이 정자의 이름 관생정은 천지 만물이 생의한 뜻을 보고 취하였다."❶

장원건이 「동산에 노닐며 승상의 운자를 빌려 시 두 수를 읊다·석류꽃 골짜기」에서 "빈운 마음 오연히 삼휴❷ 하여 바깥에 기탁하고, 눈을 씻고 온갖 사물의 새로운 모양을 보네."❸라고 하였다.

❶ 『성재집(誠齋集)』41권. 장명(張鳴), 「양만리 산수의 심미와 이학의 밀접한 관계의 영향에 관한 고찰[關於楊萬里山水審美與理學的密切關係詳見]」, 『성재체와 이학[誠齋體與理學]』, 『문학유산(文學遺産)』1987년 제3기. 「호계형의 관생정에 쓰다[題胡季亨觀生亭]」注釋 "取觀天地群物生意之義"

❷ 삼휴(三休): 세 가지 쉬어야 할 이유라는 뜻으로, 당나라 때 시인 사공도(司空圖)가 만년에 벼슬에서 물러나 중조산(中條山) 왕관곡(王官谷)에 삼휴정(三休亭) 또는 휴휴정(休休亭)이라는 정자를 짓고, 그 기문(記文)인 「휴휴정기(休休亭記)」에 "첫째는 재주를 헤아려 보니 쉬는 게 마땅하고, 둘째는 분수를 헤아려 보니 쉬는 게 마땅하고, 셋째는 귀 먹고 노망했으니 쉬는 게 마땅하다.[蓋量其才一宜休 揣其分二宜休 耄且聵三宜休]"라고 한 데서 유래하였다. 후에 '관직에서 물러남'을 뜻하는 말로 쓰였다. 「遊東山二咏次丞相韻·榴花谷」

❸ 『노천귀래집(蘆川歸來集)』3권. 「동산에 노닐며 승상의 운자를 빌려 시 두 수를 읊다·석류꽃 골짜기[遊東山二咏次丞相韻·榴花谷]」, "虛懷寄傲三休外, 洗眼旁觀萬態新."

사람들은 각각의 원림 경치와 하나의 심미마다 우주 본체와 융합을 실현해야 한다고 항상 자각하였다. 이것이 이학의 중대한 영향이라는 것이 명백히 드러난다. 송나라부터 명나라 청나라까지의 예를 보겠다.

어항이 비록 작지만 또한 맑고도 깊으니, 맑고 깊음을 보고서 마음에 새기기를 바란다.❶

물은 빈 공간으로 흐르고, 마음은 다툼이 없으니, 문을 닫아도 버드나무는 일찍 그늘지네. …… 빗소리 듣고 구름을 보며, 옛 생각에 의지하여 고요함 속에 좋음이 있어라. 다만 봄기운은 무성하니, 일반적인 의사는, 작은 창문 외에 무성한 풀을 베지 않네.❷

…… 집 뒤에 작은 정원을 세우고, 그 속에 정자를 만들며, 도연명의 "유연히 남산을 본다[悠然見南山]"의 문구로 이름을 지었다. 도연명의 시는 …… 천지 사이의 사물을 보니 무엇인들 자득自得하지 못함이 있겠는가? 내가 일찍이 유연悠然하게 여기는 것은 실로 도道와 함께 갖추어졌기 때문이다.❸

…… 서까래를 조각하고 기둥에 붉은 칠을 할 비용이 없더라고, 자연을 품은 소박한 뜻을 즐겨한다. 만물을 고요히 바라보고, 뭇 사물을 굽어 살피니, 어여쁜 새는 푸른 물을 즐겨하여 피하지 아니하고, 암수의 사슴은 석양에 비치어 무리를 이루었구나. 소리개는 날고 물고기 물에서 뛰어, 천성이 본래 그러함을 따르네. 멀리 빛은 자색 기운을 띄어, 봄경치의 높고 낮음을 여느구나.❹

❶ 장효상(張孝祥),「화도운판원운(和都運判院韻), 첩기즉사(輒記卽事)」의 여섯 번재,『우호거사문집(於湖居士文集)』卷十, "盆池雖小亦淸深, 要看澄泓印此心".
❷ 장염(張炎),「축영대근(祝英臺近)·위자득재부(爲自得齋賦)」,『산중백운사(山中白雲詞)·보유(補遺)』, "水流空, 心不競, 門掩柳陰早. …… 聽雨看雲, 依舊靜中好. 但教春氣融融, 一般意思, 小窓外, 不除芳草."
❸ 귀유광(歸有光),「유연정기(悠然亭記)」,『진천선생문집(震川先生文集)』卷十五, "…… 於屋後構小園, 作亭其中, 取靖節'悠然見南山'之語以爲名. 靖節之詩, …… 見天壤間物, 何往而不自得. 余嘗以爲悠然者實與道俱."
❹ 현엽(玄燁),「임금이 쓴 피서산장기[禦制避暑山莊記]」,『피서산장도영(避暑山莊圖詠)』수권, "…… 無刻桷丹楹之費, 喜泉林抱素之懷. 靜觀萬物, 俯察庶類. 文禽戱綠水而不避, 麋鹿映夕陽而成群, 鳶飛魚躍, 從天性之高下. 遠色紫氛, 開韶景之低昻."

'천지의 마음을 보는 것'⁹²⁾·'만물을 낳는 뜻과 만물의 집'⁹³⁾·'도량이 넓고 공평무사함'⁹⁴⁾·'만물을 고요히 봄'⁹⁵⁾ 등은 원림의 경치를 담아서 현판에 제한 것이고, 다음과 같은 것들이 있다.

將合萬類爲一己   장차 만물과 합하여 한 몸을 이루니

每以內觀當外遊	항상 내관을 통하여 외유를 맞이한다.
萬物靜咸皆自得	만물을 고요히 보면 모두 자득할 수 있으니,
一春幽興少人知	봄날의 그윽한 흥을 아는 이 드물구나.❶
花香鳥語群生樂	꽃은 향기롭고 새도 노래하여 만물이 즐거우니
月霽風清造物心	맑게 달뜨고 바람 맑음이 조물주의 마음이리라.
春藹簾櫳	봄 경치는 주렴 바깥에 우거지는데
氤氳觀物妙	화창하고 따스한 날씨에 사물의 오묘함을 본다.
香浮几案	꽃향기는 책상에 감돌고
瀟灑暢天和	맑고 화창한 하늘은 온화하기만 하네.❷

❶ 모두 양장거(梁章鉅)가 편집한 『영연총화(楹聯叢話)』3권에 보인다.
❷ 자금성(紫禁城)의 수방재(漱芳齋)와 연춘각(延春閣)의 주련(柱聯)으로, 『일하구문고(日下舊聞考)』16・17권에 보인다.

  상술한 원림 속의 주련柱聯들은 이학우주관과 미학관을 그대로 사용한 것이다. 이런 예는 더욱 많다. 지금까지 남아있는 원림들 중 가정嘉定의 '추하포秋霞圃'와 소주蘇州에 남아있는 명청 원림이 남긴 구조 중에는 "고요히 보면 저절로 깨달음이 있게 된다[靜觀自在]"는 것과 "고요한 가운데 본다[靜中觀]"는 것과 같은 제액題額과 경관을 볼 수 있다.
  이상에서 소개한 것은 이학이 고전원림에 끼친 영향의 제일 첫 번째 방면이다. 그러나 날로 협소해지는 공간 속에 넓고 완정된 경지를 세운 것으로, 곧 '우주를 포괄[包括宇宙]'한 예술철학의 바탕을 다시 세운 것이다. 이러한 것은 장기적으로 크게 통일한 모식의 전통문화를 이야기한 것 중에서, 비교적 쉽게 실현된 것들이다.
  곤란할 정도로 많은 임무를 얻어서 전통문화의 생명력이 이미 쇠퇴한 상황

이화원(頤和園) 관생의(觀生意) 정(亭)

아래에서 어떻게 해야, '천인지제' 체계에 풍부한 생기를 거듭 새롭게 하는가는 전통문화 발전 후기에서 두 번째로 중요한 과제이다.

    이러한 목적을 실현하기 위하여, 이학은 전통적인 철학哲學·미학美學·이상인격理想人格 등에서 깊이 발굴하여, 그 속에서 가치 있는 것들을 응집하여 확대하여 발전시키는데 온 힘을 기울였으며, 거대한 역량을 모두 짜내는데 전력하여 옛 체계에 존재하는 '생명력[生機]'을 유지하는 것이다. 이학과 이상인격 및 이학과 원림의 관계는 제4편 제3장에서 논의할 것이며, 여기에서는 이학이 전통철학과 미학의 발굴에 대하여 살펴보겠다.

    이학 중에서 한 가지 현상은 매우 주의해야할 가치가 있다. 중당 이래로 도통道統을 부흥시키려는 데에 뜻을 둔 사상가들은 불가佛家나 도가道家를 혐오하여 대조를 이루었지만 이학은 오랫동안 불가와 노가에 대하여 상당한 관용과 마음을 기울이는 태도까지 취하였다.

    사양좌謝良佐·양시楊時·장구성張九成·육구연陸九淵 등은 이학가로서 노장老莊과 선禪을 자기의 설說로 발휘한 것은 말할 필요 없다.96) 이러한 것은 정자程子

와 주자朱子에게도 있었으며, 장자莊子와 선禪을 흡수하여 자기화하여 사용한 예도 곳곳에서 볼 수 있다.

이러한 현상은 많은 철학사 연구자들이 보았던 것이지만, 아래의 문제도 소수의 사람이 제시하였다. 노장과 불교의 말 중에서 이학가들을 미혹하게 하는 핵심은 무엇인가? 그것과 이학이 힘써 도모하여 '천인지제' 체계가 거듭 생명력을 얻게 하는 근본목적은 또 무슨 관계가 있는가? 대답하기 전에 먼저 이정의 불교에 대한 평가 몇 마디를 읽어보자.

불교의 학문은 또 그가 모른다고 말할 수 없으니, 또한 높고 깊은 곳에서 지극함을 다하였다.❶
불가와 노장의 설은 대개 도의 본체를 대략 드러내었다.❷
혹자가 묻기를, '장주莊周는 어떠한가?'하니, 공자가 말하기를 '그 학문은 예도 없고 근본도 없다. 그러나 도리를 형용한 말은 또한 선함이 있다."고 하였다.❸

---

❶ 『정이집(程二集)·하남정씨문집(河南程氏文集)』15권, "釋氏之學, 又不可道他不知, 亦盡極乎高深."
❷ 『정이집(程二集)·하남정씨문집(河南程氏文集)』15권, "佛莊之說, 大抵略見道體."
❸ 『정이집(程二集)·하남정씨수언(河南程氏粹言)』2권, "或問, 莊周如何. 子曰, 其學無禮無本, 然形容道理之言, 則亦有善者."

정호와 정이가 불가와 장자에 대하여, '도의 본체를 대략 드러내었다.'고 한 것은 지엽적인 문제가 아니고, 몇몇 근본적인 부분과 이학우주관과는 서로 가깝다고 인식하였다. 위에서 이야기한 것 중에는 이에 관한 문제를 분명하게 지

적하지는 못했지만, 정자의 제자들은 이미 이 관계를 중대하게 여겨서 다음과 같이 말했다.

명도❶선생이 '내가 석가를 보니, 일마다 맞고 구마다 합하나 단지 맞는 것이 다르다.'고 하였다. 그래서 문정공❷이 그의 아들 오봉선생❸에게 이 말을 하니, 오봉선생이 질문하여 '말씀하신 일마다 옳고 구마다 합한다 하고, 또 같지 않다고 하는 것은 무슨 연유입니까?'하였다. 공께서 '이 말에서 깨달은 것이 있으면, 내가 너를 인정하겠다!'하였다."❹

❶ 명도(明道): 정호(程顥)의 호이다.
❷ 문정공(文定公): 송(宋) 호안국(胡安國)의 시호이다.
❸ 오봉선생(五峰先生): 송(宋) 호굉(胡宏)의 존칭이다.
❹ 유문표(兪文豹), 『취검록(吹劍錄)·취검사록(吹劍四錄)』. "明道曰: '以吾觀於釋氏, 事事是, 句句合, 只是不同.' 故文定公以語其子五峰先生, 五峰問云: '旣云事事是, 句句合, 又云不同, 何也?' 公曰: '於此有見, 吾當許汝!'"

정호의 수제자인 사량좌(謝良佐97))의 아래의 말은 거의 요점을 말한 것이다.

눈으로 보고 귀로 들으며, 손으로 들고 발로 움직이는데, 행하는 데에서 드러나는 것은 마음이다. 맹자가 죽은 뒤로부터 세상의 학자들은 밖으로만 구하고 자신이 가지고 있는 보물을 알지 못하였다. 그들은 불씨❶의 지극히 적은 부분을 살펴보고, 드디어 주먹을 들고 똑바로 서서 어떤 것을 손안에 쥔 듯이 하여 원래부터 존

귀한 체하며 중국의 사대부를 경시하였으나, 세상 사람들은 감히 그들과 함께 논쟁하지 못하였다."❷

❶ 불씨(佛氏): 석가모니를 얕잡아서 하는 말이다.
❷ 『상채어록(上蔡語錄)』1권, "目視耳聽, 手擧足運, 見於作者者, 心也. 自孟子沒, 天下學者向外馳求, 不識自家寶藏, 被他佛氏窺見一斑半点, 遂將擎拳竪脚底事把持在手, 敢自尊大, 輕視中國學士大夫, 而世人莫敢與之爭."

이러한 문제는 주희에게 전해져서 활연히 깨달았다.

어떤 사람이 '공자께서 시냇가에서 말한 것'을 물으니, 대답하여 "이것은 도의 본체를 형용한 것이다. 정이천이 '도와 함께 본체가 된다.'고 하였으니, 이 한 구가 가장 오묘하다. 어떤 사람이 일찍이 다른 사람을 위하여 「관란사」를 지었는데, 그 속의 두 구에 '시냇물의 흐름이 쉬지 않음을 봄이여! 도의 본체가 무궁함을 깨닫는도다.'하였다." …… 또 묻기를, "명도가 '한나라 이후로 유학자들이 모두 이러한 것을 알지 못한다.'고 한 것은 무슨 뜻인가?"하니, 답하여 "이것은 그들이 알지 못하지만 어떻게 해서든 그들이 아는 것을 깨달아야 하는 것이다. 이 일은 공자와 맹자를 제외하면 부처와 노자가 이러한 형상을 알 것이다."고 하였다.
"이러한 것들은 요긴함이 있는 곳이다! '도와 함께 본체가 된다.'는 그 도와 함께 본체가 된다는 것이다. 도는 볼 수 없지만 어떤 것 위로 나타난다. 만약 많은 일이 없다면 또 어떻게 깨달을 수 있겠는가? 곧 많은 일은 그 도와 함께 본체가 된다. 물이 흐르면서 쉬지 않음은 가장 쉽게 알 수 있는 것이니, 물이 흐르면서 쉬지 않는 것과 같으면 도 본체의 자연스러움을 바로 알 수 있을 것이다."❶

❶ 『주자어류(朱子語類)』36권, "或問, '子在川上曰.', 曰, '此是形容道體. 伊川所謂與道爲體, 此一句最妙. 某嘗爲人作「觀瀾詞」, 其中有二句云, 觀川流之不息兮, 悟有本之無窮.'……又問, '明道云, 自漢以來, 諸儒皆

> 不識此, 如何?' 曰, '是他不識, 如何卻要道他識. 此事除了孔孟, 猶是佛老見得些形象."
> "此等處要緊! '與道爲體' 是與那道爲體. 道不可見, 因從那上流出來. 若無許多物事, 又如何見得道? 便是許多物事與那道爲體. 水之流而不息, 最易見者, 如水之流而不息, 便見得道體之自然."

이것은 정호가 한나라 이후의 유학자들이 "子在川上曰"의 뜻을 알지 못하는 것을 비평한 것으로『근사록(近思錄)』4권에도 실려 있다.

원래 주희의 사상은 이러하다.

우주본체의 가장 높고도 광대함은 무수한 표상(상징이나 겉모습)에만 존재하는 것으로 곧 '수많은 일[許多物事]' 위에서 겨우 체현해낼 수 있다. 그것들 속에서도 '시내의 흐름이 쉬지 않는다[川流之不息]'는 생기 충만한 광경이 가장 잘 체현된 '천리의 순환[天理流行]'이다. 우주 사이의 온갖 신령함과 만물은 '자연'을 화육할 수 있기 때문에, 생기 넘치는 경상에서 '도의 본체인 자연'이 이학에서 긴요한 곳이라는 것을 깨닫게 된다.

한나라 이후 유학자들은 우주본체가 모든 사물을 통괄한다는 것을 수 없이 강조해 왔지만, 그들은 바로 이러한 관계가 당연히 '자연'적이며 깊이 들어가서 심령으로 깨닫는 것이고, 외부에서 억지로 본체와 표상의 사이에서 더해진 것이 아니라는 생각이 미치지 못하였다. 이러한 점에서, 석가와 노자에 대한 인식은 한나라 이후의 유학자들에 비해서 더욱 가치가 있다.

이학가들이 상술한 인식들은 본질을 파악하였지만, 이 때문에 봉건사회 후기 전통문화가 연속되는 가운데 곤란한 문제를 움켜쥔 것이다. 이학가들은 한나라의 유학자와 석가·노자에 대하여 비교적 좋게 평가한 것도 사실이다. 정자와 주자는 이미 당파와 정치상황의 위기 등을 완전히 배제한 영향 때문에, 그들은 모든 전통철학발전사에서 가장 높은 자리를 차지하고, 전통문화가 오랫동안 유지하는데 도움을 주는 위치에서 두 가지의 장단점을 분석하였다.

동중서의 철학은 두 가지 기본 원칙이 있다.

첫째는 '『춘추』일원'이다. 이학이 이를 완전히 계승하면서, 치밀하고 엄정하게 개조할 수 있었다. 둘째는 '천인이 서로 함께 하는 사이는 매우 두려워 할만 하다天人相與之際甚可畏也.'는 것이다. 이런 것을 이학은 최대한 지양하였다. 그 방법은 노장은 천지에 관한 '자연'의 이론을 끌어들인 것과 불학은 특히 선종에서 마음으로 깨닫는 것을 우주의 정미함을 변별하기 위한 기초로 삼았다. 이로 인하여 거듭 새롭게 건립한 대일통의 체계가 내재된 생기를 갖추고, 개인마다 심령의 공감을 이끌어 낼 수 있었다.

동중서가 모든 심령과 만물에 대하여 '천'을 어디에나 통괄하려는 것과는 선명한 대조를 이룬다. 이학에서의 이상적인 '경계'는 천지 사이의 사물이나 사람마다 자연스럽게 우주본체를 융화시켜 넣으면 자유와 기쁨이 충만한 상태와 같은 것이다. 이정의 말을 예로 들어보자.

사람이 세상을 살아가며 모두 막히는 곳이 없다면, 모든 사람들이 매우 쾌활할 것이다.❶

도리는 모두 자연이니, 안배하여 정한다면 무슨 이치가 있겠는가?❷

---

❶ 『정이집(程二集)·하남정씨유서(河南程氏遺書)』15권, "人於天地間, 幷無窒碍處, 大小大快活."
❷ 『정이집(程二集)·하남정씨유서(河南程氏遺書)』2권상, "道理皆自然, 若安排定, 則有甚理."

주희도 다음과 같이 말했다.

'건도의 변화'는 한 그루의 나무와 같아서, 나무에서 꽃을 피우고, 열매를 맺으면서, 속으로 자연히 하나의 생의를 가지고 있는 것이다. …… '하늘에 의하여 동한다.'는 '하늘'은 곧 자연이다.

성인과 하늘은 하나이니, 혼연히 섞여 다만 도리가 있을 뿐이어서 자연에 순응하여 흘러간다. …… 물이 근원에서 도도히 흘러가다가 나뉘어 지파가 되는 것도 그 자연에 맡겨, 그 도랑이나 이 도랑으로 흘러 들어가는 것을 기다리지 않는다.❶

> ❶ 『주자어류(朱子語類)』27권, "'乾道變化', 如一株樹, 開一樹花, 生一樹子, 裏面便自然有一箇生意. …… '動以天'之'天', 只是自然." "聖人與天爲一, 渾然只有道理, 自然應去. …… 如水源滔滔流出, 分而爲支派, 任其自然, 不待布置入那溝, 入這瀆."

이와 유사한 말을 한 것은 매우 많다. 그러나 그 속에 가장 중요한 것은 원림미학과 직접 관계되는 것으로, 정자와 주자가 『중용』을 해석하여 설명한 것이다.

솔개는 하늘에서 날고, 물고기는 연못에서 뛴다.❶

자로·증석·염유·공서화가 모시고 앉았다.❷

> ❶ 『시경(詩經)·대아(大雅)·한록(旱麓)』, "鳶飛於天, 魚躍於淵."
> ❷ 『논어(論語)·선진(先進)』, "子路·曾晳·冉有·公西華侍坐."

'솔개가 하늘에서 날고, 물고기는 연못에서 뛴다.'는 말은 『시경詩經 · 대아大雅 · 한록旱麓』에 나오는 것이다. 이것을 『중용』에서 인용하여 군자의 도가 세상 물정 속에 어느 곳에나 있다는 것을 형용하였다. 정자와 주자가 해설한 것은 이학우주관의 양대 기본방향에서 완전히 착안하였다.

그들은 『중용』의 '군자의 도'를 개조하여 이학의 '우주의 도'로 만들었다. 주희는 『중용장구』에서 "자사가 이 시를 인용하여 화육의 유행을 밝히자, 상하가 환히 드러나서 이 이치가 쓰이지 않는 곳이 없다."98)고 하였는데, 더욱 관건은 나는 솔개와 뛰는 고기의 충만한 자연생기의 모습을 우주본체와 겉모습 사이에 필수적으로 갖추어진 경계로 여겼다는 것이다.

이 때문에 주희는 정자의 말을 인용하여 "이 한 구절은 자사가 긴요한 도를 다른 사람에게 주는 곳으로, 생동감이 넘친다고 하셨으니, 독자들이 깊이 생각하여야 한다."99)고 하였다. 주희가 일찍이 이에 대하여 매우 상세하고 명료한 설명한 예를 들겠다.

....

'솔개는 솔개의 성질이 있고 물고기는 물고기의 성질이 있으니, 그것들이 날고뛰는 것은 하늘의 뜻을 저절로 갖춘 것이니, 곧 하늘의 이치가 유행하고 발현되는 오묘한 곳이다. 그래서 자사가 실로 이 한 두 구절을 들어서 도가 어느 곳에나 있다는 것을 밝힌 것입니까?'하고 질문하니, '그렇다.'고 대답하였다.

연비어약[鳶飛魚躍]은 흡사 선가들이 이야기 하는 '푸르고 푸른 대나무여! 진여와 같구나. 찬란하고 찬란한 황국이여! 반야와 같구나.'라는 말이다.

자사가 '연비어약'을 말한 것은, 당시 사람들이 모두 망각하고, 곧 이것은 그들이 나는 것과 뛰는 것을 모른다고 하면서, 옳음을 가지고 있는데도 바로잡으려한다. 또 번갈아 그들이 날게 하거나 뛰기를 재촉하는 것은 모두 옳지 않다.❶

....

❶ 『주자어류(朱子語類)』63권, "問, '鳶有鳶之性, 魚有魚之性, 其飛其躍, 天機自完, 便是天理流行發見之妙處. 故子思姑擧此一二以明道之無所不在否?' 曰, 是." · "(鳶飛魚躍)恰似禪家云, '靑靑綠竹, 莫非眞如, 燦燦黃花, 無非般若'之語." · "子思說鳶飛魚躍, 今人一等忘却, 乃是不知他那飛與躍, 有是而正焉, 又是迭敎他飛, 捉敎他躍, 皆不可."

솔개가 날고 고기가 뛰는 것은 '그들을 번갈아 가며 날게 하거나, 뛰어 오르기를 재촉한다.'는 것이 아니다. 스스로 날고 스스로 뛰는 것으로 천진한 것이다. 이러한 충만한 자연생기의 세계 속에서만, '천리유행'의 묘가 나타날 수 있다.

이학의 우주관 양대 기본 방면은 어디에나 있는 '천인' 체계를 엄정하게 하는 것과 이러한 체계에 내재된 생기를 부여하는 것으로, 이는 서로 불가분의 관계로 잠시도 떠날 수 없다는 것을 알 수 있다.

이학의 미학관은 완전히 이런 우주관에 기초한 것으로, 심지어 두 가지는 일체라고 할 수 있다. 이는 이학가들이 '증점의 기상'에 대하여 끝없는 존경을 표현한데서 충분히 나타난다.

『논어·선진』에 공자가 여러 제자들에게 각자 자기의 뜻을 말하게 한 것이 기록되어있는데, 자로는 경솔하게 자기 자신의 용기를 자랑하였지만 공자는 그렇게 생각하지 않았다. 그 뒤에 증점은 여러 사람들의 뜻과 다르다 하여 "저무는 봄에 봄옷이 이미 이루어지거든, …… 기수에 목욕하고, 무우에서 바람 쏘이고 시를 읊으며 돌아올 것입니다."[100]하였다. 공자가 이것을 듣고서 감탄하며 말하기를, "나는 증점과 함께 할 것이다."하였다.

이전에는 이러한 대화를 특별히 중시하지 않았고, 다만 송대 이학가들로부터 시작되어, 증점의 일은 '천'과 '인'이 응집되어 생기가 유행하는 최고의 심미경계로 인식되었다.

정호가 "스스로 다시 주무숙을 만나더라도 시를 읊으며 돌아갈 것이니, '나는 증점과 함께 하겠다'는 뜻이 있다."고 하였다.[101]

사양좌도 그의 스승이었던 정호를 찬양하여 "학자는 반드시 마음을 벗어 던져야 비로소 깨달음이 있게 된다. 명도 선생이 호현에서 주부가 되었을 때 시에 이르기를, '구름 엷고 바람 산들산들 정오가 가까웠는데, 꽃길 곁으로 실버들 따라 개울 앞에 들러 사랑하는 임을 만났는데 남들이 알지 못해도 내 마음이 기쁘다면, 어찌 공부하는 소년으로서 잠깐 틈을 낸 것이라고 말할 수 있을까.' 그의 마음을 볼 때 진실로 좋은 것이니, 이 일에 있어서는 뜻이 증점과 같았다."102)

주희는 이러한 경계에 대하여 더욱 핵심적으로 설명하였다.

증점의 학문은, 모두 사람의 욕심이 다한 곳은 천리가 유행하고 그 곳을 따라 충만하여 조금의 모자람이 없음을 볼 수 있다. 그러므로 그 동정하는 즈음에 여유 있음이 이와 같다. …… 그 가슴의 포부가 유연하여 곧바로 천지만물과 상하가 함께 흐른다.❶

증점은 모든 사물 위에 천리가 유행하는 것을 보았다. 좋은 계절의 아름다운 경치에 몇몇 좋은 벗들과 노닐다가, 그들은 몇몇 말 속에서 공명과 사업의 뜻을 보았다고 하지만, 모두 그런 것은 아니었다. 그들이 본 것은 일상생활 중에 하늘의 이치가 아닌 것이 없어서 있는 곳 어디서나 즐길 수 있다.

❶ 『사서장구집주(四書章句集注)·논어집주(論語集注)·선진(先進)』40권, "曾點之學, 蓋有以見夫人欲盡處, 天理流行, 隨處充滿, 無少欠闕, 故其動靜之際, 從容如此. …… 而其胸次悠然, 直與天地萬物上下同流."

증점의 생각은 장자와 서로 비슷하다.

제3장 송명이학의 중대한 의의 중 첫째인 천인지제 체계의 강화와 완선이 원림경계에 미친 영향

또 늦은 봄 만물의 모습이 이처럼 화창하니, 증점의 감정이 또한 이와 같아, 문득 각각 그 성품에 따라 거처하였다. 요순의 마음도 단지 만물이 모두 이와 같을 뿐이라는 것이다. …… 장자도 또한 요순이 깨달은 것을 터득하였다.

혹자가 증점의 기상에 대하여 물으니, '증점의 기상은 진실로 느긋하고 소탈하다.'하였다.❶

❶ 『주자어류(朱子語類)』40권, "曾點見得事事物物上皆是天理流行. 良辰美景, 與幾箇好朋友行樂. 他看那幾箇說底功名事業, 都不是了. 他看見日用之間, 莫非天理, 在在處處, 莫非可樂."
"曾點意思與莊周相似."
"且看暮春時, 物態舒暢如此, 曾點情思又如此, 便是各逐其性處. 堯舜之心, 亦只是要萬物皆如此爾. …… 如莊子亦見得堯舜分曉."
"或問曾點氣象, 曰, '曾點氣象, 固是從容灑落.'"

노장과 현학은 우주본체가 어디에나 있음을 강조하였고, 우주는 외재한 것이 아니라 엄격한 규율 아래에서 자연이 운행하는 것으로 사람을 미루어 생각할 수 있고, 이러한 것은 본체와 운행이 눈에 보이지 않게 합치되는데 있다는 것을 강조하였다.

때문에 곽상郭象은 "사물과 함께 눈에 보이지 않기 때문에 만물이 떨어질 수 없는 것이다. 이에 마음을 쓰지 않아도 오묘하게 감응하여 오직 감정을 따라 자유로운 배를 띄워야 한다."103)고 하였다.

이러한 우주체계에서 본체와 표상이 고차원적으로 합일하여 운행의 활력이 충만한 상태에 이르는 것을 이학에서 절박하게 요구한 것이다. 그래서 정자와 주자 등은 장자를 매우 높이 평가했는데, 심지어 장자는 '요순이 깨달은 것을 터득하였다.'고 하였다. 그러나 다른 한 편으로는, 이학이 어리석게 우주 사이에 어디에나 있는 봄의 화창하고 경치가 밝음·'사물의 모양이 시원한'104)상태

를 찾아서 사람들과 융화하여 획득한 '여유와 소탈한'105) 기상은 노장과 현학의 이론에서 거의 찾을 수 없었다.

그런데도 상반되게 그들은 오히려 본체를 말로 표현해야 한다는 전제를 포기했기 때문에, 곽상은 『장자·제물론』을 주해한데서 "남곽자기는 궤안에 기대고 앉아 하늘을 우러러 한숨을 내쉬며 멍하게 물아를 잊은 듯한 모습이다."106)하고, 또 "하늘과 사람을 동일하게 여기고 다른 사람과 나를 같게 여긴다. 그러므로 밖으로 그 즐거움을 함께할 필요 없이 멍하니 몸을 풀어놓고 마치 물아를 잊은 듯이 한다."107)고 하였다.

이러한 것은 분명히 이학의 이상적인 경계와는 크게 다르다. 이학이 내세운 '사물의 시원한 모양'이나 '여유와 소탈한' 경계의 출처는 쉽게 발견할 수 있다. 이는 곧 이 편의 제2장 제4절에서 위진 이후에 사람들은 산수에 있는 원림심미에서 조화롭고도 영원한 우주 운율을 추구했다고 소개하였다.

이러한 심미활동은 이학이 역대사상의 결정체인 '천인지제' 체계를 더욱 높은 곳으로 융화시키는데 필요한 조건을 제공하였다.

소옹은 "몸이 편안하고 마음이 즐거우니 곧 천인을 본다."108)라고 하여, 이학속에 '마음의 즐거움'이 없으면 또한 '하늘과 사람'도 없다는 점을 말했다.

전조망全祖望109)은 "소강절의 학문은 별도로 일가를 이루었으나, 혹자는 「황극경세」를 단지 경방京房110)과 초연수焦延壽111)의 아류라고 한다. 그러나 소강절이 열성의 문에 들어갈 수 있는 것은 바로 이 때문이 아니다."112)하였다. 그는 소옹이 이학사에서의 지위가 그의 신비한 상수학象數學 때문에 존귀한 것이 아니라는 것을 분명히 알고 있었다. 그런데 전조망은 이처럼 소옹이 '열성列聖의 문에 들어갈 수 있었던' 원인을 설파하지 않았지만, 실제로, 당연히 주희朱熹의 "소강절은 풍월 시를 품평하는 것을 자부하였다. 그러나 억지로 「황극경세皇極經世」와 같고자 하였다."하였고, "소요부邵堯夫113)의 시에서 '눈·달·바람·꽃은 품평하지 못한다.'는 것은 사물이 모두 조화되었음을 말한 것이다."114)고 한 몇 구절을 인용하여 말하였다.

소옹은 원림의 눈·달·바람·꽃 속에서 우주본체가 어디에나 있어서 만물이 화육하고 유행한다는 것을 체득하고, 우주본체에서 생기와 조화를 깨달을 수 있다고 한말은 이야말로 후대의 이학가들에게 물려준 가장 귀중한 유산이었다. 그래서 남송의 유명한 이학가인 위료옹魏了翁115)은 그를 찬양하여 다음과 같이 말했다.

우주 사이의 하늘을 날고, 물속에 잠기고 땅위를 돌아다니고, 땅속에 심어져 있음과, 어둡고 밝고, 흐르고 높게 솟은 것이 나의 일이 아닌 것이 있는가? 만약 자세히 살펴보아서 생각하고 실천하면, 다급한 때에도 어디에서나 드러나게 된다. 모두 정미한 뜻과 오묘한 도가 드러난 것이다. …… 소옹을 무우의 아래에서 따라 노닐게 하여 기수에서 목욕하고 시를 읊으며 돌아가게 한다면, 차라리 증석으로 하여금 홀로 성인을 뵙도록 하는 것이 낫지 않겠는가? 유학이 다함이여! 진한 이래로 이러한 기상은 없었도다!❶

❶ 「소씨육양집서(邵氏陸壤集序)」, 『학산선생대전집(鶴山先生大全集)』 52권, "宇宙之間, 飛潛動植, 晦明流峙, 夫孰非吾事? 若有以察之, 參前倚衡, 造次顚沛, 觸處呈露. 凡皆精義妙道之發焉者. …… 若邵子者, 使猶得從游於舞雩之下, 浴沂詠歸, 毋寧使曾晳獨見稱於聖人也歟? 洙泗已矣! 秦漢以來諸儒, 無此氣象."

위와 같이 이야기한 원인은 명백하다. 또 양송 이학가들이 원림 심미나 '증점의 일'을 얼마나 중시하였는가를 이해할 수 있다. 그들 중 대부분의 사람들은 산수와 원림을 다니며 감상할 때 높은 심미능력에 상응하는 표현을 했다. 더욱 중요한 것은 조화롭고 영원히 변치 않는 우주운율의 추구와 표현에 대하여 전례 없이 자각하여 '천인지제' 체계에 대한 고도의 완정함을 실현한 것이다. 정호의 유명한 구절을 예로 들겠다.

檻前流水同心樂　　난간 앞 흐르는 물은 마음의 즐거움과 같으니
林外靑山眼中開　　숲 밖의 청산이 눈앞에 펼쳐지네.❶

萬物靜觀皆自得　　만물을 고요히 바라보면 모두 스스로 얻을 수 있고
四時佳興與人同　　사계절의 아름다운 흥이 사람과 함께 하네.
道通天地有形外　　도는 천지의 형태 없는 밖으로 통하고
思入風雲變態中　　생각은 풍운의 변하는 모양 속으로 드는구나.❷
水心雲影閑相照　　물속에 비친 구름도 한가롭게 서로 비추고
林下泉聲靜自來　　숲 아래 샘물소리도 고요히 들려오네.❸

❶「소요부 서쪽 집 12수에 답하다[和堯夫西家之什二首]」중1, 『이정집(二程集)
　·하남정씨문집(河南程氏文集)』3권.
❷「가을에 우연히 2수를 짓다[秋日偶成二首]」중2, 『이정집(二程集)·하남정씨
　문집(河南程氏文集)』3권.
❸「유월피(游月陂)」, 『이정집(二程集)·하남정씨문집(河南程氏文集)』3권.

장식張栻116)도 원림을 다음과 같이 읊었다.

凌晨騎馬路新涼　　새벽에 말을 타니 길은 서늘한 기운 감돌고
來把湖邊風露香　　호숫가에 와서 물을 길으니 바람과 이슬이 향기롭네.
妙意此時誰共領　　오묘한 뜻을 이때에 누가 함께 하려나?
波間鷗鷺靜相忘　　파도 사이 갈매기와 해오라기는 서로를 잊었네.❶

❶「성남서원34영을 제하다[題城南書院三十四咏]」중4,
　『남헌문집(南軒文集)』6권.

더욱 전형적인 것은 당연히 주희였는데, 그가 '증점의 기상'에 대하여 묘사한

것을 보자.

春服初成麗景遲	봄옷이 처음 이루어지면 고운 햇살 더딘 봄날에
步隨流行玩晴漪	흐르는 물 따라 걸으며 맑은 물결을 감상하네.
微吟緩節躇來晚	느린 곡조 낮게 읊조리며 늦게 돌아오는데
一任輕風拂面吹	살랑살랑 산들바람에 얼굴을 스쳐가네.❶

❶「증점(曾點)」,『주문공문집(朱文公文集)』2권.

주희는 산수와 원림의 심미에서 이러한 경계를 매우 자각하여 힘써 추구하였는데, 그러한 예는 매우 많지만 일부만 보겠다.

幽谷濺濺小水通	그윽한 골짜기는 졸졸 흐르는 작은 물이 흐르고
細穿危石認行蹤	높은 바위 사이로 가늘게 뚫린 자취 보이네.
回頭自愛晴嵐好	돌아보며 맑은 산기운의 아름다움을 스스로 사랑하니
卻立灘頭數亂峯	여울머리에 서서 어지러운 봉우리들 세어본다.❶

寒水粼粼受晚風	한수는 맑고 맑아 늦은 바람 받아들이고
輕舠來往思無窮	가벼운 거룻배는 오가며 생각이 끝이 없네.
何妨也向溪南去	또 시내 남쪽으로 간들 어떠할까마는
徙倚空林暮靄中	빈숲의 저녁노을에 의지하여 있구나.❷

❶「개울물을 건너며[涉澗水作]」,『주문공문집(朱文公文集)』2권.
❷「분의현 만백강 정자에서 강남산 승경을 …… 2수를 얻고서[分宜晚泊江亭, 江南山之勝, …… 因得二絶]」,『주문공문집(朱文公文集)』5권.

주희는 자신의 무이정사 경계를 정미하고 세련되게 감상했다.

武夷山上有仙靈	무이산 산위에는 선령이 있고
山下寒流曲曲淸	산 아래 차가운 물은 굽이굽이 맑네.
欲識箇中奇絶處	그 중에 빼어난 절경 알고자 하면
棹歌閑聽兩三聲	뱃노래 두세 가락 한가로이 들어보소.
一曲溪邊上釣船	일곡 냇가에서 낚싯배에 오르니
幔亭峰影蘸晴川	만정봉 그림자 맑은 물에 잠겨있네.
虹橋一斷無消息	무지개다리 끊어진 후 소식 없고
萬壑千岩鎖翠烟	골마다 바위들에 푸른 안개 서렸구나.❶

> ❶「순희 갑진 중춘에 정사에 한거하며 재미삼아 무의도가 10수를 동유들에게 보이고 함께 한바탕 웃다淳熙甲辰中春精舍閑居, 戲作武夷櫂歌十首呈諸同游, 相與一笑」,『주문공문집(朱文公文集)』9권, 9권의「무의정사답영병서[武夷精舍雜詠幷序]」를 참고 바람.

진량陳亮117)은 주희의 원림심미를 다음과 같이 찬양했다.

且向武夷深處	또 무이산 깊은 곳으로 향하여
坐對雲煙開斂	구름이 펼쳐지고 열리는 것을 대하니
逸思入微茫	호방한 생각은 어슴푸레 잠겨있네.❶

> ❶「수조가두(水調歌頭)·계유 9월15일 주원회(주희) 생일에[癸卯九月十五日壽朱元晦]」,『진량집(陳亮集)』17권

하나의 분경이나 아주 작은 '호중'에도, 주희가 심취한 것은 변함없이 물고기

제3장 송명이학의 중대한 의의 중 첫째인 천인지제 체계의 강화와 완선이 원림경계에 미친 영향

가 내에서 헤엄치고 새가 하늘에서 나는 것으로, "가슴속에 품은 뜻이 유연하여 곧바로 천지 만물과 더불어 상하가 함께 흘러간다[胸次悠然, 直與天地萬物上下同流]."는 경계였다.

그는 시 제목이 「맑은 샘물을 길러 괴석을 적시고, 그 뒤에는 향로를 두어서 향기로운 연기가 피어나게 하면, 강과 산과 구름이 분명히 만리의 정취가 있게 된다. 이에 절구 네 수를 짓는다.」는 것이 있는데, 앞부분 두 수를 소개하면 다음과 같다.

淸窓出寸碧　　맑은 날 창으로 푸른빛 보이나니
倒影媚中川　　거구로 비친 그림자 시냇물 속에 아름답네.
雲氣一呑吐　　구름 기운 한번 삼켰다 토해내니
湖江心渺然　　강호에 묻힌 마음 아득도 하여라.

一水渺空闊　　한 줄기 물은 아득히 공활하고
群山中接連　　여러 산들은 가운데에서 이어져있네.
寒陰白霧涌　　차가운 그늘에 흰 안개 솟아나
飛度碧峰前　　푸른 봉우리 앞을 지나가누나.❶

> ❶ 「맑은 샘물을 길러 괴석을 적시고, 그 뒤에는 향로를 두어서 향기로운 연기가 피어나게 하면, 강과 산과 구름이 분명히 만리의 정취가 있게 된다. 이에 절구 네 수를 짓는다[汲淸泉, 漬奇石, 置熏爐其後, 香煙被之, 江山雲物, 居然有萬里趣, 因作四小詩]」, 『주문공문집(朱文公文集)』2권과 3권 「가산에 향을 피워 운연을 만들고 물을 길러 폭포를 만들다 2수[假山焚香作雲煙, 掬水爲瀑布二首]」에서 이 화분 전경이 소박함을 기록하여 "화로의 향기 가늘게 바위와 자태를 연출하니, 실 같은 물방울이 벽색을 가른다[爐熏細度巖姿出, 線溜遙分壁色開]."하였다.

육구연陸九淵118)은 오랜 기간 주희와 서로 의견이 달랐지만, 그들은 원림산수

중의 우주만물의 조화로운 운율의 흥취를 감상함에 있어서는 완전히 일치하였으니, 그림이나 음악 같은 문장을 읽어보자.

육구연이 관폭정과 반산정을 거쳐서, …… 선암의 좋은 경치를 다 관람하였다. 바위의 여울물은 부딪치며 씻겨가고, 맑은 못은 쪽을 담근 듯 푸르며, 해오라기는 날개 짓하고 물오리는 날아오르니, 황홀하기가 그림과 같았다. 성긴 소나무·푸른 조릿대·늙은 이끼·우거진 풀 사이로 돌 원추리는 누런빛을 드러내고 금등자나무는 붉은 빛을 발하여 벼랑과 언덕에 이어졌으니, 난간이 수놓은 비단과 같구나. 높은 돛을 단 작은 배에서 웃으며 부르는 노랫가락 서로 들으니, 모임이 고기비늘 같고 행렬이 나는 기러기 같도다. 그윽하고 기이한 곳 찾으면 머물렀다 다시 나아가고 서로 선후를 다투기를 마치 서로 우연히 만나는 듯이 하였다. 늙은이는 여윈 얼굴과 흰 수염의 모습이지만 말이 고상하고 심원하였고, 젊은이는 옷깃을 단정히 한 엄숙한 모습이지만 보는 것이 하찮고 듣는 것이 헛되었으니, 각기 그 취향 따라 선택할 따름이었다. 나 또한 작고 큼·정미하고 거칢·강하고 유함·느리고 빠름이 가지런하지 않음을 알지 못한다.❶

❶ 육구연(陸九淵), 「신흥사 벽에 쓰다[題新興寺壁]」, 『육구연집(陸九淵集)』20권, "象山翁觀瀑半山, …… 究仙嚴之勝. 石瀨激雪, 澄潭漬藍, 鷺翹鳧飛, 怳若圖畫. 疏松翠篠蒼苔茂草之間, 石螢呈黃, 金橙舒紅, 被崖緣坡, 欄若錦繡. 輕舟危檣, 笑歌相聞, 聚如魚鱗, 列如行雁. 至其尋幽探奇, 更泊互進, 迭爲先後, 有若偶然而相從. 老者蒼顏皓鬚, 語高領深, 少者整襟肅容, 視微聽冲, 莫不各适其适. 余亦不知夫小大精粗剛柔緩急不齊也." 육구연이 상산정사(象山精舍)의 아름다운 산수경관의 감상에 대한 것은, 또 『육구연집(陸九淵集)』13권의 「주자와 연못에서[與朱子淵]」 등에서 볼 수 있다.

이러한 심미활동은 심령과 우주운율 사이의 정미한 공감을 구현하였고, '하늘과 사람'이 모인 끝없는 조화로움을 모두 체현하였다. 이에 육구연은 위의 글

맨 끝에서 "나는 작고 큼·정미하고 거칢·강하고 부드러움·느리고 급한 것이 가지런하지 않음을 알지 못한다."고 귀결하였다.

무엇 때문에 '도통道通'을 계승하는 것을 자신의 임무라고 여기는 이학의 거장들이 원림 속의 매우 한적한 생활분위기에 이렇게 마음을 기울였는지 분명하게 알 수 있다. 주희의 말을 예로 들겠다.

이화원(頤和園) "지춘정(知春亭)"

『국사보』에서 위응물은 '사람됨이 고결하여, 맛이 있어도 조금 먹고 욕심을 적었다. 이르는 곳에는 청소하고 분향하며, 문을 닫고 앉아 있네.' 하였다. 이 시는 한 글자도 지어낸 것이 없으니, 곧 스스로 있는 것이요, 그 기상이 도에 가까우며 뜻도 항상 그것을 좋아하였다.'고 하였다. 또 말하기를 "석만경의 시에 '마음속에 흐르는 물은 원대하고, 근심 밖에 오랜 산은 푸르도다.'와 '즐거운 뜻 서로 얽혀 새는 말을 주고받고, 풍기는 향내 끊임없어 나무에 꽃이 어울렸네.'라는 구는 매우 아름다운데, 그 전집을 보지 못한 것이 애석하다."고 하였다. ❶

❶ 모두 『주자어류(朱子語類)』140권에 실려 있다. "『국사보(國史補)』稱韋應物 '爲人高洁, 鮮食寡欲, 所至之所, 掃地焚香, 閉閣而坐.' 其詩無一字做作, 直是自在, 其氣象近道, 意常愛之", 又曰: "石曼卿詩 '意中流水遠, 愁外舊山靑.'; 又 '樂意相關禽對語, 生香不斷樹交花'之句極佳, 可惜不見其全集."

앞에서 제시한 두보의 "물이 흐르듯 마음은 다투지 않으니, 구름이 머무르듯 내 뜻도 더디다水流心不競, 雲在意俱遲."고 묘사한 것은 중국고전원림의 최고 심미경계이다. 송대 이후의 원림예술이 이처럼 보편적으로 자각하여 '수류운재水流雲在'의 경계를 숭상한 것은 이학이 더욱 확대하여 발전된 결과이다.

정호와 정이의 문하에서 다시 제자들에게 전하였는데, 남송의 저명한 이학가인 장구성張九成119)을 예로 들겠다.

장구성 선생은 두보의 시구 '들 빛은 다시 산으로 막혀 끊어짐이 없고, 산 빛은 항상 물과 서로 이어져 있도다.'를 읽고 탄식하며 말하기를, '두보의 이 시는 특별히 산 빛과 들 빛을 읊은 것이 아니라 하나의 법칙이 분명한 곳은 흔히 경계가 이와 같음을 깨달아야 한다.'고 하였다. ❶

또 말하기를, 도연명은 '구름은 무심하게 산봉우리에서 솟아나고, 새도 날기가 권태로워 돌아올 줄 안다.'고 하였고, 두보는 '물이 흐르듯 마음은 다하지, 구름이 머무르듯 내 뜻도 더디다.'고 하였다. …… 그 '구름은 무심하게'와 '새도 날기가 권태로워'를 보면 본래의 뜻을 알 수 있다. '물이 흐르듯 마음은 다투지 않으니'와 '구름이 머무르듯 내 뜻도 더디다'에 이르러서는 사물과 함께 처음부터 끊어짐이 없이 기가 섞여있어서 가볍게 논의 할 수 없다.❷

❶ 장구성(張九成), 『횡포문집(橫浦文集)』부록 「횡포심전(橫浦心傳)」상권, "張九成讀子美 "野色更無山隔斷, 山光直與水相通."而歎曰, "子美此詩非特爲山光野色, 凡悟一道理透徹處往往境界如此."

❷ 장구성(張九成), 『횡포문집(橫浦文集)』부록 「횡포심전(橫浦心傳)」중권, "淵明云: '雲無心而出岫, 鳥倦飛而知還.' 子美云: '水流心不競, 雲在意俱遲.' …… 觀其云雲無心, 鳥倦飛, 則可知基本意; 至於水流心不競, 雲在意俱遲, 則與物初無間斷, 氣更混淪, 難可輕議也"

또 남송南宋의 이학가인 나대경羅大經120)의 평론은 다음과 같다.

두보가 절구에서 말했다.

遲日江山麗   해가 길어지니 강산이 아름답고
春風花草香   봄바람에 꽃향기는 향기롭구나.
泥融飛燕子   진흙이 녹으니 제비 날고
沙暖睡鴛鴦   강모래도 따스해 원앙새 졸고 있네.

혹자는 이 시가 어린아이들과 무엇이 다르냐고 하였다.
내가 '그렇지 않다. 위의 두 구는 둘 사이에 생기[生意]가 있다는 것을 알 수 있고, 아래 두 구는 만물이 모두 제 성질에 알맞다는 것을 알 수 있다. 그러니 익숙하게 깨닫는다면 어찌 내 마음의 참된 즐거운 느낌을 나타낼 수 없겠는가! 아래의 절구도 이와 같다.
……

水流心不競　　물이 흐르듯 마음은 다투지 않으니
雲在意俱遲　　구름이 머무르듯 내 뜻도 더디다.

野色更無山隔斷　들 빛은 다시 산으로 막혀 끊어짐이 없고
山光直與水相通　산 빛은 항상 물과 서로 이어져 있도다.

樂意相關禽對語　즐거운 뜻 서로 얽혀 새는 말을 주고받고,
生香不斷樹交花　풍기는 향내 끊임없어 나무에 꽃이 어울렸네.
경물만 보더라도 좋고, 도리를 보더라도 그 속에 모두 음미할만한 것이 모두 있다. ❶

> ❶ 『학림옥로(鶴林玉露)』2권 을편, 나대경(羅大經)은 이학의 의의(意義)에 대한 산수(山水)의 심미(審美)를 수차례 강조하였다. 예를 들면, 3권의 병편(丙編) '관산수(觀山水)'에, "주자는 항상 길을 지날 때에, 아름다운 산수가 있는 것을 듣고는, 비록 길이 수 십리 떨어져 있더라도 반드시 가서 노닐었다. …… 내가 이 때문에 주자도 산수를 좋아하였다고 하는 것이니, …… 무릇 산을 오르고 물을 찾는 것은 도의 기틀을 일으키고 마음을 넓힘으로써 유익한 것이 많기 때문이다."고 하였다. 송대 이학가들은 춘의(春意)가 넘치는 것을 중시하였는데, 그것은 생기발랄한 자연경관이다. 그러한 예는 수없이 많으니, 전종서(錢鐘書) 선생의 『담예록(談藝錄)』, pp.228~230을 참조 바란다.

명·청에 이르러, 이처럼 산수원림경관에서 영원히 변하지 않는 조화로운 우주운율을 느껴서 '둘 사이에 생기가 없는 곳이 없다[兩間莫非生意].'는 것과 '만물이 모두 제 성질에 맞지 않음이 없다[萬物莫不適性].'는 심미활동을 깊이 인식한 것은 이학에서 중요한 의의를 갖춘 것이다.

『명유학안明儒學案·사설師說』에서 유명한 이학가 진헌장陳獻章121)을 칭찬하여 "솔개·물고기와 활발함을 함께 한다."122)하였고, 그의 제자인 장후張詡123)의 원림에 대한 기록은 더욱 가치가 있으니, 읽어보겠다.

내가 어렸을 때 부친의 관리를 따라 시냇가에서 놀았다. 연못을 따라 버들이 심어져 있었는데, 이리저리 흔

들리고 나부껴서 제각기 다른 모습을 하고 있는 것이 열 그루쯤 되었다. 연못의 물은 바람의 강약에 따라 변하여 살랑거리기도 하고 크게 일렁이기도 하였는데 물의 깊이가 열 길쯤 되었다. 앵무새와 제비는 노래하고, 물고기와 새우는 자맥질 하고 뛰기도 하며, 구름과 노을은 나타나기도 하고 사라지기도 하니, 구체적으로 표현할 수 없었다. 곧 경계가 마음에 딱 들어맞았지만 아득하여 그 즐거운 까닭을 알지 못하였다. 조금 자라서는 옛사람의 '버드나무 있는 연못에 봄물이 질펀하다'와 '수양버들 늘어진 연못 위에 바람이 스친다'는 구절을 읊어 보니, 마음과 구절이 딱 들어맞았지만 또 아득하여 오묘함이 어디에 담겨 있는지 알 수가 없었다. 근자에 요양을 하며 오로지 조용히 함을 오래하니 이치와 마음이 맞아서, 경치가 눈에 있을 필요가 없게 되었으니, '정'과 '신'이 융화되면 시를 입 밖으로 낼 필요가 없게 되어 '지극한 즐거움'과 '지극히 오묘함'이란 모두 헛되이 밖에서 구한다고 얻을 수 있는 것이 아니다.❶

> ❶ 「유당기(柳塘記)」, 『명유학안(明儒學案)·백사학안(白沙學案)·하(下)』, "予少從先君宦游臨川, 沿塘植柳, 偃仰披拂於朝烟暮雨之間, 千態萬狀, 可數十本. 塘之水微波巨浪, 隨風力強弱而變化, 可數十丈. 鸎燕之歌吟, 魚鰕之潛躍, 雲霞之出沒, 不可具狀, 境與心得, 塊然莫知其樂之所以. 稍長, 讀昔人'柳塘春水漫'及'楊柳風來面上吹'之句, 則心與句得, 又茫然不知其妙之所寓. 近歲養疴之餘, 專靜, 久之理與心會, 不必境之在目, 情與神融, 不必詩之出口, 所謂至樂與至妙者, 皆不假外求而得."

진헌장의 이론과 왕양명은 자못 상통한 점이 있어서, 그의 제자는 원림심미에서 '경치와 마음이 꼭 맞음'을 통해서 '이치와 마음이 꼭 맞음'에 이르는 요점을 열거하였다. 이학이 정호·정이와 주자로부터 육상산과 왕양명에 이르기까지, 원림미학의 변천과 발전에 중요한 영향을 미쳤다는 것을 알 수 있다.

이학의 우주관과 심미관은 송대 이후의 많은 원림작품에 이식되었다. 이런 예는 앞에서 많이 거론하였고, 또 예를 들면, 지금도 소주에 남아있는 원림에서 이름을 '활발발지活潑潑地'라고 한 경관에서 볼 수 있다.

소주의 망사원網師園에서 가장 풍부한 예술적 매력을 갖춘 주된 경치는 '월도풍래정月到風來亭'이다. 이것은 소옹邵雍 아래의 시 구의 뜻과 의경을 그대로 계승한 것이다.

소주(蘇州)망사원(網師園) "월도풍래정(月到風來亭)"

月到天心處	달은 하늘 한가운데 이르고
風來水面時	바람은 수면에 불어오는구나.
一般淸意味	이러한 맑고 상쾌한 맛을
料得少人知.	아는 이 적음을 알았노라.❶

❶ 소옹(邵雍),「청야음(淸夜吟)」.

북경의 장춘원長春園에도 소옹의 이러한 뜻을 답습하여 '천심수면天心水面'으로 이름 지은 원림경관이 있다.124) 또 원명원圓明園 40경 중 하나의 이름인 '어약연비魚躍鳶飛'와 같은 것으로, 건륭시대의 이런 이름은 정호·정이와 주자를 그대로 본받은 것이다.

| 榱桷翼翼 | 서까래가 크기도 하고 |
| 戶牖四達 | 창문은 사방에 있구나. |

曲水周遭	굽은 물은 사방을 둘러
儼如縈帶	엄연히 띠를 두른 듯하다.
兩岸村舍鱗次	양쪽 강 언덕에는 집들이 늘어서 있네.
晨煙暮靄	새벽에는 안개 일고 저녁에는 노을 끼는데
翁郁平林	숲은 무성하고 평평하구나.
眼前物色	눈앞의 모습들 속에
活潑潑地	생기발랄한 곳이 있도다.
心無塵常惺	마음에 티끌이 없어 항상 깨어 있고
境愜賞爲美	경치는 상쾌하여 항상 아름답구나.
川泳與雲飛	내에서 헤엄치는 것과 하늘을 나는 것이
物物含至理	모두가 지극한 이치를 갖추었도다.❶

❶ 「임금이 지은 어약연비시[御制魚躍鳶飛詩]」는 『일하구문고(日下舊聞考)』83권에 보인다.

이학이 고전원림에 중대한 영향을 끼친 것은 경관명칭에서 가장 표면적으로 체현되었다. 이 때문에 중당 이후의 원림예술은 그 기법이나 면모가 어떻게 수천 번 변화했는지는 논하지 않더라도 그 근본적인 목적은 하나이다. 곧 산수와 생활환경의 예술형식이 점점 협소해지고 폐쇄된 '호중'에 고도로 완정되고 조화롭고 영원하고 생기발랄한 '천인지제'의 우주체계를 구축한 것이다. 이러한 근본 목적은 송명이학에서만 집중적이고 가장 분명하게 논술할 수 있었다.

이후의 장절에서는 이학이 고전원림과 모든 전통문화체계에 광범위하게 끼친 영향에 대해서 언급할 것이다. 다만 그것을 이 장에서 언급한 내용을 하나로 보아야, 비로소 이학의 깊은 의의를 진정 이해할 수 있을 것이다. 중국고전원림이 다른 면으로 향하는 과정에서 만나는 모순과, 송명이학 내지 전통문화체계가 다른 일면으로 향하는 것이 의외로 서로 닮았다는 것까지도 이해할 수 있을 것이다.

01 『태극도설(太極圖說)·통서(通書)』, "推明陰陽五行之理, 命於天而性於人."

02 『한서(漢書)·동중서전(董仲舒傳)』, "道之大原 出於天"

03 『구양수전집(歐陽修全集)·거사외집(居士外集)』23권, 「이고의 글을 읽다[讀李翺文]」 "然翺幸不生今時, 見今之事則其憂又甚矣, 奈何今之人不憂也."

04 손복(孫復): 송(宋)나라 학자. 자 명복(明復). 호 수양자(睢陽子). 평양(平陽) 사람. 국자감 직강(國子監直講), 전중승(殿中丞) 역임. 호원(胡瑗; 자 익지翼之)과 서로 맞지 않아 태학에 있을 때 늘 서로 피하였는데, 그가 태산(泰山)에 살았으므로 그의 학문을 '태산학파'라 불렀고, 호원의 안정학파(安定學派)와 더불어 송학(宋學)의 선구가 되었다.

05 석개(石介; 1005~1045): 북송 연주(兗州) 봉부(奉符) 사람. 자는 수도(守道) 또는 공조(公操)고, 호는 조래선생(徂徠先生)이다. 손복(孫復)을 사사했다. 『경력성덕록(慶曆聖德錄)』을 지어 신정(新政)에 참여한 인물들을 찬양했다. 얼마 뒤 복주통판(濮州通判)으로 옮겼는데, 취임하기 전에 죽었다.

06 『조래석선생문집(徂徠石先生文集)』5권, 「원난(原亂)」 "周秦而下, 亂世紛紛, 何爲而則然也? 原其來有由矣, 由亂古之制也!"

07 『신오대사(新五代史)·당폐제가인전론(唐廢帝家人傳論)』, "甚矣, 五代之際, 君君臣臣父父子子之道乖, 而宗廟、朝廷、人鬼皆失其序, 斯可謂亂世者歟! 自古未之有也."

08 『신오대사(新五代史)·진가인전(晉家人傳)』, "五代, 干戈賊亂之世也, 禮樂崩壞, 三綱五常之道絕, 而先王之制度文章掃地而盡於是矣!"

09 『직재서록해제(直齋書錄解題)』4권 인용, "昔孔子作『春秋』, 因亂世而立法, 余爲本紀, 以治法而正亂君, 發論必以'嗚呼', 曰:'此亂世之書也.'"

10 『상인종황제언사서(上仁宗皇帝言事書)』,『왕문공문집(王文公文集)』1권, "顧內則不能無以社稷爲憂, 外則不能無懼於夷狄。天下之財力日以困窮, 而風俗日以衰壞."

11 섭적(葉適; 1150~1223): 남송 온주(溫州) 영가(永嘉) 사람. 자는 정칙(正則)이고, 세칭 수심선생(水心先生)이며, 시호는 충정(忠定) 또는 문정(文定)이다. 영종(寧宗) 때 보문각대제(寶文閣待制)에 올라 강회제치사(江淮制置使)를 겸했다. 개희(開禧) 때 북벌(北伐)을 하자 금나라에 항거할 것을 강력하게 주장해 한탁주(韓侂胄)의 신임을 얻었다.

12 『진권(進卷)·대학(大學)』,『섭적집(葉適集)·수심별집(水心別集)』7권, "道之不一久矣。王政闕而禮樂壞, 禮樂壞而民性失, 目無正色之視也, 耳無正聲之聽也。自外而入者, 其不爲夷狄者幾何!"

13 손복(孫復), 「춘추존왕발미(春秋尊王發微)」,『송원학안(宋元學案)』2권 태산학안(泰山學案)에 보인다.

14 석개(石介), 「춘추설(春秋說)」·「중국론(中國論)」,『조래석선생문집(徂徠石先生文集)』10권, 부록 1에 보인다.

15 석개(石介), 「명금(明禁)」·「복고제(復古制)」·「명사주(明四誅)」,『조래석선생문집(徂徠石先生文集)』5권, 6권에 보인다.

16 구양수(歐陽修), 「정통론(正統論)」·「본론(本論)」·「춘추론(春秋論)」,『구양수전집(歐陽脩全集)·거사집(居士集)』16, 17, 18권에 보인다.

17 구양수(歐陽修), 「붕당론(朋黨論)」,『구양수전집(歐陽脩全集)·거사집(居士集)』17권에 보인다.

18 『구당서(舊唐書)·예악지서(禮樂志序)』에 보인다.

19 송(宋) 신종(神宗)의 『자치통감서(資治通鑒序)』에 보인다.

20 이러한 것을 서로 비교하면, 전통문화는 위진(魏晉) 시기의 위기 중에 있어서 너무나도 허둥대며 어찌할 바를 몰랐다.

21 이러한 책임감과 전통문화는 고전원림의 관계 및 송대 이후의 발전에 있어서는, 이 책 제 4편에서 자세하게 언급할 예정이다.

22 예를 들면, 경력(慶歷)과 신정(新政) 등의 정치개혁은 명확히 이러한 긴박한 요구에 적응하고 형세에따라 생긴 것이며, 『오조명신언행록(五朝名臣言行錄)』72권 『참정범문정공(參政范文正公)』에 "공이 참지정사가 되어, 항상 나아가 알현함에, 상께서 반드시 태평(太平)으로 책하였다. 공이 탄식하여 이르기를 '상께서 나를 쓰심이 지극하도다. 그러나 일이 선후가 있으니, 오래도록 안주한 폐단을 혁파하는 것은 조석으로 가능한 것이 아니다.'라고 하였다. 이미 상께서 다시 수조(手詔)를 내려 천하의 일을 다루게 하였다. [公爲參知政事, 每進見, 上必以太平責之. 公嘆曰, '上之用我者至矣, 然事有先後, 而革弊於久安, 非朝夕可也.' 旣而上再賜手詔趣使條天下事]."라고 되어 있다.

23 고황(膏肓): 원래 신체에서 심장과 횡격막 사이의 부분인데 예부터 약효가 여기까지 도달하지 못하는 부위라고 생각했으므로, '고황'이라고 하면 이미 병이 깊이 도져서 고칠 수 없는 상태에 이르렀거나 불치병을 뜻하는 말로 쓰인다.

24 번진(藩鎭): 당(唐)나라 중기, 변경과 중요 지역에서 그 지방을 관장하던 절도사(節度使). 훗날 권력이 점차 비대해지고 민정, 재정을 겸하여 관장하게 되면서 군인들이 할거하게 되어 조정을 향해 반기를 자주 들게 된다.

25 건안문학(建安文學): 건안(建安)이란 한말(漢末) 헌제(獻帝)의 연호인데, 그동안 민간으로 전해오던 5언시나 악부시 등이 이때에 와서 문인들에 의하여 채용되기 시작하면서 공식적으로 문단에 오르는 계기를 마련하게 되었다. 이를 바탕으로 5언시 등은 충분한 성숙을 보게 되었으며, 이로써 건안문학은 자연히 시가 중심이 되었다. 당시에 중국은 정치적으로 분열과 동요의 소용돌이에 휘말려 대단히 불안한 상태에 처해 있었다. 건안시기의 작가들은 이러한 혼란 속에서 생활하는 대중들의 모습을 여실히 묘사해 나갔기 때문에 그들의 작품은 '강개하면서도 처량하다(慷慨悲凉)'는 특징을 가지고 있다. 당시의 문단은 주로 삼조(三曹)라 불리는 조조(曹操)·조비(曹丕)·조식(曹植) 3부자(父子)와 건안칠자(建安七子)에 의하여 영도되었다.

26 왕의(王毅), 「위진시기의 '자연'설과 진시의 풍모(魏晉時期的'自然'說與晉詩之風貌]」, 『문학유산(文學遺產)』 1984년 4기에 실려 있음.

27 호료가(好了歌): 중국고전소설 『홍루몽(紅樓夢)』에 나오는 세상 사람들을 풍자한 칠언(七言) 16구로 된 시가(詩歌)이다.

28 『蘇文忠詩合注』引『苕溪漁隱叢話』云, "余觀東坡「秦穆公墓」詩全與「和三良」詩意相反, 蓋少年議論如此, 晚年所見益高也."

29 『좌전(左傳)·문공6년(文公六年)』, "秦穆之不爲盟主也宜哉! 死而棄民. …… 今縱無法以遺後嗣, 而又收其良以死, 難以在上矣."

30 모두 『주자어류(朱子語類)』130권에 보인다.

31 『송사(宋史)·정호전(程顥傳)』.

32 『이정집(二程集)·하남정씨유서(河南程氏遺書)』3권.

33 진량(陳亮), 「동선가(洞仙歌)·정미수주원회(丁未壽朱元晦)」, 『진량집(陳亮集)』17권, "問唐虞禹湯武, 多少功名? 猶自是, 一點浮雲鏟過."

34 『주문공문집(朱文公文集)·답료자회(答廖子晦)』45권, "韓公只於治國平天下處用功, 而未嘗就其身心上講究持守耳 …… 只此便見得韓公本體功夫欠闕處." 이와 대조를 형성한 이학(理學) 이전에는 뜻이 도통(道統)의 송유(宋儒)들을 잘 계승하는 데에 있었지만, 유개(柳開)·손복(孫復)·석개(石芥)·구양수(歐陽修) 등은 모두 한유에 대한 평가가 매우 높았다.

35 호원(胡瑗; 993~1059): 송(宋)나라 학자로 호산파(湖山派)의 대표. 송학(宋學)의 선구가 되었고 교서랑(校書郎), 호주교수(湖州敎授), 태상박사(太常博士)를 역임했음. 자 익지(翼之). 시호 문소(文昭). 별칭 안정선생(安定先生). 해릉(海陵) 사람으로 범중엄(范仲淹)이 추천하여 처음 교서랑이 되었으며, 손복(孫復)의 태산학파(泰山學派)와 호원의 안정학파(安定學派); 호산교수호산교수(湖山敎授)를 합하여 호산파라고 한다.

36 설간재(薛艮齋), 『여주회옹서(與朱晦翁書)』에서 주자(朱子)의 말을 인용하였는데, 『송원학보·안정학보』에도 보인다. "安定之傳, 蓋不出於章句誦說, 校之近世高明自得之學, 其效遠不相逮."

37 『주자어류(朱子語類)』129권, "數人者皆天資高, 知尊王黜霸, 明義去利. 但只是如此便了, 於理未見, 故不得中."

38 「어록(語錄)」하, 『육구연집(陸九淵集)』34권, "歐公 『本論』固好, 然亦只說得皮膚."

39 『주자어류(朱子語類)』40권, "『大學』是修身治人底規模. 如人起屋相似, 須先打个地盤. …… 先通『大學』, 立定綱領, 其他經皆雜說在裏許."

40 삼충어사무한(三忠於四無限): 1964년에 창작된 중국의 무용극인 '동방홍(東方紅)'에 나오는 말로, 모택동과 그의 사상에 대한 무조건적인 숭배와 실천을 강조한 '삼충어 사무한(三忠於 四無限)'은 문화혁명 중에 일상적인 표어로 변했다.

41 두사비수(斗私批修): 문화 대혁명 중에 나온 모택동의 지시로, 개인의 이기주의와 투쟁하고 수정주의사상을 비판하는 것이다.

42 공리(功利): 공적(功績)과 그 공적이 세상에 미치는 이익(利益)을 아울러 이르는 말

43 선험적(先驗的): 경험하기 이전에 선천적으로 가지고 있거나 인식 가능한 것으로, 오직 경험에서만 생겨나는 후험적인 것과 반대 개념이다.

44 연역(演繹): 논리적으로 필연적인 원리에 따라 혹은 진리 보존적 추리 규칙에 따라 주어진 전제로부터 결론을 이끌어 내는 일.

45 장재(張載; 1020~1077): 북송 성리학자. 봉상(鳳翔) 미현(郿縣) 사람. 자는 자후(子厚)고, 호는 횡거선생(橫渠先生)이며, ·시호는 명공(明公)이다. 인종(仁宗) 가우(嘉祐) 2(1058)년에 진사(進士)가 되고, 운암령(雲巖令)이 되었다. 신종(神宗) 희녕(熙寧) 초에 숭문원교서(崇文院校書)에 올랐다. 얼마 뒤 병으로 사직하고 남산(南山) 아래서 지내면서 독서와 강학을 병행했다. 10년(1077) 여대방(呂大防)의 천거로 지태상례원(知太常禮院)이 되었지만 병으로 사직하고 돌아오는 도중 죽었다. 문인들이 명성(明誠)이라 시호를 하려고 했지만 나중에 헌(獻)으로 정해졌다.

46 서명(西銘): 장재(張載)가 지은 서재(書齋)의 서쪽 창에 걸어놓은 명(銘). 원명은 정완(訂頑)이었는데, 그

와 동시대 사람인 정이(程頤)의 충고에 의하여 서명이라고 고쳤음. 유교의 기본 윤리인 인(仁)의 도리를 설명한 글로 중국 철학사상 중요한 논문의 하나임. 주희(朱熹)가 특별히 주석을 붙이자 후대 학자들이 이에 주목하게 되어 동명과 서명에 대한 많은 주해서(注解書)가 나오게 되었음. 주해서로는 송나라 때 주희(朱熹)의 『서명해(西銘解)』, 명나라 때 조단(曹端)의 『서명술해(西銘述解)』, 우리 나라 조선 시대 이황(李滉)의 『서명고증강의(西銘考證講義)』 등이 있음. 특히 서명은 군도(君道)에 가장 절실한 교훈이 되기 때문에 조선 선조(宣祖) 때에 이황(李滉)이 일찍이 그림으로 그려 바친 바가 있다.

47 정호(程顥), 「답양시론서명서(答楊時論西銘書)」, 『이정집(二程集)·하남정씨문집(河南程氏文集)』9권, "西銘明理一而分殊."

48 『주자어류(朱子語類)』98권, "西銘句句要見理一而分殊."

49 침잠(沈潛): 마음을 차분히 가라앉혀서 깊이 사색하거나 자신의 세계에 깊이 몰입하는 상태를 이른다.

50 『주자어류(朱子語類)』27권, "此要沈潛理會, 此是論語中一章."

51 이일분수(理一分殊): 모든 사물은 개별의 이(理)를 구비하고 있으며, 그 개별적 이는 보편적인 하나의 이와 동일함을 설명하는 이론이다.

52 표상(表象): 상징(象徵), 감각(感覺)의 복합체(複合體)로서 마음에 그릴 수 있는 외적 대상(對象)의 상(象)이다.

53 『정이집(程二集)·하남정씨유서(河南程氏遺書)』3권, "莊生形容體道之語, 盡有好處. 老氏'谷神不死'一章最佳."

54 진공절상관(眞空絶相觀): 모든 것이 다 공해서 일체의 상(相)이 전부 떨어졌다는 것.

55 사리무애관(事理無碍觀): 진공절상관에서 모든 것이 공하여 일체의 쌍이 떨어졌으나 여기에 이르면 도리어 이치와 사물이 걸림이 없이 원융무애하기 때문에 사리무애라고 함.

56 사사무애관(事事無碍觀): '사물과 사물 사이에 걸림이 없다'로 압축되는 마음의 세계이다.

57 『정이집(程二集)·하남정씨유서(河南程氏遺書)』3권, "或問, '余嘗讀華嚴經, 第一眞空絶相觀, 第二事理無礙觀、第三事事無礙觀, …… 此理如何?' 程頤答曰, '一言以蔽之, 不過曰萬里歸於一理也.' 又問, '未知所以破他處.' 答曰, '亦未得道他不是.'"

58 화육유행(化育流行): 천지자연이 만물을 생성·발육시고 널리 행하여지게 하는 것을 말한다.

59 천리유행(天理流行): 천지만물이 생성되고 움직이는 이치가 행해지는 것을 말한다.

60 담약수(湛若水; 1466~1560): 명나라 광동(廣東) 증성(增城) 사람. 초명은 로(露)고, 자는 민택(民澤)이다. 이름을 우(雨)로 고쳤다가 다시 지금의 이름으로 정했다. 자는 원명(元明)이고, 호는 감천(甘泉)이며, 시호는 문간(文簡) 또는 문정(文正)이다. 진헌장(陳獻章)에게 배웠다. 왕수인(王守仁)과 함께 강학했지만 왕수인은 '치양지(致良知)'를 종지(宗旨)로 삼았고, 담약수는 '수처체인천리(隨處體認天理)'를 종지로 삼아 각각의 학파를 세웠다.

61 담약수(湛若水), 標擧"隨處體認天理", "宇宙之間只是一氣充塞流行."

62 장재(張載), 『서명(西銘)·건칭제17(乾稱篇第十七)』, "乾稱父, 坤稱母, 予茲藐焉, 乃混然中處. 故天地之塞, 吾其體, 天地之師, 吾其性. 民吾同胞, 物吾與也."

63 『장재집(張載集)』・장자어록상(張子語錄上)』,"理不在人皆在物, 人但物中之一物耳. 如此觀之方均."

64 『정이집(程二集)』・하남정씨유서(河南程氏遺書)』6권, "(人)惟其與萬物同流, 便能與天地同流."

65 『주자어류(朱子語類)』25권, "天地・陰陽・生死・晝夜・鬼神, 只是一理."

66 형기(形器): 현상(現象)의 기(氣).

67 정호(程顥), 「답횡거장자후 선생의 글에 답하다[答橫渠張子厚先生書]」, 『정이집(程二集)』・하남정씨유서(河南程氏遺書)』2권, "夫天地之常, 以其心普萬物而無心, 聖人之常, 以其情順萬物而無情. 故君子之學, 莫若廓然而大公, 物來而順應. …… 與其非外而是内, 不若内外之兩忘也. 兩忘則澄然無事矣."

68 장재(張載), 『정몽(正蒙)』・대심(大心)』, "大其心, 則能遍體天下之物."

69 『장재집(張載集)』・횡거이설(橫渠易說)』・계사하(繫辭下)』, "天人不須强分, 易言天道, 則與人事滾論之. 若分別則只是薄乎云爾."

70 소옹(邵雍), 「천인음(天人吟)」, 『이천육양집(伊川陸壤集)』19권, "天人相去不毫芒, 若有毫芒却成二."

71 이정(二程): 송나라 성리학자 정호(程顥;1032~1085)와 정이(程頤; 1033~1107)형제를 이른다.

72 『정이집(程二集)』・하남정씨유서(河南程氏遺書)』6권, "天人本無二, 不必言合."

73 『정이집(程二集)』・하남정씨유서(河南程氏遺書)』22권상,"道未始有天人之別, 但在天則爲天道, 在地則爲地道, 在人則爲人道."

74 『장자(莊子)・지북유(知北游)』在解釋了道,"無所不在"之後說: "嘗相與游乎無何有之宮, 同合而論, 無所終窮乎!"

75 화육(化育): 천지자연이 만물을 생성・발육시키다.

76 법천상지(法天象地): 원림의 양식이 하늘을 본받고 땅을 본떴다는 의의이다.

77 포온산해(包蘊山海): 원림의 양식이 산과 바다를 포함하고 아울렀다는 의의이다.

78 호중천지(壺中天地): 작은 호리병 속에도 천지의 의취를 가지고 있듯이 원림에도 천지의 의취를 가지게 하는 것이다.

79 개자납수미(芥子納須彌): 겨자씨의 작은 공간에도 수미산의 큰 공간을 수용한다는 불가(佛家)이론을 응용한 것이다.

80 분지(盆池): 마당 등에 마련한 작은 연못.

81 정호(程顥), 「분하(盆荷)」, 『정이집(程二集)』・호남정씨문집(河南程氏文集)』3권, "誰言無遠趣, 自覺有餘淸", "不校蹄涔與滄海."

82 『이천육양집(伊川陸壤集)』・자서(自序)』, "予自壯歲業於儒術, 謂人世之樂何嘗有萬之一二, 而謂名敎之樂固有萬萬焉."

83 송대(宋代) 이학가들이 중시한 본체론의 고심은 나중에 세상 사람들을 깨달음에 이르게 하였다. 명대(明代) 호광(胡廣, 1369~1418) 등의 『성리대전서(性理大全書)』가 비록 편찬되어, 그 분목(分目)인 "이기(理氣)"・"성리(性理)" 등은 통괄 목록에 두었으며, "군도(君道)"・"치도(治道)"는 끝에 붙여두었다.

84 『소원학안(宋元學案)』10권, 「백원학안하(百源學案下)」, "能包括宇宙, 始終古今."

85 『이천육양집(伊川陸壤集)』20권, 「수미음(首尾吟)·8(八)」, "雖則借言通要妙, 又須從物見幾微."

86 공치규(孔稚圭; 447~501): 남제(南齊)의 문인(文人), 山陰 사람으로, 자는 덕장(德璋). 태자첨사(太子詹使) 역임.

87 『남제서(南齊書)』·공치규전(孔稚圭傳)』, "不樂世務, 居宅盛營山水 …… 門庭之內, 草萊不剪."

88 『정이집(程二集)』·하남정씨유서(河南程氏遺書)』11권, "萬物之生意最可觀, …… 人與天地一物也."

89 『주자어류(朱子語類)』116권, "那个滿山靑黃碧綠, 無非天地之化流行發見."

90 『학림옥로(鶴林玉露)』, 6권 갑편, "嘗擧似所作絕句示學者云, '半畝方塘一鑒開 ……', 皆借物以明道."

91 「상증승상서(喪曾丞相書)」, 『소식문집(蘇軾文集)』48권. "幽居默處而觀萬物之變, 盡其自然之理."

92 견천지심(見天地心): 가사도(賈似道)의 원림에 '무변풍월(無邊風月)'·'견천지심(見天地心)'의 여러 경치가 있으며, 주밀(周密)의 『무림구사(武林舊事)』5권과 백정(白珽)의 『담연집(湛淵集)·서호부(西湖賦)』에 보인다. 또 장염(張炎)은 「감주(甘州)·조악유(趙藥脯)의 산거(山居)에 쓰다. '견천지심(見天地心)'·이안(怡顔)·소시상(小柴桑)은 모두 정자(亭子)의 이름이다.」에서 "우뚝 선 정자에 의지하니[依危樓], 한 가락 피리소리 푸른 하늘에서 들려오는데[一笛翠屛空], 만리에 하늘의 마음을 보네[萬里見天心]."라고 하였다.

93 생의생물지부(生意生物之府): 가사도(賈似道)의 원림경치 중의 하나이다. 『서호유람지(西湖游覽志)』8권에 보인다.

94 곽연대공(廓然大公): 원명원(圓明園)의 10경(景) 중에 하나이다. 말은 정호(程顥)의 「횡거장자후선생의 편지에 답하다[答橫渠張子厚先生書]」에 나온다.

95 정관만류(靜觀萬類): 강희(康熙)가 쓴 서호(西湖)의 호심정(湖心亭)의 어구(語句)와 적호(翟灝) 등이 편집하고 왕유한(王維翰)이 다시 교정한 『호산편람(湖山便覽)』3권에 보인다.

96 『구산양 선생어록(龜山楊先生語錄)·후록(後錄)』하에서 예를 들면, "구산 선생이 나이가 어려 아직 이천 선생을 만나지 못했을 때에, 먼저 장자(莊子)와 열자(列子) 등의 책을 읽었다. 나중에 이천(伊川) 선생을 뵈었으나, 이러한 생각이 익숙하여 깨닫지 못하는 사이에 나오곤 하였다. 유정부(游定夫) 더욱 심하여, 나중소(羅仲素) 문하에 있을 때 또한 이러한 뜻이 있었다[龜山先生年少未見伊川時, 先去看莊列等文字. 後來雖見伊川, 然而此念熟了不覺時發出來, 游定夫尤甚, 羅仲素時復亦有此意]."라고 말하였다.

97 사량좌(謝良佐; 1050~1103): 북송 채주(蔡州) 상채(上蔡) 사람. 자는 현도(顯道)고, 시호는 문숙(文肅)이다. 이정(二程)의 문하에서 배웠다. 인욕을 제거하는 방법으로는 불교의 견성(見性)과 유교의 궁리(窮理)를 들었다. 따라서 지식(知識)이 없으면 양심 역시 진실 될 수 없다고 하였다. 그는 또 궁리란 옳은 것을 찾으려는 것이기 때문에, 그렇게 하기 위해서는 주관(主觀)을 끊어야 한다고 주장하였다. 자아(自我)가 있으면 이(理)를 궁구하는 데 장애가 생긴다고 보았기 때문이다. 그의 사상은 다분히 선불교(禪佛敎)의 내용을 포함하고 있어 주자로부터 비판을 받았다. 저서에 『상채어록(上蔡語錄)』과 『논어설(論語說)』이 있다.

98 『중용장구(中庸章句)』, "子思引此詩以明化育流行, 上下昭著, 莫非此理之用."

99 『이정집(二程集)·하남정씨유서(河南程氏遺書)』3권, "此一節, 子思喫緊爲人處, 活潑潑地, 讀者其致思焉." 이러한 경계(境界)를 보고 매우 숭고하게 여겨서 "연비어약(鳶飛魚躍)은 바로 자사(子思)가 긴요한 도를 사람들에게 주는 곳이라고 생각한 것이니, 만약 이로부터 깨닫는다면, 문득 요순(堯舜)의 기상(氣象)에도 들어갈 수 있을 것이다."라고 하였다.

100 『논어(論語)·선진(先進)』, "暮春者, 春服旣成, ……浴乎沂, 風乎舞雩, 咏而歸"

101 『송사(宋史)·주돈이전(周敦頤傳)』, "自再見周茂叔後, 吟風弄月以歸, 有'吾與點也'之意."

102 『상채어류(上蔡語類)』1권, "學者須是胸懷擺脫得開, 始得有見. 明道先生在鄠縣作主簿時有詩云, '雲淡風輕近午天, 望花隨處過前川. 旁人不識予心樂, 將謂偸閒學少年.' 看他胸懷眞是好, 與曾點底事一般." 사양좌가 '흉회(胸懷)'라고 한 것은 정호(程顥)의 "하늘의 이치를 보고 반드시 뜻을 크게 하야 하니, 마음을 넓게 할 수 있으면, 문득 깨달을 수 있다[觀天理, 亦須放開意思, 開闊得心胸, 便可見.]. …… 천인(天人)은 간격이 없으니, 가득차지 않으면 만물을 발육시킬 수가 없다[天人無間, 夫不充塞則不能化育]."에 나온다. (『이정집(二程集)·하남정씨유서(河南程氏遺書)』2권상)

103 『장자(莊子)·소요유주(逍遙游注)』, "夫與物冥者, 故群物之所不能離也. 是以無心玄應, 唯感之從, 汎乎若不繫之舟."

104 물태서창(物態舒暢): 사물의 모양이 시원함을 형용하는 것이다.

105 종용쇄락(從容灑落): 여유롭고 소탈함을 형용하는 말이다.

106 『장자(莊子)·제물론(齊物論)』, "南郭子綦, 隱几而坐, 仰天而噓, 荅焉似喪其耦"

107 『장자(莊子)·제물론(齊物論)』, "同天人, 均彼我. 故外無與其歡, 而荅然解體, 若失其配匹."

108 소옹(邵雍), 「천인음(天人吟)」, 『이천육양집(伊川陸壤集)』18권, "身安心樂, 乃見天人."

109 전조망(全祖望; 1705~1755): 청나라 절강(浙江) 은현(鄞縣) 사람. 자는 소의(紹衣)이고, 호는 사산(謝山)이다. 건륭(乾隆) 원년(1736) 32살 때 진사에 급제하여 서길사(庶吉士)가 되었는데, 『영락대전(永樂大全)』을 빌려 읽으면서 구하기 어려운 책들을 초록했다. 산관(散館)한 뒤 지현(知縣)에 등용되었지만 취임하지는 않았다. 나중에 유종주(劉宗周)가 세운 즙산(蕺山)과 광동(廣東)의 단계서원(端溪書院)에서 주강(主講)을 맡았다.

110 경방(京房; BC77~BC37): 전한 동군(東郡) 돈구(頓丘, 하남성 淸豊) 사람. 본성(本姓)은 이씨(李氏)고, 자는 군명(君明)이다. 맹희(孟喜)의 문인 초연수(焦延壽)에게『주역』을 배웠고, 금문경씨역학(今文京氏易學)의 개창자다. 『주역』을 연구하던 오록충종과 학설이 다르다는 이유로 석현의 참소를 입어 기시(棄市)의 형을 당했다.

111 초연수(焦延壽; ?~?): 전한 양(梁, 하남성 商丘) 땅 사람. 자는 공(贛)인데, 일설에는 이름이 공이고, 자가 연수라고도 한다. 젊어서 빈천했지만 학문을 좋아해 한소제(漢昭帝) 때 양왕(梁王)에게 총애를 받았다. 일찍이 맹희(孟喜)에게『주역』을 배워 상수학(象數學) 중 점후(占候)를 중시하는 일파를 창시했다. 학문은 경방(京房)에게 전해졌다. 저서에『역림(易林)』과『역림변점(易林變占)』이 있었는데, 『역림』만 전한다.

112 『송원학안(宋元學案)』9권, 「백원학안(百源學案)·상(上)」, "康節之學, 別爲一家, 或謂「皇極經世」, 只是京焦末流, 然康節之可以列聖門者, 正不在此."

113 소요부(邵堯夫): 소강절을 이른다.

114 『주자어류(朱子語類)』100권, "康節以品題風月自負. 然實强似皇極經世書." "邵堯夫詩雪, '月風花未品題', 此言事物皆有造化."

115 위료옹(魏了翁; 1178~1237): 송나라 공주(邛州) 포강(蒲江, 사천성) 사람. 자는 화보(華父)고, 호는 학산(鶴山)이며, 시호는 문정(文靖)이다.

116 장식(張栻; 1133~1180): 남송 한주(漢州) 면죽(綿竹) 사람. 형양(衡陽)으로 옮겨 살았다. 자는 경부(敬夫) 또는 흠부(欽夫), 낙재(樂齋)고, 호는 남헌(南軒)이며, 시호는 선(宣)이다. 장준(張浚)의 아들이다. 주희(朱熹), 여조겸(呂祖謙)과 함께 '동남삼현(東南三賢)'으로 불렸다. 저서에 『논어해(論語解)』와 『맹자해(孟子解)』, 『남헌역설(南軒易說)』, 『남헌집(南軒集)』 등이 있다.

117 진량(陳亮; 1143~1194): 남송 무주(婺州) 영강(永康) 사람. 자는 동보(同甫)고, 학자들은 용천선생(龍川先生)이라 불렀다. 재주와 기상이 뛰어났고, 군사에 대해 논하기를 즐겼다.

118 육구연(陸九淵; 1139~1193): 남송 무주(撫州) 금계(金溪) 사람. 자는 자정(子靜)이고, 호는 존재(存齋) 또는 상산옹(象山翁)이며, 시호는 문안(文安)이다.

119 장구성(張九成; 1092~1159): 남송 항주(杭州) 전당(錢塘) 사람. 자는 자소(子韶)고, 호는 횡포거사(橫浦居士) 또는 무구거사(無垢居士)며, 시호는 문충(文忠)이다. 젊었을 때 경사(京師)에 와서 정자(程子)의 제자 양시(楊時)에게 배웠다. 선승(禪僧) 종고(宗杲)의 영향으로 불교의 심외무법(心外無法) 사상을 받아들여 심학(心學)화한 경향을 보인다. 후대에 정주의 이학(理學)과 육구연 심학의 교량 역할을 한 인물로 평가된다. 저서에 『횡포심전(橫浦心傳)』과 『횡포일신(橫浦日新)』, 『맹자전(孟子傳)』, 『중용설(中庸說)』 등이 있다.

120 나대경(羅大經; ?~?): 남송 길주(吉州) 여릉(廬陵, 지금의 江西省 吉安市) 사람. 자는 경륜(景綸)이다. 저서로는 필기(筆記)인 『학림옥로(鶴林玉露)』 16권이 있다. 내용은 독서하면서 터득한 지식을 기술한 것이다. 피폐한 정치를 질책하고 인물을 평가하며 시문을 평론하는 데 있어 종종 독보적인 견해가 있으며, 언어는 간단하면서도 의미는 풍부하다. 그러나 견문을 기록하고 자료를 인용하는 데 있어 가끔 착오와 사실무근인 곳도 있다.

121 진헌장(陳獻章; 1428~1500): 명나라 광동(廣東) 신회(新會) 사람. 자는 공보(公甫)고, 호는 백사선생(白沙先生) 또는 석재(石齋)며, 만호는 석옹(石翁)이다. 정통(正統) 12년(1447) 두 차례 예부(禮部) 시험에 응시했지만 떨어졌다. 오여필(吳與弼)에게 이학(理學)을 사사하고, 반년 뒤에 돌아왔다. 양춘대(陽春臺)를 쌓고 독서하면서 몇 년 동안 외부 출입을 하지 않았다. 경사(京師)에 가 국자감(國子監)에 들어가니 좨주(祭酒) 형양경(邢讓驚)이 진유(眞儒)가 다시 나타났다고 말했다. 성화(成化) 19년(1483) 한림검토(翰林檢討)에 임명되고, 종양(終養)을 위해 귀향했다.

122 『명유학안(明儒學案) · 사설(師說)』 "同鳶魚同一活潑"

123 장후(張詡; 1455~1514): 자는 연실(廷實), 호는 동소(東所), 해남(南海) 사람으로, 명나라 학자이며 진헌장(陳獻章)의 제자이다.

124 『일하구문고(日下舊聞考)』 83권에 "장춘원(長春園) 전각의 액자에 '천심수면(天心水面)'이라 하였다."고 기재되어 있다.

가

가산에 향을 피워 운연을 만들고 물을 길러 폭포를 만들다 2수[假山焚香作雲煙, 掬水爲瀑布二首] / 306
가양관사에 기이한 돌이 많아 버려서 흩어진 것으로 내가 가산을 만들어 서재를 '소산당'이라하고 단가를 지었다[嘉陽官舍奇石甚富, 散棄無領略者, 予始取作假山, 因名西齋曰小山堂, 爲賦短歌] / 193
가을에 우연히 2수를 짓다[秋日偶成二首] / 303
가지정(可止亭) / 132, 334
감동의 소궁에 유강직랑이 거처한 곳의 4영[監洞霄宮俞康直郎中所居四詠] / 131, 333
감우(紺宇) / 184
감자목난화(減字木蘭花) / 101
강락공(康樂公) / 77
강한(江漢) / 175
개울물을 건너며[涉澗水作] / 304
개자납수미(芥子納須彌) / 319, 342
건곤일초정(乾坤一草亭) / 238, 337
건안문학(建安文學) / 316, 340
검리(劍履) / 71
겨울 저녁에 눈을 보고 호거사가를 기억하다[冬晩對雪憶胡居士家] / 178
견천지심(見天地心) / 320, 343
견회(遣懷) / 255
겸가(蒹葭) / 210
경방(京房) / 321, 344
경심상우(境心相遇) / 239, 338
계성(計成) / 237, 337
고사헌기(高士軒記) / 116
고상서공부원외랑 증예부상서 왕공의 신도비명 병서[故尙書工部員外郎贈禮部尙書王公神道碑銘幷序] / 128, 331
고황(膏肓) / 316, 340
고힐강(顧頡剛) / 164, 335
곤륜산(崑崙山) / 27
골계열전(滑稽列傳) / 28

공리(功利) / 317, 341
공용(公用) / 241, 339
공치규(孔稚圭) / 320, 342
공치규전(孔稚圭傳) / 320, 342
곽림종(郭林宗) / 123, 328
곽말약(郭沫若) / 164, 335
곽상(郭象) / 126, 330
곽연대공(廓然大公) / 320, 343
곽주부에 답하다2수[和郭主簿二首] / 220
곽해(郭解) / 257
관개상망(冠蓋相望) / 131, 333
관물편59(觀物篇之五十九) / 162
관영(管寧) / 124, 329
관저(關雎) / 256
구규(九竅) / 165, 336
구번(丘樊) / 93
구부곡을 깨우치다[喩舊部曲] / 79
구산양 선생어록(龜山楊先生語錄) / 320, 343
구탄(九歎) / 123, 328
군재에서 한가한 날 여산초당을 생각하며……대부분 벼슬에서 좌천된 이후 벼슬할 뜻을 서술하다[郡齋暇日, 憶廬山草堂, ……多敍貶官已來出處之意] / 130, 333
굴원을 조문하는 부[吊屈原賦] / 123, 328
귀숭산작(歸嵩山作) / 193
귀유광(歸有光) / 133, 335
귀전부(歸田賦) / 123, 328
근차(近借) / 237, 337
금문경학(今文經學) / 122, 327
금성(錦城) / 181
금수에 살 때를 회상하며2수[懷錦水居止二首] / 181
급제 동기 단씨가 덕흥 유씨의 취원루 시를 부탁하여[單同年求德興兪氏聚遠樓詩] / 186
기룡(夔龍) / 69
기영(箕穎) / 128, 331
기오헌(寄傲軒) / 131, 333
기유세9월9일(己酉歲九月九日) / 220
기은자(寄隱者) / 91

기인(寄人) / 231
기일정(記一亭) / 238, 337
9일 파릉에 올라 술을 차리고 동정수군을 바라보다[九日登巴陵, 置酒望洞庭水軍] / 129, 332

나

나대경(羅大經) / 322, 344
낙양명원기(洛陽名園記) / 224
내가 항주를 떠나 16년 만에 다시 와서 2년을 머물다가 돌아갔다. 평생 출처하고 은거하며 늙고 젊음을 스스로 깨달아서, 대충 낙천과 같은데, 재주와 명성은 거리가 멀지만, 편안하게 분수를 지키며 욕심을 버리면, 거의 그렇게 될 것이다.……[予去杭州十六年而復來, 留二年而去. 平生自覺出處老少, 粗似樂天, 雖才名相遠, 而安分寡求, 亦庶幾焉.……] / 102
냉재(冷齋) / 104
냉재부독서(冷齋不讀書) / 104
노담비대현론(老聃非大賢論) / 126, 330
노자지략(老子指略) / 215
노차종전(雷次宗傳) / 127, 331
노홍(盧鴻) / 128, 331
노홍〈초당십지도〉(盧鴻〈草堂十志詩圖〉) / 128, 331
노홍일 학사당도에 쓰다[題盧鴻一學士堂圖] / 128, 331
녹명(鹿鳴) / 256
녹은(祿隱) / 108
논왕패찰자(論王霸札子) / 262
늦은 봄에 양서의 새로 빌린 초옥에 제한 5수[暮春題瀼西新賃草屋五首] / 238, 337

다

담약수(湛若水) / 318, 342

답료자회(答廖子晦) / 317, 340
답양시론서명서(答楊時論西銘書) / 318, 341
답허순(答許詢) / 124, 328
답횡거장자후 선생의 글에 답하다[答橫渠張子厚先生書] / 319, 342
당 고종(唐高宗) / 128, 331
당고열전(黨錮列傳) / 31
당고지화(黨錮之禍) / 17, 326
당폐제가인전론(唐廢帝家人傳論) / 315, 339
당화(唐畫) / 128, 331
대규(戴逵) / 126, 330
대심(大心) / 319, 342
대인선생전(大人先生傳) / 124, 329
대학장구(大學章句) / 265, 266
덕행(德行) / 123, 328
도구(菟裘) / 132, 334
도부사에게 보내다[寄陶副使] / 129, 332
도연명을 본받은 체16수[效陶潛體十六首] / 254
도원을 유람한 100운[游桃源一百韻] / 81
도이유전(島夷裕傳) / 127, 330
도통(道通) / 19, 327
도학전서(道學傳序) / 133, 246, 335
독락정기(獨樂園記) / 237, 337
독백락천시집(讀白樂天詩集) / 132, 334
독이고문(讀李翱文) / 247
독좌경정산(獨坐敬亭山) / 192
동도부(東都賦) / 238, 337
동방삭전(東方朔傳) / 27
동방삭화찬(東方朔畫贊) / 40
동산에 노닐며 승상의 운자를 빌려 시 두 수를 읊다·석류꽃 골짜기[遊東山二咏次丞相韻·榴花谷] / 287
동선가(洞仙歌) / 317, 340
동안주부(同安主簿) / 116
동정호를 바라보며 장승상에게 보낸다[望洞庭湖贈張丞相] / 179
동주자사를 따라 태자소부 분사를 개수하다[從同州刺史改授太子少傅分司] / 94
동중서전(董仲舒傳) / 122, 160, 237, 315, 327,

336, 339
두사비수(斗私批修) / 317, 341
득경(得景) / 184
등루가(登樓歌) / 129, 332
등통(鄧通) / 257

문학(文學) / 124, 328
물태서창(物態舒暢) / 321, 343
미불전(米芾傳) / 238, 337

마

마융전(馬融傳) / 123, 328
만령(萬靈) / 240, 338
맑은 샘물을 길러 괴석을 적시고, 그 뒤에는 향로를 두어서 향기로운 연기가 피어나게 하면, 강과 산과 구름이 분명히 만리의 정취가 있게 된다. 이에 절구 네 수를 짓는다[汲淸泉, 漬奇石, 置熏爐其後, 香煙被之, 江山雲物, 居然有萬里趣, 因作四小詩] / 306
매화서기(梅花墅記) / 234
맹자순경열전(孟子荀卿列傳) / 165, 336
명금(明禁) / 315, 340
명도(明道) / 292
명불론(明佛論) / 162
모용(茅容) / 123, 328
모장(毛萇) / 271
모춘(暮春)에 태사좌우승상(太師左右丞相) 제공(諸公)이 위씨소요곡(韋氏逍遙谷) 연회에 모이다·서문 / 66
못을 새로 파고 희작하다[新開池戲作] / 200
몽유록(夢遊錄) / 237, 337
무관(務觀) / 111
무신년 6월에 불을 만나다[戊申歲六月中遇火] / 204
무신봉사(戊申封事) / 262
무아지경(無我之境) / 237, 336
무이정사답영 병서[武夷精舍雜詠并序] / 305
무진장기(無盡藏記) / 177
무창구곡정기(武昌九曲亭記) / 186
문동(文同) / 141
문정공(文定公) / 292

바

반고(班固) / 212
반소은(反小隱) / 127, 330
반은재기(半隱齋記) / 111
반이소(反離騷) / 122, 327
반주기(盤洲記) / 140
반첩여(班婕妤) / 212
방관전(房琯傳) / 128, 331
방기천리(邦畿千里) / 164, 335
방달위비도론(放達爲非道論) / 126, 330
방망문학(帮忙文學) / 127, 331
방수한행(傍水閑行) / 194
방언시(放言詩) / 132, 334
방옹일고(放翁逸稿) / 171
배도(裵度) / 129, 332
배도전(裵度傳) / 82
배령공이 새로 만든 오교장 녹리당에서 즉사한 시에 삼가 화답하다[奉和裵令公新成午橋莊綠野堂卽事] / 130, 333
배조(排調) / 52, 127, 331
백가쟁명(百家爭鳴) / 165, 336
백거이전(白居易傳) / 89
백락(伯樂) / 88
백마(白麻) / 88
백마지(白麻紙) / 88
백원학안(百源學案) / 321, 344
백저사(白紵詞) / 205
백평주오정기(白苹洲五亭記) / 204
백화담(百花潭) / 181
번복(藩服) / 85
번진(藩鎭) / 316, 340
범성대(范成大) / 132, 334
범입남호(帆入南湖) / 218
범중엄(范仲淹) / 131, 333

법천상지(法天象地) / 319, 342
벼슬에 오르는 곡을 노래하다[鼓吹立朝曲]
 / 129, 332
변종론(辨宗論) / 126, 330
병마용진(兵馬俑陣) / 240, 338
보임소경서(報任少卿書) / 123, 327
복고제(復古制) / 315, 340
복사(卜辭) / 164, 335
본론(本論) / 315, 340
본체론의 고심 / 319, 342
봉건사회(封建社會) / 17, 326
봉선서(封禪書) / 97
부곡(部曲) / 129, 332
부차(俯借) / 237, 337
분봉제(分封制) / 164, 335
분신(粉身) / 130, 333
분의현 만백강 정자에서 강남산 승경을
 …… 2수를 얻고서[分宜晩泊江亭, 江南
 山之勝, …… 因得二絶] / 304
분지(盆池) / 319, 342
분지음(盆池吟) / 280
분하(盆荷) / 319, 342
불씨(佛氏) / 293
붕당론(朋黨論) / 316, 340
비로소 서산을 연유한 기[始得西山宴游記]
 / 206
비사불우부(悲士不遇賦) / 122, 327
비유선생론(非有先生論) / 123, 327
비재행(悲哉行) / 90

사

사계절의 운행[時運] / 220
사량좌(謝良佐) / 320, 343
사리무애관(事理無碍觀) / 318, 342
사만(謝萬) / 126, 330
사맹학파(思孟學派) / 165, 336
사백당기(思白堂記) / 132, 334
사사무애관(事事無碍觀) / 318, 342

사설(師說) / 322, 344
사천고제2(司天考第二) / 251
산간전(山簡傳) / 39
산거원과 절교하는 글[與山巨源絶交書]
 / 124, 328
산거즉사(山居卽事) / 179
산길을 돌아 여찰추 시를 얻어 그 운을 써
 서 초대하고 강가에서 묵었다[自徑山
 回得呂察推詩用其韻招之宿湖上] / 131,
 333
산도시(山濤詩) / 39
산림문학[山林文學] / 52
산수유(山茱萸) / 199
산에 살 뜻으로 송양자를 불러 함께 짓다
 [懷山居邀松陽子同作] / 130, 332
삼고초려(三顧草廬) / 71
삼충어사무한(三忠於四無限) / 317, 341
삼휴(三休) / 287
상군(湘君) / 175
상규(常規) / 18, 327
상륜(相輪) / 276
상부인(湘夫人) / 175
상심락사서(賞心樂事序) / 204
상이시랑서(上李侍郞書) / 128, 331
상자기(向子期) / 39
상증승상서(喪曾丞相書) / 320, 343
상청궁(上淸宮) / 132, 334
상층건축(上層建築) / 17, 326
상현(尙賢) / 17, 326
새 우는 산골[鳥鳴澗] / 197
생의생물지부(生意生物之府) / 320, 343
서강(胥江) / 187
서명(西銘) / 318, 341
서일(棲逸) / 124, 328
서재(西齋) / 286
서치(徐穉) / 123, 328
서치전(徐穉傳) / 123, 328
서호(西湖) / 225, 232
석개(石介) / 315, 339
선성군에 가서 신임포를 나와 판교로 향하는

시[之宣城郡出新林浦向板橋詩] / 176
선성군에 올라 바라보는 시[宣城郡登望詩] / 175
선여(羨餘) / 83
선험적(先驗的) / 317, 341
섭적(葉適) / 315, 339
성검(星劍) / 88
성경(成景) / 184
성남서원34영을 제하다[題城南書院三十四咏] / 303
성리대전서(性理大全書) / 319, 342
성찬(盛饌) / 71
소고(召誥) / 164, 335
소공제(蘇公堤) / 241, 339
소구 서쪽 소석담에 이르러 쓴 기[至小丘西小石潭記] / 195
소사화전(蕭思話傳) / 127, 330
소씨문견후록(邵氏聞見後錄) / 80
소씨별업(蘇氏別業) / 178
소씨육양집서(邵氏陸壤集序) / 302
소옹전(邵雍傳) / 133, 335
소요부 서쪽 집 12수에 답하다[和堯夫西家之什二首] / 303
소요부(邵堯夫) / 321, 344
소요유(逍遙游) / 239, 338
소조(蕭曹) / 94
소졸 이통직 2수에 차운하다[次韻韶倅李通直二首] / 131, 333
소허(巢許) / 69
손복(孫復) / 315, 339
손성(孫盛) / 126, 330
손작전(孫綽傳) / 125, 329
송 문제(宋文帝) / 127, 330
송명제(宋明帝) / 127, 330
송윤학파(宋尹學派) / 164, 336
송제다황주(宋齊多荒主) / 127, 330
수목자친(水木自親) / 239, 338
수미음(首尾吟) / 320, 342
수원기(隨園記) / 184
수조가두(水調歌頭) / 114, 305

수찬 소부귈을 보내며 4수[送蘇修撰赴闕四首] / 116
수초당기(遂初堂記) / 120
숙구맹헌(宿歐盟軒) / 207
숙도(宿道) / 165, 336
순한종진열전(荀韓鍾陳列傳) / 30
순희 갑진 중춘에 정사에 한거하며 재미삼아 무의도가 10수를 동유들에게 보이고 함께 한바탕 웃다[淳熙甲辰中春精舍閑居, 戲作武夷櫂歌十首呈諸同游, 相與一笑] / 305
스스로 수당을 짓고 이에 절구 한 수를 지어 기록하다[自作壽堂因書一絶以誌之] / 97
승상(丞相) / 71
시 1백운을 대신 써서 미지에게 부치며[代書詩一百韻寄微之] / 88
시 1백운을 대신 써서 원미지에게 부치며[代書詩一百韻寄微之] / 130, 333
식미가(式微歌) / 78
신릉군(信陵君) / 182
신망(新莽) / 123, 328
신흥사 벽에 쓰다[題新興寺壁] / 307
십가재양신론(十駕齋養新論) / 164, 335

아

아량(雅量) / 43
아황(娥皇) / 175
안도(安道) / 126, 330
안연지(顏延之) / 125, 329
안연지전(顏延之傳) / 125, 329
안평중(晏平仲) / 259
앙차(仰借) / 237, 337
양 간문제(梁簡文帝) / 128, 331
양규(陽竅) / 165, 336
양만리(楊萬里) / 132, 334
양박(楊朴) / 100
양생론(養生論) / 125, 329
양운(楊惲) / 122, 327

양운전(楊惲傳) / 122, 327
양현보전(羊玄保傳) / 127, 330
양형(楊炯) / 128, 331
언어(言語) / 39
엄산원기(弇山園記) / 238, 337
엄선생 사당기[嚴先生祠堂記] / 98
엄자릉(嚴子陵) / 131, 333
엄조전(嚴助傳) / 123, 327
여영(女英) / 175
여원구서(與元九書) / 256
여조물유(與造物游) / 239, 338
여주회옹서(與朱晦翁書) / 317, 341
역동자문(易童子問) / 252
연명의 음주시 뒤에 제하다[題淵明飮酒詩後] / 239, 337
연보(年譜) / 114
연비어약(鳶飛魚躍) / 297, 320, 343
연역(演繹) / 317, 341
연화암(蓮花庵) / 233
염계사 병서(濂溪詞幷序) / 133, 335
염계서당(濂溪書堂) / 112
염자상이 거문고를 가지고 마을로 들어온 것을 조무구가 읊은 문자에 차하다[次晁無咎韻閻子常携琴入村] / 131, 333
영계기찬(榮啓期贊) / 126, 329
영명체(永明體) / 241, 339
영벽장씨 원정기(靈璧張氏園亭記) / 109
영양(潁陽) / 58
영우락(永遇樂) / 207
영행열전(佞幸列傳) / 28
예수(澧水) / 178
예악지서(禮樂志序) / 316, 340
옛 부중에 무위공과 교유하던 성의 옛 별장을 지나며 느낌이 있어서[過故府中武威公交城舊莊感事] / 182
오교장(午橋莊) / 94
오두(五蠹) / 17, 326
오두미(五斗米) / 124, 328
오복(五服) / 8
오봉선생(五峰先生) / 292
오부(烏府) / 88
오증(吳曾) / 131, 334
와우(蝸牛) / 132, 334
완적전(阮籍傳) / 124, 328
왕개보(王介甫) / 276
왕공양공포전(王貢兩龔鮑傳) / 123, 327
왕발(王勃) / 128, 331
왕사군을 태원행영으로 보내며[送王使君赴太原行營] / 78
왕안석(王安石) / 132, 334
왕우칭(王禹偁) / 132, 334
왕위이유부전(王衛二劉傳) / 123, 328
왕유(王維) / 129, 332
왕융전(王戎傳) / 125, 329
왕임(往任) / 125, 329
왕자진(王子晉) / 63
왕제(王制) / 151, 158
왕직방(王直方) / 131, 334
왕창(王暢) / 123, 328
왕창령(王昌齡) / 128, 331
왕창령·배적과 함께 청룡사를 유람하고 현벽상인 원집과 왕유에게 답하다[同王昌齡裴迪游靑龍寺懸壁上人兄院集和兄維] / 205
왕패(王霸) / 153, 158
외연(外延) / 241, 339
요종(堯鍾) / 71
용문 북쪽 시내에서 유람하다 홀연히 여산 별장이 그리워서 그 말뜻을 보이니 아우 숙이 대료에게 바치다[偶游龍門北溪忽懷驪山別業因以言志示第淑奉呈諸大僚] / 129, 332
용미도에 올라 남쪽을 바라보며 여산에서 옛날 은거할 때를 생각하다[登龍尾道南望, 憶廬山舊隱] / 130, 333
용안헌(容安軒) / 106
우무전(尤袤傳) / 133, 335
우번(虞翻) / 77
우비(禹碑) / 187
우선(禹膳) / 71

우승유(牛僧孺) / 125, 329
우음2수(偶吟二首) / 171
우주(虞儔) / 132, 334
운곡기(雲谷記) / 133, 335
운몽택(雲夢澤) / 179
원구에게 보내다[與元九書] / 130, 333
원난(原亂) / 315, 339
원림(園林) / 21, 135, 143
원문(袁文) / 131, 333
원방(元放) / 111
원산종(遠山鍾) / 203
원야(園冶) / 184
원정(遠亭) / 237, 337
원지(遠志) / 52
원차(遠借) / 237, 337
월운초윤(月暈礎潤) / 129, 332
월중원정기(越中園亭記) / 181
위과(魏顆) / 259
위료옹(魏了翁) / 321, 344
위사립의 산장 시연에서 응제하여 바치다
　[奉和幸韋嗣立山莊侍宴應制] / 71
위사립의 산장에서 임금을 모시다[陪幸韋
　嗣立山莊] / 71
위사립전(韋嗣立傳) / 69
위자득재부(爲自得齋賦) / 288
위진현학논고(魏晉玄學論稿) / 126, 330
위칠의 동정별업을 유람하다[游韋七洞庭別
　業] / 137, 335
유당기(柳塘記) / 312
유령전(劉伶傳) / 124, 328
유림락산기(游霖落山記) / 198
유림전(儒林傳) / 127, 330
유문(遺文) / 282
유물주의(唯物主義) / 164, 335
유산서촌(游山西村) / 232
유심주의(唯心主義) / 164, 335
유아지경(有我之境) / 238, 337
유연정기(悠然亭記) / 288
유원영(游園咏) / 174
유월피(游月陂) / 303

유의융(劉義隆) / 127, 330
유질(劉秩) / 17, 326
유호량선생의 글에 답하다[答劉胡兩先生書]
　/ 164, 335
유효(儒效) / 14
유후(劉昫) / 84
육구연(陸九淵) / 133, 322, 335, 344
육구연연보(陸九淵年譜) / 246
은일(隱逸) / 56
은일전서(隱逸傳序) / 45, 62
은주제도론(殷周制度論) / 164, 335
음규(陰窺) / 165, 336
음주20수(飮酒二十首) / 221, 239, 337
의도기(宜都記) / 238, 337
의원대(意遠臺) / 239, 338
이고의 글을 읽다[讀李翶文] / 315, 339
이덕유전(李德裕傳) / 85
이도위(李都尉) / 212
이백전(李白傳) / 128, 331
이상은(李商隱) / 237, 336
이선(李善) / 125, 329
이옹(李邕) / 123, 328
이의헌(已矣軒) / 132, 334
이일분수(理一分殊) / 318, 341
이정(二程) / 319, 342
이치(李治) / 128, 331
인간사화 / 238, 337
일구일학(一丘一壑) / 187
일민부(逸民賦) / 125, 329
일민열전서(逸民列傳序) / 45
일민잠(逸民箴) / 125, 329
일시일사(一時一事) / 130, 333
일원(一元) / 240, 338
일지록(日知錄) / 163
임금을 모시고 위사립 산장에서 응제하다·
　서문 / 69
임금이 쓴 피서산장기[禦制避暑山莊記] / 288
임금이 지은 어약연비시[御制魚躍鳶飛詩] / 314
임탄(任誕) / 124, 329
임포(林逋) / 130, 333

임화정첩 발문[跋林和靖帖] / 97
6월27일 망호루취서오절「六月二十七日望湖樓醉書五絶」/ 101
12월1일3수(十二月一日三首) / 199

자

자각(紫閣) / 239, 338
자유고한이 부친 것을 보고 화답하다[和子由苦寒見寄] / 131, 333
자치통감서(資治通鑒序) / 251, 316, 340
작은 원림에 지붕을 이며[新葺小園二首] / 182
잠거(簪裾) / 63
장거화전(張去華傳) / 101
장관이대(張冠李戴) / 132, 334
장구성(張九成) / 322, 344
장서전(張緒傳) / 127, 330
장송(張松) / 63
장식(張栻) / 322, 344
장의(張儀) / 88
장자가 낙양성의 꽃을 보다 에 답하다[和張子望洛城觀花] / 281
장재(張載) / 317, 341
장절의 서원시에 답하다[和章粢西園詩] / 171
장후(張詡) / 322, 344
장흔태(張欣泰) / 127, 331
장흔태전(張欣泰傳) / 127, 331
재용전운화손지거(再用前韻和孫志擧) / 258
재이(災異) / 271
재주의 남정에서 연회시의 서문[宴梓州南亭詩序] / 64
재중독서시(齋中讀書詩) / 126, 330
재체(載體) / 135
저광희(儲光羲) / 129, 332
전남 수원 흐르는 물가에 느티나무를 심고 쓴 시의 서문[田南樹園激流植楥詩] / 126, 330
전대흔(錢大昕) / 164, 335

전유암전(田游岩傳) / 55
전제(筌蹄) / 238, 337
전조망(全祖望) / 321, 343
정경교융(情景交融) / 238, 337
정관만류(靜觀萬類) / 320, 343
정문(旌門) / 71
정미수주원회(丁未壽朱元晦) / 317, 340
정시(正始) / 124, 328
정자(程子) / 133, 334
정통론(正統論) / 315, 340
제 태조(齊太祖) / 127, 331
제물론(齊物論) / 239, 338
제성남서원30영(題城南書院三十四咏) / 285
조오의 별장[趙奧別業] / 199
조점(鳥占) / 271
조정문학朝廷文學 / 52
조중조(朝中措) / 178
종관(從官) / 85
종남산에서 자각 은자를 바라며[望終南山紫閣隱者] / 200
종남에 유거하는 소시랑에게 3수를 바칠 때 태축에 이르지 못하고 올렸다[終南幽居獻蘇侍郎三首時拜太祝未上] / 73
종법(宗法) / 17, 326
종용쇄락(從容灑落) / 321, 343
종유경구북고응소(從游京口北固應詔) / 126, 330
종회(鍾會) / 125, 329
종회전(鍾會傳) / 160
주돈이전(周敦頤傳) / 321, 343
주묵(朱墨) / 116
주역주(周易注) / 124, 328
주원회 무이정사12영에 부쳐서[寄題朱元晦武夷精舍十二咏] / 133, 335
주자지(周紫芝) / 132, 334
주정은자대은서(朱廷隱字大隱序) / 110
주행기(周行己) / 133, 334
주희전(朱熹傳) / 245
죽리관(竹里館) / 197
중국론(中國論) / 315, 340

중산(中山) / 258
중은(中隱) / 129, 332
중정제도(中正制度) / 17, 326
중표친(中表親) / 39
증유(贈遺) / 127, 331
지북유(知北游) / 319, 342
지상신(至上神) / 164, 335
지청의원(志淸意遠) / 239, 338
지청처(志淸處) / 239, 338
직하(稷下) / 18, 326
진가인전(晉家人傳) / 315, 339
진공절상관(眞空絕相觀) / 318, 341
진량(陳亮) / 322, 344
진목공묘(秦穆公墓) / 258
진사도(陳師道) / 132, 334
진수(晉水) / 182
진인각(陳寅恪) / 17, 326
진헌장(陳獻章) / 322, 344

차

차백리(嗟伯夷) / 123, 327
참위(讖緯) / 271
창랑정기(滄浪亭記) / 171
창현(暢玄) / 161
채옹전(蔡邕傳) / 124, 328
책을 읽고 느낌이 있어서 지은 두 수[觀書有感二首] / 285
처사전(處士傳) / 127, 331
천개도화(天開圖畵) / 238, 337
천관서(天官書) / 165, 336
천도(天道) / 157
천론(天論) / 151
천리유행(天理流行) / 318, 342
천서(天書) / 130, 333
천서봉사(天書封祀) / 131, 333
천우함창(天宇咸暢) / 239, 338
천인상여지제(天人相與之際) / 239, 338
천인음(天人吟) / 321, 343
천인지제(天人之際) / 143, 144
천인합일(天人合一) / 165, 336
천지중(天志中) / 165, 336
천지지행(天地之行) / 215
천청시(天晴詩) / 218
철옥자(鐵屋子) / 129, 332
첨윤(詹尹) / 255
첩기즉사(輒記卽事) / 288
청야음(淸夜吟) / 313
청우정기(聽雨亭記) / 206
초여름에 산에 살 뜻을 품다[初夏有懷山居] / 130, 332
초연수(焦延壽) / 321, 344
초은당이 낙랑중에게 써서 보내다[招隱堂寄題樂郞中] / 131, 333
초은시(招隱詩) / 192
초하한계(楚河漢界) / 129, 332
총재(塚宰) / 264
최부마 옥산별업에서 연회하다[宴崔駙馬玉山別業] / 129, 332
추수(秋水) / 128, 331
추액(樞掖) / 71
추초(箠楚) / 116
추회(秋懷) / 257
축영대근(祝英臺近) / 288
춘일강촌5수(春日江村五首) / 237, 336
춘제호상(春題湖上) / 140
춘추론(春秋論) / 315, 340
춘추설(春秋說) / 315, 340
춘추존왕발미(春秋尊王發微) / 315, 340
출처사은(出處仕隱) / 21
취검록(吹劍錄) / 292
치도(馳道) / 240, 338
치상각(致爽閣) / 178
침잠(沈潛) / 318, 341

타

태계(台堦) / 71

태극도설(太極圖說)·하(下) / 162
태현(太玄) / 122, 327
태현부(太玄賦) / 122, 327

파

파산사 뒤 선원을 제하다[題破山寺後禪院] / 198
팔현론(八賢論) / 126, 330
패도(霸圖) / 187
평천산에 살며 자손에게 경계하는 기를 쓰다[平泉山居誡子孫記] / 130, 332
포온산해(包蘊山海) / 319, 342
표기(表記) / 164, 335
표상(表象) / 318, 341
풍각(風角) / 271
풍경과 사람이 하나가 되다[風景與人爲一] / 239, 338
필시어를 귀양보내며[送畢侍御謫居] / 77

하

하일(夏日)에 사마무공(司馬武公)을 모시고 군현(群賢)들과 고숙정(姑熟亭)에서 연회하다·서문 / 67
하일연장이림정서(夏日宴張二林亭序) / 63
하점(何點) / 127, 331
하후담(夏侯湛) / 125, 329
하후현(夏侯玄) / 240, 338
한록(旱麓) / 296
해조(解嘲) / 26
향수별전(向秀別傳) / 124, 328

현내 수정에서 아침에 송사를 듣다[縣內水亭晨興聽訟] / 78
현상(現象) / 133, 334
형기(形器) / 319, 342
호료가(好了歌) / 316, 340
호묘루(互妙樓) / 237, 336
호원(湖苑) / 224
호원(胡瑗) / 317, 341
호중천지(壺中天地) / 319, 342
홍각범(洪覺范) / 103
홍괄(洪适) / 140
홍구보(洪龜父) / 105
화도영삼량(和陶咏三良) / 259
화도운판원운(和都運判院韻) / 288
화림원을 꿈꾸며 경계하는 시[蒙華林園戒詩] / 129, 332
화육(化育) / 319, 342
화육유행(化育流行) / 318, 342
황각(黃閣) / 133
황마지(黃麻紙) / 88
황작(黃鵲) / 63
황정견(黃庭堅) / 131, 334
황제편(皇帝編) / 128, 331
황죽가(黃竹歌) / 71
회경정(會景亭) / 237, 337
회토부(懷土賦) / 125, 329
횡포심전(橫浦心傳) / 310
횡포일신(橫浦日新) / 283
후비전상(後妃傳上) / 68
후재로 돌아가기를 바라는 시[後齋回望詩] / 175
휴가를 얻어 단양을 돌아오는 도중의 시[休沐重還丹陽道中詩] / 176

* 저자(著者)

왕의(王毅)

- 1954년 북경(北京)생으로, 1982년에 중국인민대학(中國人民大學) 중문학과(中文學科)를 졸업하고, 1982~2000년 중국사회과학원(中國社會科學院) 문학(文學)편집과 심의를 역임했으며, 2000~지금까지 중국사회과학원 철학연구소 연구원이다. 2007~2008학년도에 미국 하버드대학 '경관학연구센터[景觀學硏究中心]' 경관건축학(景觀建築學) 고급연구원을 지냈다. 연구영역은 중국철학(中國哲學)·사학(史學)·문학(文學)·법률사(法律史)·중국법철학(中國法哲學)·제도경제사(制度經濟史)·조형예술(造型藝術)·고전원림(古典園林)·민간종교(民間宗教)·사회생태(社會生態)와 제도윤리(制度倫理) 등이다.

* 역자(譯者)

김대원(金大源)

- 1955년 경북 안동(安東)생으로, 1977~1982년 경희대학교 사범대학 미술교육과와 교육대학원을 졸업하고, 2012년에 고려대학교 대학원에서 한문학 전공으로 문학박사학위를 취득했다. 1981년~1985년 대한민국 미술대전에서 인물화와 동물화로 특선 두 번과 우수상을 수상하였고, 1995년 제3회 월전미술상을 수상하였다. 1982년~현재까지 개인전 17회, 단체전 200여회를 하였다. 1988년~현재까지 경기대학 예술대학 교수로 재직 중이며 조형대학원장과 박물관장을 역임하였다.
- 저역서로는 다음과 같은 것이 있다.

   중국역대화론(中國歷代畵論) Ⅰ~Ⅴ. 도서출판 다운샘(2004~2006)
   집자묵장필휴(集字墨場必攜) 1~8. 공역. 고요아침(2009)
   중국고대화론유편(中國古代畵論類編) 1~16. 소명출판(2010)
   중국화론집성주석본(中國畵論集成注釋本) 1~2. 학고방(2013)
   원림과 중국문화(園林與中國文化) 1~4. 학고방(2014)

한국연구재단
학술명저번역총서
[동양편] 607

원림과 중국문화 ❷

초판 인쇄 2013년 1월 22일
초판 발행 2013년 1월 29일

저　자 | 왕　의
역　자 | 김대원
펴 낸 이 | 하운근
펴 낸 곳 | 學古房

주　소 | 서울시 은평구 대조동 213-5 우편번호 122-843
전　화 | (02)353-9907　편집부(02)353-9908
팩　스 | (02)386-8308
홈페이지 | http://hakgobang.co.kr/
전자우편 | hakgobang@naver.com,　hakgobang@chol.com
등록번호 | 제311-1994-000001호

ISBN　　978-89-6071-356-7　94820
　　　　978-89-6071-287-4　(세트)

값 : 24,000원

■ 이 저서는 2011년 정부(교육과학기술부)의 재원으로 한국연구재단의 지원을 받아 수행된 연구임(NRF-2010-421-A00035).
This work was supported by National Research Foundation of Korea Grant funded by the Korean Government (NRF-2010-421-A00035).

이 도서의 국립중앙도서관 출판시도서목록(CIP)은 서지정보유통지원시스템 홈페이지(http://seoji.nl.go.kr)와 국가자료공동목록시스템(http://www.nl.go.kr/kolisnet)에서 이용하실 수 있습니다.(CIP제어번호: CIP2014003142)

■ 파본은 교환해 드립니다.